U0601001

中華譯學館

莫言題

中华译学馆立馆宗旨

以中华为根　译与学并重

弘扬优秀文化　促进中外交流

拓展精神疆域　驱动思想创新

丁酉年冬月许钧撰　罗卫东书

中华译学馆·中华翻译家代表性译文库

许 钧 郭国良 / 总主编

叶君健 卷

郭国良 / 编

ZHEJIANG UNIVERSITY PRESS
浙江大学出版社

总　序

考察中华文化发展与演变的历史,我们会清楚地看到翻译所起到的特殊作用。梁启超在谈及佛经翻译时曾有过一段很深刻的论述:"凡一民族之文化,其容纳性愈富者,其增展力愈强,此定理也。我民族对于外来文化之容纳性,惟佛学输入时代最能发挥。故不惟思想界生莫大之变化,即文学界亦然。"[①]

今年是五四运动一百周年,以梁启超的这一观点去审视五四运动前后的翻译,我们会有更多的发现。五四运动前后,通过翻译这条开放之路,中国的有识之士得以了解域外的新思潮、新观念,使走出封闭的自我有了可能。在中国,无论是在五四运动这一思想运动中,还是自1978年改革开放以来,翻译活动都显示出了独特的活力。其最重要的意义之一,就在于通过敞开自身,以他者为明镜,进一步解放自己,认识自己,改造自己,丰富自己,恰如周桂笙所言,经由翻译,取人之长,补己之短,收"相互发明之效"[②]。如果打开视野,以历史发展的眼光,

①　梁启超.翻译文学与佛典//罗新璋.翻译论集.北京:商务印书馆,1984:63.
②　陈福康.中国译学理论史稿.上海:上海外语教育出版社,1992:162.

从精神深处去探寻五四运动前后的翻译,我们会看到,翻译不是盲目的,而是在自觉地、不断地拓展思想的疆界。根据目前所掌握的资料,我们发现,在 20 世纪初,中国对社会主义思潮有着持续不断的译介,而这种译介活动,对社会主义学说、马克思主义思想在中国的传播及其与中国实践的结合具有重要的意义。在我看来,从社会主义思想的翻译,到马克思主义的译介,再到结合中国的社会和革命实践之后中国共产党的诞生,这是一条思想疆域的拓展之路,更是一条马克思主义与中国革命相结合的创造之路。

开放的精神与创造的力量,构成了我们认识翻译、理解翻译的两个基点。在这个意义上,我们可以说,中国的翻译史,就是一部中外文化交流、互学互鉴的历史,也是一部中外思想不断拓展、不断创新、不断丰富的历史。而在这一历史进程中,一位位伟大的翻译家,不仅仅以他们精心阐释、用心传译的文本为国人打开异域的世界,引入新思想、新观念,更以他们的开放性与先锋性,在中外思想、文化、文学交流史上立下了一个个具有引领价值的精神坐标。

对于翻译之功,我们都知道季羡林先生有过精辟的论述。确实如他所言,中华文化之所以能永葆青春,"翻译之为用大矣哉"。中国历史上的每一次翻译高潮,都会生发社会、文化、思想之变。佛经翻译,深刻影响了国人的精神生活,丰富了中国的语言,也拓宽了中国的文学创作之路,在这方面,鸠摩罗什、玄奘功不可没。西学东渐,开辟了新的思想之路;五四运动前后的翻译,更是在思想、语言、文学、文化各个层面产生了革命性的影响。严复的翻译之于思想、林纾的翻译之于文学的作用无须赘言,而鲁迅作为新文化运动的旗手,其翻译动机、翻译立场、翻译选择和翻译方法,与其文学主张、文化革新思想别无二致,其翻译起着先锋性的作用,引导着广大民众掌握新语言、接受新思想、表达自己的精神诉求。这条道路,是通向民主的道路,也是人民大众借助掌握的新语言创造新文化、新思想的道路。

回望中国的翻译历史,陈望道的《共产党宣言》的翻译,傅雷的文学翻译,朱生豪的莎士比亚戏剧翻译……一位位伟大的翻译家创造了经典,更创造了永恒的精神价值。基于这样的认识,浙江大学中华译学馆为弘扬翻译精神,促进中外文明互学互鉴,郑重推出"中华译学馆·中华翻译家代表性译文库"。以我之见,向伟大的翻译家致敬的最好方式莫过于(重)读他们的经典译文,而弘扬翻译家精神的最好方式也莫过于对其进行研究,通过他们的代表性译文进入其精神世界。鉴于此,"中华译学馆·中华翻译家代表性译文库"有着明确的追求:展现中华翻译家的经典译文,塑造中华翻译家的精神形象,深化翻译之本质的认识。该文库为开放性文库,入选对象系为中外文化交流做出了杰出贡献的翻译家,每位翻译家独立成卷。每卷的内容主要分三大部分:一为学术性导言,梳理翻译家的翻译历程,聚焦其翻译思想、译事特点与翻译贡献,并扼要说明译文遴选的原则;二为代表性译文选编,篇幅较长的摘选其中的部分译文;三为翻译家的译事年表。

需要说明的是,为了更加真实地再现翻译家的翻译历程和语言的发展轨迹,我们选编代表性译文时会尽可能保持其历史风貌,原本译文中有些字词的书写、词语的搭配、语句的表达,也许与今日的要求不尽相同,但保留原貌更有助于读者了解彼时的文化,对于历史文献的存留也有特殊的意义。相信读者朋友能理解我们的用心,乐于读到兼具历史价值与新时代意义的翻译珍本。

许　钧

2019 年夏于浙江大学紫金港校区

目　录

导　言

提起安徒生童话,大多数人脑海中马上出现的是《丑小鸭》《海的女儿》《皇帝的新装》等耳熟能详的名篇,还有人会想到这些童话的诞生地,那个遥远而美丽的国度——丹麦,但是我们也不要忘了最初把安徒生童话带到中国读者面前的翻译家叶君健先生。叶君健(1914—1999)是我国伟大的翻译家、作家,为促进中外文化交流和推动中国文学走向世界做出了卓越的贡献。然而,迄今对于他的作品的介绍和系统研究仍然很缺乏,以至于"叶君健现象"[①]仍然存在。2019年为叶君健先生逝世二十周年,重读他翻译和创作的那些精妙作品,或许是对他最好的纪念。

一、叶君健生平及翻译成就介绍

叶君健出生于湖北黄安(今湖北红安)的一个小山村,后来几度辗转奔波于武汉、上海、香港等地,更远渡重洋,在日本、英国、丹麦等国家学习、工作、生活多年。但大别山下的这个小村庄以及家乡坚强勇敢的人民,成了他取之不尽的创作源泉和灵感。他最著名的几部长篇小说大多

---

① 北京师范大学中文系教授、叶君健研究专家李保初先生曾于1999年撰文指出:"我在走近、读解叶君健的过程中,逐渐认识到叶君健是一本大书,是一座有待深入发掘的富矿,是一道仍在延伸的美丽的风景线,是一座多侧面的文化丰碑。同时,环顾我们文学评论,又感到对叶君健有某种有意无意的疏淡和冷漠,有某种'无视'和'失落'。"李保初先生将之称为"叶君健现象"。李保初.论"叶君健现象"——兼论文学史的任务.西安教育学院学报,1999(2):4.

是根据家乡人民的斗争经历创作而成的,《山村》就是其中之一。这部由他在剑桥大学留学期间用英文写作、在英国出版的反映中国农民革命的作品在世界各国引起反响,并使得《泰晤士报》惊呼:"英国文学史上的一个片段在叶君健这个人物身上显现出来了。"1949 年,叶君健回到祖国,马上就投入到国家的对外宣传工作之中,业余时间仍继续写作。他意识到写作的目的已经发生变化,此时更要为中国读者服务,因此改用汉语进行写作。这一阶段的重要作品主要有《旷野》《远程》(和《山村》被统称为"寂静的群山"三部曲),以及《火花》《自由》《曙光》(被统称为"土地"三部曲),这些鸿篇巨制用艺术形式再现了中国土地上掀起的伟大斗争,后来被翻译成外文,并在海外出版,受到了海外读者的欢迎,加深了他们对中国社会和中国革命的认识和理解。叶君健作品在海外造成的轰动和产生的巨大效应,足以和当代任何一名作家的成就相比。

叶君健在翻译方面同样成绩斐然。他通晓英语、德语、法语、世界语、西班牙语、丹麦语等多种语言,是我国翻译界不可多得的综合性人才。他的翻译活动具有"双向性"特点:既擅长吸收国外的文学精华并将其引入中国,为国内读者提供新鲜、有益的精神食粮,又能够用外语来翻译、传播中国文学和文化,使海外读者了解一个活生生的变化中的中国。正是这种在汉语和多种外语中驾轻就熟、自由穿梭的才能,使得他在中外交流中成为当之无愧的杰出使者。

叶君健的翻译事业始于 1938 年在国民政府军事委员会政治部第三厅(简称"三厅")工作期间。"三厅"是第二次国共合作时期由共产党领导、受到国民政府承认的进步组织。它的主要任务是进行抗日文化宣传,团结一切知名抗日文化人士。他被分配到"三厅"第七处,工作内容是对外宣传。由于当时精通外语的工作人员十分有限,他便身兼数职:笔译、口译、联络、接待外国记者和文化名人、写新闻稿、做广播员……任务虽然繁重,"但在这抗日洪流中,我的心灵得到了振奋,个人的哀愁让位于慷慨激昂的民族存亡的斗争,情绪也变得高度乐观起来。我等于经历了一次新生"①。

武汉沦陷后,"三厅"撤离武汉,搬至重庆,叶君健毅然去了香港,在那里继续从事对外抗日宣传工作。在香港,抗日工作转为在地下进行,他仍笔耕不辍,先后翻译了毛泽东的《论持久战》《新阶段》(即《新民主主义论》的前身)和《论联合政府》等,向海内外传播进步思想,也让国外读者了解中国抗日战争的实际情况。

1940 年,叶君健离开香港,前往重庆,并在国立中央大学外文系担任教师。1944 年,在一位前来讲学的牛津大学教授陶育礼(又名陶德斯)的介绍下,他远赴英国从事反法西斯战争宣传工作,向英国人民讲述中国人民抗战的过程和经验。在对英国民众一次次的演讲中,他阐述了他翻译过的毛泽东著作的内容,这无疑鼓舞了英国民众战胜法西斯的信心,使他们为英国反法西斯战争的胜利贡献了自己的力量。

1945 年,第二次世界大战结束,叶君健被安排到剑桥大学进行研究工作。也正是在这里,他正式走上了文学翻译之路。其实,在此之前,他早就已经从事过世界著名戏剧的翻译工作,如在重庆期间曾翻译过埃斯库罗斯的《阿伽门农王》(即《亚格曼农王》)、莫里斯·梅特林克的《乔婉娜》(即《蒙娜凡娜》)、亨利克·易卜生的《建筑师苏尔纳斯》(即《建筑大师》)等。学外国文学出身的他,在剑桥大学又进修了该专业五年。在《谈外国文学研究和创作》一文中,他也提出了很多独到的见解。如果说他在重庆期间进行的文学翻译主要是个人兴趣和研究需要使然,那么随后在剑桥大学期间所进行的文学翻译活动则是和国家、民族命运紧密联系在一起的。从那以后,叶君健对国家、对民族、对人民强烈的爱和责任感就贯穿于他一生的翻译事业当中了。

叶君健早在 20 世纪 30 年代于"三厅"工作时,就已经清醒地认识到当代中国文学在海外的传播和接受方面存在诸多不足之处:"事实是,许

---

① 叶君健.在武汉"三厅"工作的时候//周靖.东方赤子·大家丛书:叶君健卷.北京:华文出版社,1999:30.

多人都未能客观地、冷静地了解中国文学的实质。他们简单地认为中国现代作品'教条主义',倒不一定都是反动派。我们作品在艺术表现手法上具有的某些缺陷,也是一个因素。但最主要的是他们不了解中国的国情以及与此有关的中国现代文学的特点。这里面有个认识过程。但这个过程不是一天两天就能完成,得作持续、较长时间的'普及工作'。"①在香港期间,他就已经翻译了两部抗战短篇小说集,一部是英语的《中国战时短篇集》,另一部是世界语的《新任务》,其中收录了鲁迅、丁玲等人的作品。在剑桥大学学习期间他再一次萌生了向西方读者介绍中国文学的想法,于是将茅盾的《春蚕》《秋收》《残冬》(被统称为"农村"三部曲)连同张天翼、姚雪垠和白平阶等人的作品译出并合成一部小说集《三季和其他故事》,在英国出版。这种努力起到了一定效果,但同时叶君健也认识到个人的力量是很有限的,因此后来回国后,当他得知外文出版社要办一个外文刊物《中国文学》时,就毫不犹豫地接受了这个任务,并从此在中国文学对外翻译史上留下了浓墨重彩的一笔。

叶君健最享有盛名的翻译成就莫过于"安徒生童话全集"。他与安徒生童话的情缘可以追溯到他在 20 世纪 30 年代初学习英文的时候,课本里选取的《野天鹅》深深地感动了他,及至在剑桥大学学习时,仍时常翻阅。真正触发他翻译安徒生童话的是在假期小住丹麦期间,他读了一些丹麦文的安徒生童话的原作,发现和过去所读的那些英文或法文版本相去甚远。他认为:"有些译者只是把这些童话当作有趣的儿童故事,而未意识到这些作品是诗,是充满了哲理、人道主义精神和爱的伟大的文学名著。"②于是他决定按照自己的理解,直接将安徒生童话从丹麦文翻译成中文。另外一个原因是他意识到当时中国儿童文学作品非常匮乏,把最优秀的世界童话翻译过来就既可以为中国的小读者们服务,又可以为中国

① 叶君健.新中国的第一个外文刊物//周靖.东方赤子·大家丛书:叶君健卷.北京:华文出版社,1999:53-54.
② 叶君健.安徒生童话的翻译//周靖.东方赤子·大家丛书:叶君健卷.北京:华文出版社,1999:49.

的儿童文学作家提供一份重要的参考,这是十分有利的。鉴于此,他不遗余力地翻译了"安徒生童话全集",并在国内分册出版。事实再次证明,他这样做是十分有远见的,他的译本不仅在国内受到热烈欢迎,在国外也获得盛誉,和英国珍·赫舒尔特女士的译本被并称为"当今世界上的两个最好的译本",更是因此荣获"丹麦国旗勋章",成为世界上第一个获此殊荣的译者。叶君健的名字从此和安徒生童话紧紧联系在了一起。20世纪70年代末至80年代初,他将视野扩大到世界上其他国家的优秀儿童文学,翻译了有"挪威安徒生"之称的托尔边·埃格纳的童话《朱童和朱重》《豆蔻镇的居民和强盗》及同名话剧,南斯拉夫家喻户晓的童话《拉比齐出走记》,由南斯拉夫其他著名童话组成的《南斯拉夫当代童话选》,由肯尼亚、英国、加纳、匈牙利等国童话和印第安民间故事组成的童话集《神奇的石头》,以及诺贝尔文学奖得主、法国著名作家亚纳托尔·法朗士的儿童散文集《一个孩子的宴会》等儿童文学著作,为中国儿童和中国儿童作家奉献了一道又一道精神大餐,深深影响了一代又一代小读者和大读者。当代著名儿童文学作家曹文轩曾赞誉安徒生童话"在提升我们的心灵世界方面,功德无量"。我们也完全有理由说,叶君健在传播世界优秀儿童文学方面,同样功德无量。

如上文所述,1949年叶君健回到祖国后,欣然接受了参与创办旨在对外宣传中国文学的外文刊物《中国文学》的任务。创刊之初,《中国文学》主要以发表反映中国人民革命史、斗争史的现实主义题材作品为主,后来逐渐形成了以发表当代作品为主,而配以适当比例的古典和"五四"以来的作品的风格。1958年,《中国文学》对毛泽东发表于《诗刊》的十八首诗词进行英译,后来加上新发表的《蝶恋花·答李淑一》,由外文出版社出版单行本《毛泽东诗词十九首》(英文版)。1966年,又在《中国文学》上刊登了新增的十首毛泽东诗词。最终在1976年,《毛泽东诗词》全译定稿本由外文出版社正式出版。这些翻译工作都是在叶君健的主持下开展的,其责任重大、任务艰巨、过程波折,在他所写的《翻译毛泽东诗词》一文中均有记载。毛泽东诗词英译是时代的产物,同时要兼顾毛泽东诗词意义的准确性、完整性和文学的审美性,对任何译者来说都是一个巨大的挑战。叶君健等人迎难而上,定稿本在国际范围内都受到充分的肯定,可谓是对外宣传工作的胜利。

综观叶君健一生的翻译事业,可以看到,他不仅是一名翻译家,更是一名坚守在对外宣传阵线上的战士;他既脚踏实地,认真完成祖国交给他的任务,又高瞻远瞩,关心祖国未来,培养祖国的下一代。他的翻译作品,深深打上了时代的烙印,同时也保留了真、善、美的格调和崇高的艺术追求,国家使命感和个人志趣紧紧结合在一起,充分展现了老一代知识分子的责任担当和人文精神。

二、叶君健翻译思想介绍

在丰富的翻译经验背后,叶君健的翻译思想也是极其深邃的。这不仅来源于他多年的实践积累,更是他作为一名学者主动去思考和总结的结果。他对于翻译尤其是文学翻译所做出的精辟论断,是中国翻译思想体系中的一个重要组成部分,具有承上启下的作用,值得我们认真学习和思考。

在叶君健看来,"信达雅"既作为一个不可分割的整体而存在,又分别对翻译工作提出了不同的要求。他肯定了"信达雅"的普适性,认为任何文字、任何文体都应该自觉遵守这一标准。同时,他也看到了"信""达"和"雅"所属的不同范畴:"信"和"达"是"政治"标准,"雅"是"艺术"标准。一个译者在他的工作中要争取达到最好的政治与完美的艺术相结合的目标。他用朴素的话语为我们勾勒出了当时语境下对"信达雅"的清晰定位和诠释。

关于原文和译文的关系,叶君健认为,在翻译中没有绝对的"信",因为原文甚至作者本身就是不可信的。"死译"是一种以"忠于政治"为理由的狭隘的理解,并不可取。他给出的解决之道是仍然以"信"为第一原则,但也不忽视"达",要把握好两者的平衡。对于有些译者把"信"放到次要位置,而力求"达"和"雅"的做法,他并不十分认同。至于是否应该"重译"

或"转译",他认为,如果原作是名著,那么译本必须是最严肃的、最接近于原文的。由此可以看出,他对于"信"的态度是坚持传统但并不僵化,一方面表现出一名职业翻译家的道德操守和一名学者严谨的治学态度,另一方面表现出他能够客观地看待翻译工作中所出现的实际困难和问题。

对于"达",叶君健也有过深入的讨论。比如他提到要考虑读者的接受情况,但他反对"全盘中国化",赞成适度保留"外国味"。这实际上是每个译者,尤其是文学作品的译者都要面对的"归化"和"异化"问题。叶君健中和了严复、林纾等人所采取的过度归化策略和"五四"时期鲁迅等人的异化书写,倡导一种更加灵活的翻译方法,即由译者来调节译文和原作、读者之间的距离,使其保持一个均衡的状态。

至于"雅",叶君健作为一名作家,对作品的艺术性、文学性、审美性自然提出了很高的要求。在翻译安徒生童话时,他力图把原作中的浓厚诗情和幽默以及简洁、朴素的文体表现出来,因为他始终认为,安徒生的童话是诗,他的译文也必须具有"诗"性。

在此基础上,叶君健还对"信达雅"的翻译标准进行了补充。他认为,"信达雅"是"文字"的标准,除此以外还应加上一个"文学"的标准。这个"文学"的标准即肯定译者对于原文的理解必然受到"个人风格"的影响,由此产生的译文就是译者"再创造"的结果。译者和作者一样,都是创造者,而翻译文学也因此被赋予了文学性和创造性,应当在本国文学史上占有一席之地。这是对译者个体性、主体性的深刻认识,是对严复"信达雅"翻译标准的延伸和拓展。在严格遵守"政治"标准的年代,叶君健的"创造论"和对译者个体性、主体性的尊重具有突破时代局限的意义。

叶君健一生从事党的事业,在为祖国、为人民服务,做好"遵命"翻译的同时,也坚守艺术道德和审美标准,保持了革命家和艺术家的风骨。在谈到儿童文学翻译时,他说:"外国儿童文学创作的技巧和经验,有许多地方值得我们借鉴,要大胆引进。'四人帮'认为,凡是外国的东西都是资产阶级的或修正主义的,都应一律排斥。这是胡说八道。西方(也包括东方的日本)许多国家的儿童文学作品,究竟都是出自作家的手笔。我们总应该承认作家也是人民的一个组成部分,总不能把他们和他们国家的首相、总理或其他政客等同起来吧? 人民所创造的东西我们为什么不能引进、利用? 它也是属于人类精神共同财富的一部分。"①正是他的这种清醒地、辩证地看待问题的态度,才使得中国读者能够欣赏到一大批世界文学的优秀作品,和世界人民一起分享人类精神的盛宴。

三、叶君健"讲中国故事"的现实意义

叶君健尤其重视文学翻译的社会功能,强调文学传播在对外宣传方面的意义。这是他文学翻译思想的核心,也是贯穿并指导他一生从事文学翻译事业的信念。这一信念使他的视野变得更加开阔,超越了对翻译技巧的关注,进而上升到一个更加宏大的层面,对于当今的中国有着极强的现实意义。可以说,他是讲中国故事、推动中国文学"走出去"的倡导者和先驱者之一,他对中国文学对外译介和传播的洞见是预见式的,超越了时代局限性,在大力提倡中国文学"走出去"的今天,值得更多学者研究和借鉴。

在当代,国家高度重视"讲好中国故事"。对此,有学者提出了涉及"中国故事国际表达"的五个基本问题:为何表达、谁来表达、向谁表达、表达什么、如何表达。② 作为中国故事的最重要载体,中国文学该如何面对这五个问题呢? 也许我们可以从半个多世纪前叶君健就已经在进行的理论和实践探索中找到一些启示。

"为何表达"是所有问题的基础,只有明确了讲中国故事的目的,才能有的放矢。叶君健在谈及他最初用英文创作小说的动机时曾说:"我就是这样决心写小说的,想把我国底层民众中的生活、思想感情交流给世界'弱小民族'国家的读者——因为我们有共同的命运和生活感受,容易相

① 叶君健.谈谈外国儿童文学//周靖.东方赤子·大家丛书:叶君健卷.北京:华文出版社,1999:305.
② 王义桅.中国公共外交的自信与自觉.新疆师范大学学报(哲学社会科学版),2015(2):34-36.

互理解。"①可以看出,叶君健是抱着"交流"和"理解"的态度来创作小说的,其根本出发点在于"共同的命运和生活感受"。这是孔子"和而不同"思想在现代语境下的重新演绎,也和新时期"构建人类命运共同体"的理念相契合。

"谁来表达"这个问题主要讨论"表达主体"的构成。作者是中国文学的创作者,是中国故事的输出者,在表达主体中当然占据主动和优势地位。那么译者呢?译者在对外传播中究竟扮演了什么样的角色?仅仅是作为一个传声筒而存在吗?叶君健也早就给出了他的答案。他的"再创造论"认为,一部作品被翻译成另一种文字后,能在该文字中成为文化财富,成为该文字所属国的文学的组成部分,丰富该国的文学宝藏。从这个意义上讲,"翻译"就不单是一个"移植"问题了,它是一种"再创造"。叶君健同时也指出了译者"再创造"的界限和尺度,以及原文和译文之间、作者和译者之间微妙的关系:"当然,这种'再创造'究竟还是与一个作家本人的创作不同。这种'再创造'需基于原作,基于'信',而'信'的程度又与译者对原作的理解有密切关系。"叶君健的这些观点在当代都得到了印证:葛浩文助推莫言获得诺贝尔奖,刘宇昆促成刘慈欣在欧美形成中国科幻文学阅读热潮……越来越多的事例表明,译者是和作者并列的中国故事的讲述者,他们正从幕后走向前台,彰显主体性,成为讲好中国故事、推动中国故事"走出去"的关键力量。

关于"向谁表达"的问题,我们可以从叶君健对外宣传的经验中得到一些启示。叶君健在海外的受众非常广泛:有普通民众,比如他在英国做抗战演讲时,和劳动人民打成一片,会被邀请去他们家里做客,甚至留下来过夜;也有作家、学者、教授和评论家,如1981年《泰晤士报》发表的一篇文章中,一位作家盛赞叶君健在文学上的造诣,把他亲切地称为"'布隆斯伯里'学派中的一个中国人",叶君健在知识分子当中的受欢迎程度由

① 叶君健.我写小说//周靖.东方赤子·大家丛书:叶君健卷.北京:华文出版社,1999:26.

此可见一斑。而叶君健面对不同受众的表达方式和内容也是有所不同的。在面向普通民众进行演讲时,他以引起听众的兴趣为自觉遵守的规则,用通俗的话语、生动的形象、简明扼要的语言,满足受众了解有关东方盟国战时消息的要求;在与丹麦的名流共进午餐和休会的间隙,他会讲述他个人的生活故事,始终保持文雅。叶君健这种从受众角度出发,尊重不同受众的需求,对接受情况提前做充分考虑和构思的做法,对于当今的中国文学"走出去"具有十分重要的参考价值和借鉴意义。

从文学生产和文学消费的角度来看,当代中国文学在海外的读者群体还包括出版商和媒体。出版商是文学作品进入市场并成为消费品的起点,而大众媒体对于文学生产、消费和接受的影响力也越来越大,有学者甚至认为文学和文学评论已经出现"新闻化"的倾向——文学创作和传播过度依赖大众媒体,普通读者接受情况也在很大程度上受到媒体左右——但毋庸置疑的是,在推动中国文学"走出去"的过程中,需要向媒体借力,充分利用媒体的宣传作用。在这两点上,叶君健同样取得了巨大的成功。他与出版商之间形成的信任和良好关系保证了他的作品能够快速、高质量地进入海外市场。他的英文长篇小说《山村》的两部续集完成后,英国的费伯出版社在没有看到书稿,甚至连书名也未确定的情况下就派人与叶君健签约。同时,英国最有影响的《独立报》《泰晤士报》《约克郡邮报》《书刊》《探险家世界》等掀起了一股"叶君健热"。这些因素使叶君健在海外市场迅速取得了巨大成功。及至叶君健回国后参与创办《中国文学》,以此为主要阵地传播中国文学,更是将媒体的力量极大地发挥了出来。如今,出版商和媒体的作用也越来越受到重视。中国不仅在北京、上海、成都等地积极举办国际图书博览会,吸引海外出版社前来,还主动出击,在法兰克福国际书展等多个著名国际书展持续发力,取得了巨大反响。中国优秀文学作品进一步受到海外出版人认可,并逐渐建立成熟的市场机制,文学的消费价值被进一步挖掘。在媒体方面,目前已有"纸托邦"、中国文化译研网、中文少儿读物网等专门从事中国文学海外译介和传播的宣传报道和推介的机构。但总体来说,中国作家和作品在海外的推广介绍力度还不够大,普及范围还不够广,要继续鼓励中国作家作品不仅应"走出去",还应站到台前去,和海外媒体直接交流,加深海外媒体对中国文学的认识,消除他们对中国文学的偏见。

接下来一个问题是,我们究竟要表达什么样的内容。长期以来,中国文学海外传播和接受一直呈现出"厚古薄今"的特点。叶君健则认为:"要实质性地介绍和普及中国文学,改变读者(包括出版家)的'信息'观点,那还得我们自己作出努力……这种工作不能零星片断,应该较有系统,把古典、'五四'时期的文学及至抗日时期文学联系起来,反映整个中国文学的面貌及传统。"①时代变迁,中国形象和中国社会所面临的主要矛盾已经发生根本性的改变,我们急需将一批能够反映中国时代精神、讲述当代中国故事、打破海外读者对中国的刻板印象的文学作品传播出去,使海外读者了解现实中的、"活生生"的中国。

有了好的故事还不够,怎样把它讲好、讲得更吸引人呢? 叶君健的传播方式是多样的。他既擅长翻译又能用外语进行创作,既有被动传播又有主动传播,既有间接传播又有直接传播。他在英国乃至其他国家的成功不仅是他个人才华的展现,还要归因于他的作品切合了当时西方读者对中国的认知需要。正如《山村》的挪威译者、剧作家汉斯·海堡在该书的序言中所说:"我一直想找到那无名的、日常生活中的平凡人,那活动在广大群众中,但不一定政治性很强或者具有英雄气质的普通人,那代表中国、组成中国这个国家的普通人,我终于找到了他们——在《山村》这部小说中找到了他们。"②当然,这并不是叶君健有意为了迎合西方读者的需求和口味而定制的,相反,这源于他内心的表达欲望、价值认定和审美倾向。他坚持现实主义的创作原则,想要把中国人民的革命斗争如实地传达给西方读者。这样,在作者的写作意图和读者的认知意图相一致的情况下,

---

① 叶君健.新中国的第一个外文刊物//周靖.东方赤子·大家丛书:叶君健卷.北京:华文出版社,1999:54.
② 苑茵.关于《山村》.北京:开明出版社,1993.转引自:李保初.日出山花红似火——论叶君健的创作与翻译.北京:华文出版社,1997:120.

《山村》以及他所翻译的《三季和其他故事》等作品在保持极高艺术价值的同时,在消费市场上也获得了巨大的成功,成为中国文学海外传播的典范之一。由此可见,处理好作者写作意图和读者认知意图之间的关系,是当下传播中国文学、讲好中国故事的关键,只有二者保持平衡,才能既展现中国文学的优秀品格,又受到海外读者的喜爱和欢迎。那么在当代语境下,海外读者的认知意图是怎样的呢? 和国内读者的阅读期待又有什么样的异同? 这些问题都值得我们继续思考。

叶君健为我们奉献了如此多的文学瑰宝,每一样都值得珍藏和细细品味。遗憾的是,选集的容量有限,我们只能选取最能代表叶君健精神和思想、最能表现其才华的作品来呈现给读者。在选本时,我们遵循了以下几个原则:

(1)译文内容丰富,以便读者品读叶君健文学翻译精妙之处,并把握其翻译思想的精髓。

(2)译文力求多样化,既有最著名的安徒生童话,也包括早期的欧洲戏剧翻译作品和后期的南斯拉夫童话故事等,从而体现叶君健翻译作品的多种题材和多样风格,并借以展示其在翻译不同材料、面向不同受众时所采取的灵活应对方法。

(3)译文力求全面化,既有代表性作品,也有不太为人所知的作品。以童话为例,我们既保留了脍炙人口的安徒生童话名篇,又加入了挪威的《朱童和朱重》《豆蔻镇的居民和强盗》、南斯拉夫的《拉比齐出走记》和法国儿童散文集《一个孩子的宴会》等精彩篇章。

(4)译文避免片段化、节选化,尽量保持完整性,以使读者了解作品全貌,从整体上领略叶君健翻译艺术的风采。

在社会发展的历史进程中,语言文字的使用也是在不断地发展变化的。叶君健所处时代的语言文字的许多使用习惯到现在也已经有了不少改变。有许多表述,原先往往有两种甚至更多种可以随意通用的写法,例如,"像"和"象","待"和"呆","哪"和"那","漂"和"飘","覆"和"复","洒"和"撒","其他"和"其它","给予"和"给与","赐予"和"赐与","绝不"和

"决不","身份"和"身分","年轻"和"年青","丁当"和"叮当""叮噹","座位"和"坐位","至于"和"致于","缘故"和"原故","噩梦"和"恶梦","不止"和"不只","用人"和"佣人",等等。再如,"做"和"作"没有明显的区别,"装作""叫作"在当时多写成"装做""叫做";"的""地"和"得"的区别也不明显。虽然现在出于语言文字规范化的需要,对这些表述都有了取舍,但是在叶君健的年代里,这些词语的使用还是相对比较随意的,因此在叶君健的原译文中有许多当时并不存在问题而与当今的"规范"要求不尽相符的用词。关于这些词,多保留了原译文中的用法,一般不进行统一。但是,如果表示相同意义的两个词在文中出现的位置较为接近,则酌情进行统一。例如,表示比喻的"像",在同一种作品中若存在不一致之处,则视情况统一为"像"或者"象"。再如,将《海的女儿》中表示同一含义的"漂"和"飘",统一为"漂"。

另外,叶君健原来翻译时使用的一些剧名、人名和地名等专有名词和现代通行的译法也有较大差异,如"亚里士多德""波罗的海""希伯来",在当时写作"亚里斯多德""波罗底海""希伯莱"。对上述词语和专有名词,考虑到原来的表述对当今读者的阅读理解并不会造成大的困难,但有助于读者更贴近当时的文化原貌,认识那一段离我们渐行渐远的历史,对于历史文献的存留更有着特殊的意义,所以我们对这些词语和专有名词基本上保留了原貌。

译作中还有一些现在已经很少见甚至并不使用的表述和用法,我们基本上进行了查考,只要是历史上确实存在过的用法就予以保留,如果完全没有记载的则估计是原来的笔误或排印错误,就做必要的调整。例如,对"一些(所有)……们""因为……的缘故(原故)""成为了"等不影响理解的表达进行了保留。

本次叶君健代表性译文的编选参阅了《阿伽门农王》(中国工人出版社,1995 年)、"安徒生童话全集"(上海译文出版社,1978 年)、《一个孩子的宴会》(中国少年儿童出版社,1981 年)、《朱童和朱重》(中国少年儿童出版社,1982 年)、《豆蔻镇的居民和强盗》(中国少年儿童出版社,

1982 年)、《拉比齐出走记》(湖南少年儿童出版社,1982 年),特此致谢!

　　最后,就让我们一起徜徉在这浩瀚的文学的海洋里,就像来到了小美人鱼的海底世界,尽情地欣赏这些美妙的珍宝吧!

阿伽门农王

[古希腊]埃斯库罗斯

登场人物

（以出场先后为序）

守望人

城中老人所组成的歌队

克吕泰墨斯特拉

阿伽门农

卡珊德拉

埃癸斯托斯

景：在阿耳戈斯①地方，阿伽门农王宫殿面前的一块空地上。夜。宫殿屋顶上的一个守望人。

守望人

我要请上帝不让我再作守望，

我象一头狗似地度夜已有一年时光，

在阿特柔斯②儿子们的屋顶上支着肘观望，

① 阿尔戈斯（Argos）：阿伽门农的王国，在希腊，所以在荷马的史诗中，阿耳戈斯又有希腊的意思。
② 阿特柔斯（Atreus）：贝洛甫的儿子，堤厄斯忒斯的弟兄，阿伽门农和墨涅拉俄斯的父亲。密逊纳（Mycenae）的君主。

于是我认识了夜里群星的聚会——

那些带给人间夏天与风暴雨狂，

罗列天空中的、闪耀着的帝王。

我知道了这些星星的升和降。

我现在等待着烽火的信号，

它将从特洛伊①带来消息，

报告那儿的沦陷。这件工作是一个

血心肠的、有一副男人头脑的女人交我办好。

当我要在这潮露里试作一会不可能的假寐，

我的夜却不见梦儿来到：

因为伴我的是恐怖而非睡觉。

所以我不能闭起我的眼儿睡一宵，

当我要哼唱一支歌

来治疗我的睡眠，每次我就要哀叫，

为这一家的命运而泣而号：

它已经不象以往，一切秩序都好，

可是愿好运降临，离开苦恼。

好消息已能从这夜半的烽火看得到。

【暂停。一道光现了出来，渐渐地增大——烽火的光。

啊！夜的火把，我向你敬礼，

你的光象白昼。在阿耳戈斯城里

跳起种种舞蹈，庆祝和平。

我要喊阿伽门农②的女人，

快走下床来，在这房子里

快乐地高呼，对这火把回礼：

---

① 特洛伊（Troy）：小亚细亚一城市。希腊人对它的远征形成有名的"特洛伊之战"。

② 阿伽门农（Agamemnon）：希腊远征特洛伊军队的统帅。

因为特洛伊城已经攻陷——

这就是那火焰招手的明白消息。

我将先跳起单人舞,

因为主人的运道也就是我的运气——

这烽火即给了我幸运的这么一击。

愿他——这一家之主——回到家来,

我将要把他的手紧紧握起,

无别话可讲:所谓一头巨牛

站到了我的舌上。

这房子如若有声便会诉出我的衷肠,

可是我将只讲给那些知情的人听。

至于别的人,我可记不起任何事情。

【守望人自屋顶退下。

【一群老人组成的歌队进场。在歌唱时,天渐渐亮了。

歌队(一面行进,一面吟诵)

这是第十个年头,

墨涅拉俄斯王①和阿伽门农王——普里阿摩斯②的世仇,

齐坐着王位,齐握着王权在手,

他们原是阿特柔斯的一对儿雏,

从上帝将统治权承受。

他们征集了一支阿耳戈斯军队——

一千艘船来做战争的准备。

---

① 墨涅拉俄斯(Menelaus):阿伽门农的弟兄,与斯巴达国王廷达瑞俄斯的女儿海伦结婚。特洛伊之战即因海伦而起。

② 普里阿摩斯(Priamus):特洛伊的最后一个国王。

他们的心在无边的嗜血狂中怒号，

象苍鹰一样对它们的小雏悲悼：

旋回打转，在它们的窠上飞翔，

拍击空气，是它们的双翼作的桨。

　　它们的爱抚和养育，

　　现在都了无结果。

可是高高在上有一个神祇，

也许是潘①，也许是阿波罗②或宙斯③，

听到了这群鸟儿的号鸣——

原来都是他王国里的客人。

因此，时机虽晚，作为补救，

他送下了一个神来复仇，

这样我们的主宙斯：

他是客人与主人的护侍——

遣下阿特柔斯的儿子来与帕里斯④作战，

为的是要把许多人的一个女人夺还，

掀起连狗都得累死的战乱：

四肢和膝都要被尘埃覆满。

　　从此对于希腊人和特洛伊人

　　这成了一场折戟断矛的开端。

世事全由命定，

命定才能解决纷争，

---

① 潘（Pan）：羊群和森林之神，以善奏音乐著名。

② 阿波罗（Apollo）：光明、医药和音乐之神，他用箭给人们送来灾害。

③ 宙斯（Zeus）：希腊神话中众神之王，其威力为诸神所不及。

④ 帕里斯（Paris）：普里阿摩斯的儿子。他拐走墨涅拉俄斯的妻海伦，导致特洛伊之战。

一团油火也不能消灭

未烧尽的祭奠品的固执气愤。

但我们啊，我们的身体业已破产：

远征队把我们留在后边，

我们倚着手杖等待，

衰弱得象一个婴孩；

因为留在孩子身上的骨髓，

与老年人的只是大同小异：

因为战神已远离他的躯体，

而且一个太老的人，

他的叶子早已枯凋，

拖着三只脚的步子①

不会比一个孩子更好，

在白昼中还会象在梦境里游遨。

可是你，克吕泰墨斯特拉②皇后，

廷达瑞俄斯③的亲生女儿，

你听到什么消息，什么真情，

你依据谁的话来下达命令

叫四方的人来献祭品？

所有的神明，城里的神明，

天界和下界的神明

在门边，在广场上，

他们的祭坛被你的礼品辉映得亮晶晶。

---

① 三只脚的步子：指人老了走不动，要用拐杖。
② 克吕泰墨斯特拉（Clytemnestra）：阿伽门农之妻。当阿伽门农出征特洛伊时，他把家事交托亲戚埃癸斯托斯照看。这亲戚后来跟他妻子私通，篡夺了他的王位。
③ 廷达瑞俄斯（Tyndareus）：斯巴达君王，阿伽门农的岳父。

这儿,那儿,每一方,每一个角落,

跳跃着天一样高的焰火——

它是由温和而又诚实的

神圣的脂膏的宣传所燃着,

也就是皇家仓库的油酪。

这一切说明

你能够,也可以,

把我们的苦难解脱——

苦难与祸患同来使人难受,

虽然有时它也赎了罪,

却也把一个光明的希望驱走——

那吃掉我们的心的啊,

无止境的悲愁,

感谢上帝的恩惠,连我都能说出

那些强者浩浩荡荡地送到的这兆头。(舞)

我的年纪还能鼓舞起

一个有力量的歌喉,

唱出希腊青年的君主

双跨龙廷,一心一德,

善使戈矛的征伐能手,

乘着一群怒鸟①向特洛伊的海岸飞渡。

鸟的君主向我们的君主驰来,

一边有白的尾,一边却是白的尻,

齐在宫殿的右边一显身手。

这儿大家都能看到它们蹂躏猎物——

撕着一个怀有幼儿的妊兔。

---

① 一群怒鸟:指兵舰。

哭啊,对死神哭,但愿福星高照。

于是勤勉的军事预言家

看到性格不同的阿特柔斯的儿雏——

知道两只鸟儿惨杀了妊兔:

它们就是两个将军。因此他下着注解:

"这远征军马上就要把特洛伊城毁灭;

在这城市的那座塔前,

因了命运之神的计算,

一国的财宝将要用完。

但愿众神的鄙弃不要埋没了这兵营,

愿特洛伊的马缰也不要太早就鞭上它身,

因为那女神起了怜悯

对她父亲的有翼犬怀恨:

它们惨杀了蜷伏着的妊兔——

这种苍鹰的宴会——阿耳忒弥斯①觉得可憎,

　　哭啊,对死神哭,但愿福星高照。

"但是啊,女神,你虽然如此和善,

对于狮子的小雏,

对于一切野善的乳子,

你一见便心中喜欢,

你对我们充满了这类表现,

这是好的象征,但也易受责谴,

所以我要求治疗者阿波罗,

请他的姐妹勿再与希腊人争战;

————————

① 阿耳忒弥斯(Artemis):一处女,猎神。

关起风来阻住他们船只的去路，

索勒另一种无喜宴的祭奠，

在这家内狠狠地建起仇恨和私偏。

因为怒神已经狞恶地打了回头

狡猾地到这家为死去的孩子报怨。"

预言家于是喊——善与恶相混；

这是鸟心所预兆的皇家命运，

与这预言相呼应；

　哭啊，对死神哭，但愿福星来临。

宙斯，不论他是谁人

只要这是一个公认的名姓，

我就要高呼这个人名。

当我把这一切情形考虑一个仔细，

除了宙斯真没有人能与他比拟，

如果我要扔掉那些

塞住我心的凄然的忧虑。

不是那位原来就是伟大的人①，

夸张地骄傲，渴望着虚名，

能够说得上相称。

那第二个人②也曾遇到他的对手

可是一会儿就连踪影也不留。

但宙斯是你凯歌中要高呼的一个名姓——

这么着你才会赢得智慧的奖品。

———————————

① 指乌剌诺斯(Ouranos)：宙斯祖父。

② 指克洛诺斯(Cronos)：宙斯的父亲。

谁把我们赶上路

定了这条有效的定律

"人类应该从苦难中学习。"

在睡梦中一滴滴落到心里的

是很艰难的、痛苦的记忆；

智慧违人的意志来了，

众神的恩典降临我们的身体，

　　不可侵犯地耸立。

因此在这个时候，

希腊船只的首领

对任何预言没有怨恨

也不理命运的雷霆：

因为船开不了，

希腊人遇着了严重的饥馑，

在奥里斯①空空的等候：

　　这儿浪花对卡尔齐②卷着回流。

可是从斯第蒙③呼呼而来的风鹤

带来迟滞、危险的下碇处与饥饿；

诳了人，拆了船，断了缆，

同时也拖长了时间，

把阿耳戈斯的花撕成了无用的碎片。

---

①　奥里斯(Aulis)：希腊一港口。出征特洛伊以前，希腊的舰队在此集合。

②　卡尔齐(Chalcis)：爱琴海中最大海岛幽波亚(Euboea)上的一个大城。

③　斯第蒙(Strymon)：马其顿的一条河。

这时预言家便高声叫喊：
有平息这暴风的新意见；
船长们更是难受
对阿耳忒弥斯的愤怒抗辩，
使得阿特柔斯的这对儿郎
以王节击着地，泪上潺潺。
那位年长的君王只有出声回答：
　"我的命运太残酷啊，太反叛，
要我斩掉这一家之宝的孩子，
同时把一个处女呈上祭坛
把她父亲的一双手污得腌臜。
哪一件事都不好处理；
我怎么能对这舰队叛离
和挫折这支同盟的军队？
是，他们急切地要求大风平息，
用一个女子的血。
好吧，愿一切如意。"

但是当他带上了命运的羁绊，
一股恶风便吹上了他的心田，
不许可而且也不神圣。从这时起
他便更改了他的计划，勇往直前，
因为人类的心正由于糊涂而强健——
它是一个糊涂顾问，苦痛的第一个环链。
总之，他自动地杀了他的女儿，
作为行程顺利的一个祭奠——
为奔逃了的一个妻子而作战。

她的祈求,她对父亲的叫唤,

她处女的生命,

对于这辈军阀却不值一钱。

可是她父亲一做完祷告,就喊他的侍卫

举起她象一只羔羊儿似的献上祭坛。

她的裙袍散落在她的周围。

他们胆大地举着,她的精神迷乱。

他们用一个塞子堵住她美丽的小口,

用一股盲目的力量

堵住那会成为这家的诅咒的她的叫喊。

于是她番红的衣服落到了地上;

她对每个指定献祭者的视线

是一丝哀怜的光,

清楚得象一幅生动的画面。

她希望喊着名姓和他们一谈,

因为她常常在父亲宴客的桌旁

为父亲的喜庆而歌唱。

她清脆的声音,热情得恰如一个处女,

在第三次奠酒时歌唱着愉快的颂曲。

这事的结果我看不出,也说不出道理。

可是卡尔卡斯①的计谋却达到了目的。

公理的定律是叫人从苦难中学习,

未来到时便知,且等那时再叙。

先知等于先受些苦恼,

黎明到时真象自能明了

_____

① 卡尔卡斯(Calchas):有名的预言家。从阿波罗得到作预言的本领。

【克吕泰墨斯特拉自宫中上。

但是至少愿好运道降临

来满足这儿皇后的愿心；

她站在龙廷的最近处——

是阿耳戈斯这国家的卫兵。（舞毕）

歌队长

我来了,克吕泰墨斯特拉,拜敬你的权威,

因为我们要尊崇我们主人的妻子才对,

当他的龙廷正虚着空位。

可是如果你真的听到了好消息,

或者你被阿谀的希望所鼓动而献祭,

我倒高兴听,虽然我不能指责沉寂。

克吕泰墨斯特拉

如俗语所说的,带来了好的消息,

黎明,愿它从它的母亲黑夜升起,

你将听到一桩意想不到的事件:

阿耳戈斯的男子攻下了普里阿摩斯的土地。

歌队长

怎的! 我不能相信,这事会逃出我的注意。

克吕泰墨斯特拉

特洛伊在希腊人手中,未必我还说得不仔细?

歌队长

快乐笼罩我的全身,使我流泪。

克吕泰墨斯特拉

是,你的眼睛表示出你的忠心,

歌队长

但是你有什么根据？你有什么证明？

克吕泰墨斯特拉

真有一个证据——否则除非上帝骗了我们。

歌队长

也许你相信梦里的那些诱人的形象？

克吕泰墨斯特拉

我不会相信一个昏睡的头脑！

歌队长

也许无翼的飞行者——谣传——弄得你颠倒？

克吕泰墨斯特拉

你讥笑我的常识,好象我是一个孩子。

歌队长

但是什么时候那座城被夺取？

克吕泰墨斯特拉

就是产生今天的那个黑夜。

歌队长

什么使者能跑得这样快？

克吕泰墨斯特拉

赫淮斯托斯①从伊达②燃起一炬美丽的火把,

从伊达传递到在勒诺斯的海米斯悬崖。

这炬火又被传到第三个海岛,

在宙斯所有的阿特柔斯的高峰上燃烧。

于是它高高地又跨过了海,

驰骋的火把威力闪耀,

---

① 赫淮斯托斯(Hephaestus):火神。

② 伊达(Ida):特洛伊附近的一座山。

象太阳愉快地撒下金色的光毫。

这光的先驱跳到马习斯都诸峰，

他不迟延，也不随便让睡魔作弄，

也不逃避他这中间人所负的重任，

他远射的光芒射到了幽里浦的浪花；

对麦撒边的观看者说出了这消息，

他们于是又把这消息向外传递，

在一大堆干的石南草上燃起一炬火把。

这健壮的火焰还不等待烧残，

象燃烧的月亮便又跳过亚索布的平原，

在西特龙的崖上唤醒

这火链的另一把火星。

从远处传来的巨光还不曾萎枯，

守望人的身边便又燃起更强的火柱。

这道光跃过了哥果比的水流，

按时达到了亚及卜兰多的山头，

催起另一炬及时的火信，

于是他们大量地焚烧，

一丛众多的火焰，大得足够

俯视萨隆尼克湾的岬头，

闪着，跃着，终于烧上

亚接伦断岩，我们临近的高岗；

最后在阿特柔斯儿子的屋顶上飞腾，

显示出伊达岛上火光的象形，

这是指定给我的火把竞跑者的工作，

那最先也是最后跑的人才能奏起凯歌。

这是我给你作为证据的报告：

我丈夫从特洛伊城发出的信号。

歌队长

　　皇后,我要感谢众神,

　　但我要进一步知道这细情,

　　从你口中听得一个详尽。

克吕泰墨斯特拉

　　今天希腊人占领了特洛伊城,

　　我想这城中的叫喊不会相混。

　　你把油和醋倒向一缸,

　　它们会丑恶地各占一方。

　　那些得胜者和另些人的被掳,

　　他们不同命运的声音是非常清楚——

　　因为这些人倒在丈夫和弟兄尸首的左近

　　或者儿子们倒上年老父亲的尸身,

　　用他们那不再是自由的喉咙

　　哭诉最亲爱的人的命运。

　　但另一群人被战后一夜的掳掠累得饥寒,

　　贪吃着这城市能给予他们的任何早餐——

　　现在不再是按任何营部来分配

　　却是每个人抽他命运的神签。

　　所以在特洛伊俘虏们的家里

　　他们已经能够住得身安,

　　不再受露天的寒霜和苦露,

　　不须步哨,睡得象快乐的神仙。

　　不过,倘若他们有礼地尊崇那城的诸神,

　　那占领地的诸神和诸神的圣龛,

　　既征服了,他们就不须怕被征服而心寒,

　　可是愿贪欲不再落在这队伍群里,

　　使他们因贪财而劫掠不应当得到的东西,

因为他们为了要安全回返家园，

他们还得走这段双程的第二面。

所以如果他们回家而未曾侮辱那些异国的神祖，

那被杀者的怨恨也许最后听到一个友爱的谈吐——

除非又产生了新的恶仇。

这是你从我，一个女人，所能听到的意见。

可是愿大家看到一切都善。

我们的善很多。我只要求把它享玩。

歌队长

女人，你象一个谨慎的男子，话说得有理，

你这清楚的证据我听得非常详细。

愿我们把光荣归于我主，

我们的苦恼得到了公正的报复。

【克吕泰墨斯特拉走回宫殿。

歌队（吟诵）

啊，我们的王：宙斯，我们的朋友：夜，

光荣的赐与者——

夜，它在特洛伊的塔上，

撒下一道紧覆的罗网，

年长的年幼的都不能

走过这奴役的、巨大的

吞没一切的陷坑。

伟大的宙斯啊，主人和客人的护卫，

你完成了你的工作，我要恭维。

对帕里斯随便的瞄准，

不太低，也不越过星星，

——他没有射得不正。

人们可以说这打击来自宙斯（唱和舞）

这点至少是无容置疑，

人们生活着，依从他的统治。

有些人以为上帝不屑于考虑人间

那些人，他们践踏了圣物的恩典。

只有邪恶的人才作此语，

而"灭亡"正表示出

它是不应妄动的行为的结局，

当人类过分地被自大狂所贿赂

以及他们的房屋装满了财富的时候。

报应昭彰。但愿危险遥远，

一个人若有适当的智慧与才干，

了解这话儿当然不会困难。

因为一个人没有卫障

来抗拒被财富所沉醉，

当他一旦从他的视线

把正义的高塔推翻。

阴森的诱惑之神对他追逐，

他这可厌的孩子，计算的劫数。

补救已无效用，再不须什么掩护，

可是"邪恶"已把它无彩的光向外透露；

同时也象一块坏的钱币，

擦了再磨，

他就变成漆黑，颜色褪落；

在这试验下——他象一个孩提

追逐着一个有翼的雀子。

他永远地玷辱了他的城。

他的祈祷没有神来倾听。
一个人把这类事作为实习
神祇可就要消灭他的身体。
　　这么着帕里斯来拜见
阿特柔斯的儿子的乐园，
污辱了友情的席。
盗去了主人的妻。
遗留给她国人的，
是盾和矛的锵铿
与战舰的远征，
而带来的并非嫁妆却是毁灭特洛伊城，
她轻轻地走过了一些门槛，
危险的事儿却做得大胆。
殿中的许多说客对此事都一齐埋怨：
"啊，这家庭，这家庭与它的诸王，
啊，这床席和她四肢遗下印象；
人们看到他躺着无声，
被羞辱了而说不出怨恨。"
因了这一腔对海外的她的怀恋，
这家庭似乎被一个魔鬼盘桓。
而现在她的丈夫憎恨
美态的雕像的雅静——
在它们空洞的眼内，
所有的诱惑力都离了身。

但在诱人的梦境里现出了形象，
她带给人间徒然的一度快畅，
因为在幻象中他想把她摩抚，

而这幻觉却在他的指间滑去，
一忽间就成了一片虚无，
跟着来的是睡神的散步。
这是在他家炉边的悲愁，
这类事和比这更坏的还有。
在离去了男子的希腊的土地之上
迷漫着痛苦的心和女人的哭丧，
在所有的家里都可以看出
万千愁绪刺痛着她们心的深处。
　因为她们亲眼送去那些男子作战，
　但是代替他们生还的，
是轻轻的
尸灰一碗。

尸体的兑换者——那作换钱业的战神，
在这次战争中把握住了他的天秤，
从火化了的特洛伊城回转
带给朋友们那灰尘一盘。
它被泪珠儿压得沉沉低垂——
这值得一个人的生命的尸灰，
在一个便于随带的缸内。
她们呜咽地哭诉着，为那些死者夸耀：
说他们是怎样的战争专家，如何在屠杀中英勇地躺倒，
而他们却是为了别人一个妻子的私逃。
话语已成呜咽和含混，
一腔仇恨和悲愤
反抗阿特柔斯儿子和他们的战争理论。
　但一些别的人倒在城墙脚边，

　　埋葬在特洛伊土地的下面，

　　睡着，他们的肢体仍然美丽，

　　但被束藏在敌人的土里。

一个暴怒民族的私语十分低沉，

成为众人诅咒的公愤。

黑夜中蜷伏着一件物体，

焦心地等着听个仔细，

因为众神并没有瞎了眼睛

看不见那谋杀了很多人的人们。

黑衣女神也按时来拜访，

当一个人在罪恶之中兴旺，

把他变成黑暗，腐蚀他的生命，

而他一旦灭亡就再也不能翻身。

太狂大了的光荣

是一个疼痛的负重。

宙斯的眼会炸碎了那最高的山峰。

　　我宁愿有一笔无人嫉妒的财产，

　　而不要作一个掳掠城市的人儿，

　　不使自己成为一个俘虏，

　　在别人的统治下为奴。

　　（舞毕）

一老人（唱）

　　烽火带来好消息，

　　一个谣传很快在这城上掠过，

　　谁能知道它是真的，抑系虚假，

　　还是众神弄的骗人计划。

另一老人（唱）

　　什么人如此幼稚蒙昧，

在心中燃起一道新式的火传消息，

而又马上垂头丧气——

当这报告变得有些不利？

另一老人（唱）

这恰恰适合一个女子的心理,在故事证实前就表示同意。

另一老人（唱）

女人们那种过于轻信的热情，

会扩大成为一股燎原的火焰，

但女人所宣布的消息也会很快地渺无踪影。

歌队长

马上我们就可以知道那些光耀的火把，

那些烽火和那些相互呼应的强烈火花。

它们是否真的存在抑是梦幻——

这悦人的光来把我们的智力欺骗？

看啊,我看到从海的彼岸，

一个使者在橄榄树荫下被灰尘覆满——

这泥泞的干渴姊妹和同僚就是我的证见：

他将不会带来一个哑消息报告，

那消息也不是一山柴火的焚烧；

可是相反的消息我将怕得不愿听见。

但愿在现在的善上更加上善。

另一说话者

无论谁对我们这城作不善的祈祷，

愿他收获他坏心肠的果报。

【使者进,在开口前先吻地。

使者

我祖先的土地,啊,阿耳戈斯的土地，

在第十年的开端,我回到了你怀里，

在许多动摇的希望后达到了一个目的，

因为我从不敢想象在阿耳戈斯国里

我能在家乡亲切的土上赢得一块墓地。

可是，万岁啊，祖国，万岁啊，太阳光，

和俯视这个国家的宙斯，万岁啊，比田王①

愿他不再向我们射出他的金箭

（仇视在斯卡曼多河②已有很久的时间）。

现在但愿你是我们的救主和大夫，

阿波罗王，我要向议会的众神高呼，

也要向赫尔墨斯③，我的恩主——

他是所有的先驱者所崇拜的先驱——

也要高呼那些英雄顺送我们的行程，

并加施恩宠使这支军队从刀剑下逃出了生命。

啊，珍爱的家屋啊，皇家的宫殿。

啊，威严的龙廷和面对月光的众神仙，

以你们闪耀的眼，如从前一样

欢乐地来迎接你们久别了的君王，

他在黑夜中给你们带来光亮

也带给所有的人——阿伽门农王，

请给他应得的热烈的欢迎。

他用公正裁判之神的铁斧

削平和摧毁了特洛伊的土地和城，

也捣毁了那些祭坛——神的坐位，

这土地的一切种子也因此而全毁。

---

① 比田王（Pythian King）：指阿波罗。原意为神谕之王。"比田"是形容词，意为"比托的"。"比托"（Pytho）：是德尔福（Delphoi）的古名，阿波罗神的圣地。

② 斯卡曼多河（Scamander）：特洛伊附近一条有名的河。

③ 赫尔墨斯（Hermes）：众神的使者。

这君王把羁绊放在特洛伊的颈上，

阿特柔斯的长子——一位幸福的君王，

他来了，最值得这儿一切人的尊荣。

帕里斯和这座罪恶的城——他的帮凶

再也不能夸他的罪比报应还重。

因奸盗而被判决受这报应，

他已经失掉了盗来的物品，

他父亲的房屋和这国家整个被削平；

普里阿摩斯的儿子们加利息把他们的债付清。

歌队长

欢呼啊，高兴啊，希腊军的传令人。

使者

真高兴，这么高兴，只要众神下令

我将毫不迟疑地去死——结束我的一生！

歌队长

你真是这么焦急地盼望回家？

使者

是，泪珠因快乐而涌出了我的眼睛。

歌队长

那么使你苦痛的狂热一定很甜蜜？

使者

你这是什么意思？请告诉我你的旨趣。

歌队长

你渴望那些人——而他们又以爱对你们回应。

使者

你意思是说这国家思念着远征军？

歌队长

我自己就常从一个阴影覆住了的心发出呻吟。

使者

> 它怎样地抓住了你——这悲切的怨恨？

歌队长

> 我形容不出。我的药方是"沉静"。

使者

> 什么？在你主人出征期间你害怕了一个人？

歌队长

> 是,照你的话,死就是我的愿心。

使者

> 我们成功了——这花费了时间。
>
> 我们可以说,他们有些死得非常勇敢,
>
> 同时却有些人要加以责难。
>
> 除了众神谁能在一生中没有辛艰?
>
> 假如我形容我们的工作,我们艰苦的住所,
>
> 挤在甲板上的睡眠,不敷用的被卧,
>
> 得不到手的定量分配——
>
> 那地方还有许多事使人憎恶心灰,
>
> 因为我们的床排在敌人的城墙脚下,
>
> 从天空不断落下的细雨,从沼地升上的露珠,
>
> 湿了我们的衣,生出虱子充满了我们的头发。
>
> 同时如果要描写这鸟儿都要绝灭的严冬,
>
> 因了在伊达下的雪而使人难挨的寒冻,
>
> 或是那炎暑,那时连中午的海都变得疏懒,
>
> 翻不起浪花,在慵倦的平静中贪眠。
>
> 但干吗要发牢骚?倦息已经终尽,
>
> 真的,它对一些人是绝不再临:
>
> 他们再不用麻烦着从床上起身。
>
> 干吗要去计算那些损失了的人们?

干吗活人要为命运的唾弃而忧闷？

"再见！"我要为灾难这么长叫一声。

对于我们这些阿耳戈斯的残余，

幸福的重量已经是超过了苦痛。

因此我们可以对这太阳光夸耀

乘着语言的翼在地上和海上游遨：

"攻下了特洛伊，阿耳戈斯的远征军。

在全希腊每个寺院里的大厅

悬起掳掠物，一些古雅的战利品。"

听到这故事的人定会称赞这城与那些将领。

夸耀啊，夸耀那促成这种成功的上帝的慈恩。

这整个故事你可听到了一个详尽？

歌队长

我承认，你的报告我完全相信，

老年人总是年轻得足够倾听。

【克吕泰墨斯特拉从宫殿走出来。

这消息依理是先属于这个家庭

和克吕泰墨斯特拉——虽然我也因此荣幸。

克吕泰墨斯特拉

好久以前我因快乐的驱使而欢叫，

由于第一位火把使者的来到，

宣布特洛伊被推翻，

人民曾责备我说："仅仅一点烽烟

就能诱使你相信特洛伊城已经攻陷？

的确，女人的心是太容易喜欢。"

这种批评的确使我感到迷茫，

但我作了祭典，照女人的模样。

人们在城内呼起胜利的叫喊

同时在众神所住的庭院中间

焚着芬芳的、吃灭香柱的火焰。

现在你们还有什么要对我再讲？

我将从国王亲口听取一个短长。

但是如何最好的把我这光荣主人欢迎

当他回到家来——这我得费一番思考。

因为女人还能看到什么光亮比这更亲切，

对她从战争中回来的男子打开大门来迎接，

当上帝保留了他的性命？请把这话详告，

我以最高速度回来的丈夫——这城的珠宝，

愿他回家看到一个妻子的忠诚——

她这看家之犬——正如他离别她的时分。

她对他善良，但对一切来意不善的人骄傲，

对于许多别的事也象以前同样的好，

在这整个的时间绝不曾把海誓山盟毁掉。

我对于别的男子感觉不到一点儿快乐，

老实说，不会知道怎样把铁染红更多，

这夸口决不会把一个高贵的妻子羞过。（下）

歌队长

她这么地说了；如果你愿意接受它的意义：

聪明的解释者知道这故事穿的是漂亮的外衣。

可是你，使者，请告诉我；我要知道

墨涅拉俄斯是否被保护得安好，

将和你——我们国家最亲爱的人——一起回朝。

使者

这么漂亮的假话我说不出口，

朋友，来使你高兴，无论多少时候。

歌队长

不过如果那真消息也能这么好，

善与恶的分界就难于隐掉。

使者

那王子死在希腊的战舰之上，

他和船。我说不出别的虚谎。

歌队长

是他在大家前面从特洛伊第一个出发，

还是苦扰着大家的风暴扫开了他？

使者

你射中了目的正如一个专家射手，

简洁地把一个悲长的故事说得清楚。

歌队长

是否这谣传在别的残舰上也很流行，

说明他是死了还是活出了生命？

使者

谁也说不出一个确实短长，

除了这养育大地上一切生物的太阳。

歌队长

请告诉我这暴风是如何因了神的怒火来袭击这

队船，和它是如何的一个结果。

使者

只能传坏消息的舌头不应把好消息的日子污染。

各个神祇应该获得他应得的称赞。

当一个使者，面色失望，给这城市带来

一支军队的失败的那种可憎的报告：

一个将军围在城中，而且许多人

被家庭诅咒，被向外驱赶，

由于那战争之神所爱好的双鞭

和那位手握血腥戈矛的"劫数"神仙，

一个人在心中怀着这么大一堆悲愁，

只要你问他便能把芙莉①的歌背得清楚。

不过当我们的目的已经完成

和幸福的使者回到这座庆乐的城，

我怎能把好消息和坏消息相混

来重述希腊人遭遇的风暴——上帝的怒愤？

因为那些顽固的敌人，

火与海，而且又是同盟，

毁灭了阿耳戈斯这支不幸的大军，

在夜间涌起了一层邪恶的毒浪，

从特拉斯②吹来的暴风使船儿相互撞破：

它们在这巨风的狂暴中互相触角。

巨风和滴达的雨把一切完全搅乱：

由于一个恶毒的牧羊人向各方乱扇。

可是当太阳明亮的光从东方升起，

我们就看到爱琴海翻着花的尸体：

这是希腊人和他们船只破坏的拾遗。

可是我们，我们的那艘船一点也没有破损，

不知是某人把它攫去，还是已为它求情

一个神祇，不是人，掌握了它的舵，

同时救命的福神也在我们的船上高坐，

所以我们碇泊时没有被浪花狂击，

---

① 芙莉(Furies)：即报仇女神，共三人，专司惩治罪犯。

② 特拉斯(Thrace)：古马其顿东北一块范围不定的地方。

也没有在悬崖布满的岸边撞破。

但是从海上逃避了死神，

在白天我们却怀疑命运：

新的痛苦纠缠住我们的心。

这舰队已被打碎，水手也都疲敝，

现在假如他们有任何人还能呼吸，

他们一定以为我们丧掉了身体。

愿一切都是顶好。至于墨涅拉俄斯王子，

第一个而且最可能的猜想是惨死。

可是假如太阳的某一根光线，

侦察出他还是活着，睁着活的眼，

由于宙斯的计划还未决定把这族全毁，

那么我们就还有一线希望盼他生还。

你已听到很多。要知道这是真话。

【使者下。

歌队（唱和舞）

谁为她起了这么一个姓名

在各方面恰恰不相称，

除非这是我们看不见的某人——

那个先知的命运——把舌头运用得神灵？

海伦①，戈矛和战争的交点的嫁娘，

她与这比喻的确非常相象：

她成了船和人的一个地狱

和她国家的一个笼囚。

她从华丽精致的帷帘后漂海逃走，

---

① 海伦（Helen）：墨涅拉俄斯的妻子，克吕泰墨斯特拉的姊妹。

乘着巨大齐菲尔①的风头；
带着盾牌的猎人就一齐集拢
在船桨划过的痕迹上追踪。
这些桨抵达了那些树叶布满
特洛伊河的两岸，
为了一场血腥的争战。

但怒神给了特洛伊一个灭亡的婚礼——
他这样做是为了一个目的：
向那些客人把代价索取，
因为他们羞辱了他们的主人，
也羞辱了宙斯——家宅之神！
还要向那些喧闹的庆贺者追索——
他们曾经高唱过庆贺婚礼的颂歌，
这歌声落到帕里斯弟兄们的身上，
在那天为大家所传唱。
但是学到了这却忘记了那，
现在在普里安祖先的城上
不断地挂丧和咒骂，
帕里斯：这位倒霉的新郎。
这城已有过许多悲哀，
在一生中还有许多的愁怀——
由于她的人民可哀悯的灾难。

所以一个人也可以在家养饲
一头新从母狮那儿捕来的幼子；

---

① 齐菲尔（Zephyr）：西风。

它还需要食乳，
生命的端序刚启；
对小孩温柔和气，
同老人也一起嬉戏，
常常被搂在胸怀，
象一个新生的婴孩——
用手来作哄骗
因腹饥而乞怜。
可是它随时间而长成，
显出它这一族的癖性：
为感谢养育之恩，
大肆屠杀羊群，
办出筵席而不作邀请。
现在这屋子就成了一个屠场，
对于这家人是无可挽救的悲伤：
这灾害的屠杀。
因为他们所养育的掌上明珠
是上帝送来的"毁灭"神父。

所以我要称道
象特洛伊
某时期曾有过的那种太平——
财富的绮丽的装饰品；
眼睛温柔的放射和欲望的花朵
勾起人们的想象繁多。
可是她作了一次歪邪的动摇，
她的婚礼便带来了苦痛的果报，
不良的客人和不良的友伴

来到普里阿摩斯儿子中间；

一位黑安琪儿带着眼泪作嫁妆，

被宙斯——客人和主人的恩主——所陪上。

流行在人间有一句古训：

一个人的事业兴盛，

一旦发展到了顶峰

就有结果,不会无结果产生——

他的好运会在他家繁殖

永远消除了的灾星。

但是我却有不同的意见：

不义的行为

会有应得的报应出现，

把结果遗留在后边。

可是一个正义家庭的命运

总是产生良好的子孙。

古代的自大狂

一般总在坏人身上出现；

新式的自大狂和疯癫

迟早总会产生

在它指定的时间，

一齐同来的是顽固、秽亵、慓悍的精灵——

带给这家庭那黑色"劫数"的盲动的"贪吝"：

一个孩子——他象他的双亲。

可是处事诚实的女神

在一些烟迷的家屋里明朗地照耀，

而对敬畏神的生活荣尊，

用脏手镀了金的大厦她却不屑一瞧，

她把视线掉向别处

看无瑕的房屋而瞧不起财富的威权——

这威权错被人称赞，

而她把世人领到命运的终点。

【阿伽门农和卡珊德拉乘战车进来。

歌舞暂停。

歌队（吟诵）

那末，特洛伊的突击者，我的国王，

请你来吧，阿特柔斯的后裔：

我该如何对你欢呼，如何对你尊敬，

不太长，也不太短，这尊崇的尺寸？

许多人太尊崇了表面，

超越了正当的界线。

对于一个不幸的人

谁都随时愿意慰问，

但悲愁从不嚼他的心。

他们在高兴的场合也假装欢喜，

做作出笑容满面。

一个人聪明得能看守他的羊群，

将不会看不出一个人的眼睛：

它表面忠诚却内藏谎骗

　用水似的交情对人阿谄。

依我的想象，就是你领率大军远征——

为了海伦的缘故——我将不愿瞒隐——

你也形成了一幅图画：丑恶而且粗笨。

你把理智的舵掌握得太差，

用了许多人去死的办法，

付清一个自愿的娼妇的赎价。

可是现在用友情和一片忠心，

我献出我的忠告——正直人定会欢迎

你去询问马上便能知道：

谁做得合理，

　　谁把看守这城的工作弄糟。

阿伽门农

首先，对阿耳戈斯和这国家的众神

我要表示出我应分的致敬，

他们助我回家，我还从普里阿摩斯的城

索取了正义。听到这未诉的案情，

众神曾经一致的在血炉内投票，

赞成把特洛伊城杀得人烟稀少，

但希望之神降临到那座相反的票炉

而不取任何行动，只垂着双手。

浓烟至今还显出这城的失守。

劫数的旋风仍然在吹，烧完了的死灰

在空中散布出一种财富的浓味。

对于此事，我们要向上天

作不忘的报谢，因为妻子的被奸

这种大仇已复。为了这个女人

阿耳戈斯的巨汉把一座城池碾成细粉：

从木马①跃出的人，挥起大盾

跳着，在七星下落的时分，

---

① 木马：希腊人用木马计，攻下特洛伊城。他们在木马内装进许多士兵，待木马进城，兵士跃出，进行突袭。

越过了城垒，象一头贪食猛狮

把皇家的血饱饱地吸食

我对于诸神已经说出这个开端，

但是对于你们——我也紧记在心田——

我说出同样的话，你们不会有其他意见。

很少很少的人天性不怀嫉妒，

为朋友而庆幸；

因为一种恶毒系住他的心胸，

这毛病又加深了他的苦痛。

他觉得他自己悲哀的沉重，

一看到别人兴盛他就嘟哝，

我说这话不是空谈，

因为我熟识友情的镜面；

那些对我煞是忠耿的人无非是些鬼影，

只有俄底修斯①违了自己的意志而出征。

他与我配合，真是一头良马，

提起他，我不知他是否还活在天涯。

至于有关这城的一些事件

我得与众神详细商谈：

是他们举办全会中的公共论辩。

好的设施我们将使它仍旧，

不过有些地方如果需要医药补救，

乃至应用灵药或作开刀手术，

我定设法阻止疾病危险的流传。

但现在走进我家庭所在的大厅，

第一件事我得拜见诸神；

---

① 俄底修斯（Odysseus）：伊萨卡的国王，也是参加特洛伊之战最力的人。

他们送我远行，又带我回家。

现在但愿我的胜利不要再离我身。

【克吕泰墨斯特拉进，女奴隶们跟在她后面，拿着华贵的花毡。

克吕泰墨斯特拉

这城的男子们，你们这些阿耳戈斯的老人，

我不感到羞耻来描写我对丈夫的爱情。

害羞的感觉在我们心中因时间

而变得淡漠。这是亲身的经验。

我将告诉你我所过的生活的苦楚

一直到当这男子在特洛伊的时候；

首先，一个女人跟她的男人分离，

独坐在家真是一件极端残酷的事体，

尤其是当她听到这么多的恶意消息——

一个跟着一个，一个比一个不利：

它们对于这家庭全都是悲怆的呼声，

假如阿伽门农象报告所说有如许伤痕：

经道听途说的管子向这家流过，

那末他的创伤一定比网眼还多；

如果……象遥传多次的报告……他已身故，

他将会象传说里的巨人有三个身躯。

每一个身躯各作一次死亡，

他也应该有三层黄土覆在身上——

全在他的上层，我将不管他底下的土有多深！

这是那些恶意谣传的报道。

它们时常强来盘踞我的头脑，

同时把我颈上的那个绳结解掉。

这正是为什么我的儿子不站在这边——

你和我海誓山盟的证见：

俄瑞斯忒斯①,正如他是理应当然。

不要惊奇;他由一个盟友和主人所教养,

就是斯托菲斯②,那位浮西③的酋长。

他预先警告我那些难以凭信的麻烦:

你在特洛伊的冒险和乱叫的暴众无法无天——

这种无政府状态可能把国策推翻,

因为人生来就喜脚踢那已经倒下了的人间。

这并不是一个奸诈的辩护。

我呢,我的暴涌泪泉已经干枯,

它们再也没有一滴儿存留。

我的眼因夜里迟睡而痛楚:

哭着你和不曾亮起的烽火。

而且当我睡着了,入了梦境,

我曾被一个微嗡的蚊蚋声唤醒,

看到更多的恐怖跟你一伙

比梦中那仅有的时刻能产生的还多。

忍受了这一切,现在用没有苦痛的心

把他象看守庄稼的狗那样欢迎——

他是救命船的前桅索,支住高顶的栋梁,

对于父亲是一个独子的还乡;

对于无救的水手是一块陆地,

也是暴风雨后一个最美的天气;

对于渴旅人是泉水的涌盈,

这些比喻我想与他相称。

———————————

① 俄瑞斯忒斯(Orestes):阿伽门农和克吕泰墨斯特拉的儿子,后来为报父仇而杀母。
② 斯托菲斯(Strophius):浮西国君主,俄瑞斯忒斯的姑父。
③ 浮西(Phocis):希腊中部的一个国家,在科林斯湾东北。

愿嫉妒无有。我们已经挨过许多灾害。

但是亲爱的主人啊，现在请你走下车来。

请不要把你的脚踏上这土地，

啊，皇上，那双脚曾踏平过特洛伊。

奴隶们，为什么等待，你们的工作已经指定：

在他要走过的这路上快把花毡铺放平整！

快些快些把他的路上铺起一片豪华，

正义之神把他领向他意想不到的家。

一颗没有昏睡的心将安排其余的事情，

得着上帝的帮助，正如命定。

阿伽门农

勒达①的女儿，我家屋的看守人，

你的话说得恰恰与我的远离相称。

你把话拖得很长，称赞得我适当：

这却是应该由别人担当的责任。

而且——请不要以女人的办法使我柔软

也请不要以野蛮人的那种方式，

对我五体投地地呼喊

也不要在路上铺起使人嫉妒的花毡。

只有众神才能接受这样的尊荣。

一个普通人踏着美丽的锦绣重重，

对于我是不能不有恐怖在心中。

我说，你要把我尊敬得象一个人

而非神。最好是给我普通的地毡。

锦绣的东西是闲话的源泉。

不作傻气的思想是上帝给人间的最大恩宠，

---

① 勒达（Leda）：斯巴达王廷达瑞俄斯的妻子，海伦和克吕泰涅斯特拉的母亲。

幸福的人把他生命结束在甜蜜的兴盛之中。

我已经说了。这件事我不敢盲动。

克吕泰墨斯特拉

那末请你依照你的主张告诉我。

阿伽门农

告诉你,你不能破坏我的主张。

克吕泰墨斯特拉

也许你是害怕某一件东西……

未必你曾向上帝发过誓要这么办?

阿伽门农

是,假如某个监誓人规定要发一个誓。

克吕泰墨斯特拉

在你的地位普里安将会怎么办?

阿伽门农

我想他定会走过那花毡。

克吕泰墨斯特拉

那末请不要在众人的责问面前退缩。

阿伽门农

群众的声音是很强烈的。

克吕泰墨斯特拉

不过,没有妒羡的人不值得人妒羡。

阿伽门农

喜欢辩嘴不是女人的本分。

克吕泰墨斯特拉

不过,有时迁就一下却是征服者的本分。

阿伽门农

你以为这种胜利值得争取?

克吕泰墨斯特拉

让步吧:请让我占得优势。

阿伽门农

如果你有这感望,就请人快些脱去

为我效劳的这木屐——我双脚的仆役——

走上这海蓝色的地毡,愿没有神

从远处对我睁着嫉妒的眼睛。

这是一件极大的羞耻:用脚来毁坏我的家庭

和毁坏这值钱的作为财富的织品。

关于此事我已经说得很够。

请你将这位陌生女人客气地接受。

有礼的主人上帝总是高兴的遥看,

因为谁也不会心愿带上奴隶的锁链。

这女人——许多财富中选出的花,

兵士的礼物——跟我一块儿来了。

不过,我既为你的话所影响,

我将走进这宫殿之家,踏在蓝色的毡上。

【他从战车上下来,行走在铺毡的道上。叙述下面这一段话时,他步

进宫殿。

克吕泰墨斯特拉

海就在那儿,谁能把它弄干?

它养育丰饶的华丽的银子般的富源——

那永远鲜艳的我们衣服的染料:

它,感谢上帝的恩惠,君王,这家储藏不少。

这家不知什么叫做贫困,

我能许下愿把道路铺成一条织锦。

假如殿里的神谕命我许下这个愿心,

这么着来赎出他的生命。

因为只要根儿存在,叶子会在这家内生长,

展开一大片荫儿对天狗星拒抗。

所以你现在既达到了你的家园

你成了一个奇迹——象冬天的温暖;

而且此外——甚至于在酷热的时候

当上帝正从酸苦的葡萄酿酒,

就在那时,这房子也很荫清,

只要它的主人——长大和成熟——回返到这家庭。

啊,宙斯,成熟之神,请来成熟我的祈祷。

你的任务是使成熟的果子落掉。

【她走进宫殿。众女奴隶随入。

歌队(唱和舞)

怎的,怎的啊,

在我这先知的心的门房

这恐怖一直在拍着翅膀?

我的歌成了一个预言的人

未被雇用,也未被邀请——

这歌我不能吐出

只象梦里的谜语,

也没有巧舌的"自信"

坐在我心上的龙廷?

已经有了很久的时间,

自从在船尾抛下了缆。

被沙石所擦弄,

当这海军向特洛伊出动。

而我用我的眼睛知道

同时我也看见他们回朝；

可是没有七弦琴伴奏的颂歌——

复仇恶鬼的镇魂曲——

唱在我自知的心的深处；

这心已经丧失干净

它作希望的官能。

可是我的肠和我的心

并不懒惰,它与到来的烦恼的巨浪

滚得沸腾。

但我祈祷,愿这些思想

不要象我想象的那么产生,

　　而结果也不要把它的目的完成。

真的,当健康过于增长,

它不尊重它的限度；

因为疾病——它的邻人和街坊——

在向它追逐。

一个人的生命——鼓满的风帆——

撞到盲目的礁岩,

不过假如预先防范,

扔出一部分重载,

用成比例的起重机,

这整个房子就不致于下坠,

虽然灾难的重量堆挤,

船身也不致于沉水。

上帝的丰富慈恩

和降给这年田地上的礼品,

打回去了饥馑。

不过一旦朝地上滴坠

一个人死的黑血,

谁还能用咒语把它喊回?

就是那位爱斯勒别①

能有起死回生的本领,

宙斯也给他个富有警诫意义的死亡。

不过那些天定的命运,

如果它们不互相阻挡,

不把对方的优点消除,

我的心将会胜过我的舌尖,

倾吐出这些恐惧。

可是现在它在黑暗中喃喃,

非常痛苦,无从期盼

很快地把一团乱麻

从一个焚烧的心中斩断。

【克吕泰墨斯特拉在门口出现。

克吕泰墨斯特拉

你也请进啊,你,我对你说

呀,卡珊德拉②,

上帝既仁慈地把你送到这个家里

来分饮我们的圣水,与奴隶们一起

站在保卫这房屋的祭坛近旁,

从车上走下来呀,不要过于骄狂。

---

① 爱斯勒别(Aesclepius):医学之神。

② 卡珊德拉(Cassandra):普里阿摩斯的女儿,阿伽门农从特洛伊带回的女俘。

人们说赫剌克勒斯①自己有一次被卖，

而且忍耐地吃着奴隶的饭菜。

但如果这命运坚决地来到，

对于以前的富贵之人一定很好。

那些曾获得意外豪富的人们，

各方面对他们的奴隶会过分地残忍。

你将从我们得到传统的待遇。

歌队长

你，她是对你说呀，非常清楚。

你既被这命运的苦役所笼囚，

你就得尽量服从她。如果你反抗……

克吕泰墨斯特拉

如果她有比燕子的呢喃

还更含糊不清的话语，

我想要请出她的心，说动她的理智。

歌队长

由你现有的地位看来，她说得恰如其分。

服从她吧；走下车子，跟她随行。

克吕泰墨斯特拉

我没时间在这儿门外耽误。

我房子中间的炉旁

牺牲者已经排好，等待刀斧。

假如你服从我，就请不要浪费时间，

不过如果你不能了解我的意见——

（掉向歌队长）

请你用野蛮无声的手解释明白。

---

① 赫剌克勒斯（Heracles）：希腊神话中的大力士。

歌队长

　　这生客似乎需要解释清楚。

　　她的态度象一头新捕到的野兽。

克吕泰墨斯特拉

　　事实上她已经疯狂,只服从她邪恶的思想。

　　她来到这儿,遗下那座新近被占领的城,

　　还没有经验来学习怎样背负鞍缰

　　而不用口沫和血把她的气力费尽。

　　我将不浪费更多的话语由她不听。

　　【她走向宫殿。

歌队

　　可是我,我怜悯她,我不会气坏。

　　服从啊,不幸的女人,快走下车来,

　　迁就你的命运,戴上你新的头轭。

卡珊德拉(唱)

　　阿波罗! 阿波罗!

歌队

　　她送葬的呼声又喊起了这神:

　　在这情景中却没有他的份。

卡珊德拉(唱)

　　阿波罗! 阿波罗!

　　神灵广大的神! 我的毁灭者!

　　这次把我完全毁灭!

歌队

　　她似乎是预言她的灾星

　　甚至于在一个奴隶的心中还存着神的礼品①。

———————————

①　神的礼品:意指神给她作预言的本领。

卡珊德拉（唱）

阿波罗！阿波罗！

神灵广大的神！我的毁灭者啊！

什么地方？什么房屋？什么地方你把我带去？

歌队

到阿特柔斯儿子的房屋去。如你还不知悉，

我将告诉你。你将知道这话有理。

卡珊德拉（唱）

不是，不是，走向一个恨神的、走向一个同谋犯——

走向一个亲族互杀的、谋杀的陷阱，

人的屠场，撒遍了血的地板。

歌队

这生客好象一个嗅觉灵敏的猎狗

正在通向谋杀的嗅迹上闻嗅。

卡珊德拉（唱）

线索！我有了线索！看啊！

他们就是这些人，

这些悲哀，这些孩子，和孩子们的被杀尽；

烤的人肉，父亲独坐把晚宴品评。

歌队

你作预言的声名我们早就领教，

不过这件事儿没有预言家存在的必要。

卡珊德拉（唱）

她在作什么？她在作什么计谋？

什么是这件新的巨大的悲愁？

一桩巨大的罪过……在这儿……正在计划，

他的族人都无法忍受，

甚至于治疗都没有办法，

因为在辽远的地方才有助手。

歌队

这提示我不了解,但我认得清楚

这些孩子;那老调子已很陈旧。

卡珊德拉(唱)

贱人,贱人,你干完了这件事,

与你同床共枕的丈夫

你把他沐浴,你把他洗濯——

那末我如何说出这结果?

马上,马上将有一个下落。

这结果到来,双手

贪欲地紧握起一个拳头。

歌队

我还不大懂。听她说了这些哑谜以后,

我被模糊的宣告弄得糊涂。

卡珊德拉(唱)

啊,上帝,这幻象!上帝,上帝,这幻象!

这岂不是一条罗网,一条地狱的罗网?

她就是那条网;参与谋杀,以前还共过床。

啊,愿老是追逼这家的那组怒神

为亵渎的仪典而号叫,为这牺牲者而长鸣。

歌队(唱)

你对这房子呼唤的是一个什么恶精灵!

把叫声喊得如此高超,你的话使我难听。

血流回到我的心里来了,

黄得象人们被戈矛刺死时的情景:

血与生命的回光一齐退落。

同时死神便很快地走过。

卡珊德拉（唱）

快些！当心！那头公牛

避开了那头母牛，

被一个计谋所鼓动，黑的角尖，

她触了。他倒下，躺在水里。

谋杀；一个沐浴的计谋。我说亲眼见到的话。

歌队（唱）

我不自以为是个神谕专家。

但这些东西，我猜想，预示着祸事。

未必人们能从神谕得到好的回答？

不能。只有以灾难的方式

他们那个弄舌的行艺

才表达出预言家的惊惶意义。

卡珊德拉（唱）

至于我呢，我也是命运不济！

我恸哭自己，我听天由命。

这是什么地方，你把我从苦难中带到此地？

还有什么其他意义，除了死路一条？

歌队（唱）

你疯了，疯了，被那个神弄得昏沉，

对你自己唱起这无调的歌声；

象那黄褐色的失意歌人

用她那颗不幸的心

来哀哭"意第斯，意第斯"——这夜莺

哀悼着一个充满了悲愁的生命。

卡珊德拉（唱）

啊，善歌的夜莺的命运！

众神把它藏进一个有翼的肉身，

给他一个甜蜜的、不流眼泪的结束，

可是给予我的只有一片两面都快的刀口。

歌队（唱）

从什么地方这么涌出

上帝给与的无益痛苦？

为什么用你不祥的呼喊形成

一支刺人的颂歌——恐惧刺人？

你怎能知道那些措词不吉

在预言家的道上的标记？

卡珊德拉（唱）

啊，婚礼，帕里斯的婚礼——

是他人民的死亡祭。

啊，斯卡曼德洛斯河，我祖先们的饮水地！

当我年轻的时候，咳，

我被养育在你的沙滩上。

可现在它成了哀哭的河和地狱的岸，

这条河马上就可以听到我的预言。

歌队（唱）

这段话是什么，太过于清楚？

连一个孩子都能把它懂透。

我被你的叫声的悲惨

以吸血的毒牙所嚼遍——

这叫声啊，恼杀我的心田。

卡珊德拉（唱）

啊，死灭掉了的、这城市的无边苦恼啊！

我父亲在一些塔前所献的——祭牲，

和斩杀了的许多家畜与羊群，

都无法解救——一点也不能

阻止发生在特洛伊的事情；

而我，我的头脑在燃烧，马上就要钻进陷阱。

歌队（唱）

这话与以前的话语没有矛盾。

一个什么恶意的、压倒的、悲恸的愁恨——

这愁中还载得有死神的重荷？

但是我看不出结果。

【卡珊德拉从车上走下来。

卡珊德拉

这神谕不再从面纱的后边

象一个新婚的嫁娘偷看：

但我能觉到它象一股新鲜的风扫，

在黎明的时分涌来，好似一阵浪滔，

在太阳的面前卷起一道悲哀，

比我的还大。我再不给你别的谜猜。

请作我的见证，跟随我走，

我是在一些远古仇恨的嗅迹上追嗅。

因为一个唱诗班从没有从这房子远离，

齐唱灾难的歌。因为它们含着灾难的意义，

同时为了鼓起他们的狂妄，他们吸饮

人的血，这群酣饮者常向这屋子光临，

无法把他们赶走——照顾着这家的恶魔

住在这家的一些房间里，唱着颂歌；

叙述着原始的罪孽，并且因而憎恨

那作为一个弟兄的灭亡的邪淫。

错了？还是我的箭头把目的射稳，

或者我是一个多嘴的江湖预言家，只知敲门？

请你发下誓来，承认我说的是事实——

是这家屋的罪恶的那些远古历史。

歌队长

一个誓言无论它被保证得多好，

怎能成为一个补救？但我觉得奇妙：

你生长在海外，讲的另一种语言，

居然说中这故事，好象你曾亲眼看见。

卡珊德拉

预言家阿波罗使得我能作预言。

歌队长

未必他，虽是神仙，也能被情网所缠？

卡珊德拉

一提起这故事我就羞容满面。

歌队长

是的。好运道常使我们吹毛求疵。

卡珊德拉

他把我死死地纠缠，渴求爱恋。

歌队长

未必你也象别人一样，来产生婴孩？

卡珊德拉

不，我答应了他。但同时我也把他欺骗。

歌队长

你是否已经被传授了这神秘的技能？

卡珊德拉

我已经告诉了这城市的人：他们未来的苦难。

歌队长

那末你怎样逃避了阿波罗的盛怒的劫数？

卡珊德拉

我并不曾逃避。谁都不曾相信过我。

歌队长

不过你的话似乎值得相信。

卡珊德拉

啊,祸患,祸患啊!

预言这件可怕的工作加上我的身;

这件使人脑闷的开场;迷乱人的心……

这屋子面前的这些人你可曾看见——

一些孩子们象梦中人?

孩子们,似乎全被他们的族人所宰屠。

他们的手盛满了肉,他们自己的血肉、

肠和内脏,满握全是悲愁;

这手握的东西——他们的父亲曾经尝够。

为了这事,我宣布,有人正在计划复仇——

一头狮,是的,但是一个懦夫,隐在床后,

忠诚的看家犬真要反抗主人的归还——

我的主啊,因为我得戴着奴隶的羁绊。

船的领导者,曾把特洛伊推翻,

他却不知道,这头可恶的狼犬

用舐食的舌头和竖起的耳根

秘密计划他的灭亡,在一个不利的时辰。

一个胆大的罪犯,女性屠杀男性。

什么妖怪能够给她一个名称?

一条两头蛇或是海的女妖

藏在石崖里把水手毁掉——

一个死神的母亲,对她的人民播散

灭亡的战争,请听她胜利的叫喊,

她不怕任何恐惧,象酣战中的人间,

可是她对于他们的归来装得非常高兴。

如果你不信我的话，又有什么要紧？

要发生的事总会发生。你将站在这边，

可怜地承认我所说的话准能兑现。

歌队长

堤厄斯忒斯①用小孩子的肉做午宴，

我知道而且惊愕，我吓得慌乱，

听到这非由比喻表达的真情，

可是别的话我听到却头昏脑闷。

卡珊德拉

你将看到我说的是阿伽门农的死亡。

歌队长

不要说！不要引起凶事。请闭住嘴！

卡珊德拉

使我讲话的那位神仙在这儿不是解劫的人。

歌队长

是，假如情形是如此。但愿有某种机运逃避。

卡珊德拉

你在祈祷，而别人却在忙于谋杀。

歌队长

谁促成这样可怕的事情？

卡珊德拉

你真把我的意思误会得太深！

歌队长

但是我不懂这位谋杀者的方法。

---

① 堤厄斯忒斯(Thyestes)：阿特柔斯的弟兄，强奸了阿特柔斯的妻；阿特柔斯便杀了
他的儿子，把儿子的肉给他吃，作为报复。

卡珊德拉

可是希腊的语言我懂得过于清楚。

歌队长

德尔菲①也是这样,但答语非常苛刻。

卡珊德拉

啊,这是多大的火啊,向我袭来。

阿波罗,狼的毁灭者啊,请给我怜哀。

这是两只脚的女狮,睡在狼的身旁,

因为那个高贵的男狮远走他方。

她将杀掉我。她将酿起一杯毒酒,

把我的惩罚也掺进那愠怒的酒汁。

她为她的丈夫磨快了匕首,

声称要用谋杀来酬偿我的被掳。

那末为什么我要顶上自己的笑柄:

卜竿和预言的花圈悬上我的颈根?

我的时刻到了——但你将先我而灭亡。

毁灭啊! 你这么毁灭,我的仇得了报偿。

去吧,用灭亡再去报偿另一个女人。

看啊;阿波罗自己把我这预言的外装

剥得干净。他一直在观看,

当我泰然在朋友和仇敌中间

穿上这装束成为一个笑柄。

人们喊我疯狂,象一个算命先生,

一个可怜的饥饿乞丐——我也就忍受,

而现在这位预言家把他的女弟子了结:

把我带向这最后的漆黑一团。

----

① 德尔菲(Delphi):希腊最有名的神庙,也是阿波罗神发出神谕的最著名的地方。

代替我父亲的祭坛的是刽子手的砍头砧板，

等待我这牺牲者被血染得鲜红。

不过我死时众神决不能对我无动于衷，

一个人将会随着来为我的死而复仇，

一个弑母者，一个谋杀父亲的选手。

他是放逐者、流浪汉和恶棍，

来把无救的罪孽堆上这家的屋顶。

他父亲摊开的尸体把他领向回家的路上，

那末为什么我要这么可怜地哭丧？

因为我既然看到特洛伊城

接受了它应得的命运，

当它的夺取者因众神的判决而得到了清算，

我将走进去，同时鼓起勇气来正视死神。

我祈祷，愿我得到敏捷而致命的一击，

好使我没有挣扎，就可以把双眼闭合，

让血流在轻松的死亡中退落。

歌队长

啊，你这不幸的、聪明过头的女人，

你的话很长，可是假如你真正

知道你的命运，为什么你象一头

众神赶着的羊勇敢地向祭坛上走？

卡珊德拉

无法逃避呀，生客。无法，无法拖延。

歌队长

不过在生命的最后一刻可有权来作希望。

卡珊德拉

日子到了头，逃避也无好处。

歌队长

你这耐心是由一个勇敢的灵魂产生。

卡珊德拉

一个幸福的人从不作这恭维。

歌队长

不过光荣的死使一个凡人荣幸。

卡珊德拉

啊,我的父亲,你和你的孩子们!

【她向门走进,忽然后退。

歌队长

这是什么? 一桩什么恐怖把你吓回?

卡珊德拉

呸!

歌队长

为什么呸? 未必这是什么错觉?

卡珊德拉

这些墙呼出一种滴出血的死的气味。

歌队长

不是,这只不过是祭牲的气味。

卡珊德拉

象一具停尸发出的气味。

歌队长

那末你以为我们的宫殿焚着怪异的香柱?

卡珊德拉

但是我将去在死者之中哭诉
我与阿伽门农的命运。生命已经够受!
生客们啊!
我不象鸟儿那么地害怕丛林。

可是请你在我死后作我的话的见证,

当一个女人为我这女人的死而抵了生命,

当一个男人与邪恶的妻子灭亡,为了另一个男人。

我只要求这点帮忙,因为我的寿数已尽。

歌队长

咳,我为你预言出的死而对你怜悯。

卡珊德拉

我还有一段话;我不愿意歌唱

自己的丧歌。不过我祈祷太阳。

面对它最后的余光:愿那位为我复仇的人,

使谋杀我的人为我的死而付出自己的生命,

我这女奴隶的死——一个很轻松的牺牲。

啊,人间的命运! 当他们处在顺境

一个阴影会来竞争;同时一旦时运不佳,

一块湿润海绵的轻擦就会毁坏这张图画。

我所怜惜的不是我自己,而是人类的生涯。

【卡珊德拉走进宫殿。

歌队(吟诵)

"兴隆"在人心中高叫着要求

更大的"兴隆",甚至于我这手指头

所指的那座宫殿的主人,

也不说"请勿再来"而对它关起大门。

因此众神特准这位有福的君主

夺取普里阿摩斯的城,同时上天保护

他回到家来。不过假如为了过去的杀伐

　　他也得用血来付出代价,

同时他还得为死者而抵命,

而且促成更多的死亡作为报应，

那末一个人把这故事听得完全，

怎能夸口说他生来就无危险？

阿伽门农（从里面）

啊！我受到了致命的一击！在里面！

歌队长

静些！听啊！谁被致命的一击打伤了——喊了出来？

阿伽门农

又是——第二击——我又被击了一次。

歌队长

你听这君王叫喊。我想这谋杀已经做罢。

我们来试试看能否商量出一个有效的办法。

第二位老人

唔，我将告诉你我的意见——

放出警报，把民众喊进宫殿。

第三位老人

我说，用尽可能的速度向里面冲去，

当刀子的血还没有干就把他们的罪定出。

第四位老人

我不赞同这种意见。

我赞成取某种步骤，不能再耽搁时间。

第五位老人

案情已经明白，这不过是一个开头。

人们将要在这国家建起独裁制度。

第六位老人

我们在浪费时间。谋杀者在作践

客气的拖延，同时没有让他们的手睡眠。

第七位老人

我不知道我能想出什么适用的办法，

正在行动的那个人才能计划。

第八位老人

我也是这样，因为我弄不清楚

怎样用话语使这位死人复苏。

第九位老人

那末要延长我们的寿数，

我们就得对这房子的侮辱者的统治低头？

第十位老人

这可不能忍受。死好得多，

死比暴政还要更为快乐。

第十一位老人

是否我们有了这呻吟的证据，

来发出关于王子逝世的神谕？

第十二位老人

我们得把事实知道确切才能生气，

猜想不能与确知互相比拟。

歌队长

那末你们对我和我的计划都表赞成：

先确定阿伽门农有什么事发生。

【宫殿的门开了，显出阿伽门农和卡珊德拉的尸身，克吕泰墨斯特拉站在他们的身上。

克吕泰墨斯特拉

以前说过很多的话来应验这个时辰，

现在说相反的话也不会使我羞闷。

一个人还有什么别的方法以憎恨

来报答被认为朋友的仇人，

除了用劫数的网高挂,防他逃遁。

我呢,我一直就在练习这桩竞技;

我试作跌倒,而终于得到——过了期的胜利。

我站在我打击的地方,站上牺牲者的身;

我如此这般地计划了这桩事——我决不否认

——使得他既不能高飞,也不能逃避死亡。

无法解脱,象一条鱼网一样。

我用没有漏洞的长袍紧紧罩在他的身上,

同时用剑击了他两下,他作了两次哀呼

便撒开肢体。

在他身上再施一击,作为献给阴间的上帝:

献给这死人保管者一件答应了的礼品:

这么着他从那躺下的地方唾弃了生命;

而且爽快地喷着血,他对我洒出

这阴暗的血滴得象疏疏细雨。

我高兴得正如饮了上帝的甘露礼品,

谷子结了实穗而得到满意的收成。

事实既是这样,你们阿耳戈斯的这些老翁,

欢乐呀——假如你们高兴——我的快乐是光荣。

而且假如我能洒给这尸身他应得的奠酒,

我有权倾倒,而且有更大的权这么做。

这人混合着许多诅咒把酒杯倒满,

同时,回到家来,他一口把酒饮干。

歌队长

你的话使我惊奇。在这人身上

作这无耻的夸口——他是你的丈夫和君王。

克吕泰墨斯特拉

你没有远见地把我看作一个女人来挑战。

不过对于你这只知饶舌的人我的心很坚。

不管你责难或称赞，

都毫无关系。而阿伽门农却躺在这边。

他，我的丈夫，没了，他右手所造成的事业，

一个诚实的匠人。你现在可懂得了这情节。

歌队（唱）

女人，一株什么毒草

你曾在这世上尝到，

或者海浪中的一服什么毒药

要使你作出这谋杀，为众人所诅咒？

你打倒，你杀了——众人将把你放逐。

克吕泰墨斯特拉

对我这案情你们的判决是放逐

和接受人民的憎恶，大众的诅咒？

虽然在那时你们一点也不反对这人——

他不在意地，好象那是群羊的首领

从皓皓如银的羊群中

牺牲了他自己的女儿——为我所最娇宠

和分娩的果实，来作为祭特刺克的风的符咒。

这个人才应该从这国家流放，来把他的污辱洗清。

可是当你们听到我所做的事体，

你们裁判得真是严厉，但我得警告你们——

随你们威吓，你既知道我已有两条路作准备：

你们用武力来争取管制我的权利，

不然，如果上帝促成相反的结果，

你们就得学习一门自我约束的功课。

歌队（唱）

你的一些想法太过于倨傲，

你说的一些话语也太狂骄：

在这污辱的谋杀后你疯狂的心

还想象把一块血迹留在你的额顶①，

你现在既无名誉，也无朋友，

你打了人，照样得到别人还手。

克吕泰墨斯特拉

请听我这誓言的裁判：

以正义之神——他把孩子的仇作了结算——

以报复的"劫数"和恶魔——我为他们杀了此人——的名义，

我发誓。我不希望走进这些恐惧的房里。

只要我自己炉上的火还被埃癸斯托斯②

所燃着——他对我忠诚还如以往的时候。

身躺在这儿的是那位侮辱过我的人，

他——特洛伊每个卖淫妇的珍品；

在这儿和他一起的是一个知休咎的囚徒；

他领去同睡的卖卜女奴。

她与他同床正如某次在船上与他同坐，

一个忠诚的情妇。两人一起走上他们的沙漠。

他这么地躺着；而她象一个天鹅

唱出她最后要死的丧歌。

他和他的恋人躺着的这一幅情景

成了我床席之欢的开胃药品。

歌队（唱）

啊，愿一个速死不要来得过于痛惨，

也不要在病床上长久拖延，

----

① "以为仇不被报复"的意思。

② 埃癸斯托斯（Aegisthus）：堤厄斯忒斯的儿子，阿伽门农的堂兄弟。

使我们能永恒无止地闭眼。

我们的护卫人既已经遭难，

他，人类中一个最和善的人，

为一个女人把酸苦尝尽，

同时还被一个女人完结了他的生命。

　　啊，疯狂的海伦是曾经

把许多、许多的灵魂

毁灭了的人，在特洛伊的城墙脚下。

现在你的事情完成，开了遗忘不了的花；

褪不掉的血痕。那末现在假如在一家下降

有不和之神，这儿便是一个人根深的灭亡。

克吕泰墨斯特拉（唱）

请不要为了这一份的死而祈祷，

不要被这类事情所压倒，

也不要把你们的怒火发向这毁灭男子的海伦：

一个毁灭男子的女性。

毁了许多许多希腊的男人：

　　一种无法治疗的创痕。

歌队（唱）

啊，坏妖精降到了这一家，

降到阿特柔斯的儿子身上，

作为工具，利用着两朵姊妹花；

一个嚼向心中的力量——

在那尸体身上，他象乌鸦站着，

贪欲地在那儿呆望，

刮刮地号着他的颂歌。

克吕泰墨斯特拉（唱）

啊，现在你修正了你嘴上的意见，

喊起这家那个曾作了三次狼吞虎咽的精灵。

这妖魔在自己的肚皮中间

培养着一股嗜血狂的贪苦。

旧的疮疤还没有好,新的脓液又已集满。

歌队(唱)

它是一个巨大、巨大的妖精——

你才说过,脾气非常残忍,

咳,这是一个可怕的故事

——关于一桩未完的惨死,

被宙斯所带来,被这位宙斯——

创造一切的动力和工程师。

因为没有宙斯,在我们之间会有什么发生?

这些东西之中有什么能逃过苍天?

啊,我的君王,我的君王,

我将如何用眼泪来对你报偿?

用字句来说明我的向住?

你现在躺在那个蜘蛛的网上,

在亵渎的死中完结了你的生命,

不名誉地躺在中庭,

被诡计的死所打败,

被双口的屠刀砍宰。

克吕泰墨斯特拉(唱)

你说这是我一手干的,我干的?

不要骗你们自己,以为我是阿伽门农的妻。

化妆成这具尸体的结发夫人

是那位伶俐的老阿特柔斯化身——

他办了那桌残酷的喜宴,

以一个成人的生命

抵偿对于死去孩子的罪愆。

歌队（唱）

你说你对于这次谋杀人命

没有罪过，谁能证明？

不。也许某种祖先的复仇妖魔

唆使你完成这种事儿。

涉过这一家之血的流水沟，

凶恶的谋杀犯打开一条出路

来造成这最后的偿债，

为了被吃的孩子们，因时间而冷了的血块。

啊，我的君王，我的君王，

我将如何用眼泪来对你报偿，

用字句来说明我的向往？

你现在躺在那个蜘蛛的网上，

在亵渎的死中完结了你的生命，

不名誉地躺在中庭，

被诡计的死所打败，

被双口的屠刀砍宰。

克吕泰墨斯特拉（唱）

未必他还不曾为这家计划一个诡计的恐怖？

我与他生的孩子——我抚养大的子嗣：

伊菲革涅亚①，我不知为她作了多少痛哭，

因此他现在受了这样的苦难，

再也不好在地狱里夸口，他既已用死偿还、

用刀子兑现他自己作的那桩罪案。

---

① 伊菲革涅亚（Iphigenia）：阿伽门农与克吕泰墨斯特拉所生的女儿。

歌队（唱）

    我莫名其妙得真不能思想，

    我需要敏捷的示意：

    在这房屋倒后我逃向何方？

    我害怕这房子——暴涌的血的喷起，

    这些血滴的热烈的流淌。

    现在命运之神正把她的正义之刀磨利，

    在另一磨刀石上，来给你新的祸殃。

      啊，大地，大地，假如你取去了我的生命，

      来不及看到这人象在床上似地躺在这里，

      躺在银壁的浴盘，

      谁将把他埋掉，谁将为他流泪？

      未必你既已把你的丈夫谋杀，

      现在敢于为他哭诉？

      而且把一桩罪大的极恶做罢，

      还想对他的灵魂作无可补救的补救？

      而谁将在这如神的英雄的坟上

      倾泻出泪珠和赞扬，

      用一颗真诚的心来哀伤？

克吕泰墨斯特拉（唱）

    这不是你的职务要管的事情。

    他既被我的手打死，躺得低，没有生命，

    我也将把他低低地埋在地下；

    同时他的家庭也无须哀哭他，

    因为他的女儿伊菲革涅亚，

    娇嫩地，正如适应天理，

    将会在悲愁的渡船上遇见父亲，

    用她的手臂抱着他，和他亲吻。

歌队（唱）

责骂回答着责骂，

谁能够决定，

捕捉者被人捕，杀人者被人杀？

可是只要宙斯还高坐在龙庭，

法律注定使坏人受苦。这是定论。

谁能从这家里拔出诅咒的深根？

这种族已经结合了"劫数"和"复仇"之神。

克吕泰墨斯特拉（唱）

在这点上你说出了真理和上帝的意志。

不过我呢，我准备写出一张契纸，

与阿特柔斯家庭里那个邪恶的妖魔

接受所发生的一切，虽然这使人难过。

可是在将来他得离开这屋，

用死亡再去毁灭别的种族。

至于财富和威权，

我只须一小部分就心满，

只要我能从这家除掉那些疯狂谋杀的交换。

【埃癸斯托斯进，后面跟着兵士。

埃癸斯托斯

啊，这公平裁判的日子，被欢迎的白天！

从现在起我要说，对世人复仇的那些神仙

从天上对地上的一切罪过观看，

象我一样地看到，在复仇神们所织的衣服里

躺着的这个人——这景象把我的心温暖，

他把他父亲的狡计的暴乱的债偿还：

为他的父亲阿特柔斯——当他把这国家统治，

因为有人与他争夺权势，

便从这国家赶走堤厄斯忒斯：他的亲兄弟——

我的父亲（我老实说）就是这位堤厄斯忒斯。

他后来成为一个求情的人，回到家来；

在这儿，悲惨鄙贱，幸免于害，

他算没有当场就死去，血污祖先的地板；

不过，这位阿特柔斯——他不信神仙——

为了表示他对客人高兴，

给他一个渴望而无情爱的欢迎；

假装设筵请酒，

使我父亲吃他亲生儿女的肉。

手和脚，手指和脚趾，他暗藏

在碗底。我的父亲坐在一旁，

拿取这不知的、不可辨认的一份，

吃了，这碗菜如你所知，昂贵得很。

不过当他知道他吃了比毒还坏的物品，

他倒回去了，他吐出他们的肉，发出呻吟。

他对珀罗普斯①的儿子们祈求无救的"劫数"，

同时推翻桌子来证明他的诅咒——

愿这整个的种族灭亡！

结果，你瞧，这人在这儿横躺。

我把这谋杀缝到一起；这是我的权利。

他留下我这第三个儿子，没有离奶的孩提，

来分担我父亲的放逐的苦难，

但我长大起来，正义又把我送还。

还未走到门口我就抓住这人，

拼好了毁灭他的整个日程。

---

① 珀罗普斯（Pelops）：阿特柔斯和堤厄斯忒斯的父亲。

所以现在就是死对我都美丽，

我既看到阿伽门农落到正义的网里。

歌队长

埃癸斯托斯，我不能尊敬你在苦难中的残暴。

你声称你是有计谋地把这位王子杀掉，

而且还单独地策划这可哀的谋命，

不过要知道，临到你，你的头将难逃遁

民众打来的、杂有石子的咒声。

埃癸斯托斯

你这么说吗，坐在底下层的桨边，

而坐在上层凳上的人却管制这船？

象你这样大的年纪，你将会感到求学

是一副重担：老来才学习关于策略的功课。

对于老年，监牢和饥饿是传授

智慧的良师，通天眼的治疗圣手。

你有眼睛，未必你不能瞧个仔细？

不要踢着鞋钉，这会踢伤你自己。

歌队长

啊！你这女人，在家里等待从战场上归来的男子。

而你却勾引他妻子去作坏事。

是你么：你策划一个拥有许多军队的首领的死？

埃癸斯托斯

这些话语已成了一道眼泪的源泉。

请把你的声音和奥菲斯①的诗作一对照，

他领导一切东西在后，快乐狂欢，

你也得被带走，被管束而变得驯善。

---

① 奥菲斯（Orpheus）：神话式的人物，希腊人认为他是荷马以前的大诗人。

歌队长

真的！所以你将是阿耳戈斯的君王！

当你正在策划这君王的死亡，

你那时自己都不敢有作这事的梦想。

埃癸斯托斯

没有。因为这计谋很明显地是一个女子想出。

我是一个嫌疑犯，一个古老的敌人，

但我现在要利用阿伽门农的财富

来统治这儿的人民。谁若不听，

我将给他安上沉重的羁绊，没有马为他工作，

象用大麦饲养的小驹。那可憎的饥饿

藏在他身里将使他脾气温和。

歌队长

为什么你灵魂懦弱，自己不击死这人，

却把这件事交给一个女性？

她的存在侮辱了我们的国家和所有的神仙。

但俄瑞斯忒斯——未必他在什么地方看到这光线，

以至于他因命运的恩宠能回到这里，

同时杀掉这一对，得到最后的胜利。

埃癸斯托斯（召唤卫士）

假如你行动和言语的意向是这样，你马上就会

　　学到

——这是我的朋友，这是我的卫士，现在有事

　　要你办好。

歌队长

来吧，手拿好刀柄，让我们每人都准备好！

【老人和卫士互相威胁着。

埃癸斯托斯

好吧,我手握大刀,也准备一死!

歌队长

我们很高兴,你也提到死。我们作为好运道来接受你的话语。

克吕泰墨斯特拉

不,我最亲爱的,不要这样,不要在仇上加仇。

得到目前这么多的冤仇,灾难的收获已经很够。

这灾难的收获够了。不要再开始,我们的手已经染红。

但你们,你们老人;回家去,快对你们的命运服从,

快些,在你们未受苦以前,我们已作了必需的行动。

只要我们的苦痛已经到了限度,我们也就赞同——

我们,曾经在恶神的巨爪里残酷地被播弄。

这就是我,一个女人的话语,假如任何人觉得可以听从。

埃癸斯托斯

不过请想想,这些家伙竟如此调动他们无聊的舌根,

倾吐出这类的话语,给恶神一个机运,

而迷了理智的道路,侮辱了他们的主人。

歌队长

向一个懦夫乞怜不是阿耳戈斯的习惯。

埃癸斯托斯

也许,可是我将对你们采取更进一步的办法。

歌队长

不成,假如统治这家的神领导俄瑞斯忒斯回家。

埃癸斯托斯

是,我知道在放逐中的人总是满怀着空洞的希望。

歌队长

说下去呀,把正义污辱一个饱呀……但你将得到你的末日。

埃癸斯托斯

不要以为你不会为你的愚蠢而付给我代价。

歌队长

请你在自信中吹下去吧,象母鸡旁的一个公鸡。

克吕泰墨斯特拉

不要去理会吧,埃癸斯托斯,这些无用的乱叫。

你和我:这屋子的主人,从此将把一切布置完好。

【克吕泰墨斯特拉,埃癸斯托斯走进宫殿。众兵士随入,歌队自右方退场。幕下。

二

乔婉娜

[比利时]莫里斯·梅特林克

登场人物

吉多·诃龙那：比沙①驻防军总司令

马可·诃龙那：吉多的父亲

普伦西瓦：佛罗伦斯②城的将军

特里乌佐：佛罗伦斯共和国的政府委员

托勒罗：吉多的副官

波尔梭：吉多的副官

维第欧：普伦西瓦的秘书

乔婉娜：吉多的妻

十五世纪末期。

第一幕和第三幕的剧情发生于比沙城内；第二幕的剧情发生于城外。

---

① 比沙，即今比萨。

② 佛罗伦斯，即今佛罗伦萨。

∽ 第一幕 ∽

在吉多·诃龙那官邸的一个房间内。

吉多和他的副官波尔梭、托勒罗正站在一个开着的窗子旁。在窗子旁可以看到比沙周围的土地。

吉多　我们目前的处境是这么地困难,就是那些把灾难隐在心中不说的政府诸公,现在也得要告诉我了。威尼斯城派来救我们的两军人,已经都被佛罗伦斯人围住:一军人被围在比平纳,另一军人又被围在埃尔齐·丘西、蒙塔龙、维尼亚的一些隘口,阿勒佐、加逊丹的峡道——这些地方都被敌人占去了。我们现在是孤立的,没有救援,任凭佛罗伦斯在我们身上发泄他们的仇恨。而佛罗伦斯当自己有把握的时候,是从不饶人的。我们的兵士,我们的人民,都还没有了解这种灾乱;可是一些奇怪的谣言正在不胫而走,而且似乎一天一天地变得可信。假如比沙人知道了实情的话,他们将怎么办呢? 他们将在我们身上,在政府诸公的身上出气啦。我们将成为他们恐怖和盲目失望后的暴乱的第一个牺牲品。他们在这长期围困之中已经忍受得够多了——这三个多月以来的围困。他们是如此英勇地忍受着他们的痛苦,所以,假如饥饿的苦乱逼迫他们变成疯狂的时候,我们一点也用不着惊奇。他们以前还有一个希望;现在可已经没有了,我们政权的一点最后的痕迹,也和它一起没有了。我们将会毫无力量。敌人将会打塌我们的城墙,而比沙就不再是……

波尔梭　我的部下已经射完了他们最后的一枝箭了;他们的军火已经用完了,我们可以在地窖里这头找到那头,寻不出一两的火药来……

托勒罗　两天以前我们把我们最后的两颗炮弹朝着圣安东尼的炮台放完了。那些斯特拉第欧人现在除大刀外,什么也没有了,因此他们拒绝再去守他们的战垒……

波 从这窗子里，我们可以看到普伦西瓦的烟火，在我们城墙上被打塌了的缺口……有五十步宽，连一群羊都可以走得进来……这块地是守不住了。而罗曼尼亚人，斯克拉伏尼亚人和亚尔班尼亚人，已经表示出要一套褂子开小差逃掉，假如我们今夜不订城下之盟的话……

吉 过去十天以内政府三次派过学士院的元老们去接洽投降的事。但是他们一个也没回……

托 我们疯狂的农民在街上把普伦西瓦的副官安东尼·勒诺活活地砍死。普伦西瓦不会原恕这件惨案的。佛罗伦斯城根据这事向我们宣战，而不用法律来解决。他们把我们看成了野蛮人……

吉 我已经把我自己的父亲送出去了，表示我们深沉的抱歉，同时解释给他们听，当众人被饥饿驱使得疯狂的时候，我们是无力量来约束他们的。我的父亲是一个奉献去的人质，他还没有回来呢……

波 我们的城变得四面受敌，随处可攻，已经不只一个星期了，我们的城墙是一大堆废墟；我们的炮响不起来了。为什么普伦西瓦不下令总攻呢？未必他没有勇气了么？还是怕我们的埋伏吗？也许，佛罗伦斯城发出了神秘的命令……

吉 佛罗伦斯的命令永远是神秘的，但是他们的野心可很明显。比沙城，因了它对威尼斯不可动摇的忠诚，已经对于那些杜斯干的小小城市，做出很危险的榜样。因此，他们要来消灭比沙共和国……佛罗伦斯已经表现出了它少有的奸狡计滑。它已经一步一步地计划好了要把这战争拖苦，用种种叛国和残酷的行为来毒害这战争——这将可达到它那残忍报仇的目的。所以我怀疑它的间谍鼓动我们的农民来杀害勒诺这件事，并不是毫无根据。所以，它交给普伦西瓦围这城的责任，也是它计划之一部。普伦西瓦是它雇来的一个最残忍的雇佣兵——这家伙，在抢掠卜拉生扎城的时候，曾得到了一个可怕的名声，他在这儿把每一个人的生命都置之于他的刀下——虽然他后来宣布这些事都是违抗他的命令做的——而且还把五千多个自由的妇女,变卖成为奴隶……

波 我知道,这份报告可能并不正确。对于这种屠杀和贩卖,可不是普伦西瓦,而是佛罗伦斯的委员们要负责的。我从来不曾看到过普伦西瓦,但我有一个弟兄和他很熟。他是一个野蛮种族的后裔,他的父亲似乎是一个巴诃人或布列登人,在威尼斯开一个银匠铺子。他无疑是出身很微贱,但人们倒还没认为他是一个不开化的野人。依据我所听到的话看来,他是一个危险的动物,富于荒唐的想头,暴躁,有放荡的习惯;不过,此人倒是非常地忠诚。我可以一点也不怀疑地把我的刀交给他的……

吉 等你的手不能使用它的时候再说吧!他马上就会动的,会告诉我们他是怎样的一个人物!在这期间,我们有一个机会:像我们这样的人,最少,可以敢于勇敢地死,敢于正视着死……我们得把整个儿的真话告诉给兵士,告诉给市民,告诉给逃到我们城内来避难的种田人。他们得知道,还没有什么人向我们提出城下之盟的要求;还没有那种两军从黎明打到日落,在场子上遗下三个伤兵的那种战争演习;还没有战胜者成为战败者的上宾,成为为挚友的那种友爱的围攻。现在是一个生死存亡的苦战。在这苦战里面是没有慈悲可言的;在这苦战里面,我们的妻子和我们的儿女得……

【马可上。吉多看到他,很热烈地跑过去拥抱他。

吉 父亲……是多么令人喜出望外的奇迹,是多么好的一件运道,在我们这次灾乱之中,你居然回到我们身旁来了,我几乎都放弃一切希望……你没有带伤吧?你把你的脚拖在你的后面!他们拷打过你吗?你怎样逃出来的?他们是怎样地对待你呢?

马 什么也没有。谢谢上帝,他们并不是野蛮人!他们把我当做一个贵宾来接待。普伦西瓦曾经读过我的作品;他和我谈起我所发现的和翻译的《柏拉图三对话》。是的,我有一点儿跛,这乃是因为我要走很远的路,而我又太老了的原故……你知道,我在普伦西瓦帐篷内遇见的是什么人吗?

吉　佛罗伦斯来的那些残忍的委员们！

马　是的,他们是在那儿——也可以说,起码有一位在那儿,因为我只看到一位……可是我听到的第一个名字是马西利奥·费齐诺——那第一位对世界讲柏拉图的人……柏拉图倒似乎在马西利奥·费齐诺身上活过来了。我倒想,在我走大家共同要走的那条路之先,来花我生命的十年工夫去看他呢……我们两人真像兄弟一样,终于是会面了……我们谈起了赫胥奥,谈起了荷马,谈起了亚理斯多德……在营帐的近旁,在亚尔诺河的岸边,在一丛橄榄林里面,他发掘出来了埋在河里的一个女神的腰身:她真美得很,如果你看到她,你一定会忘记战争的。我们继续地挖掘了一下:他发现了一个手臂,我又发现了两只手……那两只手既纯洁,又细致,呈现出一种光明的愉快,所以我们不得不想像这两只手是为了散布露珠,抚爱黎明才生出来的……有一只是柔和地有一点儿弯,好像他曾在一个女人的乳房上放过似的;那另一只手还在握着一个镜子的柄呢……

吉　父亲！我们别忘记了,民众在这儿是因饥饿而快要灭亡,对于细致的手和青铜制的腰身,没有丝毫的兴趣呀！

父　这一个倒是大理石雕的……

吉　让它去吧！我们且来谈谈这三万的生灵吧;他们,一刻的延误,一个疏忽的行动,就可以被毁灭掉的;但一句话也可以救活他们的:比如,一句低声的好消息就成……你到那儿去,并不是为了一段腰身,一双残手呀！他们对你说了一些什么话呢？请快点告诉我们呀！为什么他们要跟我们开玩笑呢？你没有听到我们窗下的叫声吗？这些可怜的百姓是争抢着石缝间生长着的草吃呀……

马　你的话是对的。因为春天是在这儿,因为愉快的天正向着地面微笑,因为海伸向着青天,好像一个女神呈献给天上众神之王一个灿烂的酒杯一样,所以我忘记了我们人类是正在互相战争着的。地球是如此美丽,如此地充满了对于人类的爱啊！……但是你有你的快乐;我沉醉于我的快乐里也太久了……此外,你的话也真是对的。我应该立刻告诉你。我所带回来的消息……我带来了一个消息：它可以救三万人的生命，但要使一个人苦痛……但这一个人可以由此得到一个获取极大光荣的高贵机会——这光荣，在我看起来，似乎比一切战争的光荣都伟大。对于一个人的爱情是好的；但抚慰着大多数人的爱情，是更伟大，更优美的……美德，由大家来赞美，可称得上是好的。可是有时候，当我们的视线超过了它时，他的价值就会显得打了折扣的……听着！……请准备着来听我所要说的话，否则我一开口就会使你发出那种使我们无路可退的誓言，抑制理智——那不得寻原路而返的理智——的誓言……

吉 （做着手势命他的军官们下）请离开一下！

马 不！请留下……我们所要决定的，是我们的命运，我们大家的命运！真的，我们希望我们这房间现在是挤满了那些我们所要救的不幸的人们呢？我希望，我们要给予安置的那些所有的可怜人，都站在这窗下，来听起，同时永远地听着我所带来的消息；因为我带来的是救命的消息——只要理智接受它的话！一万个理智恐怕是不能和一个实力强大的谬见在天秤上来均衡。这谬见的重量，我倒要说是比较更为重大，因为我自己既……

吉 父亲，请不要再卖这类的闷胡芦吧，我恳求你！这到底是一桩什么事呢，要花费这么多的口舌？请一五一十地告诉我们呀！现在什么东西也吓不住我们的！

马 那么，好吧！请听着！我看到了普里西瓦！我跟他谈过话……也奇怪，人们对于他们所害怕的人所描绘出来的图画，是多么不可靠呵……我走向他，正如普里安走向西齐尔的帐篷一样。我起初想，我一定会看到一个醉醺醺的、血污的野人——一个只有某种打仗的天才作为特点的疯子……因为人们老是对我把他描写得像这种人……我以为我是会看到一个战争的魔王下世，一个固执、虚荣、散漫、淫乱、奸诈、残忍的人……

吉 除了他也许不会做叛国者以外，普伦西瓦就正是那样的一个人！

马　这人，我遇见时，他在我面前鞠一躬，好像他是我的门弟子，我是他所敬爱的先师一样。他很有学问，喜欢用功，聪敏，是勤于研究学术的人。他很耐心地听着讲，他的眼睛看得出一切所有的、美丽的东西。他是很仁慈而又大量，不喜欢战争。他是很负责、忠实，一个不义的共和国的固执的仆人。生活的境遇——也可以说是命运吧——使得他成为一个战士，使得他仍然成为一种光荣的奴隶。这种光荣他很厌恶，而且急于想抛弃掉它，但在一个欲望满足之先，他是不会抛弃的。这是一个可怕欲望，一种降到那些人身上的欲望——那些在一个伟大、超群、不可实现的爱情的危险的星辰下降生的人们……

吉　父亲，父亲你忘记了，那些饿得快要死的人们受不住这样的耽搁呀！这个人的特点对于我们有什么意义呢？你刚才谈起救济生灵的事；给我们你所答应的话呀！

马　一点也不错。我的犹疑是不对的：残酷得像这类的东西，对于我在这地球上所爱的两个人也许会……

吉　我接受我的一份，不管它是怎么样的东西；可是另外的一个是谁呢？

马　听着，我会……当我走进这房间的时候，我几乎觉得奇怪和困难，可是救济生灵的可能性产生了如此伟大的力量……

吉　请说呀！

马　佛罗伦斯已经决定了要消灭我们。那个主战的十人委员会已经认定这是绝对的必需，而元老院更赞成他们的命令；议案是无法打消的了。可是佛罗伦斯在它虚伪中是太谨慎，太聪明，不会让世人知道，把无端的流血责任放在自己身上，是一种有文化的表现。因此她将会宣布：我们拒绝了她对我们所提出的仁慈投降条件。这城市将由攻击的方式而被占领；西班牙和德国籍的雇佣兵将会来攻它的。当有机会来掳掠、焚烧、抢劫和屠杀时，他们是不会匆促的！只须枪口一松，那一天，那些领袖们将会装做没有办法，无法控制……这就是那正等着我们的命运,而那座红白合城①将最先来对这灾难表示遗憾,她将把这一切归罪于那些外籍雇佣兵的放荡行为;而当我们的毁灭成了它的目的时候,她就会立刻做出惊恐的样子,把这些外籍雇佣兵解散……

吉　是的,这正是佛罗伦斯的那一套……

马　这正是普伦西瓦人那个共和国的委员们所接到的秘密训令,在上一个周内,每天那些人都在敦促他作最后的攻击。他一直在用种种的遁词拖延着的。而且他还截获那些侦察他的行动的委员们的信。在这信里面,他们控告他对元老院不忠。比沙毁灭后,战争完结,叛罪、酷刑和处死,将会在佛罗伦斯等待他回去,正如曾经等待过不止一个厉害的将军一样。所以他知道,这就是他的命运……

吉　好吧,那么他有什么意见呢?

马　他是熟悉——起码像我们熟悉这些诡计多端的野蛮人那种程度——他熟悉他自己所招募的一大部分射手。但无论如何,他有一百个卫队忠心于他;他可以绝对地信赖这些人。他的建议是:那些所有愿意跟随他的人,是应该带到比沙来的,来帮助这城反抗他所遗弃的那一个军队。

吉　我们所要的不是军队呀。这些危险的外援军并不能诱惑我们的。请他给我们子弹、粮食和火药吧。

马　他早看出来了,他的建议对于你也许显得太值得可疑,而遭到拒绝的。因此他将负责送到这城内来、刚刚运进他帐篷内来的、载满了军火和食物的三百辆大车。

吉　这,他怎么能做得到呢?

马　我可不晓得。对于战争和政治的一套花样,我完全是门外汉。可是他将会做出他愿意做的事的……虽然那些佛罗伦斯的委员们在,只要元老院不免掉他的指挥权,他将永是他营地内的绝对主人。但在

---

①　即佛罗伦斯。

这胜利的前夕,当一军人对他有了信心而且已经抓住了它的战利品的时候,他们是不会免掉他的指挥权限的。佛罗伦斯得等待时机。

吉 好吧,我懂得了;他救了我们,就等于救他们自己。他是在寻报复。可是这一点,我想,他可以用另一些方式达到,而还更巧妙呢。救济他的仇敌,对于他会究竟有一桩什么好处呢?他将到什么地方去呢?他将会得到一个什么结果呢?他要求什么作为报偿呢?

马 已经是时候了,孩子,这时话语可以变得残酷和万能,这时一两个字可以忽然得到支配命运的力量,而将附着它们的遭乱者不放……当我想起,我的语声,我所不得不说出来的话语的那种方式,会使得多数人死,但也可以使得多数人活的时候,我不禁要发起抖来……

白 为什么你就犹疑呢?像我们这样的灾乱,就是最残酷的话也不会引起什么恐怖的……

马 我已经和你说过了,普伦西瓦似乎是聪明的,很有理智、很有人性的……但是什么地方能够找出一个人,不会有偶然的愚蠢呢,永远是德行,连一会儿骇人的想头都不起呢?……我们的理智,怜悯心和正义感,不是老在与欲望冲动,和与我们的灵魂最接近的疯狂在斗争么?……我自己战败过曾经不止一次呢;我还会,而且你将也曾呢……因为我们人类大都是如此。一件忧思在等着你,而如果你考虑得合理的话,也许它不成其为忧患呢……我看得清清楚楚,这愚蠢如促成它的那种不义行为,是太不可相信了,所以我自就下了一个比这愚蠢的忧虑更愚蠢的愿心……而这种愚蠢的愿心,将会被我所极愿达到的一个智者愚蠢地实践起来的;那种敢于以理智的名义来说话的智者……如果你拒绝这提议的话,我将仍回到敌人的营地去……那儿会有什么东西在等待着我呢?死亡和拷打也许就是我这荒谬的忠诚的报偿……可是虽然如此,我倒还是要去……我也可以对我自己说,我是炫耀我自己的高位,自己欺骗自己,但我仍是要做我所惋惜的这桩傻事;因为我也缺少那些能听取理智的人的那种力量……可是我还没有告诉你。啊,你看我是怎样地失掉我的头绪,我是怎样地在咬文嚼字,来拖延——无论它是怎样短——我们所必得决定的时刻!可是,我的种种怀疑,也许是误解了你……且看吧!这队巨大的辎重队,我的亲眼看到过的;这些车载满了米谷、酒和水果;这些大群的羊、大堆的家畜,足够——比足够还有余——我们民众吃好几个星期;这些大桶的火药,长的枪,足可以打胜佛罗伦斯,带回兴盛给比沙城。这一切今夜将会送到我们的城里来,假如你能作为报答,送一个传信人给普伦西瓦的话——她将在黎明现出第一道光来的时候就会回来的——可是他要求,作为胜利和投降纪念,她得单独一个人去,而且只穿上她的大衣……

吉　是谁呢?是谁呢?你并没有告诉过我呀……

马　乔婉娜。

吉　什么!我的妻子?……婉娜?……

马　是的,你的婉娜……我终于说出口了!

吉　为什么婉娜呢?不是有成千成万的女人么?

马　这是因为她是最美的人而普伦西瓦爱她……

吉　他爱她……他在什么地方爱上她呢?他并不认识她呀!

马　他曾经看到她的。他认识她。可是不愿意说出,在什么时候,在什么情境之下认识她的……

吉　可是婉娜,婉娜曾经看到过他么?他们在什么地方遇见的呢?

马　她从来不曾见到过普伦西瓦,也可以说,起码是记不清楚的……

吉　你怎么会知道呢?

马　婉娜自己告诉过我的……

吉　什么!

马　在我到你这儿来以先……

吉　而你就告诉过婉娜么?

马　一切的原委……

吉　什么!你居然敢暗示出这么一桩无耻的交易?

马　是的……

吉　婉娜怎么说呢?

马　她什么也没有说……她的面孔变得苍白起来:她离开了我……

吉　啊,她这样才对!……这也许比骂你,比倒在你的脚下来得好……还有什么话可说呢? 什么也没有! 我们也不能说什么话了……来,我的朋友们,我们仍是回到我们的城垛后面去吧,我们既然只有死路可走,我们就去死吧,我们不能让羞辱来污辱我们……

马　啊,吉多,这考验真是太可怕了,我知道的! 现在打击既然降到了我们的身上,我们还是有点耐性为好,我们还是让理智来分辨出义务与个人的苦恼好!

吉　义务! 我的义务是很清楚的。你这可怕的建议给了我一个义务,一个唯一的义务。我不必需要时间来思索。

马　不过,你得问问你自己你是否有权利来牺牲一个整个的民族。付出千万的生命的代价是否太高……如果你的快乐是以这一条路为基础,那我很能懂得你宁愿死的道理,虽然我已经是行将就木——虽然我看过了许多人,也看过许多人类的苦恼,没有那一桩道义上或是肉体上的罪,可说得是比死还好,比冷酷、可怕、永恒静寂的死还好……现在是无数的生命陷入了危险的境地;现在谈的是你武装起来了的弟兄们,他们的妻子和儿女! ……假如你能对一个疯人的狂暴让一下步,那末你认为是可怕的事,将会被追随你的人认为是很英勇呢。因为他们将会用比较冷静的眼光,更多的正义感,更大的仁慈心,来判断一切的呀……相信我,没有什么东西能与救命这件事来比拟的。道德、理想,这一切我们当作是荣誉和忠心,可比起救命这桩事来,倒是微小得不足道的……在这次考验之中,你得像一个英雄性似的支持过去,一点也不要弄上污点;不过,认为死就是英雄主义的最高峰,那是错误……最英勇事迹,就是那使我付出最高代价的事迹,死,有时比活着是容易得不知多少倍……

吉　你是我的父亲吗?

马　是的,我很骄傲,是你的父亲……今天反对你,我也就是反对我自己。

如果你是太容易地听了我的话,我将是不会如此爱你的……

吉　是的,你是我的父亲,你已经说出了你的证据,因为你也只有选择死的道路,作为你的一份。我既然拒绝了那可厌的建议,你只得仍回到敌人的营地去,去接受佛罗伦斯为你准备好了的命运……

马　我的孩子,提起这关于我个人的事——我已经是一个体弱无用的老人,只有几个残年可以活下去,一个对于任何人不会有什么价值的人——所以我对我自己说,我也许可以演一套那陈旧的笑话:假如要学得聪明,何必不明哲保身,不去做我认为要做的事呢……我不知道,为什么我要到那儿去……在我这具老朽身躯里面的灵魂是太年轻了,而我偏是生在一个理智无法申诉的时代……可是我很抱歉,过去的影响,居然还使得我保持我那愚蠢的诺言……

吉　我将要学习你的行为……

马　你这话是何意思呢?

吉　我将追随你的榜样。我将对于那些过去的、你所认为荒谬绝伦的影响,完全忠实地遵守,虽然,很幸运地,你让它们指导你的行为……

马　如果它们牵涉着别人,我就放弃履行我的诺言;而且,不管结果如何,不管你作何决定,我是不再回到那儿去的……

吉　够了够了! 有许多东西一个儿子是不能跟走入了歧途的父亲说的……

马　你要怎么说怎么说吧,我的孩子;让你愤怒的话语自由地从你心里流露出来吧……我将认为它们是你最合法的悲伤的标记……话语不能改变我对于你的爱……可是,当你咒骂我的时候,让理智和温顺的同情心,在你的灵魂里,来代替你的诅咒,让它离开你的灵魂吧……

吉　够了够了:我不要再听了……请想一想;请考虑考虑你到底要我怎么办吧。因为在现刻,是你没有了理智,没有了高贵和崇高的理智;你的智慧被死的恐惧弄得昏乱了……死可吓不住了我……我还可以记起,在你的勇气有年龄和无用的研读书籍以前,你还常常以勇气这字来教训我……我们现在是单独地在这房间内的,谁都没有看到你这么可怜的脆弱;我的这两个副官将也会保守这秘密——唉,恐怕也不容易保得很久了! 我们将把这秘密埋在我们的心里,现在让我们来想想这最后的斗争吧……

马 不,我的孩子,那是埋不下去的,因为年龄和你所认为无用的读书告诉了我:要埋葬一个个人的生活,无论其理由何在,总不能算是对的。虽然我现在真的已没有了那能招你青睐的勇气,可是我还有另一种的、不大炫耀、也许不大怎么被别人所崇敬的勇气,因为它所得到的成果很少,而人们却喜欢那能带给他们苦痛的东西……这将使我完成我其余的义务……

吉 那义务是什么呢?

马 我将完成起始没有做成功的事。你那时是裁判人之一,但可不是唯一的裁判人。而那些生死存亡须在这时刻决定的人,却有权利要知道他们的命运,要知道他们的生存是以什么为决定的……

吉 我不懂得你的意思。起码,我希望我不会懂得你。你刚才不是说……

马 我是说,我一离开这房间,我就要告诉民众普伦西瓦所提出和遭你所拒绝了的那个条件……

吉 好吧,现在我可懂得了。我抱歉,这些闲谈会把我们带到了这一点,正如我同样地抱歉,你的幻想会使我取消对于你的年龄所应起的尊敬。可是,一个儿子的责任是要保护那反对他自己、走入了迷途的父亲;而且只要比沙还在的话,我就是这儿的主人,她的光荣的保护者……波尔梭·托勒罗,我拜托你来照拂我的父亲,一直到他的良心在他心里复活了为止。什么都不曾发生过! ……谁都不能够知道……父亲,我原恕你,而当在那最后的一刻,你记起你以前如何教训我要有决断、要勇敢的时候,你一定也会原恕我的……

马 我的孩子,我不必要为了原恕你,来等待那最后一刻的到来呀……我将也要取像你一样的行动的……你可以送我下狱,可禁不住我的秘密;因为那是再也不能闷死的……

吉　这是什么？你说的什么？

马　那就是：正在此刻，普伦西瓦的建议是正被元老院在讨论着的……

吉　元老院！谁会告诉他们的呢？

马　在我来到这儿之先，我就告诉了他们……

吉　你！不。不，这是不可能的，不管你怎么恐惧，你的年龄在你的心里所起的破坏作用是如何地大，你不能把我灵魂上的唯一快乐，我的爱，我的结婚生活的纯真和美，交付给那些生人，那些可怜的小店员们的手中——他们把这一切当作油盐一样地来量！我不能相信……除非我的眼睛看到，我不能相信的……那时我将对于你，你：我所爱过，同时以为我很了解的父亲，我所作所为的模范的父亲——我将对于你起同样的恐怖和憎恨，跟对于那些可恶和懦弱的、现在这种不名誉的事来侮辱我们的残忍东西一样！

马　你是对的，我的孩子。你并不了解我，对于这点，我要认为是我的过错。当我走入了老年的境地时，我没有告诉你，我从它每天学到了些什么，关于生活，关于爱，关于人类的欢乐与悲愁。如果我早点使你了解了在我心里所经过的东西，那渐渐逝去的虚荣心，那取虚荣心而代之的真理，那末我也许今天不会站在你面前，像一个苦楚的、你开始所憎恨的生人吧……

吉　至少，我很高兴，他已经够早地了解了你……至于其他的事情……我们毫不困难地可以预料得到，政府会作何决定的。为了保护他们自己，他们是不惜牺牲一个人，而这是多么地简单呀！这种企图会加强勇气——加强比人们可能从这些可怜的商人所能希冀得的更高尚的勇气。可是，他们当心吧！那未免是企图太大了，那是超乎他们所要的权利之外的。我已经为他们流了我的血；从朝到暮，日夜我是在工作着，忍受着的。在这整个的围困期间，我从没有顾惜到我自己。可是已经够了：我再是不干了！婉娜是我的！她是属于我，而我还在统帅着军队。我的斯特拉逊奥族兵至少是还对我忠实的；我有三百个只听我的命令的兵士。他们决不会听懦弱者的任何话语的！

马　你是错了,我的孩子。比沙城的政府诸公——你所说得一言不值的公民——在他们知道他们作如何决定之先,已经在这危急期间显出了他们有可爱的高尚性格和勇气的证明。他们拒绝来牺牲一个女人的爱而取得自己的安心,当我离开他们赶到这儿来的时候,他们正在召见婉娜,告诉她:他们把这全城的命运放在她的手里。

吉　什么! 他们居然敢当我不在场的时候,他们居然敢对她传达那个色鬼的一套丑话……我的婉娜当我想起她那娇嫩的脸孔,她眸子的光辉——那使她的美貌更美的娇羞! 当我想起我的婉娜得站在这些淫乱的老人——这些微小的、面皮黄瘦的虚伪的、把她当作一件珍品的小商人面前时! 他们将会对她说:"去! 到那儿去,一丝不挂地到那野蛮人的营帐去! 听他的吩咐!"啊,真的,他们没有用武力也算是他们够高尚了! 他们知道,我仍然是在这儿的。他们要求她的同意,你说! 而我的……谁敢来要求我的呢?

马　我不是向你要求过么,我的孩子,假如你拒绝了我,他们将会依次来的……

吉　让他们来吧! 婉娜将为我们俩抗议的……

马　我相信,也许是如此,同时你将接受,她的答复……

吉　她的答复! 你能够怀疑吗? 你这认识得她的人——你这自从她第一天,眼睛内含着笑和爱,走进这房间的门坎就天天看到她的人,现在又打算在这房间里卖掉她的人,你能怀疑她的答复吗? ……

马　我的孩子,我们总是以自己的心思去猜疑别人的心思,而且自知的程度只能达到自己认识能力的范围以内……

吉　这无疑是我为什么这么不能了解你的原故! 不仅如此,我这双眼睛如果第二次又很残酷地被欺骗了的话,我将要祈求上帝,让它们永远地闭上!

马　它们也许是快要开了,我的孩子,在一个巨大光亮之下……我说这话,因为我注意到了婉娜有某种力量你不会看到,而这恰使我毫不怀疑地知道,她将作何种的答复?

吉　你用不着怀疑！啊，请相信我，我也是用不着的！而我将要预先地，盲目地，决不反复地，接受她的答复！如果那答复不是跟我的一样，那末我们，从最初一直到这个苦楚的时候为止，是双方被骗了……那末我们的爱情也不过只是一个欺骗，现在将化为灰尘；那末我所崇拜于她的东西，只能够在我喜欢轻信的可怜头脑内存在着，在我这可怜的、忠诚的心里存着，而这心只知道一个快乐，崇拜一个幻想……

【在外的人群中起了一阵"婉娜，婉娜"的喊声。这声音起初很微小，后来渐渐变大。后边的门开了。婉娜，单独地，面色苍白，走到房间内来。这时，那些似乎害怕进来的男女，靠着门打算藏住自己。吉多望见她，向她跑过来。他把双臂围着她，热烈地拥抱着她。

吉　我的婉娜……他们对于你做了些什么事，说了些什么话！……不，不，请不要告诉我吧……我只须看看你的眼睛——它们仍然是纯洁、忠诚，像安琪儿洗浴的泉水……啊，那些愚蠢的人们！他们不能够伤害我所爱的人，他们真像向天空投石子的小孩，以为如此就打着了天……当他们向你眼里望的时候，他们的话语就会在他们自己的嘴唇上萎缩的……你没有回答的必要——你只须向他们望一望就够了。那时，在他们与你之间，在他们的思想与你的思想之间，将出现一片湖水，一个无涯的、生命与爱情的大洋……不过，请看，这儿有一个人——我称之为父亲的人……他的头脑糊涂了，他的白发把他淹没了……我们应该原恕他；他是老了，瞎了。我们应该发慈悲；我们应该做最大的努力；你的眼睛没有对他说什么话——他是离开我们太远了！……他已经成了一个陌生人；我们的爱情掠过他的高年，正像落在火石上的四月的霖雨……我们的爱情对于他是没有什么；它完全被他忘记了……他以为我们相爱，是跟那些不懂得爱情这字是何意义的人相爱一样……他不懂，他需要话语来解释……把你的话告诉他，把你的答复告诉他吧！

婉　（走近马可）我的父亲，我今天晚上就去的。

马　（吻她的眉）我的孩子，我知道……

吉　什么！你说什么？

婉　吉多，我要去的。我得去，我得服从……

吉　服从！服从谁？请告诉我呀！

婉　今晚我要到普伦西瓦的营帐去……

吉　跟他一起死，去杀掉他吗？这我倒不曾想到过。是的，是的，这点我是能够了解的！

婉　如果我杀死他的话，我们的城恐怕是保不住了……

吉　什么？那么你爱他了！你从什么时候开始爱他的呢？

婉　我并不认识他，我从来不曾见到过他……

吉　可是你曾经听到过。是的，是的，你曾经听到过，人们曾经告诉过你……

婉　没有的事。有一个人刚才说过。说是他是一个很老的人……

吉　他一点也不是的！他是年轻，他是漂亮，他是比我年轻的多！上帝！如果他要求别的东西的话，我也许到他那儿去，四腿朝地地爬过去，为了拯救我们的城！否则就和婉娜一块儿飘流去，无声无息地打发我们的残生。在十字路口向别人求乞……可是这——这——在世界的历史上从来没有一个征服者敢于——（走向婉娜，用手臂抱着她）啊，婉娜，我的婉娜！我不相信这！我所听到的不是你的声音，而是我父亲，我父亲个人的声音！不，我什么也没听见；一切好像是……你应该告诉我，说你是错了，说你的爱情，你的本心在叫喊："不成，不成！"甚至于说像这样的话都不好意思！……我告诉你：我什么也没有听到：沉默就是一直没有打破过……可是，要知道，你必得开口……大家都正在听着的呀……谁都不曾听到过……大家都在等着你所应当说的那句话……请赶快说出来吧，婉娜，使得他们知道你呀！请快些吧！宣布你的爱情，驱除这些梦想吧……请说出我所等待的那句话，那必须要说的一句话，假如你不使我身旁的一切毁为碎片的话……

婉　哦，吉多，我知道，要忍受这些该是多么地难呵……

吉　（本能地把她从自己推开）这该是多么地难啊！你知道,你知道吗？我不会忍受这一切吗？我,这曾经爱过你的人？你从来就不曾爱过我！不,我现在开始看出来了！这一切我将怎样应付呢？……你是很高兴地要离开我:你喜欢那一个人,谁晓得:啊,可是我仍然是这儿的主人,让她怎样说就怎样说吧！……你以为我就不声不息地站着旁观,一切都不管吗？在这房间的下面是一个地牢——一个又黑又冷的地牢。你将在这儿住。我的斯特拉逊奥兵看守着,一直到你的英雄主义冷静下来。你知道了责任所在的时候为止……把她带下去……我已经开口了,这是我的命令！去,服从我的命令！

婉　吉多,吉多,我的确不应告诉……

吉　他们不听命令;谁在这也不听我的吩咐,你们,波尔梭,托勒罗,你们的手变了石头吗？我的话钻不进你们的耳朵内去吗！你们站在那儿,和其余站在那儿的人,你们不能够听见我吗？我向他们高声喊,他们连一个也不动……把她带下去,我说！……带下去,带下去！……啊,我知道这是怎么一回事！他们是害怕;他们想活下去——活下去,他们所开心的就是这一点！使得他们活下去,我就得去死;可是不能这个样儿……不。不,这是太容易了！你们都是有妻子的呀！……不过,请看一看,我只消举一下手就成——

婉　假如是你的爱情吩咐你的话,吉多……

吉　"假如是你的爱情吩咐你的话！"谈起了爱情这个字,你是从不懂得它的意义的！你,在你的灵魂里,从来就没有过什么爱情的！现在当我一看到你,我就望见了一个沙漠——一个什么都吞没了的、干枯的、要死的沙漠……甚至就是一滴眼泪也没有,一滴眼泪也没有！……我是什么呢,我在你眼中是什么呢？我不过是伸着双臂保护你的人,只不过如此而已……如果你只有一会儿……

婉　吉多,请朝我望一下,请朝我望一下吧！你看不见我吗？我将对你说什么呢,吉多？我用什么话来说出我的感情呢？让我跟你说一句吧！我所有的力量都没有了！……我不能……我爱你。我的一切都归于你……然而我要去了；我必得，我必得去……

吉　（把她从自己推开）那倒好，去吧！从这儿去吧！到他那儿去吧，我放弃你了，去吧！你已经不再是我的了……

婉　（握住他的手）吉多……

吉　（把她推开）不要用你这双温暖、柔和的手来握着我吧……我的父亲是对的；他能更好的认识你……父亲，他就在这儿。这是你的成绩，来把它完成吧……把她送到那个人的营帐里去吧。我将留在这儿，望着你们一直走去……可是，不要以为我会均分给她所换来的一点肉和面包的……我现在只有一桩事可以作，而这你不久就可以知道的……

婉　（抱着他）吉多，请向我看一眼吧，不要把你的眼睛从我掉开——那是太可怕了……请让我看你的眼睛，吉多……

吉　那么看吧！看我的眼睛啦，细细地瞧啦……滚开！我再不认识得你了！时间已经很急迫了——他在那边等着你的呀：夜已经垂下来了……去吧！你还怕什么呢？我不会杀掉我自己的呀。我并没有疯呀：只有当爱情胜利的时候，理智才会动摇的，在爱情要破碎的时候，是决不会的……我已经看穿了爱情，唉，爱情和忠实……我再没有话说了。不，不，放开你的手指吧；它们抓不住快要逝去的爱情呀。一切都完了，结束了；什么痕迹都没有了。过去是淹没了，未来也……啊是的，这些清洁、白的手指啊，这双高贵的眼睛呵，这对嘴唇呵；有一个时候，我曾经是相信的……现在可什么也没有了……（把婉娜的手扔开）空虚。空虚，比空虚还空！再会吧，婉娜！你去吧。再会吧……你到那儿去吗？……

婉　是的……

吉　你不再回来了吗？……

婉　是的，我不再回来……

吉　至于这一点，我们看吧……啊，我们看吧……谁能告诉我，我父亲比我还清楚呢……

【他摇摆着,抓住一个大理石柱。婉娜孤独地、慢慢地走出去,不再回头向他望一眼。

～～ 第二幕 ～～

在普伦西瓦的营帐内。

华贵的一团粉乱。丝和金制的垂帷。甲胄和皮裘在周围乱堆着。大的箱箧半开着,显示出许多珠宝和发光的物件。营帐的入口是开在后边,要穿过一层厚的门帘,普伦西瓦站在桌子旁边,正在整理文件、计划和军器。

【维第欧上。

维　这是共和国委员来的一封信。

普　特里乌佐写来的吗?

维　是的。第一委员玛拉杜拉先生还没有回来呢。

普　从加圣泰方面威胁佛罗伦斯的威尼斯军队,也许要做想不到的抵抗呢。把信给我。(他接过信,读着)他给我正式命令:以立刻逮捕做惩罚,他命令我明天清晨作最后一次的攻城……这倒也好。这一夜起码是属于我自己的……立刻逮捕……啊,他们知道的是多么少呵?……他们真的能够想,这种陈腐的、老生常谈的话语,对于一个正在等待他生命那最宝贵的一刻的人,能起恐怖的作用么?威胁、逮捕、诽谤、审判、定罪,这一切对我是什么呢?如果他们可能,他们敢的话,他们早就逮捕我了……

维　特里乌佐先生,当他交信给我的时候,就告诉了我,说是他随后就来的,他希望跟你谈话。

普　啊,他总算是决定了……我们的会面将可以决定许多事情。而这位枯萎的小抄书匠,将来到这来代表佛罗伦斯那点儿神秘权力,可是不会举起眼来看我一下的,这位寒酸的黄面皮的侏儒,恨我比死还厉害,将要花他做梦也想不到的一点钟来……一定是他接到了严重的命令,所以才敢到猛兽的洞穴里来做样子……谁在我门口守着?

维 你的加里西队伍的两个老兵。我想我认识他们:一个是赫南多;另一个我相信是第爱哥。

普 好,这两个兵,他们会服从我的,我告诉过他们把所有要人们都用链子锁起来么? 天快黑了,把灯点起来吧。现在是什么时候呢?

维 九点过了。

普 马可·诃龙那还没有来么?

维 只要他一到,城壕那儿的哨兵就会把他带来的。

普 如果我的建议被拒绝的话,那么就在这点钟以前他就会来的……这一点钟就决定了一切。这一点钟,对于我的生命,正如一群囚犯,当他们向着周围的黑暗望时所梦想那鼓起了帆的大船一样……也真奇怪,一个男子居然把他的命运、他的头脑、他的灵魂、他的快乐、他的哀愁,交付给脆弱得像女人的爱情的那么一件东西! 如果这东西不比我的笑还坚强的话,我真要向它笑呢……马可没有回来……那么她就会来的……去,看那宣布着她同意的烽火吧……去看那火是在那儿,预示着一个女人的步子的到来。这个女人是牺牲自己而救别人的生命。同时救助了我正如她救助了她的民族……不,请停下!我自己去看吧。我自从幼年的时候起,就等待这个时刻的到来,等待着,渴望着。不许别的眼睛,甚至于一个朋友的眼睛,只有我的眼睛才能第一个接待她的到来……(他走到营帐的入口,把垂帘掀向旁边,朝着黑夜望)看呵! 那火焰,维第欧,看那火焰呵! 它在燎亮着,照耀着这黑暗呵! 从康巴尼尔那方——这正好,正应该如此……看它是如何穿过黑暗呵! ……这是照耀在这城市上的唯一的一个光亮……啊,比沙从来不曾向天空举起一个光耀的花朵! 我该是失望地把它等了多久呵! ……我勇敢的比沙人呀! 你们今夜应该举行庆祝,这庆祝将在你们的编年史上永垂不朽;我同时将领略到比救了我故国还神圣的快乐……

维　（触动一下他的手臂）我们回到营帐内去吧。特里乌佐先生从那来了呀。

普　（走回，放下垂帘）一点也不错。我们还得……会面将是很简单的……（他走到桌子旁，摸着那儿的文件）你都得到了他的三封信吗？

维　只有两封。

普　我所截下来的那两封，和今晚的命令……

维　这是那起初的两封，那其余的一封正在你手里捏皱了……

普　他来了。

　　【门卫把垂帘揭起来。

　　【特里乌佐走进来。

特　你不曾看到那炬奇怪的火焰么？它似乎是从康巴尼尔升起的烽火信号呢？……

普　你以为那是信号么？

特　我一点也用不着怀疑……我要和你谈谈，普伦西瓦。

普　请说吧，请你走开一下，维第欧，但不要走得太远，我需要你。

　　【维第欧下。

特　你知道，普伦西瓦，我对于你的重视。这一点，我已经证明给你看不止一次了；可是，除此以外，还有许多东西你是不知道的，因为佛罗伦斯的政策！人们说它是不义的——为了谨慎起见，不得不把许多的军情保守秘密，甚至对于那些它能交付它最重要的秘密的人，它有时候都保密不说出来。我们大家都服从它深沉的命令。我们每个人得支持它许多神秘事情的重量，因为这些东西是它最高的智慧所产生出来的。我只消告诉你一件事吧，那就是，我非常同意你被选为这共和国那支第一次闯入战场的伟大的军队的总司令。虽然你的年纪很年轻和出身寒微，真的。这次的入选，实在没有什么理由表示不满的。可是现在倒由组织起来了的一个政党来反对你。告诉这件事给你时，我不知道，我是否让我对于你忠实的友情，来侵患了我的责任。

有时,大事忠于职守,比起卤莽一点随便来时,还能产生出来不快的结果呢。所以,要知道,你有许多敌人,控告你犹疑、动摇和懒惰。有许多人甚至怀疑起你的忠诚来。许多细心想出来的谗言已经是不胫而走,已经是对于那些怀疑起上了颜色。这对于议会的某一部分人起了不好的影响。他们已经对你用不和善的眼光看待。这类事已发展到引起人逮捕你和审判你的程度。很幸运地,我知道得恰恰适宜。我马上赶到佛罗伦斯去,而且并不困难地反驳了许多的诉状。我坚定地为你说话。现在只望你来证明我这丝毫不曾动摇过的信念了,因为如果你再不行动的话,我们只有同归于尽了。我的同僚马拉杜拉先生已经在比平诺被威尼斯办粮草的军队阻止住了前进。另外还有一军从北方向佛罗伦斯开来。假如你明天开始那等待了很久的总攻击,一切大致是不成问题的。这将使我最精良的军队和那唯一的常胜将军,得以空闲出来;于是我们就可以胜利地、堂堂地回到佛罗伦斯城来,这将使你过去的仇敌变成你热烈的崇拜者和同志……

普 你所要和我谈的就是这些话吗?

特 差不多是,虽然我没有传达出我对于你真实的友情——那在我们交往中一天一天增大的友情。就是这,虽然,那似乎很矛盾的法律把我们放到了一个很矛盾的境地。这法律要求一个将军的威权,在危急的时候,要被佛罗伦斯那种神秘的力量所均衡。而我就是这城市的一个卑微的代表……

普 我刚才接到的这道命令,就是你写的吗?

特 是的。

普 你亲手写的吗?

特 一点也不错。为什么要问这句话呢?

普 这两封信——你看得出来吗?

特 也许。我还不知道呢。那里说的些什么? 第一,我得……

普 那倒不必,我知道的。

特 那两封信就是我想象中你曾拦截下来的吗? ……我看这测验倒是很

好的。

普 你不是和一个小孩子在谈话呀。我们不必玩这种可怜的小玩意吧，或是拖长这次谈话。我多么想把它结束。真的，它将会迟延一件任何佛罗伦斯胜利都比不上的战报！……在这些面里，你最卑鄙、最虚伪地非难我的一切行动。这种行动完全是出自恶意呢？还是要供给佛罗伦斯那种不义的贪欲心一种不可缺少的根据，来任意解决一支胜利的雇佣兵呢？……在这两封信里面，一切事实都用一种凶恶的计谋所歪曲了，以至于我自己都不相信我无罪。我的每一行动都变了形，被责贬、被污辱了。而这，从回城的第一星期起，一直到我睁开眼睛的这一时刻——这幸运的时刻，在这一刻，我决定了要使你的疑心变成事实。你的信我已经命人仔细地抄下来了——我已经把它送到佛罗伦斯去了。我截取了回信。你的话已经是被接受了；他们相信了你——他们毫不怀疑地相信了你，因为他们已预先供给了你控诉的罪名。没有人听我的申诉，我是被裁判了；我是被判了死刑……而且我知道得很清楚，任何完美的纯洁，都不使我逃避你所供给的定罪的证据……所以我现在只有向前跳一步，折断你的锁链，而做一个先发制人。从此以后，我再也不是什么叛国者了；不过，这两封信既落在我的手中，我就要促成你的死亡。今晚我就要把你卖出去，你和你那些可怜的主子们；我将要给你，在我势力范围之内，给你以最残酷的，最致命的打击。而且我将把这视为我生命中一件最高贵的事情，来屈辱一个城市——这城推崇叛国为道德，而且还想用欺诈、虚伪、谎言、忘恩负义和流氓的手段来统治世界……因为今晚，为了我的帮助，跟你闹别扭的老敌人——比沙城——只要它的城墙依然存在，将要阻止你来世界上传染你的腐败——今晚，比沙城将要被救了，而且还要抬起头来，再发出挑战的声音……啊，请不要站起来做那些无用的姿式吧……我的一切步骤是准备好了，而且这也是无法避免的，你现在是在我势力之下；而且我现在抓住了你，正像是我抓住了佛罗伦斯的命运一样……

特 （特里乌佐抽出了他的匕首,向普伦西瓦瞄准着很快地一击）还早呢……只要我的手还是自由的话,那就还早呢……

【普伦西瓦用手臂挡住了这一击,这匕首只划着了他的面孔。他把它向上抢过去。他抓住了特里乌佐的手腕。

普 我倒没有准备这恐怖的一着……看,我现在捉住了你呢,而且可以用一只手毁掉你呢……我只消把这匕首稍放低一点……它似乎已经在寻觅你的喉头呢。怎么样,你不说什么话吗? 那么,你不怕吗?

特 （冷淡地）不。用你的匕首吧,这是你的权力呀。我知道,我的生命是完了。

普 （松了手）啊,不过,真的,你所做的事也真奇怪……甚至于很稀少呢……真正准备与死神握手的兵士,倒是很少呢;而且,我倒也不曾想到,在这么一个脆弱的身躯里面……

特 你们这些弄刀枪的总以为,除了寄存在刀尖口子上面那点勇气以外,世界上再没有其它的勇气……

普 你也许是对的……那也好……你现在是没有自由的,可是谁都不会伤害你的……我们各自有主,你和我。（他把脸上的血拂掉）啊,这一击倒不怎么高明……稍微仓促了一点,而且劲不够。他只差一点……现在,请告诉我,假如你手中现在抓住了一个人,一个几乎要把你送到另一个谁也不知道的世界的人,你将是怎么办呢?

特 一个人的生命,比起佛罗伦斯的安全来,值得了什么呢?

普 那么你相信佛罗伦斯的命运,她的存在了? 那么她一定是我所不能了解的某种东西了?

特 是的,我只相信她;其余的东西对于我简直不值一顾……

普 归根说起来,也许是的……而且你也是对的,因为你相信……我自己没有国家,我说不出来。有时我也很难过,我没有国家……不过我有一样东西你可是永不会有的——没有什么人像我这样地有过……这东西填满了我所有的遗憾……你去吧;我们撒手吧,我们没有时间来品评这些哑谜呀……我们之间的距离相差太远,可是我们倒也有几乎可以相接触之点……各人有各人的命运……有人追求一个理想，但也有人追求一个欲望……再见吧，特里乌佐，我们是在走不同的道路……请把你的手伸给我吧……

特 还早。我将在惩罚的那天把我的手伸给你……

普 好吧！你今天是失败了，明天你就会胜利的……

【他喊："维第欧！"

【维第欧上。

维 主人！怎么的，你受伤了。血还在流着呢……

普 没关系……把那两个卫兵叫进来，让他们把这个人带下去，不过，要注意不要使他们伤害了他……他是我所爱的一个敌人……叫他们把他带到一个别人看不见的安全的地方去！……他们要负责他的安全，同时只要我的命令下来，就要放他自由……

【维第欧带着特里乌佐下。普伦西瓦在一个镜子旁边站着，察看他的伤痕。

特 那么我早就该杀死他。

普 我不懂得你……你真奇怪……请明白地说吧，写那类的信是卑鄙的事呀。在三个伟大的战场上，我为佛罗伦斯流过了我自己的血；我从来不曾为我自己打算；我用尽了我的头脑，而收获全是你们的。我是这共和国的一个忠实差人，从来不曾有一个不忠诚的念头来到我的心里……你一定是知道这一点的，你，你这一直是在侦察我行动的人……可是，在你的信里面，某种毒辣的邪恶或者仇恨，使得你歪曲了我的每一行动，我所取的每一步骤。我心目中只有佛罗伦斯，你凭空造出一堆一堆的谗言和谎话……

特 那些事实都是欺诈的——关系小。我的责任是要防止那危险时刻的到来——那就是：当一个军人，因获得了两三个胜利而骄横了起来，以至于不服从他所服务的主子的时候。他主子的任务是比他自己的崇高得多的。现刻就证明了出来。那个危险的时刻是到来了。佛罗伦斯的民众把你看得太宝贵了。我们的责任是来摧毁他们的偶像。

他们这时已经表示出了一些憎恶，可是他们使得我们觉得可以阻止他们危险的动摇倾向，而且，我也似乎觉得这正是来毁坏他们偶像的时刻。我警告了佛罗伦斯。她知道，我的谎话的用意何在……

普 这时刻还没有到来，而且永远不会到来的，不过对于你那些可耻的信件……

特 那时刻也许已经到来，而这已经是够了……

普 什么！一个无辜的人，就这么为了一个仅仅的可能性而牺牲掉吗？为了一个也许并不会出现什么大乱的危险性而牺牲掉吗？

普 这伤并不深，但是它已经划进我的面孔里去了……谁能想得到，这么一个脆弱难看的人居然能……（维第欧回来）你依照我的吩咐去做了吗？

维 是的。主人，这件事儿的意义是毁灭呀……

普 毁灭！……啊，那么我就每天可以被毁灭，一直到我死的那一天为止……唔，在这世界上，从来没有一件合法的复仇能够给我这样的快乐——这快乐，自从他在学做梦的那天起，就老是梦着的……我一直是在等待，在祈祷它的到来！我不让任何的罪过来阻止我，因为那快乐是我的，是属于我的，我命定要占有它，而现在，我的星宿被正义，被怜悯所骗，载在它银色的光上，把这快乐送给了我。而你还说什么毁灭！……呵，冷心肠的可怜的人类呵！……没有爱情的可怜的人类呵！……你不知道吗，在这时刻，我的命运在天上被秤量着的，而且上帝们正在赐给我一百个情人，一千个快乐的份儿！……啊，我是知道的！……那些命中注定要受到极大的灾害或是要得到极大胜利的人，在一个特定的时刻，忽然发现他们站在生活的顶尖上——这时一切的东西属于他们，服从他们，而且在他们的手里溶化！我现在正在接触到了这一时刻呀！……这时就有一个人类所受不了的愉快，谁得到它就会被它所毁掉！……

维 （拿着一块布制的绷带）血仍然在流着，请让我把你的脸包好吧。

普 好吧，因为只有这样才好……不过请当心，不要把你的绷带遮住了我的眼睛。(朝着镜子望)啊,我倒像要从一个外科医生的手术刀避开的病人,而不像一个快要高兴地欢迎他的爱的情人呢!……(挪动他的绷带)而你,维第欧,我可怜的维第欧! 你将怎么办呢?

维　主人,你到什么地方去,我就到什么地方去……

普　不,你得离开我……我不知道,我将要到什么地方去,也不知道我将会成为一个什么……你还是逃走吧! 谁也不会追你的,但是,假如你跟你的主人去的话……在那些柜子里面有的是金子,你拿出来吧,它是属于你的呀,我再也不要它了……那些辎重的车子准备好了吗,那些羊群都集拢来了吗?

维　都在营帐的前面。

普　好吧。当我一发出信号的时候,就请你做你应该做的事吧(在远处传来一个枪声)那是什么?

维　在前哨有人放了一枪。

普　谁下的命令?……这一定是一个错误……假如他们向她放了枪的话! 你没有说……

维　说过的。那是不可能的。我已经派了几个士兵到那儿去了。只要她一到来,他们就会把她带来的。

普　请去看看吧。

【维第欧下。

【普伦西瓦单独地站了一会儿。维第欧回转了来,掀起门口的垂帘。低声喊了一声"主人"。于是他退下。乔婉娜穿着长的大衣出现了。她在门前停着。普伦西瓦颤抖着,向着她移动着步子。

婉　(用窒息了的声音)我依照你的吩咐来了……

普　在你的手上有血迹,你受伤了吗?

婉　一颗炮弹掠过了我的肩……

普　什么? 什么时候? 这太可怕了……

婉　当我快要走进营帐的时候。

普　谁放这一枪呢?

婉　我不知道,放枪的人逃走了。

普　你很痛吗?

婉　不。

普　我替你把这伤包起来好吗?

婉　不。这不要紧。（沉默片刻）

普　你决定了吗?

婉　是的。

普　还需要我把那些条件重说一遍吗?

婉　没有这个必要。

普　你没有后悔的地方吗?

婉　未必我们订好了条约:我到此地来不必怀着什么悔恨吗?

普　你的丈夫同意吗? ……

婉　同意的。

普　你如果想反悔的话,还来得及……

婉　不。

普　那末你为什么要做这件事呢?

婉　因为在那儿,人们正在要被饥饿而毁掉的。而明天更快速的死亡正
　　等待着他们……

普　再没有其它的理由吗?

婉　还能有什么其它的理由呢? ……

普　我能够了解,一个有德行的女人……

婉　不错。

普　一个爱她丈夫的人……

婉　是的。

普　你脱去了你所有的衣服,只披着这件大氅吗?

婉　是的。

　　【拉开大氅,作出证实的姿态。普用手势止住她。

普　你看到了排列在帐篷前面的车子和士兵了吗?

婉　看到了。

普　一共有两百辆车子,装满了杜斯堪尼运来的粮食。另外还有两百辆装满了牲口的饲料;西恩那地方产的水果和酒;还有三十辆德国运来的火药和十五辆小车的子弹。在它们附近还有六百头阿普连的牲口和加倍数目的羊。这一切只等你一开口就运往比沙。你要不要亲眼看它们启程?

婉　要。

普　那么到帐篷前面来吧。

【他掀开帘子,不命令,挥着手。一片深沉的、混乱的声音开始了,火把燃起来了,鞭子响起来了,车子开始移动,牲口也开始移动,发出各种鸣声。婉娜和普伦西瓦,直直地站在门口,望着一个巨大辎队开动。夹杂着火把在布满了星星的夜里闪动。

普　从今天晚上起,亏了你的功,比沙城不再受饥饿了。它现在是牢不可破的。明天将是谁都不敢再希望的快乐与胜利的光荣……你满意吗?

婉　满意。

普　那么让我们把营帐关起来吧,请把你的手伸给我。今晚仍然是温和的,可是今夜将会很冷呵。你身旁没有藏着什么武器吗? 什么毒药吗?

婉　我只有我的木屐和大衣。假如你害怕的话,请搜查我吧……

普　我害怕并不是为了我自己,而是为了你……

婉　我把我人民的生命,放在一切之上……

普　好吧,你这是对的……来吧,请在这儿坐下来……这是一个战士的卧榻,不平而坚硬,狭得像一个坟墓,可是配不上你……请躺在这儿吧,在这虎皮之上,这从来不曾碰到过女子的温柔的虎皮……请把这柔软的皮裘放在你的脚旁吧……这是一个大山猫的皮,当某次在一个胜利之夜的时候,一个非洲的君主送给我的……

【婉娜坐下来,紧紧地裹在大衣里。

普 这灯的光亮正射在你的眼上,我把这灯挪开一下好吗?

婉 这没有关系……

普 (跪在卧榻的旁边,握着婉娜的手)乔婉娜!

(婉娜惊奇地跳了起来,朝他望着)啊,婉娜,我的婉娜……因为我,我也常这样地喊你呀……现在当我一喊起你的名字,我就颤抖起来……它在我的心里被锁了三道,锁这么多的时候,以至于它想要逃出来就不得不打破那锁住它的监狱……的确,它就是我的心,我的一切……在这名字的每一音节里内藏着我的生命,而且当我念起它的时候,我就觉得我的生命从我体内流了出来……它对于我是太熟悉了,我想我是认识它的,我把它反复地对我自己念过,一直到我不害怕它为止:我在每天的每一时刻都念着它,像爱情的一个伟大字眼。一个人渴望在她的面前,就是念一次都好——这字没有办法召她出来,该是多久呵……我想我的嘴唇已经变成了那字的形状,在这个盼望了好久的时刻,这嘴唇可以念出这字儿,如此地柔顺,如此地卑微,带着如此深沉和伟大的渴望心情,所以当她一听着的时候,就可以知道,这字儿该是含着多少情爱和辛酸……而在今天,这只不过是一个阴影。它已经是不同了……我的恐怖和忧愁,伤害了它,毁坏了它,而当它一离开我的嘴唇的时候,我就再也认它不出来。我所注入它里面去的一切意义和崇拜,现在来打碎了我的力量,压下了我的声音……

婉 你是谁呢?

普 你不认识我吗?……我引不起你的记忆吗?……呵,时间消灭了许多东西呵!……真的,只有我个人单独看到了这些奇事。也许,这是不如把它们全部忘记了为好……我不再要希望了,我将再不会有很多的懊丧!……不,我对于你是什么也不值……我不过是一个可怜的人,一个偶然间恋慕地看到了自己的生命的目的的人而已;我不过是一个不幸的人——他不希求什么,他甚至还不知道要希求什么才好,可是,如果可能的话,在你去之前,他倒想告诉你,你曾经对于他是什么,你将会对于他,一直到他生命的结束,会是什么东西的……

婉 那么你认识我了? ……你是谁呢? ……

普 你不认识这个人吗? 他现在正看着你,正如在一个童话的世界里,一个人会望着他生存和快乐的源泉一样……

婉 不认识,起码我不相信会……

普 是的,你是忘记了……我能确定,啊,你是忘记了! ……当我第一次遇见你的时候,你才八岁,我已经有十二岁了……

婉 什么地方呢?

普 在威尼斯,在六月的一个星期日……我的父亲是一个银匠,他送给你母亲一挂珍珠做的项链,她正羡慕那挂项链像什么似的——我溜到了花园里来……我看到你在那儿,在一个小池的旁边,在一个桃金娘花的林里……一个瘦弱的金指环落到水里去了……你在岸上哭……我于是跳到水池里去……那个指环在大理石的池底上发着光;我把它拾了起来,把它戴在你的指上……我几乎淹死了……可是你吻了我,而且是快乐的……

婉 那是一个金发,叫做吉昂纳罗的小孩子呀。你就是吉昂纳罗吗?

普 是的。

婉 谁还能认得出你来呢? ……而且你的面孔是被绷带裹着的……我只能看得出你眼睛来……

普 (移开绷带)我现在拆开了绷带,你能认得出我来吗?

婉 能,也许……我似乎是……因为你还有一个小孩子的微笑……可是你受了伤了,血正在流着……

普 啊,这是我每一次的伤痕……若不是因了任何人可以伤害你的话……

婉 让我来整理一下你的绷带吧,它扎得很不好。(她在他的颊上裹绷带)在这次战争中我常常看护伤兵……是的,是的,我记得……我眼前又现出这花园了,它的石榴花,它的玫瑰花,它的桂花。我们在那儿不只玩过一次呢,在下午,那时太阳在沙上炙的火热。……

普　一共有十二次——我计算过的……我可以告诉你我们每次所玩的游戏,你所说的每一个字……

婉　于是有一天,我记得我等待着——因为我很爱你呀,你那时是那么庄严,那么沉静,把我看得像一个小小的皇后一样……可是你之后就从没有回来。

普　我的父亲把我带到非洲去了……在那儿,我们在沙漠里迷失了路途……于是我被阿拉伯人、土耳其人、西班牙人捉去当为俘虏——这就是我的生活。当我再回到威尼斯的时候,你的母亲已经死去了;那花园是荒芜了……我寻找着你毫无结果……一直到最后,因了你的美丽——啊,那别人一见就永远忘不了的东西呵——我才打听到了你……

婉　当我一进门的时候,你马上就认得我出来吗?

普　如果有一万个人走到我的营帐里来,每个人有像你的面孔,每个人穿着同样的衣服,同样的美丽——一万个连他们自己的家属都认不出来的姊妹,我都可以站起来,握着你的手,说:"这就是她。"……也真奇怪,不是么,一个人所有的影像居然会在他的心里这么地存在着;因为在我的这颗心里你是住得这么地深幽,以至于它生长着,改变着……今日的它已经跟昨天的它不同了;它开起了花来,它变得更美丽了;而且年月还带来它所给与发育着的婴孩的礼物来装饰着它……然而,当我再看到你的时候,起初似乎我的眼睛在欺骗着我……我那忠诚地宝藏着你的美的记忆,曾经是太胆怯了,太迟疑了,它不敢给予你那忽然在我的眼前闪灼着的荣耀。我是像一个人,当他在黄昏里走过一个花园的时候,他记起了一朵花;可是在太阳的光耀下面,他忽然看到了成千数万的花朵……你走进来时,我看到了我认识得最熟悉的眉毛、头发和眼睛:我在这面孔上看到我所崇拜的灵魂……可是它的美贬抑了一个灵魂——它,我累年累月,无尽止地、默默地保藏着——这生活在我的记忆上的美,是如此不可计量地与实际不符……

婉　是的,你曾经爱过我,正如一个人在那种年龄会爱的一样。可是时间
　　与别离给了爱情一种魅力……

普　人们常常说,他们在一生之中只爱一次,可是这话不大靠得住……为
　　了要隐藏着他们的冷淡或是他们的欲望。他们自命为怀着那些生而
　　只爱一次的人哀愁;而且当这种痴情的人要说出他深沉的、苦痛的、
　　扰乱了他的生活的真话的时候,那末一些幸运的恋人们所随便说出
　　来的一些话语就会失掉了力量和重心;而听这话的女子,将会不知不
　　觉地把这可怜、充满忧郁的神圣话语,看成为只有大多数男子常有的
　　那种琐细和轻浮的意义……

婉　我将不会是如此的。我能懂得当我们生命一开始时我们所渴望的那
　　种爱情。我们舍弃爱情乃是因为岁月——虽然我的年岁还少——结
　　束了许多的事情……不过,请告诉我,当你重走过威尼斯而且寻得了
　　我的踪迹的时候——请告诉我,你那时是如何办理? 你没有想什么
　　方法去看一看你如此深沉地爱着的那个女人么? ……

普　在威尼斯我听说你的母亲是死了,她的财产丧失了,我听说你是和一
　　个杜斯干的大贵族结了婚——在比沙据说是一个最有钱、最有势的
　　人;你对于他将会是一个被崇拜而又幸福的皇后……我是一个没有
　　家、没有国籍的冒险家——我能够贡献出什么呢……命运似乎是在
　　要求我所不愿意对于爱情所作的牺牲。啊,该是多少次我绕着城墙
　　徘徊——抓住城门的铁链,为的是害怕我要见你的那种渴望,会主宰
　　了我,会扰乱了你已经看出来了的那种爱情和幸福……我租出了我
　　的刀,我参加了两三个战争;我是一个雇佣兵;一直到最后佛罗伦斯
　　送我到了比沙来……

婉　当男子们正在爱情中的时候,他们该是多么脆软和懦弱啊……请好
　　好地了解我吧:我并不爱你呀;我也说不出来我是否曾爱过你……不
　　过当一个男子自命为在恋中,正如我曾经是在恋中一样,而在爱情的
　　面前失掉了勇气时,这使爱情的灵魂在我的心中跳动和叫喊……

普　我并不是没有了勇气……我需要比你以为所必需的东西还多……不

过现在已经晚了。

婉　当你离开威尼斯的时候,并不晚呀。当一个人发现出充满了他生命的爱情时,那从来是不会晚的。这样的爱情是从来不会退缩的。它是富有希望,但并不希望什么东西;而且当它一旦停止希望的时候,它仍然是坚持着的。如果我是像你所说的那么地爱着时,我也许已经……啊,一个人说不出他会作出什么的……不过这一点我知道:命运绝不能毫不费力地从我把幸福攫去的……我将对命运呼喊:"所以我在这儿走过去!"……我将连石头都强迫得和我站在一起! 而且不管代价如何,我将要使我所爱的人知道我的爱情,而他自己也宣布爱情,不只一次地宣布他的爱情!

普　(要握她的手)你不爱他吧,婉娜?

婉　谁?

普　吉多。

婉　(缩回她的手)不要握我的手吧。我不能把它给你呀。我看我得把我解释清楚。当吉多和我结婚的时候,我是孤独的,几乎还是贫穷;而一个孤独和贫穷的女人是很容易成为诽谤的牺牲者的,尤其是在她的面孔美丽、瞧不起虚伪和做作的时候……对于那些诽谤之辞,吉多丝毫没有加以注意;他信任我,而他的信任使我高兴。他使得我幸福;至少是像一个人当他放弃一切含糊的、奢望的、人力所达不到的梦想时,所能得到的种种幸福,我还希望使你相信,一个人是可以幸福的,不必花日夜的光阴去追求那谁人也不能知道的幸福。现在我爱吉多;我的爱情比起你想象所能觉到的爱情要平凡得多;不过我的爱情,起码是比较坚固,比较沉静,比较忠实,比较确定;这就是幸运所赋予我的爱情;我睁着大眼睛接受了它;我再不要别的了;假如谁要打碎它的话,那可就绝不会是我了……所以你看,你误解了我呀……当我要指出给你看我所想的东西是你的一件错误时,那我并不是说你,也不是说我们自己:我是以爱情的名义而说话的——这爱情在情窦初开的时候,看过一眼就深深映在心里:这爱情也许还存在着的,不过它既不是你的,也不是我的罢了,因为你不曾作过像这种爱所应该作的事……

普　你对于我的判断,婉娜,也可以说对于我这爱情的判断,未免太苛刻了。你判断这爱情而不知道它曾作过什么,受了多少痛苦,为的是要得到这快乐的一瞬间——这愉快的一忽间将使一切其他的爱情自愧不如……虽然这爱情没有作什么没有试图什么,我可是觉得它的存在,我是它的牺牲者,它把握住了我的生活! 我心里蕴藏着它,我抛弃了一切人间的快乐与光荣……啊,请信任我吧,婉娜,你得相信我呀,因为我是那种不要求什么,也不希望什么的人呀! ……像现在是在我的营帐里,而且在我的掌握之中……不过,你是跟我同样地知道得清楚:我刚才所谈的爱情是渴望着另外的东西的;我要求你不要再怀疑我……我拿起你的手,因为我想你会相信我的……我将不再接触它,我的嘴唇将不再来亲它;可是,至少,婉娜,当我们将要离别不能再见的时候,至少请你要知道我的爱情该是哪一种的爱情,它只有在不可能的事物前才迟疑的呀!

婉　只要它认为有不可能的东西存在那一忽间起,“怀疑”不是有存在的余地么? 我不要求什么超人的试验,不要求克服什么可怕的障碍。我不要求这类东西的证明,我是随时在准备着相信……真的,这是为了你的和我的幸福的原故,我仍然要打算来怀疑……在像你那末巨大的爱情中,一定有某种神圣的东西存在,这东西就是连最冷酷的女人都能感动……因此我要探寻出你所做过的事件,而且我将会快乐,如果我发现不出命运不大常光顾的、这种人间的情欲的痕迹……而且我将会要相信,除了你这最后的一次行动以外,我不曾找出什么;因为当我一记起你会毁坏了你的前途,你的名誉,你在这世界上所有的一切,为了使我在这营帐下面逗留一点钟时,我就不得不承认你的爱情可能是像你所说的一样……

普　这最后的行动是一件什么也不能证明的行动呀……

婉　为什么呢?

普　我宁愿你知道真情。使你到我这儿来,用你的名义救济了比沙,我什
么也没有牺牲。

婉　我不懂……你不是背叛你的国家吗?抹杀了你过去的成绩吗?毁坏
了你的前途吗?在你面前的是什么东西呢?非放逐不就是死吗?

普　第一点我没有国家。否则,如果我的爱情不是如此地伟大,我也不会
为了这爱情而背叛它……然而,我不过是一个雇佣兵而已,当别人忠
实的时候我也就忠实,当别人背叛的时候,我也就是一个叛逆……我
曾经被佛罗伦斯的委员们诬告,被一个商人的共和国所责难——这
些商人的道路你知道得和我一样地清楚。我知道我是完了;而我今
晚所做的事,不仅不会加速我的灭亡,也许还会救了我,假如救济是
可能的话……

婉　这么说来,你为我牺牲的值不了什么?

普　什么也不值……我不得不告诉你。如果我用一桩欺骗买到你的微
笑,那末在这笑中,我不会感到什么愉快的……

婉　啊,吉昂纳罗,吉昂纳罗!这比爱情,比它最高贵的一切证明还有价
值得多呢!……你不须再寻找着那曾经从你避开了的手吧。现在把
它拿去吧……

普　我希望是爱情得到了它!……可是,究竟有什么关系!……它是属
于我的呀,婉娜:我把它握在我的手中间,我嗅着它的香气,我活着它
的生命,它和我是一体——在这香甜的幻觉中我都忘记了我自
己……啊,这贵重的手呵!我张开它,我合拢它,好像它是用恋人的
秘密的、神秘的话语来回答我似的;我把我的吻映在它上面,而你仍
然让它留在这里……那么你原谅我这残酷的试验,把你对它显露出
来的试验吗?……

婉　我也应该做这同样的事;如果我处于你同样地位,也许更好,也许更
坏呢……

普　当你同意来到这营帐时,你知道我是谁吗?

婉　谁也不知道的。那时有许多奇怪的谣传……据有些谣传说,普伦西

瓦是一个可怕的、年老的人；另外些谣传说他是一个非凡漂亮的青年
王子……

普　不过吉多的父亲看过我，他没有说什么吗？……

婉　没有。

普　不过，当你在黑夜，没有一个人帮助，独自到一个野蛮人的营帐内来
　　时，你不会失掉了勇气么？……

婉　牺牲是必须有的呀……

普　而当你看到我的时候呢？

婉　起初，绷带遮住了你的面孔……

普　是的，婉娜，可是后来当我把绷带揭开了以后呢？

婉　那时可就不同了。我已经认识了你……可是你，当你看到我走进营
　　帐来时——你那时心中是想的什么呢；你那时想怎么办呢？……

普　啊。我怎么能说得出来！……我知道我是完了，我有一个疯狂的渴
　　望要把一切拖下水去……同时，因为我这种爱情，我憎恨你！当我想
　　起它来时，我自己都奇怪得很……要解放我心里的这只野兽，要扇起
　　我的仇恨，只需一句话，但是非你说出来的——只需一个姿式——但
　　是非你作出来的不可……可是，当我一看到你时，我就发现这是多么
　　地不可能呵……

婉　我也是这么地感觉到。我一切恐惧都没有了，因为我们不需一句话
　　已能互相了解。而这点也真太奇怪了……我也应该做这件事，我相
　　信，如果我也是像你一样地曾经发生了爱情……真的，当我听你讲话
　　的时候，有不少的次数，我幻想着我是在讲话，我的话语就是你的话
　　语，你就是在听着我的讲话……

普　婉娜，我也觉得，把我们从一切生物隔开的那座墙是变得透明了；这
　　好像我把手放进了一条正在流着的溪流里面去了，而把它们缩回来
　　的时候它们就发着光、闪耀着信任和忠诚一样……而且我似乎觉得
　　男子是改变了，我心中一直所想像的东西全都错了……我尤其是感
　　觉到我自己是变了，从一个长时间的监禁中终于解放了出来；我觉得

监门是开了,栅栏上是绕着花和叶子;我觉得雪在远处的地平线上融了,早晨的清洁的空气钻进了我的灵魂,在我的爱情上呼吸!……

婉　在我的心里也有一种改变。我很惊奇地发现了我跟你讲话好像是从一次开始同你讲话似的……我是习惯地喜欢沉默……我从来不会同任何男子这么讲过话,除非是和吉多的父亲马可,而就是跟他谈话时,情形都有些不同……他是在千万个梦想中生活着的;我们的谈话很稀少……至于其他的人,他们的眼中总有一种神色,使我寒战……我怎么敢告诉他们,说我喜欢他们,或是渴于知道他们心中想的什么呢?……你的眼睛不使人嫌恶,它们不使人惊恐……

普　婉娜,你能够爱我吗?我的作恶的星宿把我带给你,不是已经太迟了吗?

婉　如果我能够告诉你我可以爱你的话,跟我现刻告诉你说我是爱你,岂非一样么,吉昂纳罗?我跟你一样地知道得很清楚这是不可能的……不过我们在这儿互相谈话,好像我们是在一座荒凉的岛上一样……如果我是单独地活在这世界上,那倒是没有什么话可说……可是我们忘记别人所忍受的痛苦,而我们俩却对过去微笑……当我想起我离开比沙时吉多所受的苦恼,他眼睛里的失望,他的狼狈的面孔——再也不能等待了!黎明应该是快到了,我真是渴望地要知道!……我听到了脚步声,有一个人正在过这营帐……人们正在垂帘后私语呀……听吧,听吧!……这是什么呢?

【在营帐外边可以听到私语声和急促的脚步声。于是维第欧的声音从外面飘进来了。

维　(在外边)主人!

普　这是维第欧。进来!什么?

维　(在营帐入口)快些;快些!主人,请你赶快逃!一会儿都不要迟疑;佛罗伦斯第二个委员马拉杜拉先生……

婉　他到比沙城去了呀……

维　他已经回来了呀……他带来了六百个佛罗伦斯人……我看到他们走过。

这兵营是已经在起哄了……他带来了命令……他宣布你是一个叛徒……他现在正在找特里乌佐,如果他找到了他而你仍然在这儿的话……

普　来吧,婉娜……

婉　我到什么地方去呢?

普　维第欧和我所能信任的两个兵士,将护送你到比沙城去……

婉　而你,你怎么办呢?

普　我不知道,然而这并没有什么关系呀。这世界已经是足够大了——我可能找得到避乱所的。

维　呵,主人,注意呀! 他们占领了这城市周围的郊区,而杜斯堪尼多的是暗探……

婉　到比沙去吧。

普　和你一起吗?

婉　是的。

普　我不能……

婉　只去几天……使他们寻不到踪迹……

普　那末你的丈夫将会怎样呢? ……

婉　他决不会放弃招待一个客人的责任的……

普　当你告诉他话的时候。他会相信你吗? ……

婉　是的……——如果他不相信我……但是他会的,他得相信……——来吧……

普　不。

婉　为什么呢? ——你害怕什么呢?

普　我并不是为了你而害怕……

婉　为了我? 对于我,单独也好,和你在一起也好,其危险是一样的。我们所害怕是为了你,这曾经救了比沙城的你;现在比沙城应该救了你才算是公正……你在我保护之下来吧,我要作你安全的保证……

普　好吧;我跟你一块去好了……

婉　你不能再给我你的爱情更好的证明了……请来吧。我们不要再耽误时间……把你的营帐打开吧……

【婉娜跟着普伦西瓦向门走去,把垂毡分开。有许多低语的声音和武器的响声;可是听得最清楚的是远处的钟声,在愉快地撞着,尖锐地打破这夜的静寂。在远处。比沙在地平线上现出来了,光辉地闪着亮光。巨大的篝火在黑色的天上映出强烈的光辉。

普　看呵,婉娜,看呵!

婉　什么? 吉昂纳罗? ……哦,我懂得了! ……这是他们烧起来的快乐的火光,来庆祝你所作的事……整个的城墙都在发着光,城垒在闪着亮,钟楼闪耀得像一个愉快的火把。请看那些高塔是如何地与一些星儿私语呵! ……所有的街道都在天上反映了出来:我可以看得见我今天黄昏时所踏过的那条路了……! ……请看那载着火的圆顶的广场,那圣多市场形成了一个阴影的岛……我们几乎可以想像得到,生命在它最后的喘息的一忽间,居然赶回到了比沙,从这一个尖塔跳到那一个尖塔,横过了天空,洗过了城墙,洗过了这整个的国家,而现在正向我们发着信号,唤我们回去……听呵,听呵! ……请听那高呼,那狂喜,那狂热吧,像海一样地澎涨,汹涌,向比沙城袭来! ……请听那钟声呵,响着正如在我结婚的时候响着的一样……啊,我真快乐,快乐,比一切都快乐,我的这快乐应归功于你,一直是在最爱着我的你! ……来吧,我的吉昂纳罗! (她吻他的眉毛)这是我所能给你的唯一的吻呀……

普　啊,我的乔婉娜,这是爱情所能希冀的最精美的一吻! ——但是请看吧,你抖起来了;你的膝在你下边弯下来了! ……来吧,请倚在我的身上吧,把你的手抱着我吧……

婉　这没有什么:我是晕了——我过度地用了我的精力。请帮助我吧,请带着我吧! 不要让任何东西来阻碍了我们的快乐的步子……在这醒转来的黎明底下,夜该是多么地美丽哟! ……快些吧! 我们快走吧,是时候了,在快乐消逝以前,我们必得达到……

【普伦西瓦扶着婉娜,一块儿走了出去。

〜〜 第三幕 〜〜

在吉多·诃龙那的会议厅内。

高阔的窗子，回廊，大理石的圆柱等等。向左，在后边，是一个露台，由一副双行的楼梯走上去。在这露台的栏杆上是许多盛满了花的大花盆。在这房子的中央，圆柱之间，是巨大的大理石石级，一直伸向露台。这露台俯瞰着这城市大部分的景象。

【马可、吉多、波尔梭和托勒罗上。

吉　我对你，对他，对每个人都屈服了；可是，现在应该临到我才算是公正。我一直没有作声，屏住了呼吸，我一直在藏躲着——正如一个懦夫当强盗在搜掠他的房屋时会藏躲起来的一样。但是，在我的受辱之中，我仍保持住了我的荣耀……你们把我造成一个商人，一个光棍，一种做狡猾生意的人……可是现在黎明来了……我在我的位子上没有动一下……契约是订了，我只有履行它，我得换取你们的粮食……这一夜，这高尚的一夜，可是属买者的……啊，谁知道，买这些小麦、牛群和羊群，所付的价格并不太高……现在你们都吃饱了，我已经付了账……现在我是自由了，我又是主人了；我已经把我的羞辱抛开了！……

马　我的孩子，我不知道你的意向到底是什么，而谁也没有权利来干涉像你这样的悲愁……字句软化不了这悲愁；我知道得很清楚，它所造成的快乐——现在在各方面绕着你的快乐——只有更加重你的悲愁，使得它更苦痛……这城是得救了，不过我们对于这救济感到歉意，因为你为它所付出的代价是太高了；你个人负起了这么一个重大担子，我们得向你低头……然而，如果我们能记起昨天，我仍像过去一样，指出那同样的牺牲者，为那同样的不义而辩护；有正义人，不得不悲哀地一生在两三种不义的行为中选择道路……我不知道对你说怎样的话才好;不过,假如你曾经爱过的我的这声音最后一次能够达到你的心房的话,那么我要恳求你,我的孩子,不要盲从你的怒气和悲哀的影响……至少,请你要等待这危险的时刻过去,因为它鼓动我们说出无法收回的话语……婉娜马上就会到这儿来的。请你今天不要裁判她吧。请你不要做任何无法挽回的事!……婉娜会来的,既快乐又失望……请不要责备她吧……假如你觉得你还不够坚强来和她谈话,你几天以后就会的,那么你等一些时候再去见她吧……我们这些可怜的生物不过是某些不可抗拒的力量的玩物而已,在这停不住的岁月中,我们心中藏有着许多善、正义和智慧;那唯一作得数的话句,当我们被不幸所蒙蔽了时渴望着要摸索的话句,就是那当充分的了解到来,当我们原谅了一切,当我们重新再来爱人的时候所要说的字句……

吉　你讲完了吗? 这很好。现在可不是讲甜蜜的话语的时候了;现在在这儿可不是人们随便可以欺骗的那个人了……我已经忍受住了你,而且,作为最后一次,忍受住了你要说的话,因为我是很好奇地要知道你的智慧能够给我什么,作为它很有效地毁坏了的生命的交换……请看它给予了我什么吧! 等待、耐烦、接受、忘记、原谅,而终于哭泣!……唔,不! 这还不够!……我最好是不要智慧,而洗掉我的羞耻! 话语不能为我做这桩事……至于我的意向,那是很简单的——我将按照你几年以前敦促我行动那样来行动了。一个男子把婉娜从我身边拿走了;只要这个男子还存在的话,婉娜就不再是我的了。因为我,你要知道,是被其他的规条所支配着的,而不是那些支配着动词和形容词的规条。我服从一个大的规则——每个人,只要有一颗活的心就会服从的那个规则……比沙现在有粮食,有军火了,她能吃,能战;好吧,我要求我的一份了。从这天起,她的战士是属于我的了,至少那些最好的战士是的——那些我亲自征募得来、用我自己腰包的钱所发饷的战士。我已解除我对于比沙的义务——现在我要求我对于自己的义务了。这些战士,在他们完成现在临到我有权利要求他们做的事以前,他们不再是属比沙城的了……至于其余的事——至于婉娜——我原谅她,也可以说,只要那个男子不再存在的时候,我将会原谅她的……她一直是被欺骗了,被引入邪路了;可是,在她所作的这件事中,至少是有点豪侠精神……她的仁慈,她的侠义,是被人作了不正当的利用了……让它去吧……要忘记也许是不可能的;不过,她的这种事迹也许可以如此在过去中消逝,以致于她从寻觅着她的爱情而隐避起来……可是有一个人,我将永不能看见他而不起羞耻与恐怖之感的……这儿有一个人,他生命的唯一目的是作为一个伟大和高贵的幸福的指灯和支持。他已经成为了它的敌人,它的祸患;在你们大家的眼前将会发生出一种可怕而又公正的事的……你将会看到一个儿子,他,在目前这世界失了常轨的一忽间,将会裁判他自己的父亲,否认他,咒骂他,驱逐他,瞧不起他,憎恨他的……

马　咒骂我吧,我的孩子,但是请你原谅她……如果她在这救了许多生命的英勇行为中,有一种不可原宥的错误的话,那么就请把这错误归于我,把英勇归于她吧……我的忠告是好的;不过像我还没有共同遭受过那种牺牲的人,说出忠告当然是很容易的;而今天,当我在这世界上所认为最亲爱的东西是被剥夺了的时候,这倒使我觉得比以前还好……我没有权利与你的判断来作争论;当我在年青的时候,我也会像你这样作判断的……我去了,我的孩子,你将不会再见到我的;我知道得很清楚,我在你面前是会使你生厌的——不过我还是要见你的,而不让你见到我——而且,我既要离去,并且还要大胆希望能见到你对于我所作的错事那个时刻的到来——因为我们过去使我记起当一个人在血气方刚的时候,原谅是来得很迟的——我既然是这样地离开你,那么至少请你使我相信,我一起带去了你一切的憎恨和辛酸、你一切残酷的记忆吧;她不久就快来了,也请你让我带去了你对于她的憎恶吧……此外,我只有一件祈求……请让我作为最后一次,看到她倒到你的怀里去吧……那末我就可以无一句怨言地去了,绝不认为你不义的……在人类的悲苦中,年老的要负担起一切他所能负担的东西,这倒是很好的,因为他能看见他再走不几步就得放下他的担子了……

【在马可说他最后几句话的时候,一阵模糊和庄严的低语可以从外边听见。在延续静寂中,这声音增大了,更近而且更清楚。起初是一阵期待的骚动;之后,是一堆群众仍然很遥远的叫嚣——他们一下移到这边,一下移到那边。不一会,这模糊的叫声具体化了起来;人们可以从各方面听到,渐渐地更清楚,无数次地重复地喊:"婉娜! 婉娜! 我们的婉娜! 婉娜光荣! 婉娜! 婉娜! 婉娜!"

马　(跳向朝露台开着的回廊)这是婉娜! 她回来了! ……她在那儿! ……人们在欢呼她;人们在欢呼她! 听呵,听呵!

【波尔梭和托勒罗跟着他走向露台。吉多单独地倚着柱子,朝前面望。这时外面的声音变得更高,而且更近。

马　(站在露台上)呵,爱呵! 这广场,这些街道,这些窗子,全都被摇动着的头和手映黑了! 屋顶,树叶子似乎都变成了人! ……可是婉娜在什么地方呢? 我只看到一堆尘土,忽开忽合……波尔梭,我可怜的眼睛欺骗了我,背叛了我的爱……老年眼泪障蔽了它们……它们看不见它们所渴望要瞧的那个生物……她在什么地方呢? 她在什么地方呢? ……我将走哪条路去迎接她呢? ……

波　(拉住着他)不成;请不要走下去吧;百姓疯狂了;他们已经是无法控制了。他们兴奋得发了狂;女人们昏倒了,男人们被踏到脚底下去了! ……而且这是没有用的;她来了,看她呵! ……她,她抬起她的头了! ……她看到了我们……她正是忽忙地朝我们这儿来! ……啊,她在抬起头望,她微笑了……

马　你们看到她,可是我不能! ……我这对半死的眼睛什么也看不出来了! ……我现在第一次要咒骂我的高年了,它教给了我许多的事物,现在可对我隐蔽了一桩东西! ……可是现在你能够看见她,请你告诉我她是一个什么样子吧？……你能够看见她的面孔吗？……

波　她是胜利地归来了……她似乎在照耀着民众……

托　可是在她身旁走着的那个男子是谁呢？

波　我不知道……我从来不曾见过他；他遮住了他的面孔……

马　听呵，他们是怎么在喊呵！……这整个的政府官邸都震动起来了；花儿都从花盆里落向石级上去了……石板都似乎站了起来，把我们扫向这充满了一切的欢快中去了……啊，我开始看见了……他们走近了大门边来！群众分开了……

波　是的，在婉娜面前分开了。他们正在让开一条路给她，一条胜利的路，爱情之路……他们把花儿，把棕榈叶，把珍珠洒向她的路上去了……母亲们把她们的婴孩抱出来让她抚摸；男子们弯下腰来吻她的脚所走过的石子……当心呵，他们太走近我们了。他们是因快乐而疯狂了……假如他们走近了这些石级的话，我们将完全会被掠开去的……啊，这也好！卫队正从另方面跑来阻住去路！……我将发命令拦住这些民众，关住门，假如时间还来得及的话……

马　不成，不成！让欢乐在这儿开花吧，正如它在民众的心中开了花的一样：说着话的是他们广大的爱——它要怎样就怎样吧！他们已经苦吃得够多了！……现在救援既然已经有了，请不要让什么栏杆挡住他们吧！啊，我可怜勇敢的民众呵，我自己也是因快乐而醉了啦；我同你们的声音一起喊出了我的声音！……啊，婉娜，我的婉娜！我在这石级上见的是你吗？（他跑向前迎接婉娜，但是波尔梭和托勒罗拉住他）来哟，婉娜，来哟！他们拉住我了！他们被这巨大的欢乐吓住了！来哟，婉娜，来哟！你比犹第斯还更美丽，你比卢克里斯还更纯洁！……来哟！……在这儿，在花叶的中间！（他跑向大理石的花盆，拉下了一把花，于是把这花洒向梯子的脚下）我也有花来欢迎光明啦！我也有百合花，桂花，玫瑰花来赞扬光荣啦！

【欢呼声变得更狂热起来。婉娜，由普伦西瓦陪伴着，在石级的顶上出现了，同时倒在马可的怀里去。群众涌向这官邸的梯子上和露台上;可是他们仍然对婉娜、普伦西瓦、马可、波尔梭和托勒罗所组成的一小群人保持相当的距离。

婉　我的父亲,我真快乐!

马　(紧把她抱向自己)自从我再见到了你,我的孩子,我也真快乐啦!……让我在眼泪中来看看你吧……我现在看到你比你从上天的深处降下来时还要光辉,你是从那儿被欢呼着归来!……那可怕的敌人已经不能够把你眼中的光辉盗去了,更不能偷去你嘴唇上的一个单独的微笑!……

婉　父亲,我将要告诉你的……可是吉多在什么地方呢?……他应该是第一个人来听我的话呀——来由我安慰,因为他怎么会知道呢?

马　婉娜!婉娜!他在这儿呀……请来吧……他拒绝我呀,这也许是对的;可是对于你,对于你光荣的错误,他是会原谅的,我真是渴望看你倒到他的怀里去,好使我最后的一瞥是望到了你们的爱情……

【吉多向婉娜走近。她刚要说话——刚要倒在他的怀里去——可是吉多用一种很敏捷的行动止住了,同时推开了她,向四周的人说。

吉　(用一种粗糙和固执的声音说)你们都走开吧!……

婉　不,不!他们得留下!……吉多,我得告诉你。我得告诉他们大家!吉多,请听!

吉　(止住他,把她推向后,盛怒地提高自己的声音)不要走近我,不要接触我(他走向群众,他们已经侵入到大厅来了,但是从他退开)你们没有听见我的话吗?我叫你们出去!不要在我近旁!你们是你们自己家里的主人,可是这儿是我统治的!波尔梭,托勒罗,请把卫队喊进来!啊,我懂得这意思了!你们已经吃饱了,所以你们现在要对这快乐的景象饱餐一下眼福!……不成,不成,你们有肉有酒吃了;我已经为你们付了账;这还不够吗?滚开去!我告诉你们!(群众静静地动着,于是慢慢地退开去)谁都不准再留在这儿!(他猛烈地抓住他父亲的手臂)你也要走开!尤其是你!你比别人还要走得快才是,因为这错误是你的!你不能看见我的眼泪!我不要谁在我身旁。我要比坟墓还孤独,来了解我所应该了解的东西!（看到普伦西瓦没有动）你怎么样呢? ……你站在这儿像一座盖了面罩的石像一样,你是谁呢? ……你是死神,还是羞耻呢? 你不曾听到过,我叫你滚开吗?（他从卫队抓过一把戟来）你一定要我用这戟来赶你出去吗? ……你摸你的刀吗? ……我也有一把刀啦,可是我却有别的用场,它只能用于一个人,一个人的身上……隐藏你头颅的是些什么面罩哟? ……我并没有心情作伪装跳舞呀……你不回答……我问你是谁呀? ……等一等吧——

【他走近去,打算要撕他的绷带。婉娜跑到他们中间,止住了他。

婉　请不要动他! ……

吉　（惊奇地）婉娜,什么呵,婉娜? 这忽然间的气力是从哪儿来的呢?

婉　他就是那个救我的人……

吉　呀! 他救了你……但是太迟了……一件高尚的行为,真的……那也许会更好……

婉　（狂热地）不过请让我告诉你,吉多,我恳求你! 一句话,只是一句话! 他救了我,他爱惜了我,他尊敬了我! ……他同我一块到这儿来,在我的保护之下……我已经答应了他的话,你的话,我们的话! ……你现在是生气了,可是请听我讲:只是请听! ……

吉　这人是谁呢?

婉　普伦西瓦……

吉　谁? ……什么? ……他,那个人? 那个人就是普伦西瓦!

婉　是的,是的! 他是你的客人! 他把他自己放在你的手里! 救了我的就是他呀,吉多……

吉　（惊呆了一会儿以后,他万分地高兴地暴躁,使得婉娜无法止住他说话）啊,这,我的婉娜! ……啊,这落到我的灵魂上,正如露珠从最深的天空降下来的一样! ……啊,婉娜,我的婉娜! ……是的,你是对的;因为得这样作,非如此作不可! 啊,现在我懂得你的策略了! 是的,我完全看出来了! ……不过我事先不知道,我事先想像不出来罢了！……有许多女子也许会杀掉他的，正如犹第斯杀掉霍洛芬尼斯一样！不过他的罪恶是比霍洛芬尼斯的大，需要更大的复仇！……因此你把他带到这儿来了：因此你把他牵到了他的牺牲者的中间——这些牺牲者将要是他的刽子手了！……啊，这非凡的胜利呵！……他温顺地、柔和地跟着你，而不知道你所给予他的吻，正是仇恨的吻呀！……现在他在这儿，在罗网里！……是的，你是对的！在他的营帐内，单独地杀掉他，对于他这可怕的罪恶——那还不够！……那么一种怀疑总会留下来的，我们将不会看得见他的……所有的人都知道那件可厌的协定；为了要使大家知道这种谋叛所应付的代价，当然，这协定是必需的！……不过，你怎样完成了这件事呢？……这是一个女子所能得到的一件极大的胜利呀……啊，你应该告诉他们！（他跑向露台，用最高的声音喊）普伦西瓦！普伦西瓦！这个敌人就在这儿呀！我们抓住了他！

婉 （抱住他，想把他拉回）不，不成！请听！听吧，吉多，我恳求你！吉多，吉多，你错了！

吉 （摆脱自己，用更高的声音喊）请让我去？你应该看！他们大家应该知道！（向群众喊）你们大家请转来！你们可以转来，你们必得转来！……父亲，你也得转来！你们蹲在那些大柱子的后面，好像在盼望一个神仙跳出来补偿你们造成的过失、恢复我的幸福似的！走转来哟！走转来哟！这是快乐，快乐呀！这是一件极大的奇迹！我要石头也听听过去所发生的事！我不必再隐藏在墙角里面了——这一切已经过去了——我将从此比那最纯洁的人都纯洁，比那什么东西都不曾失去的人都富有！啊，现在你们可以欢呼我的婉娜了！我用比你们什么人都高的声音，来和你们一起欢呼吧！

【民众很快地走上露台来。他把他们拖到大厅里面来。

吉 这次你们将可以看到一件奇观！正义究竟是存在着的！……啊，这点我知道得很清楚，不过我不会相信，它会行动得这么快……我起初想，那一定得好多年，好多年以后才行：我一定得以我一生的光阴在城市里,在丛林时,在大山里,来寻找我的敌人的! 啊,看啊,他忽然跳到我面前来了,正在这个房间里,在这些石级上,在我们的面前! 真是一件超乎人力的奇迹呀……可是我们将会知道……完成这件事的人正是婉娜! ……正义终究是存在的! (掉向马可——他还抓着马可的手臂)你看到那个人吗? ……

马　看到了;他是谁呢?

吉　你以前曾经看见过他的……你曾和他谈过话……你曾经是他殷勤的送信人……

【普伦西瓦把他的脸掉向马可。马可认出了他。

【群众中有一次骚动。

吉　是的,是的,这就是他:一点怀疑也用不着。请走近来些吧,来看看他,摸摸他! 他也许有什么新的消息带来,也许……啊,他已经不再是那个堂堂普伦西瓦了! 不过对于他是不应该有什么怜悯的……他用一种邪恶和巨大的狡计,把我在这世界上不能够给人的一件东西拿去了;而他现在却到我这儿来了。他是被正义带到这儿来的,被比正义还了不起的一个策略带到这儿来了,来受取一件我恰能给予的酬报……我把这事叫做一件奇迹不是对的么? 走近来些呀,走近来些呀! 不要害怕吧;他逃不脱的! 不过,请注意门要关好;我们不能够让再有另一个奇迹把他从我们身边带走……我们不能够马上就来对付他的……有许多被延长的福在等待着他享受……呵,你们,我的兄弟们,他使你们受了这么多的苦,他想屠杀你们,想卖你们的妻子和儿女为奴隶,现在让你们看看他吧! 是的,这就是他;我告诉你,他是我的,他是你们的,他是我们大家的! ……他使你们受苦,不过你们的痛苦,比起我的来,又是什么呢? ……他将是你们的,很快……我的婉娜已经把他带到我们这儿来了,使得我们的复仇洗刷去我们的耻辱! ……(向群众讲)你们大家,作见证吧! 一点怀疑的影子都不应该有……这是一件多么英勇的奇迹呀,你们完全看出来了没有? ……那个人从我把婉娜抢去……我那时孤立无援,我什么办法也没有;你们说她……我不能对任何人咒骂……过去是过去了……你们有权利选择你们的生命,而牺牲我的可怜的幸福的……可是婉娜,我的婉娜,知道怎样用曾经毁坏过幸福的那东西,又重新建立起爱情来的……你们毁坏了;而她又重新创造起来……婉娜完成了这件事……她比卢克里斯,比犹第斯还伟大;卢克里斯杀掉她自己,犹第斯刺死霍洛芬尼斯! 啊,真的,这未免太温和,太简单,太沉静了! ……婉娜不在一个关住了门的营帐内刺杀;而她把这罪人活生生地带到我们这儿来,把他交给我们大众……她是如何地完成这件事的呢? ……请听吧,她会告诉你们的……

婉 是的,我会告诉你们的:不过我的话是完全两样……

吉 (止住她,用自己的臂抱着她)请让我吻了你以后,再去告诉他们吧……

婉 (把他猛烈地推开)不成,不成! 还不成! ……不成,不成,如果你不听我的意见,那末永远也不成! 听吧,吉多! 我现在是说一件比那蒙蔽了还更真确的荣誉,比那蒙蔽了你还更伟大的幸福! 啊,我真高兴,他们都转回来了! 也许他们比你还愿意听,我所要说的话,他们将会比你更先懂得! 听吧,吉多! ……你了解以前,你不能亲近我……

吉 (打断她的话语,又打算拥抱她)是的,是的,我知道——不过我先要……

婉 听吧,我告诉你! 我一生不曾撒过谎,今天我要告诉你一件最深沉的真话,这真话我们只讲一次,因为它后面随来的不是生即是死……请听吧;请仔细地看我;请看着我,好像你在这一时刻以前从不曾看到过我一样,好像这是唯一的一次,你能真正的爱我,正如我希望是被爱的一样……我现在以我们曾经共同度过的生活的名义来和你说话;以我所能代表一切的名义来说话;以你对于我的关系的名义来说话! ……请你要能够相信那些你也许不大能相信的东西……我曾经是在这个人掌握之下……我被交给了这个人;他并不走近我,他并不动我……我从他的营帐内出来,正如从一个兄弟的家里出来的一样……

吉　为什么呢?

婉　因为他爱我……

吉　啊!这就是你要告诉给我们的话啦!那真是一个奇迹?……是的,是的,听到你的头几句话,我就觉得有些奇怪……那不过一忽间,所以我就没有注意……我想说的,困难和恐怖已经……不过,我现在知道,我们该如何研究这桩事呵!……你说的,终于他接近你了……他没有动过你吗?……

婉　没有。

吉　连吻都没有吻你吗?

婉　我在他的眉毛上吻了一下,而他也回了一吻。

吉　你居然能把这话告诉我!……婉娜,婉娜,那可怕的一夜把你弄疯了吗?

婉　我告诉你的是真话呀。

吉　真话!我的天,我所要知道的正是这事,这唯一的事:可是真话一定是合乎人情的……怎么的!一个叛逆了自己的国家,毁坏了自己的生命,使所有人都反抗他——而且还要你单独到他的营帐里去——这样的一个人只要求在眉毛上一吻吗?同时跟你一块到这儿来。为的是使我们相信这一吻吗?……不成,不成,我们得放公正些,而不应该对不幸作过份的嘲弄……假如他所要求的只这一点的话,那末他为什么要使我整个的民众受这大的苦呢?同时给我如此的失望呢?……这一夜是十年一样的长:我几乎度不过去!……啊,如果他所要求的只这一点的话,他可以不必用这种残酷的刑罚就可救了我们!……我们将可以欢迎他,像欢迎一个上帝一样(向群众讲)你们听到没有?我不知道她为什么要讲出这类的话;不过她讲了就算数了,你们应该来裁判……你们也许应该相信她,因为她救了你们……如果你们相信她的话,那末请说吧……那些相信她的人请站出来吧!

请他们到我们这儿来吧,来对于可怜人的理智作一个证明……我渴望要看看他们,看看他们到底是哪一种人……

【马可单独从群众中站了出来,人们模糊不清的低语。

马　（走上前）我相信她!

吉　你! 你是他们的同谋……可是别的人,别的人呢,那些相信的别的人在什么地方呢?……（对婉娜）你听到没有? 你所救出来的那些人不敢笑了——这笑声应该是从这堂屋每一个角落里发出来的……那些低语的少数人连头都不敢伸出来,而我——

婉　他们没有理由来相信我;可是你:你这爱我的!

吉　啊,我因为爱你就得做你的傻瓜了! 不成,不成! 请听我的话吧! 我是在平心静气地和你说,我已经没有生气了……我已经过了许多风霜;我开始忽然觉得老了……不,我没有生气……我一点儿气力也没有——某种别的东西代替了它,我想——老年,疯狂,我还不知道……在目前,我在我心里了望,我探求,我摸索,为的是要找出我曾经有过的那种幸福……我有一个希望,只是一个希望;一个脆弱得我抓不住的希望……一句话就可以毁掉它的;可是,在我失望之中,我还得尝试……婉娜,在我知道之先,我唤回这群众是错了……我应该记起,使你在这一大堆群众之前宣布那混蛋给你许多的痛苦,对于你该是如何地苦恼啊……是的,我应该等待到我们单独在一起的时候:那末你才可以说出真话,那可怕的真话。可是我知道这话,唉! 而其他许多别的人也知道。把它藏起来有什么用呢,婉娜?……已经是太迟了呀……现在是没有办法呀;而你也应该了解才是……像在现在这样的时刻,理智是不能——

婉　请看看我,吉多;现在当我说话的时候,我的一切忠诚,我的一切力量和我们的真情都是表现在我的眼里! ……真情,请相信它吧! ……他不曾动过我呀。

吉　好! 也好。这真好! 现在我一切都知道了;而一切也完了……是的,这是真情;也可以说,这是爱。我懂得了;你是想保持我,我不曾见到,一个我所爱的女人会变得这么快。可是他不是那么样就可以保持得住的呀!(他提高他的声音)你们大家,请听吧! 我将最后一次地发一个誓……想控制住我是需要超人的力量的;我自己对自己的把握也弱下来了。我作一次最后的努力;在我倒塌以前我还有一刻的光阴……这光阴我将不放松过去……你们能够听见我的话么,你们大家? 未必我的声音是变得很弱了吗? 走近来,走近来呀! ……你们看到这一个女人,这一个男人;他们是互相爱呀……唔。现在请听我吧。我现在是在评量我的字句,仔细得正如我是在评量给一个要死的人的药品一样……这两个人将要从我身边滚开,得到我的同意,自由地去,不受抑揄地,不受干涉地,不受伤害地去,他们要什么就可以带什么去。你们应该让一条路出来让他们走过去。你们应该在他们的路上洒下花,假如你们高兴的话。他们的爱情领着他们的步子到什么地方去,他们就可以到什么地方去;而我所要求作为交换的,是这个女人无论如何得告诉我真话,那唯一可能的真话……这就是现在我所爱于她的唯一的一件事……我要求她所积欠于我的真话,作为我所给予她的东西的交换……你懂得吗,婉娜;你只有一句话可说……所有在场的人都是见证……

婉 我已经告诉了你真话……他并不曾动过我……

吉 好吧。你已经说了——你已经谴责过他了。现在再没有别的事可作了。(他把卫兵喊了进来,指着普伦西瓦)这个人是我的所有物;把他带下去,同时把他捆起来:把他送到这厅堂下面最低的土牢里去,我同你们一块儿去吧。(对婉娜)你将再也不能见他了;不过当我回来时,我将会告诉你他最后的话的……

婉 (卫兵把普伦西瓦抓住了,要把他带走。婉娜冲到他们中间去)不成,不成! 我是说了谎话,我是说了谎话。(对吉多)对的,你所说的全是真的!(她把卫兵推开去)滚开,你们不能把我的东西拿去! 因为他是属我的,不是属你们的! 只是属我一个人的! 只有我才能惩罚他——他这懦夫,当我正是无助,无援的时候……

普 （想淹没她的语声）她是说的谎话！她是说的谎话！她为了要救我才说谎话，可是请你随意拷打我吧——

婉 不要作声！（掉向群众）他很害怕！（走近普伦西瓦，好像是强迫他沉默似的）把他的链子手铐交给我吧！现在我既敢说出我的仇恨来，那当然是要我，我这把他带到此地的人来缚他才是。（当她缚普伦西瓦的手的时候，她对他低语着）不要作声吧！他会保留我们两人的生命的，请不要作声吧。他已经赞成我们了。我是属于你的，我爱你！我爱你呀，我的吉昂纳罗！我把这些链子系到你的身上，但是我将保护你，使你自由的！我们两人将一块儿逃走的！（高声喊，好像是强迫他沉默似的）不要作声！（向群众说）他要求宽恕他呀！（解开他面上的绷带）请看他的面孔吧；他那伤痕是我的佩刀所造成的呀！请看他吧！他这懦夫，他这怪物！（看到卫士在动着，好像是要把普伦西瓦带走）不成，不成！你们得把他留给我！他是我手中的牺牲者，他是我的囚徒！是我把他带到这儿来的！他是属于我的！

吉 为什么他要来呢？为什么你要在我面前说谎呢？

婉 （犹疑地，谨慎地说）为什么我说谎……我不大知道，我不愿意说……啊，好吧，我现在得告诉你了……有时一个人不会知道，他是做的什么，只是在暗中摸索……是的，你将会知道，你将会知道的，因为现在我已经揭开了面罩……使我惊恐的东西是我想起了你的爱，想起了你的失望……不过我要告诉你的。（用很平静的声音，很稳重的速度）不，不，我不曾有你所说的那种思想……我并不是把他带到这儿来，使你我两个人可以公开地在一大群人面前来泄愤；我的想头也许不太高尚，可是我对于你的爱促动我……我渴望着使他得到一个残酷的死；可是我更盼望关于这个可怕之夜的那个可怕的记忆不要重重压在你的身上，一直到你最后的日子……我的意向是暗地里复我的仇……把他慢慢地，零细地处死……你懂得吗？使他慢慢地，一点一点儿地死，一直到他的血一滴一滴地流出来，洗清他的罪恶为止……你将永远不会知道这可怕的实情，而在我们之间也不会存在着任何阴影……老实说，我害怕这种记忆会减低你对于我的爱情……我知道我很傻的……盼望你来相信我的话，简直是疯狂……可是现在你将会知道一切……（对群众说）请听我讲话，我请你们裁判我！我以前所说的话，完全是为了吉多，为了我的爱情……现在我得告诉你们一切情形……我打算要杀那一个人，我伤了他，正如你们可以看得见的一样……可是他缴了我的械……于是我就想到了一种更深的复仇，所以我对他表示好感；于是他这个傻瓜就相信我的好感了……所以他现在就在这儿他自己的坟墓里了，我将要掩闭这坟墓的……我吻过了这个东西，而他也就相信了我的吻；所以他就跟着我来，像一只羔羊一样。所以我现在把他握到了我的手里，而我这手就要把他捏紧的！……

吉　（走近来）婉娜！

婉　请仔细地向我看吧！……这个人是如此地疯狂，他立刻就会相信我说的这样的话："普伦西瓦，我爱你呀！"……啊，他真会跟着我到地狱的深处去的……而现在他是我的人了，他是我的，在上帝和在这众人的面前！我胜利了，我买到了他！……（她蹒跚地走着，靠在圆柱旁）当心吧，我要倒下了。想起了这快要到来的复仇，我太高兴了！（掉向马可）父亲，我把他交你看守，一直到我精神恢复了一点再说吧……你将得看管他，为他找一个监狱，一个谁都进去不了的、最深的土牢……请交给我锁匙吧；我得要锁匙；我马上就要。谁都不许动他，走近他；他是属于我，属于我的；他是我的；只有我才能惩罚他……吉多，他是属于我的呀！（走向马可）父亲，他是我的，你应该为他负责。（她盯望着他）你懂得吗，你就是他的监视人呀。你就要为他负责呀；哪一只手也都不能近他；而且当我再看到他的时候，他得像现在一样，像现在我交给你的时候一样。（普伦西瓦被带下去了）祝你平安，我的普伦西瓦！啊，我将会再见到的！

【一群兵士野蛮地把普伦西瓦带下去了，吉多在他们中间。婉娜大叫，摇摆站不住脚，马可跑来扶着她时，她倒到他怀里去了。

马　（当婉娜倒到他怀里去时，他很快地弯下腰，对她低声地说）是的，婉娜，我懂得；我懂得你的谎话。你已经完成了不可能的事……这是很公正的，同时也是极公正的，正如世界上一切别的事一样……然而，生命仍是对的……鼓起勇气吧，婉娜；你还得继续说谎，因为他拒绝相信你的话呀……（喊吉多）吉多，她要你……吉多，他恢复了理智……

吉　（跑过来，把她抱在怀里）我的婉娜！看呵，她笑起来了……婉娜，请告诉我吧！……我从不会怀疑的……现在一切算是过去了，一切将会被忘记掉的……在我们成功的复仇中被忘记干净的……这一切自然是一个恶梦吧……

婉　（睁开她的眼睛，用很微弱的声音说）他在什么地方呢？是的，是的，我知道！我记得……请把锁匙交给我吧……他牢狱的锁匙；除了我自己谁都不能……

吉　卫兵一回来时，他们就可以把锁匙交给你的，那末你要怎么办就怎么办好了……

婉　我要我自己个人来办，好使得我自己能够确定，好使别人不得……是的，这曾经是一个恶梦……可是一个美丽的梦将要开始的。一个美丽的梦将要开始的……

（幕终）

三

安徒生童话

[丹麦]汉斯·安徒生

1. 丑小鸭

乡下真是非常美丽。这正是夏天！小麦是金黄的,燕麦是绿油油的。干草在绿色的牧场上堆成垛,鹳鸟用它又长又红的腿子在散着步,噜嗦地讲着埃及话。① 这是它从妈妈那儿学到的一种语言。田野和牧场的周围有些大森林,森林里有些很深的池塘。的确,乡间是非常美丽的。太阳光正照着一幢老式的房子,它周围流着几条很深的小溪。从墙角那儿一直到水里,全盖满了牛蒡的大叶子。最大的叶子长得非常高,小孩子简直可以直着腰站进去。像在最浓密的森林里一样,这儿也是很荒凉的。这儿有一只母鸭坐在窠里,她得把她的几个小鸭都孵出来。不过这时她已经累坏了。很少有客人来看她。别的鸭子都愿意在溪流里游来游去,而不愿意跑到牛蒡下面来和她聊天。

最后,那些鸭蛋一个接着一个地崩开了。"噼!噼!"蛋壳响起来,所有的蛋黄现在都变成了小动物。他们把小头都伸出来。

---

① 因为据丹麦的民间传说,鹳鸟是从埃及飞来的。

"嘎！嘎！"母鸭说。他们也就跟着嘎嘎地大声叫起来。他们在绿叶子下面向四周看。妈妈让他们尽量地东张西望，因为绿色对他们的眼睛是有好处的。

"这个世界真够大！"这些年轻的小家伙说。的确，比起他们在蛋壳里的时候，他们现在的天地真是大不相同了。

"你们以为这就是整个世界！"妈妈说，"这地方伸展到花园的另一边，一直伸展到牧师的田里去，才远呢！连我自己都没有去过！我想你们都在这儿吧？"她站起来。"没有，我还没有把你们生齐呢！这只顶大的蛋还躺着没有动静。它还得躺多久呢？我真是有些烦了。"于是她又坐下来。

"唔，情形怎样？"一只来拜访她的老鸭子问。

"这个蛋费的时间真久！"坐着的母鸭说，"它老是不裂开。请你看看别的吧。他们真是一些最逗人爱的小鸭儿！都像他们的爸爸——这个坏东西从来没有来看过我一次！"

"让我瞧瞧这个老是不裂开的蛋吧，"这位年老的客人说，"请相信我，这是一只吐绶鸡的蛋。有一次我也同样受过骗：你知道，那些小家伙不知道给了我多少麻烦和苦恼，因为他们都不敢下水。我简直没有办法叫他们在水里试一试。我好说坏说，一点用也没有！——让我来瞧瞧这只蛋吧。哎呀！这是一只吐绶鸡的蛋！让它躺着吧，你尽管叫别的孩子去游泳好了。"

"我还是在它上面多坐一会儿吧，"鸭妈妈说，"我已经坐了这么久，就是再坐它一个星期也没有关系。"

"那么就请便吧。"老鸭子说。于是她就告辞了。

最后这只大蛋裂开了。"噼！噼！"新生的这个小家伙叫着向外面爬。他是又大又丑。鸭妈妈把他瞧了一眼。"这个小鸭子大得怕人，"她说，"别的没有一个像他；但是他一点也不像小吐绶鸡！好吧，我们马上就来试试看吧。他得到水里去，我踢也要把他踢下水去。"

第二天的天气是又晴和，又美丽。太阳照在绿牛蒡上。鸭妈妈带着她所有的孩子走到溪边来。扑通！她跳进水里去了。"咕！咕"她叫着，于是小鸭子就一个接着一个跳下去。水淹到他们头上，但是他们马上又冒出来了，游得非常漂亮。他们的小腿很灵活地划着。他们全都在水里，连那个丑陋的灰色小家伙也跟他们在一起游。

"唔，他不是一个吐绶鸡，"她说，"你看他的腿划得多灵活，他浮得多么稳！他是我亲生的孩子！如果你把他仔细看一看，他还算长得蛮漂亮呢。嘎！嘎！跟我一块儿来吧，我把你们带到广大的世界里去，把那个养鸡场介绍给你们看看。不过，你们得紧贴着我，免得别人踩着你们。你们还得当心猫儿呢！"

这样，他们就到养鸡场里来了。场里起了一阵可怕的喧闹声，因为有两个家族正在争一个鳝鱼头，而结果猫儿却把它抢走了。

"你们瞧，世界就是这个样子！"鸭妈妈说。她的嘴流了一点涎水，因为她也想吃那个鳝鱼头。"现在使用你们的腿吧！"她说，"你们拿出精神来。你们如果看到那儿的一个老母鸭，你们就得把头低下来，因为她是这儿最有声望的一个人物。她有西班牙的血统——因为她长得非常胖。你们看，她的腿上有一块红布条。这是一件非常出色的东西，也是一个鸭子可能得到的最大光荣：它的意义很大，说明人们不愿意失去她，动物和人统统都得认识她。打起精神来吧——不要把腿子缩进去。一个有很好教养的鸭子总是把腿摆开的，像爸爸和妈妈一样。好吧，低下头来，说'嘎'呀！"

他们这样做了。别的鸭子站在旁边看着，同时用相当大的声音说：

"瞧！现在又来了这批找东西吃的客人，好像我们的人数还不够多似的！呸！瞧那只小鸭的一副丑相！我们真看不惯！"于是马上有一只鸭子飞过去，在他的颈上啄了一下。

"请你们不要管他吧，"妈妈说，"他并不伤害谁呀！"

"对，不过他长得太大、太特别了，"啄过他的那只鸭子说，"因此他必须挨打！"

"那个母鸭的孩子都很漂亮，"腿上有一条红布的那个母鸭说，"他们都很漂亮，只有一只是例外。这真是可惜。我希望能再把他孵一次。"

"那可不能,太太,"鸭妈妈回答说,"他不好看,但是他的脾气非常好。他游起水来也不比别人差——我还可以说,游得比别人好呢。我想他会慢慢长得漂亮的,或者到适当的时候,他也可能缩小一点。他在蛋里躺得太久了,因此他的模样有点不太自然。"她说着,同时在他的颈上啄了一下,把他的羽毛理了一理。"此外,他还是一只鸭公呢,"她说,"所以关系也不太大。我想他的身体很结实,将来总会自己找到出路的。"

"别的小鸭倒很可爱,"老母鸭说,"你在这儿不要客气。如果你找到鳝鱼头,请把它送给我好了。"

他们现在在这儿,就像在自己家里一样。

不过从蛋壳里爬出的那只小鸭太丑了,到处挨打,被排挤,被讥笑,不仅在鸭群中是这样,连在鸡群中也是这样。

"他真是又粗又大!"大家都说。有一只雄吐绶鸡生下来脚上就有距,因此他自以为是一个皇帝。他把自己吹得像一条鼓满了风的帆船,来势汹汹地向他走来,瞪着一双大眼睛,脸上涨得通红。这只可怜的小鸭不知道站在什么地方,或者走到什么地方去好。他觉得非常悲哀,因为自己长得那么丑陋,而且成了全体鸡鸭的一个嘲笑对象。

这是头一天的情形。后来一天比一天糟。大家都要赶走这只可怜的小鸭;连他自己的兄弟姊妹也对他生起气来。他们老是说:"你这个丑妖怪,希望猫儿把你抓去才好!"于是妈妈也说起来:"我希望你走远些!"鸭儿们啄他,小鸡打他,喂鸡鸭的那个女佣人用脚来踢他。

于是他飞过篱笆逃走了;灌木林里的小鸟一见到他,就惊慌地向空中飞去。"这是因为我太丑了!"小鸭想。于是他闭起眼睛,继续往前跑。他一口气跑到一块住着野鸭的沼泽地。他在这儿躺了一整夜,因为他太累了,太丧气了。

天亮的时候,野鸭都飞起来了。他们瞧了瞧这位新来的朋友。

"你是谁呀?"他们问。小鸭一下转向这边,一下转向那边,尽量对大家恭恭敬敬地行礼。

"你真是丑得厉害,"野鸭们说,"不过只要你不跟我们族里任何鸭子结婚,对我们倒也没有什么大的关系。"可怜的小东西! 他根本没有想到结什么婚;他只希望人家准许他躺在芦苇里,喝点沼地的水就够了。

他在那儿躺了两个整天。后来有两只雁——严格地讲,应该说是两只公雁,因为他们是两个男的——飞来了。他们从娘的蛋壳里爬出来还没有多久,因此他们非常顽皮。

"听着,朋友,"他们说,"你丑得可爱,连我①都禁不住要喜欢你了。你做一个候鸟,跟我们一块儿飞走好吗? 离这儿很近,另外有一块沼地,那里有好几只甜蜜可爱的雁儿。她们都是小姐,都会说:'嘎!'你是那么丑,可以跟她们碰碰你的运气!"

"噼! 啪!"天空中发出一阵响声。这两只公雁落到芦苇里,死了,把水染得鲜红。"噼! 啪!"又是一阵响声。整群的雁儿都从芦苇里飞起来,于是又是一阵枪声响起来了。原来有人在大规模地打猎。猎人都埋伏在这沼地的周围,有几个人甚至坐在伸到芦苇上空的树枝上。蓝色的烟雾像云块似的笼罩着这些黑树,慢慢地在水面上向远方飘去。这时,猎狗都扑通扑通地在泥泞里跑过来,灯芯草和芦苇向两边倒去。这对于可怜的小鸭说来真是可怕的事情! 他把头掉过来,藏在翅膀里。不过,正在这时候,一只骇人的大猎狗紧紧地站在小鸭的身边。它的舌头从嘴里伸出很长,眼睛发出丑恶和可怕的光。它把鼻子顶到这小鸭的身上,露出了尖牙齿,可是——扑通! 扑通! ——它跑开了,没有把他抓走。

"啊,谢谢老天爷!"小鸭叹了一口气,"我丑得连猎狗也不要咬我了!"

他安静地躺下来。枪声还在芦苇里响着,枪弹一发接着一发地射出来。

天快要暗的时候,四周才静下来。可是这只可怜的小鸭还不敢站起来。他等了好几个钟头,才敢向四周望一眼,于是他急忙跑出这块沼地,拼命地跑,向田野上跑,向牧场上跑。这时吹起一阵狂风,他跑起来非常困难。

---

① 这儿的"我"(jeg)是单数,跟前面的"他们说"不一致,但原文如此。

到天黑的时候,他来到一个简陋的农家小屋。它是那么残破,它不知道应该向哪一边倒才好——因此它也就没有倒。狂风在小鸭身边号叫得非常厉害,他只好面对着它坐下来。它越吹越凶。于是他看到那门上的铰链有一个已经松了,门也歪了,他可以从空隙钻进屋子里去,于是他便钻进去了。

屋子里有一个老太婆和她的猫儿,还有一只母鸡住在一起。她把这只猫儿叫"小儿子"。他能把背拱得很高,发出咪咪的叫声来;他的身上还能迸出火花,不过要他这样做,你得反拂着他的毛。母鸡的腿又短又小,因此她叫"短腿鸡儿"。她生下的蛋很好,所以老太婆把她爱得像自己的亲生孩子一样。

第二天早晨,人们马上注意到了这只来历不明的小鸭。那只猫儿开始咪咪地叫,那只母鸡也咯咯地喊起来。

"这是怎么一回事儿?"老太婆说,同时朝四周看。不过她的眼睛有点花,所以她以为小鸭是一只肥鸭,走错了路,才跑到这儿来了。"这真是少有的运气!"她说,"现在我可以有鸭蛋了。我只希望他不是一只鸭公才好! 我们得弄个清楚!"

这样,小鸭就在这里受了三个星期的考验,可是他什么蛋也没有生下来。那只猫儿是这家的绅士,那只母鸡是这家的太太,所以他们一开口就说:"我们和这世界!"因为他们以为他们就是半个世界,而且还是最好的那一半呢。小鸭觉得自己可以有不同的看法,但是他的这种态度,母鸡却忍受不了。

"你能够生蛋吗?"她问。

"不能!"

"那末就请你不要发表意见。"

于是雄猫说:"你能拱起背,发出咪咪的叫声和迸出火花吗?"

"不能!"

"那末,当有理智的人在讲话的时候,你就没有发表意见的必要!"

小鸭坐在一个墙角里,心情非常不好。这时他想起了新鲜空气和太阳光。他觉着有一种奇怪的渴望：他想到水上去游泳。最后他实在忍不住了，就不得不对母鸡把心事说出来。

"你在起什么念头？"母鸡问，"你没有事情可干，所以你才有这些怪想头。你只要生几个蛋，或者咪咪地叫几声，那么你这些怪想头也就会没有了。"

"不过，在水里游泳是多么痛快呀！"小鸭说，"让水淹在你的头上，往水底一钻，那是多么痛快呀！"

"是的，那一定很痛快！"母鸡说，"你简直在发疯。你去问问猫儿吧——在我所认识的一切朋友当中，他是最聪明的——你去问问他喜欢不喜欢在水上游泳，或者钻进水里去。我先不讲我自己。你去问问你的主人——那个老太婆——吧，世界上再也没有比她更聪明的人了！你以为她想去游泳，让水淹在她的头顶上吗？"

"你们不了解我。"小鸭说。

"我们不了解你？那末请问谁了解你呢？你决不会比猫儿和女主人更聪明吧——我先不提我自己。孩子，你不要自以为了不起吧！你现在得到这些照顾，你应该感谢上帝。你现在到一个温暖的屋子里来，有了一些朋友，而且还可以向他们学习很多的东西，不是吗？不过你是一个废物，跟你在一起真不痛快。你可以相信我，我对你说这些不好听的话，完全是为了帮助你呀。只有这样，你才知道谁是你的真正朋友！请你注意学习生蛋，或者咪咪地叫，或者迸出火花吧！"

"我想我还是走到广大的世界里去好。"小鸭说。

"好吧，你去吧！"母鸡说。

于是小鸭就走了。他一会儿在水上游，一会儿钻进水里去；不过，因为他的样子丑，所有的动物都瞧不起他。秋天到来了。树林里的叶子变成了黄色和棕色。风卷起它们，把它们带到空中飞舞，而空中是很冷的。云块沉重地载着冰雹和雪花，低低地悬着。乌鸦站在篱笆上，冻得只管叫："啊！啊！"是的，你只要想想这情景，也就会觉得冷了。这只可怜的小鸭的确没有一个舒服的时候。

一天晚上，当太阳正在美丽地下落的时候，有一群漂亮的大鸟从灌木林里飞出来，小鸭从来没有看到过这样美丽的东西。他们白得放亮，颈又长又柔软。这就是天鹅。他们发出一种奇异的叫声，展开他们美丽的长翅膀，从寒冷的地带飞向温暖的国度，飞向不结冰的湖上去。

他们飞得很高——那么高，丑小鸭不禁感到一种说不出的兴奋。他在水上像一个车轮似的不停地旋转着，同时把自己的颈高高地向他们伸着，发出一种响亮的怪叫声，连他自己也害怕起来。啊！他再也忘记不了这些美丽的鸟儿，这些幸福的鸟儿。当他看不见他们的时候，他就沉入水底；但是当他再冒到水面上来的时候，他就感到非常空虚。他不知道这些鸟儿的名字，也不知道他们要向什么地方飞去。不过他爱他们，好像他从来还没有爱过什么东西似的。他并不嫉妒他们。他怎能梦想有他们那样美丽呢？只要别的鸭儿准许他跟他们生活在一起，他就已经很满意了——可怜的丑东西。

冬天变得很冷，非常的冷！小鸭不得不在水上游来游去，免得水面完全冻结成冰。不过他游动的这个小范围，一晚比一晚缩小。水冻得厉害，人们可以听到冰块的碎裂声。小鸭只好用他的一双腿不停地游动，免得水完全被冰封闭。最后，他终于昏倒了，躺着动也不动，跟冰块结在一起。

大清早，有一个农民在这儿经过。他看到了这只小鸭，就走过去用木屐把冰块踏破，然后把他抱回来，送给他的女人。他这时才渐渐地回复了知觉。

小孩子们都想要跟他玩，不过小鸭以为他们想要伤害他。他一害怕就跳到牛奶盘里去了，把牛奶溅得满屋子都是。女人惊叫起来，拍着双手。这么一来，小鸭就飞到黄油盆里去了，然后就飞进面粉桶里去了，最后才爬出来。这时他的样子才好看呢！女人尖声地叫起来，拿着火钳要打他。小孩们挤做一团，想抓住这小鸭。他们又是笑，又是叫！——幸好大门是开着的。他钻进灌木林中新下的雪里面去。他躺在那里，几乎像昏倒了一样。

要是只讲他在这严冬所受到的困苦和灾难，那末这个故事也就太悲惨了。当太阳又开始温暖地照着的时候,他正躺在沼泽的芦苇里。百灵鸟唱起歌来了——这是一个美丽的春天。

忽然间他举起他的翅膀:它们拍起来比以前有力得多,马上就把他托起来飞走了。他不知不觉地已经飞进了一座大花园。这儿苹果树正开着花;紫丁香在散发着香气,它又长又绿的枝条垂到弯弯曲曲的溪流上。啊,这儿美丽极了,充满了春天的气息! 三只美丽的白天鹅从树荫里一直游到他面前来。他们轻飘飘地浮在水上,羽毛发出飕飕的响声。小鸭认出这些美丽的动物,于是心里感到一种说不出的难过。

"我要飞向他们,飞向这些高贵的鸟儿! 可是他们会把我弄死的,因为我是这样丑,居然敢接近他们。不过这没有什么关系! 这比被他们杀死,比被鸭子咬,被鸡群啄,被看管养鸡场的那个女佣人踢和在冬天受苦要好得多!"于是他飞到水里,向这些美丽的天鹅游去:这些动物看到他,马上就竖起羽毛向他游来。"请你们弄死我吧!"这只可怜的动物说。他低低地把头垂到水上,只等待着死。但是他在这清亮的水上看到了什么呢? 他看到了自己的倒影。但那不再是一只粗笨的、深灰色的、又丑又令人讨厌的鸭子,而却是——一只天鹅!

只要你是一只天鹅蛋的种子,就算你是生在养鸭场里也没有什么关系。

对于他过去所受的不幸和苦恼,他现在感到非常高兴。他现在清楚地认识到幸福和美正在向他招手。——许多大天鹅在他周围游泳,用嘴来亲他。

花园里来了几个小孩子。他们向水上抛来许多面包片和麦粒。最小的那个孩子喊道:

"你们看那只新天鹅!"别的孩子也兴高采烈地叫起来:"是的,又来了一只新的天鹅!"于是他们拍着手,跳起舞来,向他们的爸爸和妈妈跑去。他们抛了更多的面包和糕饼到水里,同时大家都说:"这新来的一只最美!那么年轻,那么好看!"那些老天鹅不禁在他面前低下头来。

他感到非常难为情。他把头藏到翅膀里面去,不知道怎么办才好。

他感到太幸福了,但他一点也不骄傲,因为一颗好的心是永远不会骄傲的。他想起他曾经怎样被人迫害和讥笑过,而他现在却听到大家说他是美丽的鸟中最美丽的一只鸟儿。紫丁香在他面前把枝条垂到水里去。太阳照得很温暖,很愉快。他皱起他的羽毛,伸出他细长的颈,从内心里发出一个快乐的声音:

"当我还是一只丑小鸭的时候,我做梦也没有想到会有这么多的幸福!"

2. 海的女儿

在海的远处，水是那么蓝，像最美丽的矢车菊花瓣，同时又是那么清，像最明亮的玻璃。然而它是很深很深，深得任何锚链都达不到底。要想从海底一直达到水面，必须有许多许多教堂尖塔一个接着一个地联起来才成。海底的人就住在这下面。

不过人们千万不要以为那儿只是一片铺满了白沙的海底。不是的，那儿生长着最奇异的树木和植物。它们的枝干和叶子是那么柔软，只要水轻微地流动一下，它们就摇动起来，好像它们是活着的东西。所有的大小鱼儿在这些枝子中间游来游去，像是天空的飞鸟。海里最深的地方是海王宫殿所在的处所。它的墙是用珊瑚砌成的，它那些尖顶的高窗子是用最亮的琥珀作成的；不过屋顶上却铺着黑色的蚌壳，它们随着水的流动可以自动地开合。这是怪好看的，因为每一颗蚌壳里面含有亮晶晶的珍珠。随便哪一颗珍珠都可以成为皇后帽子上最主要的装饰品。

住在那底下的海王已经做了好多年的鳏夫，但是他有老母亲为他管理家务。她是一个聪明的女人，可是对于自己高贵的出身总是感到不可一世，因此她的尾巴上老戴着一打的牡蛎——其余的显贵只能每人戴上半打。除此以外，她是值得大大的称赞的，特别是因为她非常爱那些小小的海公主——她的一些孙女。她们是六个美丽的孩子，而她们之中，那个顶小的要算是最美丽的了。她的皮肤又光又嫩，像玫瑰的花瓣；她的眼睛是蔚蓝色的，像最深的湖水。不过，跟其他的公主一样，她没有腿；她身体的下部是一条鱼尾。

她们可以把整个漫长的日子花费在皇宫里，在墙上生有鲜花的大厅里。那些琥珀镶的大窗子是开着的，鱼儿向着她们游来，正如我们打开窗子的时候，燕子会飞进来一样。不过鱼儿一直游向这些小小的公主，在她们的手里找东西吃,让她们来抚摸自己。

宫殿外面有一个很大的花园,里边生长着许多火红和深蓝色的树木;树上的果子亮得像黄金,花朵开得像焚烧着的火,花枝和叶子在不停地摇动。地上全是最细的沙子,但是蓝得像硫黄发出的光焰。在那儿,处处都闪着一种奇异的、蓝色的光彩。你很容易以为你是高高地在空中而不是在海底,你的头上和脚下全是一片蓝天。当海是非常沉静的时候,你可瞥见太阳:它像一朵紫色的花,从它的花萼里射出种种色色的光。

在花园里,每一位小公主有自己的一小块地方,在那上面她可以随意栽种。有的把自己的花坛布置得像一条鲸鱼;有的觉得最好把自己的花坛布置得像一个小人鱼。可是最年幼的那位却把自己的花坛布置得圆圆的,像一轮太阳;同时她也只种像太阳一样红的花朵。她是一个古怪的孩子,不大爱讲话,总是静静地在想什么东西。当别的姊妹们用她们从沉船里所获得的最奇异的东西来装饰她们的花园的时候,她除了像高空的太阳一样艳红的花朵以外,只愿意有一个美丽的大理石像。这石像代表一个美丽的男子,它是用一块洁白的石头雕出来的,跟一条遭难的船一同沉到海底。她在这石像旁边种了一株像玫瑰花那样红的垂柳。这树长得非常茂盛。它新鲜的枝叶垂向这个石像,一直垂到那蓝色的沙底。它的倒影带有一种紫蓝的色调。像它的枝条一样,这影子也从不静止:树根和树顶看起来好像在做着互相亲吻的游戏。

她最大的愉快是听些关于上面人类的世界的故事。她的老祖母不得不把自己所有一切关于船只和城市、人类和动物的知识讲给她听。特别使她感到美丽的一件事情是:地上的花儿能散发出香气来,而海底上的花儿却不能;地上的森林是绿色的,而且人们所看到的在树枝间游来游去的鱼儿会唱得那么清脆和好听,叫人感到愉快。老祖母所说的“鱼儿”事实上就是小鸟,但是假如她不这样讲的话,小公主就听不懂她的故事了,因为她还从来没有看到过一只小鸟。

“等你满了十五岁的时候,”老祖母说,“我就准许你浮到海面上去。那时你可以坐在月光底下的石头上面,看巨大的船只在你身边驶过去。

你也可以看到树林和城市。"

在这快要到来的一年,这些姊妹中有一位到了十五岁;可是其余的呢——唔,她们一个比一个小一岁。因此最年幼的那位公主还要足足地等五个年头才能够从海底浮上来,来看看我们的这个世界。不过每一位答应下一位说,她要把她第一天所看到和发现的东西讲给大家听,因为她们的祖母所讲的确是不太够——她们所希望了解的东西真不知有多少!

她们谁也没有像年幼的那位妹妹渴望得厉害,而她恰恰要等待得最久,同时她是那么地沉默和富于深思。不知有多少夜晚她站在开着的窗子旁边,透过深蓝色的水朝上面凝望,凝望着鱼儿挥动着它们的尾巴和翅。她还看到月亮和星星——当然,它们射出的光有些发淡,但是透过一层水,它们看起来要比在我们人眼中大得多。假如有一块类似黑云的东西在它们下面浮过去的话,她便知道这不是一条鲸鱼在她上面游过去,便是一条装载着许多旅客的船在开行。可是这些旅客们再也想像不到,他们下面有一位美丽的小人鱼,在朝着他们船的龙骨伸出她一双洁白的手。

现在最大的那位公主已经到了十五岁,可以升到水面上去了。

当她回来的时候,她有无数的事情要讲;不过她说,最美的事情是当海上风平浪静的时候,在月光底下躺在一个沙滩上面,紧贴着海岸凝望那大城市里亮得像无数星星似的灯光,静听音乐、闹声以及马车和人的声音,观看教堂的圆塔和尖塔,倾听叮当的钟声。正因为她不能到那儿去,所以她也就最渴望这些东西。

啊,最小的那位妹妹听得多么入神啊!当她晚间站在开着的窗子旁边、透过深蓝色的水朝上面望的时候,她就想起了那个大城市以及它里面熙熙攘攘的声音。于是她似乎能听到教堂的钟声在向她这里飘来。

第二年第二个姐姐得到许可,可以浮出水面,可以随便向什么地方游去。她跳出水面的时候,太阳刚刚下落;她觉得这景象真是美极了。她说,这时整个的天空看起来像一块黄金,而云块呢——唔,她真没有办法把它们的美形容出来!它们在她头上掠过,一忽儿红,一忽儿紫。不过,比它们飞得还要快的、像一片又白又长的面纱,是一群掠过水面的野天鹅。它们是飞向太阳,她也向太阳游去。可是太阳落了。一片玫瑰色的晚霞,漫漫地在海面和云块之间消逝了。

又过了一年,第三个姐姐浮上去了。她是她们中最大胆的一位,因此她游向一条流进海里的大河里去了。她看到一些美丽的青山,上面种满了一行一行的葡萄。宫殿和田庄在郁茂的树林中隐隐地露在外面;她听到各种鸟儿唱得多么美好,太阳照得多么暖和,她有时不得不沉入水里,好使得她灼热的面孔能够得到一点清凉。在一个小河湾里她碰到一群人间的小孩子;他们光着身子,在水里游来游去。她倒很想跟他们玩一会儿,可是他们吓了一跳,逃走了。于是一个小小的黑色动物走了过来——这是一条小狗,是她从来没有看到过的小狗。它对她汪汪地叫得那么凶狠,弄得她害怕起来,赶快逃到大海里去。可是她永远忘记不了那壮丽的森林,那绿色的山,那些能够在水里游泳的可爱的小宝宝——虽然他们没有像鱼那样的尾巴。

第四个姐姐可不是那么大胆了。她停留在荒凉的大海上面。她说,最美的事儿就是停在海上:因为你可以从这儿向四周很远很远的地方望去,同时天空悬在上面像一个巨大的玻璃钟。她看到过船只,不过这些船只离她很远,看起来像一只海鸥。她看到过快乐的海豚翻着筋斗,庞大的鲸鱼从鼻孔里喷出水来,好像有无数的喷泉在围绕着它们一样。

现在临到那第五个姐姐了。她的生日恰恰是在冬天,所以她能看到其他的姐姐们在第一次浮出海面时所没有看到过的东西。海染上了一片绿色;巨大的冰山在四周移动。她说每一座冰山看起来像一颗珠子,然而却比人类所建造的教堂塔还要大得多。它们以种种奇奇怪怪的形状出现;它们像钻石似的射出光彩。她曾经在一个最大的冰山上坐过,让海风吹着她细长的头发,所有的船只,绕过她坐着的那块地方,惊惶地远远避开。不过在黄昏的时分,天上忽然布起了一片乌云。电闪起来了,雷轰起来了。黑色的巨浪掀起整片整片的冰块,使它们在血红的雷电中闪着光。所有的船只都收下了帆,造成一种惊惶和恐怖的气氛;但是她却安静地坐在那浮动的冰山上,望着蓝色的闪电,弯弯曲曲地射进反光的海里。

这些姐妹们中随便哪一位,只要是第一次升到海面上去,总是非常高兴地观看这些新鲜和美丽的东西。可是现在呢,她们已经是大女孩子了,可以随便浮近她们喜欢去的地方,因此这些东西就不再太引起她们的兴趣了。她们渴望回到家里来。一个来月以后,她们就说:究竟还是住在海里好——家里是多么舒服啊!

在黄昏的时候,这五个姐妹常常手挽着手地浮上来,在水面上排成一行。她们能唱出好听的歌声——比任何人类的声音还要美丽。当风暴快要到来、她们认为有些船只快要出事的时候,她们就浮到这些船的面前,唱起非常美丽的歌来,说是海底下是多么可爱,同时告诉这些水手不要害怕沉到海底;然而这些人却听不懂她们的歌词。他们以为这是巨风的声息。他们也想不到他们会在海底看到什么美好的东西,因为如果船沉了的话,上面的人也就淹死了,他们只有作为死人才能到达海王的宫殿。

有一天晚上,当姐妹们这么手挽着手地浮出海面的时候,最小的那位妹妹单独地呆在后面,瞧着她们。看样子她好像是想要哭一场似的,不过人鱼是没有眼泪的,因此她更感到难受。

“啊,我多么希望我已经有十五岁啊!”她说,“我知道我将会喜欢上面的世界,喜欢住在那个世界里的人们的。”

最后她真的到了十五岁了。

“你知道,你现在可以离开我们的手了,”她的祖母老皇太后说,“来吧,让我把你打扮得像你的那些姐姐一样吧。”

于是她在这小姑娘的头发上戴上一个百合花编的花环,不过这花的每一个花瓣是半颗珍珠。老太太又叫八个大牡蛎紧紧地附贴在公主的尾上,来表示她高贵的地位。

“这叫我真难受!”小人鱼说。

“当然咯,为了漂亮,一个人是应该吃点苦头的。”老祖母说。

哎,她倒真想能摆脱这些装饰品,把这沉重的花环扔向一边! 她花园里的那些红花,她戴起来要适合得多,但是她不敢这样办。“再会吧!”她说。于是她轻盈和明朗得像一个水泡,冒出水面了。

当她把头伸出海面的时候,太阳已经下落了,可是所有的云块还是像玫瑰花和黄金似的发着光;同时,在这淡红的天上,太白星已经在美丽地、光亮地眨着眼睛。空气是温和的、新鲜的。海是非常平静的。这儿停着一艘有三根桅杆的大船。船上只挂了一张帆,因为没有一丝儿风吹动。水手们正坐在护桅索的周围和帆桁的上面。

这儿有音乐,也有歌声。当黄昏逐渐变得阴暗的时候,各色各样的灯笼就一起亮起来了。它们看起来就好像飘在空中的世界各国的旗帜。小人鱼一直向船窗那儿游去。每次当海浪把她托起来的时候,她可以透过像镜子一样的窗玻璃,望见里面站着许多服装华丽的男子;但他们之中最美的一位是那有一对大黑眼珠的王子:无疑地,他的年纪还不到十六岁。今天是他的生日,正因为这个缘故,今天才这样热闹。

水手们在甲板上跳着舞。当王子走出来的时候,有一百多发火箭一齐向天空射出。天空被照得如同白昼,因此小人鱼非常惊恐起来,赶快沉到水底。可是不一会儿她又把头伸出来了——这时她觉得好像满天的星星都在向她落下,她从来没有看到过这样的焰火。许多巨大的太阳在周围发出嘘嘘的响声,光耀夺目的大鱼在向蓝色的空中飞跃。这一切都映到这清明的、平静的海上。这船全身都被照得那么亮,连每根很小的绳子都可以看得出来,船上的人当然更可以看得清楚了。啊,这位年轻的王子是多么美丽啊!当音乐在这光华灿烂的夜里慢慢地消逝着的时候,他跟水手们握着手,大笑,微笑……

夜已经很晚了;但是小人鱼没有办法把她的眼睛从这艘船和这位美丽的王子撇开。那些彩色的灯笼熄了,火箭不再向空中发射了,炮声也停止了。可是在海的深处起了一种嗡嗡和隆隆的声音。她坐在水上,一起一伏地漂着,所以她能看到船舱里的东西。可是船加快了速度;它的帆都先后张起来了。浪涛大起来了,沉重的乌云浮起来了,远处掣起闪电来了。啊,可怕的大风暴快要到来了!水手们因此都收下了帆。这条巨大的船在这狂暴的海上摇摇摆摆地向前急驶。浪涛像庞大的黑山似的高涨。它想要折断桅杆。可是这船像天鹅似的,一忽儿投进洪涛里面,一忽儿又在高大的浪头上抬起头来。

小人鱼觉得这是一种很有趣的航行，可是水手们的看法却不是这样。这艘船现在发出碎裂的声音；它粗厚的板壁被袭来的海涛打弯了。船桅像芦苇似的在半中腰折断了。后来船开始倾斜，水向舱里冲了进来。这时小人鱼才知道他们遭遇到了危险。她也得当心漂流在水上的船梁和船的残骸。

天空马上变得漆黑，她什么也看不见。不过当闪电掣起来的时候，天空又显得非常明亮，使她可以看出船上的每一个人。现在每个人在尽量为自己寻找生路。她特别注意那位王子。当这艘船裂开、向海的深处下沉的时候，她看到了他。她马上变得非常高兴起来，因为他现在要落到她这儿来了。可是她又记起人类是不能生活在水里的，他除非成了死人，是不能进入她父亲的宫殿的。

不成，决不能让他死去！所以她在那些漂着的船梁和木板之间游过去，一点也没有想到它们可能把她砸死。她深深地沉入水里，接着又在浪涛中高高地浮出来，最后她终于到达了那王子的身边。在这狂暴的海里，他决没有力量再浮起来。他的手臂和腿开始支持不住了。他美丽的眼睛已经闭起来了。要不是小人鱼及时赶来，他一定是会淹死的。她把他的头托出水面，让浪涛载着她跟他一起随便漂流到什么地方去。

天明时分，风暴已经过去了。那条船连一块碎片也没有留下。鲜红的太阳升起来了，在水上光耀地照着。它似乎在这位王子的脸上注入了生命。不过他的眼睛仍然是闭着的。小人鱼把他清秀的高额吻了一下，把他透湿的长发理向脑后。她觉得他的样子很像她在海底小花园里的那尊大理石像。她又重新吻了他一下，希望他能苏醒过来。

现在她看见她前面展开一片陆地和一群蔚蓝色的高山，山顶上闪耀着的白雪看起来像睡着的天鹅。沿着海岸是一片美丽的绿色树林，林子前面有一个教堂或是修道院——她不知道究竟叫做什么，反正总是一个建筑物罢了。它的花园里长着一些柠檬和橘子树，门前立着很高的棕榈。海在这儿形成一个小湾；水是非常平静的，但是从这儿一直到那积有许多细沙的石崖附近,都是很深的。她托着这位美丽的王子向那儿游去。她把他放到沙上,非常仔细地使他的头高高地搁在温暖的太阳光里。

钟声从那幢雄伟的白色建筑物中响起来了,有许多年轻女子穿过花园走出来。小人鱼远远地向海里游去,游到冒在海面上的几座大石头的后面。她用许多海水的泡沫盖住了她的头发和胸脯,好使得谁也看不见她小小的面孔。她在这儿凝望着,看有谁会来到这个可怜的王子身边。

不一会儿,一个年轻的女子走过来了。她似乎非常吃惊,不过时间不久,于是她找了许多人来。小人鱼看到王子渐渐地苏醒过来了,并且向周围的人发出微笑。可是他没有对她作出微笑的表情:当然,他一点也不知道救他的人就是她。她感到非常地难过。因此当他被抬进那幢高大的房子里去的时候,她悲伤地跳进海里,回到她父亲的宫殿里去。

她一直就是一个沉静和深思的孩子,现在她变得更是这样了。她的姐姐们都问她,她第一次升到海面上去究竟看到了一些什么东西,但是她什么也说不出来。

有好多晚上和早晨,她浮出水面,向她曾经放下王子的那块地方游去。她看到那花园里的果子熟了,被摘下来了;她看到高山顶上的雪融化了;但是她看不见那个王子。所以她每次回到家来,总是更感到痛苦。她的唯一的安慰是坐在她的小花园里,用双手抱着与那位王子相似的美丽的大理石像。可是她再也不照料她的花儿了。这些花儿好像是生长在旷野中的东西,铺得满地都是:它们的长梗和叶子跟树枝交叉在一起,使这地方显得非常阴暗。

最后她再也忍受不住了。不过只要她把她的心事告诉给一个姐姐,马上其余的人也就都知道了。但是除了她们和别的一两个人鱼以外(她们只把这秘密转告给自己几个知己的朋友),别的什么人也不知道。她们之中有一位知道那个王子是什么人。她也看到过那次在船上举行的庆祝。她知道这位王子是从什么地方来的,他的王国在什么地方。

"来吧,小妹妹!"别的公主们说。她们彼此把手搭在肩上,一长排地升到海面,一直游到一块她们认为是王子的宫殿的地方。

这宫殿是用一种发光的淡黄色石块建筑的,里面有许多宽大的大理石台阶——有一个台阶还一直伸到海里呢。华丽的、金色的圆塔从屋顶上伸向空中。在围绕着这整个建筑物的圆柱中间,立着许多大理石像。它们看起来像是活人一样。透过那些高大窗子的明亮玻璃,人们可以看到一些富丽堂皇的大厅,里面悬着贵重的丝窗帘和织锦,墙上装饰得有大幅的图画——就是光看看这些东西也是一桩非常愉快的事情。在最大的一个厅堂中央,有一个巨大的喷泉在喷着水。水丝一直向上面的玻璃圆屋顶射去,而太阳又透过这玻璃射下来,照到水上,照到生长在这大水池里的植物上面。

现在她知道王子是住在什么地方。在这儿的水上她度过好几个黄昏和黑夜。她远远地向陆地游去,比任何别的姐姐敢去的地方还远。的确,她甚至游到那个狭小的河流里去,直到那个壮丽的大理石阳台下面——它长长的阴影倒映在水上。她在这儿坐着,瞧着那个年轻的王子,而这位王子却还以为月光中只有他一个人呢。

有好几个晚上,她看到他在音乐声中乘着那艘飘着许多旗帜的华丽的船。她从绿灯芯草中向上面偷望。当风吹起她银白色的长面罩的时候,如果有人看到的话,他们总以为这是一只天鹅在展开它的翅膀。

有好几个夜里,当渔夫们打着火把出海捕鱼的时候,她听到他们对于这位王子说了许多称赞的话语。她高兴起来,觉得当浪涛把他冲击得半死的时候,是她来救了他的生命;她记起他的头是怎样紧紧地躺在她的怀里,她是多么热情地吻着他。可是这些事儿他自己一点也不知道,他连做梦也不会想到她。

她渐渐地开始爱起人类来,渐渐地开始盼望能够生活在他们中间。她觉得他们的世界比她的天地大得多。的确,他们能够乘船在海上行驶,能够爬上高耸入云的大山,同时他们的土地,连带着森林和田野,伸展开来,使得她望都望不尽。她希望要知道的东西真是不少,可是她的姐姐们都不能回答她所有的问题。因此她只有问她的老祖母。她对于"上层世界"——这是她给海上国家所起的恰当的名字——的确知道得相当清楚。

"如果人类不淹死的话，"小人鱼问，"他们会永远活下去么？他们会不会像我们住在海里的人们一样地死去呢？"

"一点也不错，"老太太说，"他们也会死的，而且他们的生命甚至比我们的还要短促呢。我们可以活到三百岁，不过当我们在这儿的生命结束了的时候，我们就变成了水上的泡沫。我们甚至连一座坟墓也不留给我们这儿心爱的人呢。我们没有一个不灭的灵魂。我们从来得不到一个死后的生命。我们像那绿色的海草一样，只要一割断了，就再也绿不起来！相反地，人类有一个灵魂；它永远地活着，即使身体化为尘土，它仍是活着的。它升向晴朗的天空，一直升向那些闪耀着的星星！正如我们升到水面、看到人间的世界一样，他们升向那些神秘的、华丽的、我们永远不会看见的地方。"

"为什么我们得不到一个不灭的灵魂呢？"小人鱼悲哀地问，"只要我能够变成人、可以进入天上的世界，哪怕在那儿只活一天，我都愿意放弃我在这儿所能活的几百岁的生命。"

"你决不能起这种想头，"老太太说，"比起上面的人类来，我们在这儿的生活要幸福和美好得多！"

"那么我就只有死去，变成泡沫在水上漂浮了。我将再也听不见浪涛的音乐，看不见美丽的花朵和鲜红的太阳吗？难道我没有办法得到一个永恒的灵魂吗？"

"没有！"老太太说，"只有当一个人爱你、把你当做比他父母还要亲切的人的时候；只有当他把他全部的思想和爱情都放在你身上的时候；只有当他让牧师把他的右手放在你的手里、答应现在和将来永远对你忠诚的时候，他的灵魂才会转移到你的身上去，而你就会得到一份人类的快乐。他就会分给你一个灵魂，而同时他自己的灵魂又能保持不灭。但是这类的事情是从来不会有的！我们在这儿海底所认为美丽的东西——你的那条鱼尾——他们在陆地上却认为非常难看：他们不知道什么叫做美丑。在他们那儿，一个人想要显得漂亮，必须生有两根呆笨的支柱——他们把它们叫做腿！"

小人鱼叹了一口气,悲哀地把自己的鱼尾巴望了一眼。

"我们放快乐些吧!"老太太说,"在我们能活着的这三百年中,让我们跳舞吧。这究竟是一段相当长的时间;以后我们也可以在我们的坟墓里①愉快地休息了。今晚我们就在宫里来开一个舞会吧!"

那真是一个壮丽的场面,人们在陆地上是从来不会看见的。这个宽广的跳舞厅里的墙壁和天花板是用厚而透明的玻璃砌成的。成千成百草绿色和粉红色的巨型贝壳一排一排地立在四边;它们里面燃着蓝色的火焰,照亮整个的舞厅,照透了墙壁,因而也照明了外面的海。人们可以看到无数的大小鱼群向这座水晶宫里游来,有的鳞上发着紫色的光,有的亮起来像白银和金子。一股宽大的激流穿过舞厅的中央,海里的男人和女人,唱着美丽的歌,就在这激流上跳舞,这样优美的歌声,住在陆地上的人们是唱不出来的。

在这些人中间,小人鱼唱得最美。大家为她鼓掌;她心中有好一会儿感到非常快乐,因为她知道,在陆地上和海里只有她的声音最美。不过她马上又想起上面的那个世界。她忘记不了那个美貌的王子,也忘记不了她因为没有他那样不灭的灵魂而引起的悲愁。因此她偷偷地走出她父亲的宫殿:当里面正是充满了歌声和快乐的时候,她却悲哀地坐在她的小花园里。忽然她听到一个号角声从水上传来。她想:"他一定是在上面行船了;他——我爱他胜过我的爸爸和妈妈;他——我时时刻刻在想念他;我把我一生的幸福放在他的手里。我要牺牲一切来争取他和一个不灭的灵魂。当现在我的姐姐们正在父亲的宫殿里跳舞的时候,我要去拜访那位海的巫婆。我一直是非常害怕她的,但是她也许能教给我一些办法和帮助我吧。"

小人鱼于是走出了花园,向一个掀起泡沫的漩涡走去——巫婆就住

---

① 原文是 Siden kan man desfornøieligere hvile sig ud i sin Grav。上面说人鱼死后变成海上的泡沫,这儿却说人鱼死后在坟墓里休息。大概作者写到这儿忘记了前面的话。

在它的后面。她以前从来没有走过这条路。这儿没有花,也没有海草;只有光溜溜的一片灰色沙底,向漩涡那儿伸去。水在这儿像一架喧闹的水车似的漩转着,把它所碰到的东西都转到水底去。要到达巫婆所住的地区,她必须走过这急转的漩涡。有好长一段路程需要通过一条冒着热泡的泥地:巫婆把这地方叫做她的泥煤田。在这后面有一个可怕的森林,她的房子就在里面;所有的树和灌木林全是些珊瑚虫——一种半植物和半动物的东西。它们看起来很像地里冒出来的多头蛇。它们的枝桠全是长长的、粘糊糊的手臂,它们的手指全是像蠕虫一样柔软。它们从根到顶都是一节一节地在颤动。它们紧紧地盘住它们在海里所能抓得到的东西,一点也不放松。

小人鱼在这森林面前停下步子,非常惊慌。她的心害怕得跳起来,她几乎想转身回去。但是当她一想起那位王子和人的灵魂的时候,她就又有了勇气。她把她飘动着的长头发牢牢地缠在她的头上,好使珊瑚虫抓不住她。她把双手紧紧地贴在胸前,于是她像水里跳着的鱼儿似的,在这些丑恶的珊瑚虫中间,向前跳走,而这些珊瑚虫只有在她后面挥舞着它们柔软的长臂和手指。她看到它们每一个都抓住了一件什么东西,无数的小手臂盘住它,像坚固的铁环一样。那些在海里淹死和沉到海底下的人们,在这些珊瑚虫的手臂里,露出白色的骸骨。它们紧紧地抱着船舵和箱子,抱着陆上动物的骸骨,还抱着一个被它们抓住和勒死了的小人鱼——这对于她说来,是一件最可怕的事情。

现在她来到了森林中一块粘糊糊的空地。这儿又大又肥的水蛇在翻动着,露出它们淡黄色的、奇丑的肚皮。在这块地中央有一幢用死人的白骨砌成的房子。海的巫婆就正坐在这儿,用她的嘴喂一只癞蛤蟆,正如我们人用糖喂一只小金丝雀一样。她把那些奇丑的、肥胖的水蛇叫做她的小鸡,同时让它们在她肥大的、松软的胸口上爬来爬去。

“我知道你是来求什么的,”海的巫婆说,“你是一个傻东西! 不过,我美丽的公主,我还是会让你达到你的目的,因为这件事将会给你一个悲惨的结局。你想要去掉你的鱼尾,生出两根支柱,好叫你像人类一样能够行路。你想要叫那个王子爱上你,使你能得到他,因而也得到一个不灭的灵魂。"这时巫婆便可憎地大笑了一通,癞蛤蟆和水蛇都滚到地上来,在周围爬来爬去。"你来得正是时候,"巫婆说,"明天太阳出来以后,我就没有办法帮助你了,只有等待一年再说。我可以煎一服药给你喝。你带着这服药,在太阳出来以前,赶快游向陆地。你就坐在海滩上,把这服药吃掉,于是你的尾巴就可以分做两半,收缩成为人类所谓的漂亮腿子了。可是这是很痛的——这就好像有一把尖刀砍进你的身体。凡是看到你的人,一定会说你是他们所见到的最美丽的孩子!你将仍旧会保持你像游泳似的步子,任何舞蹈家也不会跳得像你那样轻柔。不过你的每一个步子将会使你觉得好像是在尖刀上行走,好像你的血在向外流。如果你能忍受得了这些苦痛的话,我就可以帮助你。"

"我可以忍受。"小人鱼用颤抖的声音说。这时她想起了那个王子和她要获得一个不灭灵魂的志愿。

"可是要记住,"巫婆说,"你一旦获得了一个人的形体,你就再也不能变成人鱼了;你就再也不能走下水来,回到你姐姐或你爸爸的宫殿里来了。同时假如你得不到那个王子的爱情,假如你不能使他为你而忘记自己的父母、全心全意地爱你、叫牧师来把你们的手放在一起结成夫妇的话,你就不会得到一个不灭的灵魂了。在他跟别人结婚的头一天早晨,你的心就会裂碎,你就会变成水上的泡沫。"

"我不怕!"小人鱼说。但她的脸像死一样惨白。

"但是你还得给我酬劳啦!"巫婆说,"而且我所要的也并不是一件微小的东西。在海底的人们中,你的声音要算是最美丽的了。无疑地,你想用这声音去迷住他;可是这个声音你得交给我。我必须得到你最好的东西,作为我的贵重药物的交换品!我得把我自己的血放进这药里,好使它尖锐得像一柄两面都快的刀子!"

"不过,如果你把我的声音拿去了,"小人鱼说,"那么我还有什么东西剩下呢?"

"你还有美丽的身材呀,"巫婆回答说,"你还有轻盈的步子和富于表情的眼睛呀。有了这些东西，你很容易就能迷住一个男人的心了。唔，你已经失掉了勇气吗？伸出你小小的舌头吧，我可以把它割下来作为报酬，你也可以得到这服强烈的药剂了。"

"就这样办吧。"小人鱼说。巫婆于是就把药罐准备好，来煎这服富有魔力的药了。

"清洁是一件好事。"她说。于是她用几条蛇打成一个结，用它来洗擦这罐子。然后她把自己的胸口抓破，让她的黑血滴到罐子里去。药的蒸气奇形怪状地升到空中，看起来是怪怕人的。每隔一会儿巫婆就加一点什么新的东西到药罐里去。当药煮到滚开的时候，有一个像鳄鱼的哭声飘出来了。最后药算是煎好了。它的样子像非常清亮的水。

"拿去吧！"巫婆说。于是她就把小人鱼的舌头割掉了。小人鱼现在成了一个哑巴，既不能唱歌，也不能说话。

"当你穿过我的森林回去的时候，如果珊瑚虫捉住了你的话，"巫婆说，"你只须把这药水洒一滴到它们的身上，它们的手臂和指头就会裂成碎片，向四边纷飞了。"可是小人鱼没有这样做的必要，因为当珊瑚虫一看到这亮晶晶的药水——它在她的手里亮得像一颗闪耀的星星——的时候，它们就在她面前惶恐地缩回去了。这样，她很快地就走过了森林、沼泽和激转的漩涡。

她可以看到她父亲的宫殿了。那宽大的跳舞厅里的火把已经灭了，无疑地，里面的人已经入睡了。不过她不敢再去看他们，因为她现在已经是一个哑巴，而且就要永远离开他们。她的心痛苦得似乎要裂成碎片。她偷偷地走进花园，从每个姐姐的花坛上摘下一朵花，对着皇宫用手指飞了一千个吻，然后她就浮出这深蓝色的海。

当她看到那王子的宫殿的时候，太阳还没有升起来。她庄严地走上那大理石台阶。月亮照得透明，非常美丽。小人鱼喝下那服强烈的药剂。她马上觉到好像有一柄两面都快的刀子劈开了她纤细的身体。她马上昏了，倒下来好像死去一样。当太阳照到海上的时候，她才醒过来，她感到一阵剧痛。这时有一位年轻貌美的王子正立在她的面前。他乌黑的眼珠正在望着她，弄得她不好意思地低下头来。这时她发现她的鱼尾已经没有了，而获得一双只有少女才有的、最美丽的小小白腿。可是她没有穿衣服，所以她用她浓密的长头发来掩住自己的身体。王子问她是谁，问她怎样到这儿来的。她用她深蓝色的眼睛温柔而又悲哀地望着他，因为她现在已经不会讲话了。他挽着她的手，把她领进宫殿里去。正如那巫婆以前跟她讲过的一样，她觉得每一步都好像是在锥子和利刀上行走。可是她情愿忍受这苦痛。她挽着王子的手臂，走起路来轻盈得像一个水泡。他和所有的人望着她这文雅轻盈的步子，感到惊奇。

现在她穿上了丝绸和细纱做的贵重衣服。她是宫里一个最美丽的人，然而她是一个哑巴，既不能唱歌，也不能讲话。漂亮的女奴隶，穿着丝绸，戴着金银饰物，走上前来，为王子和他的父母唱着歌。有一个奴隶唱得最迷人，王子不禁鼓起掌来，对她发出微笑。这时小人鱼就感到一阵悲哀。她知道，有个时候她的歌声比那种歌声要美得多！她想：

"啊！只愿他知道，为了要和他在一起，我永远牺牲了我的声音！"

现在奴隶们跟着美丽的音乐，跳起优雅的、轻飘飘的舞来。这时小人鱼就举起她一双美丽的、白嫩的手，用脚尖站着，在地板上轻盈地跳着舞——从来还没有人这样舞过。她的每一个动作都衬托出她的美。她的眼珠比奴隶们的歌声更能打动人的心坎。

大家都看得入了迷，特别是那位王子——他把她叫做他的"孤儿"。她不停地舞着，虽然每次当她的脚接触到地面的时候，她就像是在快利的刀上行走一样。王子说，她此后应该永远跟他在一起；因此她就得到了许可睡在他门外的一个天鹅绒的垫子上面。

他叫人为她做了一套男子穿的衣服，好使她可以陪他骑着马同行。他们走过香气扑鼻的树林，绿色的枝子扫过他们的肩膀，鸟儿在新鲜的叶子后面唱着歌。她和王子爬上高山。虽然她纤细的脚已经流出血来，而且也叫大家都看见了，她仍然只是大笑，继续伴随着他，一直到他们看到云块在下面移动、像一群向遥远国家飞去的小鸟为止。

在王子的宫殿里，当夜里大家都睡了以后，她就向那宽大的台阶走去。为了使她那双发烧的脚可以感到一点清凉,她就站进寒冷的海水里。这时她不禁想起了住在海底的人们。

有一天夜里,她的姐姐们手挽着手浮过来了。她们一面在水上游泳,一面唱出凄怆的歌。这时她就向她们招手。她们认出了她;她们说她曾经多么叫她们难过。这次以后,她们每天晚上都来看她。有一晚,她遥远地看到了多年不曾浮出海面的老祖母和戴着王冠的海王。他们对她伸出手来,但他们不像她的那些姐姐,没有敢游近地面。

王子一天比一天更爱她。他像爱一个亲热的好孩子那样爱她,但是他从来没有娶她为皇后的思想。然而她必须做他的妻子,否则她就不能得到一个不灭的灵魂,而且会在他结婚的头一个早上就变成海上的泡沫。

"在所有的人中,你是最爱我的吗?"当他把她抱进怀里吻她前额的时候,小人鱼的眼睛似乎在这样说。

"是的,你是我最亲爱的人!"王子说,"因为你在一切人中有一颗最善良的心。你对我是最亲爱的,你很像我某次看到过的一个年轻女子,可是我永远再也看不见她了。那时我是坐在一艘船上——这船已经沉了。巨浪把我推到一个神庙旁的岸上。有几个年轻女子在那儿作祈祷。她们最年轻的一位在岸旁发现了我,因此救了我的生命。我只看到过她两次:她是我在这世界上能够爱的唯一的人,但是你很像她,你几乎代替了她留在我的灵魂中的印象。她是属于这个神庙的,因此我的幸运特别把你送给我。让我们永远不要分离吧!"

"啊,他却不知道我救了他的生命!"小人鱼想,"我把他从海里托出来,送到神庙所在的一个树林里。我坐在泡沫后面,窥望是不是有人会来。我看到那个美丽的姑娘——他爱她胜过于爱我。"这时小人鱼深深地叹了一口气——她哭不出声来。"那个姑娘是属于那个神庙的——他曾说过。她永不会走向这个人间的世界里来——他们永不会见面了。我是跟他在一起,每天看到他的。我要照看他,热爱他,对他献出我的生命!"

现在大家在传说王子快要结婚了,他的妻子就是邻国国王的一个女儿。他为这事特别装备好了一艘美丽的船。王子在表面上说是要到邻近王国里去观光,事实上他是为了要去看邻国君主的女儿。他将带着一大批随员同去。小人鱼摇了摇头,微笑了一下。她比任何人都能猜透王子的心事。

"我得去旅行一下!"他对她说过,"我得去看一位美丽的公主:这是我父母的命令,但是他们不能强迫我把她作为未婚妻带回家来! 我不会爱她的。你很像神庙里的那个美丽的姑娘,而她却不像。如果我要选择新嫁娘的话,那末我就要先选你——我亲爱的、有一双能讲话的眼睛的哑巴孤女。"

于是他吻了她鲜红的嘴唇,摸抚着她的长头发,把他的头贴到她的心上,弄得她的这颗心又梦想起人间的幸福和一个不灭的灵魂来。

"你不害怕海么,我的哑巴孤儿?"他问。这时他们正站在那艘华丽的船上:它正向邻近的王国开去。他和她谈论着风暴和平静的海,生活在海里的奇奇怪怪的鱼,和潜水夫在海底所能看到的东西。对于这类的故事,她只是微微地一笑,因为关于海底的事儿她比谁都知道得清楚。

在月光照着的夜里,大家都睡了,只有掌舵人立在舵旁。这时她就坐在船边上,凝望着下面清亮的海水。她似乎看到了她父亲的王宫。她的老祖母头上戴着银子做的皇冠,正高高地站在王宫顶上;她透过激流朝这条船的龙骨了望。不一会,她的姐姐们都浮到水面上来了,她们悲哀地望着她,苦痛地扭着她们白净的手。她向她们招手,微笑,同时很想告诉她们,说她现在一切都很美好和幸福。不过这时船上的一个侍者忽然向她这边走来。她的姐姐们马上就沉到水里;侍者以为自己所看到的那些白色的东西,不过只是些海上的泡沫。

第二天早晨,船开进邻国壮丽皇城的港口。所有教堂的钟都响起来了,号笛从许多高楼上吹来,兵士们拿着飘扬的旗子和明晃的刺刀在敬礼。每天都有一个宴会。舞会和晚会在轮流地举行着,可是公主还没有出现。人们说她在一个遥远的神庙里受教育,学习皇家的一切美德。最后她终于到来了。

小人鱼迫切地想要看看她的美貌。她不得不承认她的美了,她从来没有看见过比这更美的形体。她的皮肤是那么细嫩,洁白;在她黑长的睫毛后面是一对微笑的、忠诚的、深蓝色的眼珠。

"就是你!"王子说,"当我像一具死尸躺在岸上的时候,救活我的就是你!"于是他把这位羞答答的新嫁娘紧紧地抱在自己的怀里。"啊,我太幸福了!"他对小人鱼说,"我从来不敢希望的最好的东西,现在终于成为事实了。你会为我的幸福而高兴吧,因为你是一切人中最喜欢我的人!"

小人鱼把他的手吻了一下。她觉得她的心在碎裂。他举行婚礼后的头一个早晨就会带给她灭亡,就会使她变成海上的泡沫。

教堂的钟都响起来了,传令人骑着马在街上宣布订婚的喜讯。每一个祭台上,芬芳的油脂在贵重的油灯里燃烧。祭司们挥着香炉,新郎和新娘互相挽着手来接受主教的祝福。小人鱼这时穿着丝绸,戴着金饰,托着新嫁娘的披纱,可是她的耳朵听不见这欢乐的音乐,她的眼睛看不见这神圣的仪式。她想起了她要灭亡的早晨,和她在这世界已经失去了的一切东西。

在同一天晚上,新郎和新娘来到船上。礼炮响起来了,旗帜在飘扬着。一个金色和紫色的皇家帐篷在船中央架起来了,里面陈设得有最美丽的垫子。在这儿,这对美丽的新婚夫妇将度过他们这清凉和寂静的夜晚。

风儿在鼓着船帆。船在这清亮的海上,轻柔地航行着,没有很大的波动。

当暮色渐渐垂下来的时候,彩色的灯光就亮起来了,水手们愉快地在甲板上跳起舞来。小人鱼不禁想起她第一次浮到海面上来的情景,想起她那时看到的同样华丽和欢乐的场面。她于是旋舞起来,飞翔着,正如一只被追逐的燕子在飞翔着一样。大家都在喝采,称赞她,她从来没有跳得这么美丽。快利的刀子似乎在砍着她的细嫩的脚,但是她并不感觉到痛,因为她的心比这还要痛。

她知道这是她看到他的最后一晚——为了他,她离开了她的族人和家庭,她交出了她美丽的声音,她每天忍受着没有止境的苦痛,然而他却一点儿也不知道。这是她能和他在一起呼吸同样空气的最后一晚,这是她能看到深沉的海和布满了星星的天空的最后一晚。同时一个没有思想和梦境的永恒的夜在等待着她——没有灵魂,而且也得不到一个灵魂的她。一直到半夜过后,船上的一切还是欢乐和愉快的。她笑着,舞着,但是她心中怀着死的思想。王子吻着自己的美丽的新娘:新娘抚弄着他的乌亮的头发。他们手挽着手到那华丽的帐篷里去休息。

船上现在是很安静的了。只有舵手站在舵旁。小人鱼把她洁白的手臂倚在舷墙上,向东方凝望,等待着晨曦的出现——她知道,头一道太阳光就会叫她灭亡,她看到她的姐姐们从波涛中涌现出来了。她们是像她自己一样地苍白。她们美丽的长头发已经不在风中飘荡了——因为它已经被剪掉了。

"我们已经把头发交给了那个巫婆,希望她能帮助你,使你今后不至于灭亡。她给了我们一把刀子。拿去吧,你看,它是多么快!在太阳出来以前,你得把它插进那个王子的心里去。当他的热血流到你脚上时,你的双脚将会又联到一起,成为一条鱼尾,那么你就可以恢复人鱼的原形,你就可以回到我们这儿的水里来;这样,在你变成无生命的咸水泡沫以前,你仍旧可以活过你三百年的岁月。快动手!在太阳出来以前,不是他死,就是你死了!我们的老祖母悲恸得连她的白发都落光了,正如我们的头发在巫婆的剪刀下落掉一样。刺死那个王子,赶快回来吧!快动手呀!你没有看到天上的红光吗?几分钟以后,太阳就出来了,那时你就必然灭亡!"

她们发出一个奇怪的、深沉的叹息声,于是她们便沉入浪涛里去了。

小人鱼把那帐篷上紫色的帘子掀开,看到那位美丽的新娘把头枕在王子的怀里睡着了。她弯下腰,在王子清秀的眉毛上亲了一吻,于是她向天空凝视——朝霞渐渐地变得更亮了。她向尖刀看了一眼,接着又把眼睛掉向这个王子;他正在梦中喃喃地念着他的新嫁娘的名字。他思想中只有她存在。刀子在小人鱼的手里发抖。但是正在这时候,她把这刀子远远地向浪花里扔去。刀子沉下的地方,浪花就发出一道红光,好像有许多血滴溅出了水面。她再一次把她迷糊的视线投向这王子,然后她就从船上跳到海里,她觉得她的身躯在融化成为泡沫。

现在太阳从海里升起来了。阳光柔和地、温暖地照在冰冷的泡沫上,因此小人鱼并没有感到灭亡。她看到光明的太阳,同时在她上面飞着无数透明的、美丽的生物。透过它们,她可以看到船上的白帆和天空的彩云。它们的声音是和谐的音乐,可是那么虚无缥缈,人类的耳朵简直没有办法听见,正如地上的眼睛不能看见它们一样。它们没有翅膀,只是凭它们轻飘的形体在空中浮动。小人鱼觉得自己也获得了它们这样的形体,渐渐地从泡沫中升起来。

"我将向谁走去呢?"她问。她的声音跟这些其他的生物一样,显得虚无缥缈,人世间的任何音乐部不能和它相比。

"到天空的女儿那儿去呀!"别的声音回答说,"人鱼是没有不灭的灵魂的,而且永远也不会有这样的灵魂,除非她获得了一个凡人的爱情。她的永恒的存在要依靠外来的力量。天空的女儿也没有永恒的灵魂,不过她们可以通过善良的行为而创造出一个灵魂。我们飞向炎热的国度里去,那儿散布着病疫的空气在伤害着人民,我们可以吹起清凉的风,可以把花香在空气中传播,我们可以散布健康和愉快的精神。三百年以后,当我们尽力做完了我们可能做的一切善行以后,我们就可以获得一个不灭的灵魂,就可以分享人类一切永恒的幸福了。你,可怜的小人鱼,像我们一样,曾经全心全意地为那个目标而奋斗;你忍受过痛苦;你坚持下去了;你已经超升到精灵的世界里来了。通过你的善良的工作,在三百年以后,你就可以为你自己创造出一个不灭的灵魂。"

小人鱼向上帝的太阳举起了她光亮的手臂,她第一次感到要流出眼泪。

在那条船上,人声和活动又开始了。她看到王子和他美丽的新娘在寻找她。他们悲悼地望着那翻腾的泡沫,好像他们知道她已经跳到浪涛里去了似的。在冥冥中她吻着这位新嫁娘的前额,她对王子微笑。于是她就跟其他的空气中的孩子们一道,骑上玫瑰色的云块,升入天空里去了。

"这样,三百年以后,我们就可以升入天国!"

"我们也许还不须等那么久!"一个声音低语着,"我们无形无影地飞进人类的住屋里去,那里面生活着一些孩子。每一天如果我们找到一个好孩子,如果他给他父母带来快乐、值得他父母爱他的话,上帝就可以缩短我们考验的时间。当我们飞过屋子的时候,孩子是不会知道的。当我们幸福地对着他笑的时候,我们就可以在这三百年中减去一年;但当我们看到一个顽皮和恶劣的孩子而不得不伤心地哭出来的时候,那末每一颗眼泪就使我们考验的日子多加一天。"

3. 皇帝的新装

　　许多年以前有一位皇帝；他非常喜欢穿好看的新衣服。他为了要穿得漂亮，把所有的钱都花到衣服上去了，他一点也不关心他的军队，也不喜欢去看戏。他也不喜欢乘着马车去逛公园，除非是为了炫耀一下他的新衣服。他每天每个钟头要换一套新衣服。人们提到皇帝时总是说："皇上在会议室里。"但人们一提到他时总是说："皇上在更衣室里。"

　　在他住的那个大城市里，生活很轻松，很愉快。每天有许多外国人到来。有一天来了两个骗子。他们说他们是织工。他们说，他们能织出谁也想像不到的最美丽的布。这种布的色彩和图案不仅是非常好看，而且用它缝出来的衣服还有一种奇异的作用，那就是不称职的人或者愚蠢的人，都看不见这衣服。

　　"那正是我最喜欢的衣服！"皇帝心里想，"我穿了这样的衣服，就可以看出我的王国里哪些人不称职；我就可以辨别出哪些人是聪明人，哪些人是傻子。是的，我要叫他们马上织出这样的布来！"他付了许多现款给这两个骗子，叫他们马上开始工作。

　　他们摆出两架织机来，装做是在工作的样子，可是他们的织机上什么东西也没有。他们接二连三地请求皇帝发一些最好的生丝和金子给他们。他们把这些东西都装进自己的腰包；但是他们却在那两架空空的织机上假装在忙碌地工作，一直忙到深夜。

　　"我很想知道他们的布究竟织得怎样了。"皇帝想。不过，他立刻就想起了愚蠢的人或不称职的人是看不见这布的。他心里的确感到有些不大自在。他相信他自己是用不着害怕的。虽然如此，他还是觉得先派一个人去看看比较妥当。全城的人都听说过这种布料有一种奇异的力量，所以大家都很想趁这机会来测验一下，他们的邻人究竟有多笨，有多傻。

"我要派诚实的老部长到织工那儿去看看,"皇帝想,"只有他能看出这布料是个什么样子,因为他这个人很有头脑,而且谁也没像他那样称职。"

因此这位善良的老部长就到那两个骗子的工作地点去。他们正在空洞的织机上忙忙碌碌地工作。

"这是怎么一回事情?"老部长想,把眼睛睁得有碗口那么大。

"我什么东西也没有看见!"但是他不敢把这句话说出来。

那两个骗子请求他走近一点,同时问他,布的花纹是不是很美丽,色彩是不是很漂亮。他们指着那两架空洞的织机。这位可怜的老大臣的眼睛越睁越大,可是他还是看不见什么东西,因为的确没有什么东西可看。

"我的老天爷!"他想,"难道我是一个愚蠢的人吗?我从来没有怀疑过我自己。我决不能让人知道这事情。难道我不称职吗?——不成;我决不能让人知道我看不见布料。"

"呐,你一点意见也没有吗?"一个正在织布的织工说。

"啊,美极了!真是美妙极了!"老大臣说。他戴着眼镜仔细地看。"多么美的花纹!多么美的色彩!是的,我将要呈报皇上说我对于这布感到非常满意。"

"嗯,我们听到您的话真高兴。"两个织工一齐说。他们把这些稀有的色彩和花纹描述了一番,还加上些名词儿。这位老大臣注意地听着,以便回到皇帝那里去时,可以照样背得出来。事实上他也就这样办了。

这两个骗子又要了很多的钱,更多的丝和金子,他们说这是为了织布的需要。他们把这些东西全装进腰包里,连一根线也没有放到织机上去。不过他们还是照常继续在空洞的机架上工作。

过了不久,皇帝又派了另一位诚实的官员去看看,布是不是很快就可以织好。他的运气并不比头一位大臣的好:他看了又看,但是那两架空洞的织机上什么也没有,他什么东西也看不出来。

"你看这段布美不美?"两个骗子问。他们指着一些美丽的花纹,并且还作了一些解释。事实上什么花纹也没有。

"我并不愚蠢!"这位官员想,"这大概是因为我不配担当现在这样好的官职吧?这也真够滑稽,但是我决不能让人看出来!"因此他就把他完全没有看见的布称赞了一番,同时他对他们说,他非常喜欢这些美丽的颜色和巧妙的花纹。"是的,那真是太美了。"他回去对皇帝说。

城里所有的人都在谈论这美丽的布料。

当这布还在织的时候,皇帝就很想亲自去看一次。他选了一群特别圈定的随员——其中包括已经去看过的那两位诚实的大臣。这样,他就到那两个狡猾的骗子住的地方去。这两个家伙正在全副精神织布,但是一根线的影子也看不见。

"您看这布漂亮吗?"那两位诚实的官员说,"陛下请看,多么美丽的花纹!多么美丽的色彩!"他们指着那架空洞的织机,因为他们以为别人一定会看得见布料的。

"这是怎么一回事儿呢?"皇帝心里想,"我什么也没有看见!这真是荒唐!难道我是一个愚蠢的人吗?难道我不配作皇帝吗?这真是我从来没有碰见过的一件最可怕的事情。"

"啊,它真是美极了!"皇帝说,"我表示十二分地满意!"于是他就点头表示满意。他装做很仔细地看着织机的样子,因为他不愿意说出他什么也没有看见。跟他来的全体随员也仔细地看了又看,可是他们也没有看出更多的东西。不过,他们也照着皇帝的话说:"啊,真是美极了!"他们建议皇帝用这种新奇的、美丽的布料做成衣服,穿上这衣服亲自去参加快要举行的游行大典。"真美丽!真精致!真是好极了!"每人都随声附和着。每人都有说不出的快乐。皇帝赐给骗子每人一个爵士的头衔和一枚可以挂在扣子洞上的勋章,并且还封他们为"御聘织师"。

第二天早晨游行大典就要举行了。在头天晚上,这两个骗子整夜不睡,点起十六支蜡烛。你可以看到他们是在赶夜工,要完成皇帝的新衣。他们装做把布料从织机上取下来。他们用两把大剪刀在空中裁了一阵子,同时又用没有穿线的针缝了一通。最后,他们齐声说:"请看!新衣服缝好了!"

皇帝带着他的一群最高贵的骑士们亲自到来了。这两个骗子每人举起一只手,好像他们拿着一件什么东西似的。他们说:"请看吧,这是裤子!这是袍子!这是外衣!"等等。"这衣服轻柔得像蜘蛛网一样:穿着它的人会觉得好像身上没有什么东西似的——这也正是这衣服的妙处。"

"一点也不错。"所有的骑士都说。可是他们什么也没有看见,因为实际上什么东西也没有。

"现在请皇上脱下衣服,"两个骗子说,"我们要在这个大镜子面前为陛下换上新衣。"

皇帝把身上的衣服统统都脱光了。这两个骗子装做把他们刚才缝好的新衣服一件一件地交给他。他们在他的腰围那儿弄了一阵子,好像是系上一件什么东西似的:这就是后裾①。皇帝在镜子面前转了转身子,扭了扭腰肢。

"上帝,这衣服多么合身啊!式样裁得多么好看啊!"大家都说,"多么美的花纹!多么美的色彩!这真是一套贵重的衣服!"

"大家已经在外面把华盖准备好了,只等陛下出去,就可撑起来去游行!"典礼官说。

"对,我已经穿好了,"皇帝说,"这衣服合我的身么?"于是他又在镜子面前把身子转动了一下,因为他要叫大家看出他在认真地欣赏他美丽的服装。

那些将要托着后裾的内臣们,都把手在地上东摸西摸,好像他们真的在拾起衣裾似的。他们开步走,手中托着空气——他们不敢让人瞧出他们实在什么东西也没有看见。

这么着,皇帝就在那个富丽的华盖下游行起来了。站在街上和窗子里的人都说:"乖乖,皇上的新衣真是漂亮!他上衣下面的后裾是多么美丽!衣服多么合身!"谁也不愿意让人知道自己看不见什么东西,因为这样就会暴露自己不称职,或是太愚蠢。皇帝所有的衣服从来没有得到这

---

① 后裾(slaebet)就是拖在礼服后面很长的一块布;它是封建时代欧洲贵族的一种装束。

样普遍的称赞。

"可是他什么衣服也没有穿呀!"一个小孩子最后叫出声来。

"上帝哟,你听这个天真的声音!"爸爸说。于是大家把这孩子讲的话私自低声地传播开来。

"他并没有穿什么衣服! 有一个小孩子说他并没有穿什么衣服呀!"

"他实在也没有穿什么衣服呀!"最后所有的老百姓都说。皇帝有点儿发抖,因为他似乎觉得老百姓所讲的话是对的。不过他自己心里却这样想:"我必须把这游行大典举行完毕。"因此他摆出一副更骄傲的神气,他的内臣们跟在他后面走,手中托着一个并不存在的后裾。

4. 拇指姑娘

从前有一个女人,她非常希望有一个丁点小的孩子。但是她不知道从什么地方可以得到。因此她就去请教一位巫婆。她对巫婆说:

"我非常想要有一个小小的孩子!你能告诉我什么地方可以得到一个吗?"

"嗨!这容易得很!"巫婆说,"你把这颗大麦粒拿去吧。它可不是乡下人的田里长的那种大麦粒,也不是鸡吃的那种大麦粒啦。你把它埋在一个花盆里。不久你就可以看到你所要看的东西了。"

"谢谢您。"女人说。她给了巫婆三个银币。于是她就回到家来,种下那颗大麦粒。很快一朵美丽的大红花就长出来了。它看起来很像一朵郁金香,不过它的叶子紧紧地包在一起,好像仍旧是一个花苞似的。

"这是一朵很美的花。"女人说,同时她在它美丽的、黄而带红的花瓣上吻了一下。不过,当她正在吻的时候,花儿忽然劈拍一声,开放了。人们现在可以看出,这是一朵真正的郁金香。但是在这朵花的正中央,在那根绿色的雌蕊上面,坐着一位娇小的姑娘,她看起来又白嫩,又可爱。她还没有大拇指的一半长,因此人们就把她叫做拇指姑娘。

拇指姑娘的摇篮是一个光得放亮的漂亮胡桃壳,她的垫子是蓝色紫罗兰的花瓣,她的被子是玫瑰的花瓣。这就是她晚上睡觉的地方。但是白天她在桌子上玩耍——在这桌子上,那个女人放了一个盘子,上面又放了一圈花儿,花的枝干浸在水里。水上浮着一片很大的郁金香花瓣。拇指姑娘可以坐在这花瓣上,用两根白马尾作桨,从盘子这一边划到那一边。这样儿真是美丽啦!她还能唱歌,而且唱得那么温柔和甜蜜,从前没有任何人听到过。

一天晚上,当她正在她漂亮的床上睡觉的时候,一个难看的癞蛤蟆从窗子外面跳进来了,因为窗子上有一块玻璃已经破了。这癞蛤蟆又丑又大,而且是粘糊糊的。她一直跳到桌子上。拇指姑娘正睡在桌子上鲜红的玫瑰花瓣下面。

"这姑娘倒可以做我儿子的漂亮妻子哩。"癞蛤蟆说。于是她一把抓住拇指姑娘正睡着的那个胡桃壳,背着它跳出了窗子,一直跳到花园里去。

花园里有一条很宽的小溪在流着。但是它的两岸又低又潮湿。癞蛤蟆和她的儿子就住在这儿。哎呀! 他跟他的妈妈简直是一个模子铸出来的,也长得奇丑不堪。"阁阁! 阁阁! 呱! 呱! 呱!"当他看到胡桃壳里的这位美丽小姑娘时,他只能讲出这样的话来。

"讲话不要那么大声啦,要不你就把她吵醒了,"老癞蛤蟆说,"她还可以从我们这儿逃走,因为她轻得像一片天鹅的羽毛! 我们得把她放在溪里睡莲的一片宽叶子上面。她既是这么娇小和轻巧,那片叶子对她说来可以算做是一个岛了。她在那上面是没有办法逃走的。在这期间我们就可以把泥巴底下的那间好房子修理好——你们俩以后就可以在那儿住下来过日子。"

溪里长得有许多叶子宽大的绿色睡莲。它们好像是浮在水面上似的。浮在最远的那片叶子也就是最大的一片叶子。老癞蛤蟆向它游过去,把胡桃壳和睡在里面的拇指姑娘放在它上面。

这个可怜的、丁点小的姑娘大清早就醒来了。当她看见自己现在在什么地方的时候,就不禁伤心地哭起来,因为这片宽大的绿叶子的周围全都是水,她一点也没有办法回到陆地上去。

老癞蛤蟆坐在泥里,用灯芯草和黄睡莲把房间装饰了一番——有新媳妇住在里面,当然应该收拾漂亮一点才对。随后她就和她的丑儿子向那片托着拇指姑娘的叶子游去。他们要在她来以前,先把她的那张美丽的床搬走,安放在洞房里面。这个老癞蛤蟆在水里向她深深地鞠了一躬,同时说:

"这是我的儿子;他就是你未来的丈夫。你们在泥巴里将会生活得很幸福的。"

"阁！阁！格！格！格！"这位少爷所能讲出的话，就只有这一点。

他们搬着这张漂亮的小床，在水里游走了。拇指姑娘独自坐在绿叶上，不禁大哭起来，因为她不喜欢跟一个讨厌的癞蛤蟆住在一起，也不喜欢有那么一个丑的少爷做自己的丈夫。在水里游着的一些小鱼曾经看到过癞蛤蟆，同时也听到过她所说的话。因此它们都伸出头来，想瞧瞧这个小小的姑娘。它们一眼看到她，就觉得她非常美丽，因而它们非常不满意，觉得这样一个人儿却要下嫁给一个丑癞蛤蟆，那可不成！这样的事情决不能让它存在！它们在水里一齐集合到托着那片绿叶的梗子的周围——小姑娘就住在那上面。它们用牙齿把叶梗子咬断了，使得这片叶子顺着水流走了，带着拇指姑娘流走了，流得非常远，流到癞蛤蟆完全没有办法达到的地方去。

拇指姑娘流过了许许多多的地方。住在一些灌木林里的小鸟儿看到她，都唱道："多么美丽的一位小姑娘啊！"

叶子托着她漂流，越流越远；最后拇指姑娘就漂流到外国去了。

一只很可爱的白蝴蝶不停地环绕着她飞，最后就落到叶子上来，因为它是那么喜欢拇指姑娘；而她呢，她也非常高兴，因为癞蛤蟆现在再也找不着她了。同时她现在所流过的这个地带是那么美丽——太阳照在水上，正像最亮的金子。她解下腰带，把一端系在蝴蝶身上，把另一端紧紧地系在叶子上。叶子带着拇指姑娘一起很快地在水上流走了，因为她就站在叶子的上面。

这时有一只很大的金龟子飞来了。他看到了她。他立刻用他的爪子抓住她纤细的腰，带着她一起飞到树上去了。但是那片绿叶继续顺着溪流游去，那只蝴蝶也跟着在一起游，因为他是系在叶子上，没有办法飞开。

天啦！当金龟子把她带着飞进树里去的时候，可怜的拇指姑娘该是多么害怕啊！不过她更为那只美丽的白蝴蝶难过。她已经把他紧紧地系在那片叶子上，如果他没有办法摆开的话，他一定就会饿死的。但是金龟子一点也不理会这事情，他和她一块儿坐在树里最大的一张绿叶上面，把花里的蜜糖拿出来给她吃,同时说她是多么漂亮,虽然她一点也不像金龟子。不多久,住在树里的那些金龟子全都来拜访了。他们打量着拇指姑娘。金龟子小姐们耸了耸她们的触角,说:

"嗨,她不过只有两条腿罢了!这是怪难看的。"

"她连触角都没有!"她们说。

"她的腰太细了——呸!她完全像一个人——她是多么丑啊!"所有的女金龟子们齐声说。

然而拇指姑娘确是非常美丽的。甚至劫持她的那只金龟子也不免要这样想。不过当大家都说她是很难看的时候,他最后也只好相信这话了,他也不愿意要她了!她现在可以随便到什么地方去。他们带着她从树上一起飞下来,把她放在一朵雏菊上面。她在那上面哭得怪伤心的,因为她长得那么丑,连金龟子也不要她了。可是她仍然是人们所想像不到的一个最美丽的人儿,那么娇嫩,那么明朗,像一片最纯洁的玫瑰花瓣。

整个夏天,可怜的拇指姑娘单独住在这个巨大的树林里。她用草叶为自己编了一个小床。她把它挂在一片大牛蒡叶底下,好使得雨不致淋到她身上。她从花里取出蜜来作为食物,她的饮料是每天早晨凝结在叶子上的露珠。夏天和秋天就这么过去了。现在,冬天——那又冷又长的冬天——来了。那些为她唱着甜蜜的歌的鸟儿现在都飞走了。树和花都凋零了。那片大的牛蒡叶——她一直是在它下面住着的——也卷起来了,只剩下一根枯黄的梗子。她感到可怕地寒冷,因为她的衣服都破了,而她的身体又是那么瘦削和纤细——可怜的拇指姑娘啊!她一定会冻死的。雪也开始下降,每朵雪花落到她身上,就好像一个人把满铲子的雪块打到我们身上一样,因为我们高大,而她不过只有一寸来长。她只好把自己裹在一片干枯的叶子里,可是这并不温暖——她冻得发抖。

在她现在来到的这个树林的附近,有一块很大的麦田;不过田里的麦子早已经收割了。冻结的地上只留下一些光赤的残梗。对她说来,在它们中间走过去,简直等于穿过一片广大的森林。啊!她冻得多么发抖啊!最后她来到了一个田鼠的门口。这就是一棵麦根下面的一个小洞。田鼠住在那里面，又温暖，又舒服。她藏有一整房间的麦子，她还有一间漂亮的厨房和一个饭厅。可怜的拇指姑娘站在门里，像一个讨饭的穷苦女孩子。她请求施舍一颗大麦粒给她，因为她已经两天没有吃过一丁点儿东西。

"你这个可怜的小人儿，"田鼠说——因为她本来是一个好心肠的老田鼠——"到我温暖的房子里来，和我一起吃点东西吧。"

因为她现在很喜欢拇指姑娘，所以她说："你可以跟我住在一块，度过这个冬天，不过你得把我的房间弄得干净整齐，同时讲些故事给我听，因为我这个人就是喜欢听故事。"

这个和善的老田鼠所要求的事情，拇指姑娘都一一答应了。她在那儿住得非常快乐。

"不久我们就要有一个客人来，"田鼠说，"我的这位邻人经常每个星期来看我一次，他住的比我舒服得多，他有宽大的房间，他穿着非常美丽的黑天鹅绒袍子。只要你能够得到他做你的丈夫，那末你一辈子可就享用不尽了。不过他的眼睛看不见东西。你得讲一些你所知道的、最美的故事给他听。"

拇指姑娘对于这事没有什么兴趣。她不愿意跟这位邻人结婚，因为他是一个鼹鼠。他穿着他的黑天鹅绒袍子来拜访了。田鼠说，他是怎样有钱和有学问，他的家也要比田鼠的大二十倍；他有很高深的知识，不过他不喜欢太阳和美丽的花儿；而且他还喜欢说这些东西的坏话，因为他自己从来没有看见过它们。

拇指姑娘得为他唱一曲歌。她唱了《金龟子呀，飞走吧！》，又唱了《牧师走上草原》。因为她的声音是那么美丽，鼹鼠就不禁爱上她了。不过他没有表示出来，因为他是一个很谨慎的人。

最近他从自己房子里挖了一条长长的地道，通到她们的这座房子里来。他请田鼠和拇指姑娘到这条地道里来散步，而且只要她们愿意，她们随时都可以来。不过他忠告她们不要害怕一只躺在地道里的死鸟。他是一只完整的鸟儿，有翅膀，也有嘴。无疑地，他是不久以前、在冬天开始的时候死去的。他现在被埋葬的这块地方,恰恰被鼹鼠打穿了成为地道。

鼹鼠嘴里衔着一根引火木——它在黑暗中可以发出闪光。他走在前面,为她们把这条又长又黑的地道照明。当她们来到那只死鸟躺着的地方时,鼹鼠就用他的大鼻子顶着天花板,朝上面拱着土,拱出一个大洞来。阳光就通过这洞口射进来。在地上的正中央躺着一只死了的燕子,他的美丽的翅膀紧紧地贴着身体,小腿和头缩到羽毛里面:这只可怜的鸟儿无疑地是冻死了的。这使得拇指姑娘感到非常难过,因为她非常喜爱一切鸟儿。的确,他们整个夏天对她唱着美妙的歌,对她喃喃地讲着话。不过鼹鼠用他的短腿子一推,说:"他现在再也不能唱什么了! 生来就是一只小鸟——这该是一件多么可怜的事儿! 谢天谢地,我的孩子们将不会是这样。像这样的一只鸟儿,什么事也不能做,只会唧唧喳喳地叫,到了冬天就不得不饿死了!"

"是的,你是一个聪明人,说得有道理,"田鼠说,"冬天一到,这些'唧唧喳喳'的歌声对于一只雀子有什么用呢? 他只有挨饿和受冻的一条路。不过我想这就是大家所谓的了不起的事情吧!"

拇指姑娘一句话也不说。不过当他们两个人把背掉向这燕子的时候,她就弯下腰来,把盖在他头上的那一簇羽毛温柔地向旁边拂了几下,同时在他闭着的双眼上轻轻地接了一个吻。

"在夏天对我唱出那么美丽的歌的人也许就是他了,"她想,"他不知给了我多少快乐——他,这只亲爱的、美丽的鸟儿!"

鼹鼠现在把那个透进阳光的洞口又封闭住了;然后他就陪伴着这两位小姐回家。但是这天晚上拇指姑娘一忽儿也睡不着。她爬起床来,用草编成了一张宽大的、美丽的毯子。她拿着它到那只死了的燕子的身边去,把他的全身盖好。她同时还把她在田鼠的房间里所寻到的一些软棉花裹在燕子的身边,好使他在这寒冷的地上能够睡得温暖。

"再会吧,你这美丽的小鸟儿!"她说,"再会吧! 在夏天,当一切的树儿都变绿了的时候,当太阳光温暖地照着我们的时候,你唱出美丽的歌——我要为这感谢你!"于是她把她的头贴在这鸟儿的胸膛上。她马上惊恐起来,因为他身体里面好像有件什么东西在跳动,这就是鸟儿的一颗心。这鸟儿并没有死,他只不过是躺在那儿冻得失去了知觉罢了。现在他得到了温暖,所以他又活了过来。

在秋天,所有的燕子都向温暖的国度飞去。不过,假如有一只掉了队,他就会遇到寒冷,于是他就会冻得落下来,像死了一样;他只有躺在他落下的那块地上,让冰冻的雪花把他全身盖满。

拇指姑娘真是抖得厉害,因为她是那么惊恐;这鸟儿,跟只有寸把高的她比起来,真是太庞大了。可是她鼓起勇气来。她把棉花紧紧地裹在这只可怜的鸟儿的身上;同时她把自己常常当作被盖的那张薄荷叶拿来,复在这鸟儿的头上。

第二天夜里,她又偷偷地去看他。他现在已经活了,不过还是有点昏迷。他只能把眼睛微微地睁开一忽儿,望了拇指姑娘一下。拇指姑娘手里拿着一块引火木站着,因为她没有别的灯亮。

"我感谢你——你,可爱的小宝宝!"这只身体不太好的燕子对她说,"我现在真是舒服和温暖! 不久我就可以恢复我的体力,又可以飞了,在暖和的阳光中飞了。"

"啊,"她说,"外面是多么冷啊。雪花在飞,遍地都在结冰。还是请你睡在你温暖的床上吧。我可以来照料你呀。"

她用花瓣盛着水送给燕子。燕子喝了水以后,就告诉她说,他有一个翅膀曾经在一个多刺的灌木林上擦伤了,因此不能跟别的燕子们飞得一样快;那时他们正在远行,飞到那辽远的、温暖的国度里去。最后他落到地上来了,可是其余的事情他现在就记不起来了。他完全不知道自己怎样来到这块地方的。

燕子在这儿住了一整个冬天。拇指姑娘待他很好,非常喜欢他。鼹鼠和田鼠一点儿也不知道这事,因为他们不喜欢这只可怜的、孤独的燕子。

当春天一到来、太阳把大地照得很温暖的时候,燕子就向拇指姑娘告别了。她把鼹鼠在顶上挖的那个洞打开。太阳非常美丽地照着他们。于是燕子就问拇指姑娘愿意不愿意跟他一起离开：她可以骑在他的背上，这样他们就可以远远地飞走，飞向绿色的树林里去。不过拇指姑娘知道，如果她这样离开的话，田鼠就会感到痛苦的。

"不成，我不能离开！"拇指姑娘说。

"那么再会吧，再会吧，你这善良的、可爱的姑娘！"燕子说。于是他就向太阳飞去。拇指姑娘在后面望着他，她的两眼里闪着泪珠，因为她是那么喜爱这只可怜的燕子。

"滴丽！滴丽！"燕子唱着歌，向一个绿色的森林飞去。

拇指姑娘感到非常难过。她得不到许可，走向温暖的太阳中去。在田鼠屋顶上的田野里，麦子已经长得很高了。对于这个可怜的小女孩子说来，这麦子简直是一片浓密的森林，因为她究竟不过只有一寸来高呀。

"在这个夏天，你得把你的新嫁衣缝好！"田鼠对她说，因为她的那个讨厌的邻人——那个穿着黑天鹅绒袍子的鼹鼠——已经向她求婚了。"你得准备好毛衣和棉衣。当你做了鼹鼠太太以后，你应该有坐着穿的衣服和睡着穿的衣服呀。"

拇指姑娘现在得摇起纺车来。鼹鼠聘请了四位蜘蛛，日夜为她纺纱和织布。每天晚上鼹鼠来拜访她一次。鼹鼠老是在咕噜地说：等到夏天快要完的时候，太阳就不会这么热了；现在它却把地面烤得像石头一样硬。是的，等夏天过去以后，他就要跟拇指姑娘结婚了。不过她一点也不感到高兴，因为她的确不喜欢这位讨厌的鼹鼠。每天早晨，当太阳升起的时候，每天黄昏，当太阳落下的时候，她就偷偷地走到门那儿去。当风儿把麦穗吹向两边、使得她能够看到蔚蓝色的天空的时候，她就想像外面是非常光明和美丽的，于是她也就热烈渴望地希望再见到她的亲爱的燕子。可是这燕子不再回来了。无疑地，他已经飞向很远很远的、美丽的、青翠的树林里去了。

现在是秋天了，拇指姑娘的全部嫁衣也准备好了。

"四个星期以后，你的婚礼就要举行了。"田鼠对她说。但是拇指姑娘哭了起来，同时说她不愿意和这讨厌的鼹鼠结婚。

"胡说!"田鼠说,"你不要固执;不然的话,我就要用我的白牙齿来咬你!他是一个很可爱的人,你得和他结婚!就是皇后也没有他那样好的黑天鹅绒袍子哩!他的厨房和储藏室里都藏满了东西。你得到这样一个丈夫,应该感谢上帝!"

现在婚礼要举行了。鼹鼠已经来了,他亲自来迎接拇指姑娘。她得跟他生活在一起,住在深深的地底下,永远再也不能到温暖的太阳光中来,因为他不喜欢太阳。这个可怜的小姑娘现在感到非常地难过,因为她现在不得不向那光耀的太阳告别——这太阳,当她跟田鼠住在一起的时候,她还能得到许可,在门口望一眼。

"再会吧,您,光明的太阳!"她说着,同时向空中伸出双手,并且向田鼠的屋子外面走了几步——因为现在大麦已经收获了,这儿只剩下干枯的梗子。"再会吧,再会吧!"她又重复地说,同时用双臂抱住一朵还在开着的小红花。"假如你看到了那只小燕子的话,我请求你代我向他问候一声。"

"滴丽!滴丽!"在这时候,一个声音忽然在她的头上叫起来。她抬头一看,这正是那只小燕子刚刚在飞过。他一看到拇指姑娘,就显得非常地高兴。她告诉他说,她多么不愿意要那个丑恶的鼹鼠做她的丈夫啊;她还说,她得深深地住在地底下,太阳将永远照不进来。一想到这点,她就忍不住哭起来了。

"寒冷的冬天现在要到来了,"小燕子说,"我要飞得很远,飞到温暖的国度里去。你愿意跟我一块儿去吗?你可以骑在我的背上!你用腰带紧紧地把你自己系牢。这样我们就可以离开这丑恶的鼹鼠,从他黑暗的房子飞走——远远地,远远地飞过高山,飞到温暖的国度里去:那儿的太阳光比这儿更美丽,那儿永远只有夏天,那儿永远开着美丽的花朵。跟我一起飞吧,你,甜蜜的小拇指姑娘;当我在那个阴惨的地洞里冻得僵直的时候,你救了我的生命!"

"是的,我将和你一块儿去!"拇指姑娘说。她坐在这鸟儿的背上,把脚搁在他展开的双翼上,同时把自己用腰带紧紧地系在他最结实的一根羽毛上。这么着,燕子就飞向空中,飞过森林,飞过大海,高高地飞过常年积雪的大山。在这寒冷的高空中,拇指姑娘冻得抖起来。但是这时她就钻进这鸟儿温暖的羽毛里去。她只是把她的小脑袋伸出来,欣赏她下面的那些美丽的风景。

最后他们来到了温暖的国度。那儿的太阳比在我们这里照得光耀多了,天似乎也是加倍地高。田沟里,篱笆上,都生满了最美丽的绿葡萄和蓝葡萄。树林里处处悬着柠檬和橙子。空气里飘着桃金娘和麝香的香气;许多非常可爱的小孩子在路上跑来跑去,跟一些颜色鲜艳的大蝴蝶儿一块儿嬉戏。可是燕子越飞越远,而风景也越来越美丽。在一个碧蓝色的湖旁有一丛最可爱的绿树,它们里面有一幢白得放亮的、大理石砌成的、古代的宫殿。葡萄藤围着许多高大的圆柱丛生着。它们的顶上有许多燕子窠。其中有一个窠就是现在带着拇指姑娘飞行的这只燕子的住所。

"这儿就是我的房子,"燕子说,"不过,下面长着许多美丽的花,你可以选择其中的一朵;我可以把你放在它上面。那末你要想住得怎样舒服,就可以怎样舒服了。"

"那好极了。"她说,同时拍着她的一双小手。

那儿有一根巨大的大理石柱。它已经倒在地上,并且跌成了三段。不过在它们中间生出一朵最美丽的白色鲜花。燕子带着拇指姑娘飞下来,把她放在一片宽阔的花瓣上面。这个小姑娘感到多么惊奇啊!在那朵花的中央坐着一个小小的男子! ——他是那么白皙和透明,好像是玻璃做成的。他头上戴着一顶最华丽的金制王冠,他肩上生着一双发亮的翅膀,而他本身并不比拇指姑娘高大。他就是花中的安琪儿。每一朵花里都住着这么一个小小的男子或妇人。不过这一位却是他们大家的国王。

"我的天啦! 他是多么美啊!"拇指姑娘对燕子低声地说。

这位小小的王子非常害怕这只燕子,因为他是那么细小和柔嫩,对他说来,燕子简直是一只庞大的鸟儿。不过当他看到拇指姑娘的时候,他马上就变得高兴起来:她是他一生中所看到的一位最美丽的姑娘。因此他从头上取下他的金王冠,把它戴到她的头上。他问了她的姓名,问她愿不愿意做他的夫人——这样她就可以做一切花儿的皇后了。这位王子才真配成为她的丈夫呢,他比起那癞蛤蟆的儿子和那只穿大黑天鹅绒袍子的鼹鼠来,完全不同! 因此她就对这位逗她喜欢的王子说:"我愿意。"这时每一朵花里走出一位小姐或一位男子来。他们是那么可爱,就是看他们一眼也是幸福的。他们每人送了拇指姑娘一件礼物,但是其中最好的礼物是从一只大白蝇身上取下的一双翅膀。他们把这双翅膀安到拇指姑娘的背上,这么着,她现在就可以在花朵之间飞来飞去了。这时大家都欢乐起来。燕子坐在上面自己的窠里,为他们唱出他最好的歌曲。然后在他的心里,他感到有些悲哀,因为他是那么喜欢拇指姑娘,他的确希望永远不要和她离开。

"你现在不应该再叫拇指姑娘了!"花的安琪儿对她说,"这是一个很丑的名字,而你是那么地美丽! 从今以后,我们要把你叫玛娅①。"

"再会吧! 再会吧!"那只小燕子说。他又从这温暖的国度飞走了,飞回到很远很远的丹麦去。在丹麦,他在一个会写童话的人的窗子上筑了一个小窠。他对这个人唱:"滴丽! 滴丽!"我们这整个故事就是从他那儿听来的。

---

① 在希腊神话里玛娅(Maja)是亚特拉斯(Atlas)和卜勒庸(Pleione)所生的七个女儿中最大的一位,也是最美的一位。这七位姊妹和她们的父母一起代表金牛宫(Taurus)中九颗最明亮的星星。它们在五月间(收获时期)出现,在十月间(第二次播种时期)隐藏起来。

5.卖火柴的小女孩

天气冷得可怕。正在下雪,黑暗的夜幕开始垂下来了。这是这年最后的一夜——新年的前夕。在这样的寒冷和黑暗中,有一个光头赤脚的小女孩正在街上走着。是的,她离开家的时候还穿着一双拖鞋,但那又有什么用呢?那是一双非常大的拖鞋——那么大,最近她妈妈一直在穿着。当她匆忙地越过街道的时候,两辆马车飞奔着闯过来,弄得这小姑娘把鞋跑落了。有一只她怎样也寻不到,另一只又被一个男孩子捡起来,拿着逃走了。他还说,等他自己将来有孩子的时候,他可以把它当做一个摇篮来使用。

现在这小姑娘只好赤着一双小脚走。小脚已经冻得发红发青了。她有许多火柴包在一个旧围裙里;她手中还拿着一扎。这一整天谁也没有向她买过一根;谁也没有给她一个铜板。

可怜的小姑娘!她又饿又冻地向前走,简直是一幅愁苦的画面。雪花落到她金黄的长头发上——它卷曲地铺散在她的肩上,看起来非常美丽。不过她并没有想到自己的漂亮。所有的窗子都射出光来,街上飘着一股烤鹅肉①的香味。的确,这是除夕。她在想这件事情。

她在两座房子——有一座房子向着街心比另一座更伸出一点——所形成的一个墙角里坐下来,缩做一团。她把她的一双小脚也缩进来,不过她感到更冷。她不敢回到家里去,因为她没有卖掉一根火柴,没有赚到一个铜板,她的父亲一定会打她,而且家里也是很冷的。他们头上只有一个屋顶,风可以从那上面灌进来,虽然最大的裂口已经用草和破布堵住了。

她的一双小手几乎冻僵了。唉!哪怕一根小火柴对她也是有好处

---

① 烤鹅肉是丹麦圣诞节和除夕晚餐中的一个主菜。

的。只要她敢抽出一根来,在墙上擦燃,就可暖手! 最后她抽出一根来了。哧! 它燃起来了,冒出火光来了! 当她把手复在它上面的时候,它便变成了一朵温暖、光明的火焰,像一根小小的蜡烛。这是一道美丽的小光! 小姑娘觉得真像坐在一个铁火炉旁边一样:它有光亮的黄铜圆捏手和黄铜炉身。火烧得那么欢,那么暖,那么美! 唉,这是怎么一回事儿? 当小姑娘刚刚伸出她的一双脚、打算把它们暖一下的时候,火焰就忽然熄灭了! 火炉也不见了。她坐在那儿,手中只有烧过了的火柴。

她又擦了一根。它燃起来了,发出光来了。墙上有亮光照着的那块地方,现在变得透明,像一片薄纱;她可以看到房间里的东西:桌上铺着雪白的台布,上面有精致的碗盘,填满了梅子和苹果的、冒着香气的烤鹅。更美妙的事情是:这只鹅从盘子里跳出来了,它背上插着刀叉,蹒跚地在地上走着,一直向这个穷苦的小姑娘走来。这时火柴就熄灭了;她面前只有一堵又厚又冷的墙。

她点了另一根火柴。现在她是坐在美丽的圣诞树下面。它比上次圣诞节时她透过玻璃门所看到的一个富有商人家里的那株还要大,还要美。它的绿枝上燃得有几千支蜡烛;彩色的图画,跟橱窗里挂着的那些一样美丽,在向她眨眼。这个小姑娘把她的两只手伸过去。于是火柴就熄灭了。圣诞节的烛光越升越高。她看到它们现在变成了明亮的星星。这些星星有一颗落下来了,在天上划出一条长长的光线。

"现在又有一个什么人死去了。"小姑娘说,因为她的老祖母——她是唯一对小姑娘好的人,但是现在已经死了——曾经说过:天上落下一颗星,地上就有一个灵魂升到了上帝那儿去。

她在墙上又擦了一根火柴。它把四周都照亮了;在这亮光中老祖母出现了。她显得那么光明,那么温柔,那么和蔼。

"祖母!"小姑娘叫起来,"啊! 请把我带走吧! 我知道,这火柴一灭掉,你就会不见了,你就会像那个温暖的火炉、那只美丽的烤鹅、那棵幸福的圣诞树一样地不见了!"

于是她急忙把整束火柴中剩下的火柴都擦亮了,因为她非常想要把祖母留住。这些火柴发出强烈的光芒,照得比大白天还要明朗。祖母从来没有像现在这样显得美丽和高大。她把小姑娘抱起来,搂到怀里。她们两人在光明和快乐中飞走了,越飞越高,飞到既没有寒冷,也没有饥饿,也没有忧愁的那块地方——她们是跟上帝在一起。

不过在一个寒冷的早晨,这个小姑娘却坐在一个墙角里;她的双颊通红,嘴唇发出微笑,她已经死了——在旧年的除夕冻死了。新年的太阳升起来了,照着她小小的尸体!她坐在那儿,手中还捏着火柴——其中有一扎差不多都烧光了。

"她想把自己暖一下。"人们说。谁也不知道:她曾经看到过多么美丽的东西,她曾经是多么光荣地跟祖母一起,走到新年的幸福中去。

6. 坚定的锡兵

从前有二十五个锡做的兵士。他们是兄弟,因为他们是从一根旧的锡汤匙铸出来的。他们肩上扛着毛瑟枪,眼睛直直地向前看着。他们的制服一半是红的,一半是蓝的,但是非常美丽。他们呆在一个匣子里。匣子盖一揭开,他们在这世界上所听到的第一句话是:"锡兵!"这句话是一个小孩子喊出来的;他在拍着双手。这是他的生日,这些锡兵就是他所得到的一件礼物。他现在把这些锡兵摆在桌子上。

每个兵都是一模一样的,只有一个稍微有点不同:他只有一条腿,因为他是最后被铸出来的,锡不够用! 但是他仍然能够用一条腿坚定地站着,跟别人用两条腿站着没有两样,而且后来最引起人注意的也就是他。

他们立着的那张桌子上还摆得有许多其他的玩具,不过最吸引人注意的一件东西是一个纸做的美丽的宫殿。从那些小窗子望进去,人们一直可以看到里面的大厅。大厅前面有几株小树,都是围着一面小镜子立着的——这小镜子算是代表一个湖。几只蜡做的小天鹅在湖上游来游去;它们的影子倒映在水里。这一切都是美丽的,不过最美丽的要算一位小姐:她站在敞着的宫殿门口。她也是纸剪出来的,不过她穿着一件漂亮的洋布裙子。她肩上飘着一条小小的蓝色缎带,看起来仿佛像一幅头巾。缎带的中央插着一件亮晶晶的装饰品——简直有她整个的脸庞那么大。这位小姐伸着她的双手——因为她是一个舞蹈艺术家。她有一条腿举得非常高,弄得那个锡兵简直望不见它,因此他就以为她也像自己一样,只有一条腿。

"她倒可以做我的妻子呢!"他心里想,"不过她的派头太大了。她住在一个宫殿里,而我却只有一个匣子,而且我们还是二十五个人挤在一起。这恐怕她住不惯。不过我倒不妨跟她认识认识。"

于是他就在桌上一个鼻烟壶后面直直地躺下来。他从这个角度可以完全看到这位漂亮的小姐——她一直是用一条腿立着的，丝毫没有失去平衡。

当黑夜到来的时候，其余的锡兵都走进匣子里去了；家里的人也都上床去睡了。玩偶们这时就活动起来：它们互相"访问"，闹起"战争"来，或是开起"舞会"来。锡兵们也在他们的匣子里面吵起来，因为他们也想出来参加，可是揭不开盖子。胡桃钳翻起筋斗来，石笔在石板上乱跳乱叫起来。这真是像魔王下世，结果把金丝鸟也弄醒了。她也开始发起议论来，而且出口就是诗。这时只有两个人没有离开原位：一个是锡兵，一个是那位小小的舞蹈家。她直直地用她的脚尖立着，双臂外伸。他也是稳定地用一条腿站着的，他的眼睛一忽儿也没有离开她。

忽然钟敲了十二下，于是"碰"！那个鼻烟壶的盖子掀开了；可是那里面并没有鼻烟，却有一个小小的黑妖精——这鼻烟壶原来是一个伪装。

"锡兵！"妖精说，"请你把你的眼睛放老实一点！"

可是锡兵装做没有听见。

"好吧，明天你瞧吧！"妖精说。

第二天早晨，小孩们都起来了。他们把锡兵移到窗台上去。不知是那妖精在搞鬼呢，还是一阵阴风在作怪，窗子忽然开了。锡兵从三楼倒栽葱地跌到地上来。这一跤真是可怕到万分！他的腿直翘起来，他倒立在他的钢盔中。他的刺刀插在街上的铺石缝里。

保姆和那个小孩立刻走下楼来寻找他。虽然他们几乎踩着了他的身体，可是他们还是没有发现他。假如锡兵喊一声"我在这儿！"的话，他们也就看得见他了。不过他觉得自己既然穿着军服，高声大叫，是不合礼节的。

现在天空开始下雨了。雨点越下越密，最后简直是大雨倾盆了。雨停了以后，有两个野孩子在这儿走过。

"你瞧！"他们有一个讲，"这儿躺着一个锡兵。咱们让他去航行一番吧！"

他们用一张报纸折了一条船,把锡兵放在里面。锡兵就这么沿着水沟顺流而下。这两个孩子在岸上跟着他跑,拍着手。天啊! 沟里掀起了一股多么大的浪涛啊! 这是一股多么大的激流啊! 下过一场大雨究竟不同。纸船一上一下地簸动着,有时它旋转得那么急,弄得锡兵的头都昏起来。可是他立得很牢,面色一点也不变;他肩上扛着毛瑟枪,眼睛向前看。

忽然这船流进一条很长很宽的下水道里去了。四周是一片漆黑,正好像他又回到他匣子里去了似的。

"我倒要看看,我究竟会流到一个什么地方去!"他想,"对了,对了,这是那个妖精搞的鬼。啊! 假如那位小姐坐在这船里,就是再加倍的黑暗我也不在乎。"

这时一只住在下水道里的大耗子来了。

"你有通行证吗?"耗子问,"把你的通行证拿出来!"

可是锡兵一句话也不回答,只是把自己手里的毛瑟枪握得更紧。

船继续往前急驶;耗子在后面跟着。乖乖! 请看他那副张牙舞爪的样子;他对干草和木头碎片喊着:

"抓住他! 抓住他! 他没有留下过路钱! 他没有交出通行证!"

可是激流越翻越大。在下水道尽头的地方,锡兵已经可以看得到前面的阳光了。不过他又听到一阵喧闹的声音——这声音可以把胆子大的人都吓倒。想想看吧:在下水道尽头的地方,水流冲进一条宽大的运河里去了。这对他说来是非常危险的,正好像我们是被一股巨大的瀑布冲下去一样。

现在他已流进了运河,没有办法止住了。船一直冲到外面去。可怜的锡兵只有尽可能地把他的身体直直地挺起来。谁也不能说,他曾经把眼皮动过一下。这船旋转了三四次,里面的水一直漫到了船边——它要下沉了。直立着的锡兵全身浸在水里,只有头伸在水外。船在深深地下沉,纸也慢慢地松开了。水现在已经淹到兵士的头上了……他不禁想起了那个美丽的、娇小的舞蹈家,他永远也不会再见到她了。这时他耳朵里响起了这样的话:

冲啊，冲啊，你这战士，

你的出路只有一死！

现在纸已经破了，锡兵也就沉到了水底。不过正在这时候，一条大鱼忽然把他吞到肚里去了。

啊，那里面是多么黑暗啊！那比在下水道里还要更糟，而且空间是那么狭小！不过锡兵是坚定的。就是当他直直地躺下来的时候，他还是在紧紧地扛着他的毛瑟枪。

这鱼东奔西撞，做出许多最可怕的动作。后来它忽然变得安静起来。接着一道像闪电似的光射进它身体里来。阳光照得很亮，同时有一个人在大声地喊："锡兵！"原来这条鱼已经被捉住了，送到市场里去，被卖掉了，带进厨房里来，而且女仆用一把大刀子把它剖开了。她用两个手指把锡兵拦腰掐住，拿到客厅里来——这儿大家都要看看这位在鱼腹里作了一番旅行的、了不起的人物。不过锡兵一点也没有显出骄傲的神气。

他们把他放在桌子上——在这儿，嗨！世界上不可思议的事情也真多！锡兵发现自己又来到了他从前的那个房间里！他看到从前的那些小孩，他看到桌上从前的那些玩具；他看到那座美丽的宫殿和那位可爱的、娇小的舞蹈家。她仍然用一条腿站着，她的另一条腿仍然是高高地翘在空中。她也是同样地坚定啦！这种精神使锡兵受到感动：他简直要流出锡眼泪来，但是他不能这样做。他望着她，她也望着他，但是他们没有说一句话。

正在这时候，有一个小孩子把锡兵拿起来，把他一股劲儿扔进火炉里去了。他没有说明任何理由：这当然又是鼻烟壶里的那个小妖精在捣鬼。

锡兵站在那儿，全身亮起来了，同时他感到一股可怕的热气。不过这热气是从实在的火里发出来的呢，还是从他的爱情中发出来的呢，他完全不知道。他的一切光彩现在都没有了。这是因为他在旅途中失去了呢，还是悲愁的结果，谁也说不出来。他望着那位娇小的姑娘，而她也望着他。他觉得他的身体在慢慢地融解，但是他仍然扛着枪，坚定地立着不动。这时门忽然开了,一阵风闯进来,吹起这位小姐。她就像茜尔妃德①一样,飞向火炉,飞到锡兵的身边去,化为火焰,立刻就不见了,这时锡兵已经化成为一个锡块。第二天,当女仆把炉灰倒出去的时候,她发现锡兵已经成了一颗小小的锡心。可是那位舞蹈家所留下来的只是那颗亮晶晶的装饰品,它现在已经烧得像一块黑炭了。

---

① 根据中世纪欧洲人的迷信,茜尔妃德(Sylphide)是空气的女仙,她是一位体态轻盈,身材纤细,虚无缥缈的人儿。

7. 小意达的花儿

"我的可怜的花儿都已经死了!"小意达说,"昨天晚上它们还是那么美丽,现在它们的叶子却都垂下来了,枯萎了。它们为什么要这样呢?"她问一个坐在沙发上的学生,因为她很喜欢他。他会讲一些非常美丽的故事,会剪出一些很有趣的图案:小姑娘在一颗心房里跳舞的图案,花朵的图案,还有门可以自动开的一个大宫殿的图案。他是一个快乐的学生。

"为什么花儿今天显得这样没有精神呢?"她又问,同时把一束已经枯萎了的花指给他看。

"你可知道它们做了什么事情!"学生说,"这些花儿昨夜去参加过一个跳舞会啦,因此它们今天就把头垂下来了。"

"可是花儿并不会跳舞呀。"小意达说。

"嗨,他们可会跳啦,"学生说,"天一黑,我们去睡了以后,它们就兴高采烈地围着跳起来。差不多每天晚上它们都有一个舞会。"

"小孩子可不可以去参加这个舞会呢?"

"当然可以的,"学生说,"小小的雏菊和铃兰花都可以的。"

"这些顶美丽的花儿在什么地方跳舞呢?"小意达问。

"你到城门外的那座大宫殿里去过吗?国王在夏天就搬到那儿去住,那儿有最美丽的花园,里面有各种各色的花。你看到过那些天鹅吗?当你要抛给它们面包屑的时候,它们就向你游来。美丽的舞会就是在那儿举行的,你相信我的话吧。"

"我昨天就和我的妈妈到那个花园里去过,"小意达说,"可是那儿树上的叶子全都落光了,而且一朵花儿都没有!它们到什么地方去了呀?我在夏天看到过那么多的花。"

"它们都搬进宫里去了呀,"学生说,"你要知道,等到国王和他的臣仆们迁到城里去了以后,这些花儿就马上从花园跑进宫里去,在那儿欢乐地玩起来。你应该看看它们的那副样儿才好。那两朵顶美丽的玫瑰花自己坐上王位,做起花王和花后来。所有的红鸡冠花都排在两边站着,弯着腰行礼。它们就是花王的侍从。各种好看的花儿都来了,于是一个盛大的舞会也就开始了。蓝色的紫罗兰就是小小的海军学生:它们把风信子和番红花称为小姐,跟她们一起跳起舞来。郁金香和高大的卷丹花就是老太太。她们在旁监督,要舞会开得好,要大家都守规矩。"

"不过,"小意达问,"这些花儿在国王的宫里跳起舞来,难道就没有人来干涉它们吗?"

"因为没有谁真正知道这件事情呀,"学生说,"当然咯,有时那位年老的宫殿管理人夜间到那里去,因为他得在那里守夜。他带着一大把钥匙。可是当花儿一听到钥匙响的时候,它们马上就静下来,躲到那些长窗帘后面去,只是把头偷偷地伸出来。那位老管理人只是说,'我闻到这儿有点花香';但是他看不见它们。"

"这真是滑稽得很!"小意达说,拍着双手,"不过我可不可以瞧瞧这些花儿呢?"

"可以的,"学生说,"你再出去的时候,只消记住偷偷地朝窗子里看一眼,就可以瞧见它们。今天我就是这样做的。有一朵长长的黄水仙花懒洋洋地躺在沙发上。她满以为自己是一位宫廷的贵妇人呢!"

"植物园的花儿也可以到那儿去么?它们能走那么远的路么?"

"能的,这点你可以放心,"学生说,"如果它们愿意的话,它们还可以飞呢。你看到过那些红的、黄的、白的蝴蝶吗?它们看起来差不多像花朵一样。它们本来就是花朵啦。它们曾经从花枝上高高地跳向空中,拍着它们的花瓣,好像这就是小小的翅膀似的。这么着,它们就飞起来啦。因为它们很有礼貌,所以它们得到许可也能在白天飞。它们不必再回到家里去,死死地呆在花枝上了。这样,它们的花瓣最后也就变成真正的翅膀了。这些东西你已经亲眼看过。很可能植物园的花儿从来没有到国王的宫里去过,而且很可能它们完全不知道那儿晚间是多么有趣。唔,我现在可以教你一件事,准叫那位住在这附近的植物学教授感到非常惊奇。你认识他,不是么?下次你走到他的花园里去的时候,请你带一个信给一朵花,说是宫里有人在开一个盛大的舞会。那么这朵花就会转告所有别的花儿,于是它们就会全部飞走的。等那位教授走到花园来的时候,他将一朵花也看不见。他决不会猜得出花儿都跑到什么地方去了。"

"不过,花儿怎么会互相传话呢?花儿是不会讲话的呀。"

"当然咯,它们是不会讲话的,"学生回答说,"不过它们会做表情呀。你一定注意到,当风在微微吹动着的时候,花儿就点起头来,摇着它们所有的绿叶子。这些姿势它们都明白,跟讲话一样。"

"那位教授能懂得它们的表情吗?"意达问。

"当然懂得的。有一天早晨他走进他的花园,看到一棵有刺的大荨麻正在那儿用它的叶子对美丽的红荷兰石竹花打着手势。它是在说:'你是那么地美丽,我多么爱你呀!'可是老教授看不惯这类事儿,所以他就马上在荨麻的叶子上打了一巴掌,因为叶子就是它的手指。不过这样他就刺痛了自己,所以从此以后他再也不敢碰一下荨麻了。"

"这倒很滑稽。"小意达说,同时大笑起来。

"居然把这类的事儿灌进一个孩子的脑子里去!"一位怪讨厌的枢密顾问官说。他这时恰好来拜访,坐在一个沙发上。他不太喜欢这个学生。当他一看到这个学生剪出一些滑稽好笑的图案时,他就要发牢骚。这些图案有时代表一个人吊在绞架上,手中捧着一颗心,表示他曾偷过许多人的心;有时剪的是一个老巫婆,把自己的丈夫放在鼻梁上,骑着一把扫帚飞行。这位枢密顾问官看不惯这类东西,所以常常喜欢说刚才那样的话:"居然把这样的怪想头灌进一个孩子的脑子里去,全是些没有道理的幻想!"

不过,学生所讲的关于她的花儿的事情,小意达感到非常有趣。她在这个问题上想了很久。花儿垂下了它们的头,因为它们跳了通宵的舞,很疲倦了。无疑地,它们是病倒了。所以她就把它们带到她的别的一些玩具那儿去。这些玩具是放在一个很好看的小桌上的,抽屉里面装的全是她心爱的东西。她的玩具娃娃苏菲亚正睡在玩偶的床里,不过小意达对她说:"苏菲亚啦,你真应该起来了。今晚你应该设法在抽屉里睡才好。可怜的花儿全都病了,它们应该睡在你的床上。这样它们也许就可以好起来。"于是她就把这玩偶移开。可是苏菲亚显出很不高兴的样子,一句话也不说。她因为不能睡在自己的床上,就生起气来了。

小意达把花儿放到玩偶的床上,用小被子把它们盖好。她还告诉它们说,现在必须安安静静地睡觉,她自己得去为它们泡一壶茶来喝,使得它们的身体可以复原,明天可以起床。同时她把窗帘拉拢,紧紧地掩住它们的床,免得太阳射着它们的眼睛。

这一整夜她老是想着那个学生所告诉她的事情。当她自己要上床去睡的时候,她不得不先在拉拢了的窗帘后面瞧瞧。沿着窗子陈列着她母亲的一些美丽的花儿——有风信子,也有番红花。她低声地对它们偷偷地说:"我知道,今晚你们要去参加一个舞会的。"可是这些花儿装做一句话也听不懂,连一片叶儿也不动一下。可是小意达自己心里有数。

她上了床以后,静静地躺了很久。她想,要是能够看到这些可爱的花儿在国王的宫殿里跳舞,那该是多么有趣啊!"我不知道我的花儿真的到那儿去过没有?"于是她就睡着了。夜里她又醒来;她梦见了那些花儿和那个学生——那位枢密顾问官常常责备他,说他把一些无聊的怪想头灌进她的脑子里去。小意达睡的房间是很静的。夜灯还在桌子上亮着;爸爸和妈妈已经睡着了。

"我不知道我的花儿现在是不是仍旧睡在苏菲亚的床上。"她对自己说,"我多么希望知道啊!"她把头稍为抬起一点,对那半掩着的房门看了一眼。她的花儿和她的一切玩具都放在门外。她静静地听着。她这时好像听到了外面房间里有个人在弹钢琴,弹得很美,很轻柔,她从来没有听过这样的琴声。

"现在花儿一定在那儿跳起舞来了!"她说,"哦,上帝,我是多么想瞧瞧它们啊!"可是她不敢起床,因为她怕惊醒了她的爸爸和妈妈。

"我只希望它们到这儿来!"她说。可是花儿并不走进来,音乐还是继续在奏着,非常美丽。她实在再也忍不住了,因为这一切是太美了。她爬出小床,静静地走到门那儿,朝着外边那个房间偷偷地望。啊,她所瞧见的那幅景象是多么有趣啊!

那个房间里没有点灯,但是仍然很亮,因为月光射进窗子,正照在地板的中央。房间里亮得差不多像白天一样。所有的风信子和番红花排成两行在地板上站着。窗槛上现在一朵花儿也没有了,只有一些空空的花盆。各种花儿在地板上团团地互相舞起来,它们是那么娇美。它们形成一条整齐的、长长的舞链;它们把它们绿色的长叶子联结起来,旋转地扭着它们腰肢;钢琴旁边坐着一朵高大的黄百合花。无疑地,小意达在夏天看到过它一次,因为她记得很清楚,那个学生曾经说过:"这朵花儿多么像莉妮小姐啊!"那时大家都笑他。不过现在小意达的确觉得这朵高大的黄花像那位小姐。她弹钢琴的样子跟她一模一样——把她那鹅蛋形的黄脸孔一忽儿偏向这边,一忽儿又偏向那边,同时还不时点点头,跟着这美妙的音乐打拍子!

任何花都没有注意到小意达。她看到一朵很大的蓝色早春花跳到桌子的中央来。玩具就放在那上面。它一直走到那个玩偶的床旁边去,把窗帘向两边拉开。那些生病的花儿正躺在床上,但是它们马上站起来,向一些别的花儿点着头,表示它们也想参加跳舞。那个年老的扫烟囱的玩偶——它的下嘴唇有一个缺口——站了起来,它对这些美丽的花儿打了一个恭,这些花儿一点也不像害病的样子。它们跳下床来,跟其他的花儿混在一起,非常快乐。

这时好像有一件什么东西从桌上落了下来。意达朝那儿望去,那原来是别人送给她过狂欢节的一根桦木条①。它从桌子上跳了下来!它也以为它是这些花儿中的一员。它的样子也是很可爱的。一个小小的蜡人骑在它的身上。他头上戴着一顶宽大的帽子,跟枢密顾问官所戴的那顶

---

① 狂欢节的桦木条(Fastelasns-Riset)是一根涂着彩色的桦木棍子;丹麦的小孩子把它拿来当作马骑。

差不多。这桦木条用它的三条红腿子径直跳到花丛中去,重重地在地板上跺着脚,因为它在跳波兰的"马佐尔加舞"啦。可是别的花儿没有办法跳这种舞,因为它们的身段很轻,不能够那样跺脚。

骑在桦木条上的那个蜡人忽然变得又高又大了。他像一阵旋风似的扑向纸花那儿去,说:"居然把这样的怪想头灌进一个孩子的脑子里去!全是些没有道理的幻想!"这蜡人跟那位戴宽帽子的枢密顾问官一模一样,而且他的那副面孔也是跟顾问官一样发黄和生气。可是那些纸花在他的瘦腿子上打了一下,于是他缩做一团,又变成了一个藐小的蜡人。瞧他那副神气倒是满有趣的! 小意达忍不住要大笑起来了。桦木条继续跳他的舞,弄得这位枢密顾问官也不得不跳了。现在不管他变得粗大也好,瘦长也好,或者仍然是一个戴大黑帽子的黄蜡人也好,完全没有关系。这时一些别的花儿,尤其是曾经在玩偶的床上睡过一阵子的那几朵花儿,就对他说了句把恭维话,于是那根桦木条也就停下让他休息了。

这时抽屉里忽然起了一阵很大的敲击声——意达的玩偶苏菲亚跟其他许多的玩具都睡在里面。那个扫烟囱的人赶快跑到桌子旁边去,直直地匍在地上,拱起腰把抽屉顶出了一点。这时苏菲亚坐起来,向四周望了一眼,非常惊奇。

"这儿一定有一个舞会,"她说,"为什么没有人告诉我呢?"

"你愿意跟我跳舞么?"扫烟囱的人说。

"你倒是一个蛮漂亮的舞伴啦!"她回答说,把背掉向他。

于是她在抽屉上坐下来。她以为一定会有一朵花儿来请她跳舞的。可是什么花儿也没有来。因此她就故意咳嗽了一声:"咳! 咳! 咳!"然而还是没有花儿来请她。扫烟囱的人这时独自个儿在跳,而且跳得还不坏哩。

现在既然没有什么花儿来理苏菲亚,她就故意从抽屉上倒下来了,一直落到地板上,弄出一个很大的响声。所有的花儿现在都跑过来,围绕着她,问她是不是跌伤了。这些花儿——尤其是曾经在她床上睡过的花儿——对她都非常亲切。可是她一点也没有跌伤。意达的花儿都因为睡过那张很舒服的床而对她表示谢意。它们把她捧得很高,请她到月亮正照着的地板的中央来,和她一起跳舞。所有其余的花儿在她周围形成一个圆圈。现在苏菲亚可高兴了! 她说它们可以随便用她的床,她自己睡在抽屉里也不碍事。

可是花儿们说:"我们从心里感谢你,不过我们活不了多久。明天我们就要死了。但是请你告诉小意达,叫她把我们埋葬在花园里——那个金丝雀也是躺在那儿的。到明年的夏天,我们就又可以醒转来,长得更美丽了。"

"不成,你们决不能死去!"苏菲亚说。她把这些花儿吻了一下。

这时客厅的门忽然开了。一大群美丽的花儿跳着舞走进来。意达想不出它们是从什么地方来的。它们一定是国王宫殿里的那些花儿。最先进来的是两朵鲜艳的玫瑰花。它们每朵都戴着一顶金皇冠——原来它们就是花王和花后啦。随后就跟进来了一群美丽的紫罗兰花和荷兰石竹花。它们向各方面致敬。它们还带来了一个乐队。大朵的罂粟花和牡丹花使劲地吹着豆荚,把脸都吹红了。蓝色的风信子和小小的白色雪形花发出丁当丁当的响声,好像它们身上戴得有铃似的。这音乐真有些滑稽!不一会儿,许多别的花儿也来了,它们一起跳着舞:蓝色的堇菜花、粉红的樱草花、雏菊花、铃兰花都来了。这些花儿互相接着吻。它们看起来真是美极了!

最后这些花儿互相道着晚安。于是小意达也钻到床上去了。她所见到的这一切情景,又在她的梦里出现了。

当她第二天起来的时候,她急忙跑到小桌子那儿去,看看花儿是不是仍然还在。她把掩着小床的幔帐向两边拉开。是的,花儿全在,可是比起昨天来,它们显得更凋零了。苏菲亚仍然是躺在抽屉里——是意达把她送上床的。她的样子好像还没有睡醒似的。

"你还记得你要和我说的话么?"小意达问。不过苏菲亚的样子显得很傻。她一句话也不说。

"你太不好了!"意达说,"但是它们还是跟你一起跳了舞啦。"

于是她取出一个小小的纸盒子,上面绘了一些美丽的鸟儿。她把这盒子打开,把死了的花儿都装了进去。

"这就是你们的漂亮的棺材!"她说,"等我那住在挪威的两位表兄弟来看我的时候,他们会帮助我把你们葬在花园里的,好叫你们在来年夏天再长出来,成为更美丽的花朵。"

挪威的表兄弟是两个活泼的孩子。一个叫约那斯,一个叫亚多尔夫。他们的父亲送给了他们两张弓,他们把这东西也一起带来给意达看。她把那些已经死去了的可怜的花儿的故事全部告诉给他们。他们也就因此可以来为这些花儿举行葬礼。这两个孩子肩上背着弓,走在前面;小意达托着那装着死去的花儿的美丽匣子,走在后面。他们在花园里掘了一个小小的坟墓。意达先吻了吻这些花,然后就把它们连匣子一起葬在土里。约那斯和亚多尔夫在坟上射着箭,作为敬礼,因为他们既没有枪,又没有炮。

8. 夜　莺

　　你大概知道,在中国,皇帝是一个中国人,他周围的人也是中国人。这故事是许多年以前发生的;但是正因为这个缘故,在人们忘记它以前,它值得听一听。这皇帝的宫殿是世界上最华丽的,完全用细致的瓷砖砌成,价值非常高,不过非常脆薄,如果你想摸摸它,你必须万分当心。人们在御花园里可以看到世界上最珍奇的花儿。那些最名贵的花上都系着银铃,好使得走过的人一听到铃声就不得不注意这些花儿。是的,皇帝花园里的一切东西都布置得非常精巧。花园是那么大,连园丁都不知道它的尽头是在什么地方。如果一个人不停地向前走,他可以碰到一个茂密的树林,里面有很高的树,还有很深的湖。这树林一直伸展到蔚蓝色的、深沉的海那儿去。巨大的船只可以在树枝底下航行。树林里住着一只夜莺。它的歌唱得非常美妙,连一个忙碌的穷苦渔夫,在夜间出去收网的时候,一听到这夜莺的歌唱,也不得不停下来欣赏一下。

　　"我的天,唱得多么美啊!"他说。但是他不得不去做他的工作,所以只好把这鸟儿忘掉。不过第二天晚上,这鸟儿又唱起来了。渔夫听到它的时候,不禁又同样地说:"我的天,唱得多么美啊!"

　　世界各国的旅行家都到这位皇帝的首都来,欣赏这座皇城、宫殿和花园。不过当他们听到夜莺的时候,他们都说:"这是最美的东西!"

　　这些旅行家回到本国以后,就谈论着这件事情。于是许多学者写了大量关于皇城、宫殿和花园的书。但是他们也没有忘记掉这只夜莺,而且还把它的地位放得最高。那些会写诗的人还写了许多最美丽的诗篇,歌颂这只住在深海旁边树林里的夜莺。

　　这些书流行到全世界。有几本也居然流行到皇帝手里。他坐在他的金椅子上,读了又读:他每一秒钟点一次头,因为那些关于皇城、宫殿和花园的细致的描写使他读起来感到非常舒服。"不过夜莺是这一切东西中最美的东西。"这句话清清楚楚地摆在他面前。

"这是怎么一回事儿?"皇帝说,"夜莺! 我完全不知道有这只夜莺! 我的帝国里有这只鸟儿吗? 而且它还居然就在我的花园里面? 我从来没有听到过这回事儿! 这件事情我居然只能在书本上读到!"

于是他把他的侍臣召进来。这是一位高贵的人物。任何比他藐小一点的人,只要敢于跟他讲话或者问他一件什么事情,他一向只是简单地回答一声:"呸!"——这个字眼是任何意义也没有的。

"据说这儿有一只叫夜莺的奇异的鸟儿啦!"皇帝说,"人们都说它是我的伟大帝国里一件最珍贵的东西。为什么从来没有人在我面前提起过呢?"

"我从来没有听到过它的名字,"侍臣说,"从来没有人把它进贡到宫里来!"

"我命令:今晚必须把它弄来,在我面前唱唱歌,"皇帝说,"全世界都知道我有什么好东西,而我自己却不知道!"

"我从来没有听到过它的名字,"侍臣说,"我得去找找它! 我得去找找它!"

不过到什么地方去找它呢? 这位侍臣在台阶上走上走下,在大厅和长廊里跑来跑去,但是他所遇到的人都说没有听到过什么夜莺。这位侍臣只好跑回到皇帝那儿去,说这一定是写书的人捏造的一个神话。

"陛下请不要相信书上所写的东西。这些东西大都是无稽之谈——也就是所谓'胡说八道'罢了。"

"不过我读过的那本书,"皇帝说,"是日本国的那位威武的皇帝送来的,因此它决不能是捏造的。我要听听夜莺! 今晚必须把它弄到这儿来! 我下圣旨叫它来! 如果它今晚来不了,宫里所有的人,一吃完晚饭就要在肚皮上结结实实地挨几下!"

"钦佩^①!"侍臣说。于是他又在台阶上走上走下,在大厅和长廊里跑来跑去。宫里有一半的人在跟着他乱跑,因为大家都不愿意在肚皮上挨揍。

于是他们便开始一种大规模的调查工作,调查这只奇异的夜莺——这只除了宫廷的人以外,大家全都知道的夜莺。

最后他们在厨房里碰见一个穷苦的小女孩。她说:

"哎呀,老天爷,原来你们要找夜莺!我跟它再熟悉不过,它唱得很好听。每天晚上大家准许我把桌上剩下的一点儿饭粒带回家去,送给我可怜生病的母亲——她住在海岸旁边。当我在回家的路上、走得疲倦了的时候,我就在树林里休息一会儿,那时我就听到夜莺唱歌。这时我的眼泪就流出来了,我觉得好像我的母亲在吻我似的!"

"小丫头!"侍臣说,"我将设法在厨房里为你弄一个固定的职位,同时使你得到看皇上吃饭的特权。但是你得把我们带到夜莺那儿去,因为它今晚得在皇上面前表演一下。"

这样,他们就一齐走到夜莺经常唱歌的那个树林里去。宫里一半的人都出动了。当他们正在走的时候,一头母牛开始叫起来。

"呀!"一位年轻的贵族说,"现在我们可找到它了!这么一个小的动物,它的声音可是特别洪亮!我以前在什么地方听到过这声音。"

"错了,这是牛叫!"厨房的小女佣人说,"我们离那块地方还远着呢。"

接着沼泽里的青蛙叫起来了。

中国的宫廷祭司说:"现在我算是听到它了——它听起来像庙里的小小钟声。"

"错了,这是青蛙的叫声!"厨房小女佣人说,"不过,我想很快我们就可以听到夜莺了。"

于是夜莺开始唱起来。

"这才是呢!"小女佣人说,"听啊,听啊!它就栖在那儿。"

---

① 这是安徒生引用的一个中国字的译音,原文是 Tsing-pe!

她指着树枝上一只小小的灰色鸟儿。

"这个可能吗?"侍臣说,"我从来就没有想到它是那么一副样儿! 你们看它是多么平凡啊! 这一定是因为它看到有这么多的官员在旁,吓得失去了光彩的缘故。"

"小小的夜莺!"厨房的小女佣人高声地喊,"我们仁慈的皇上希望你到他面前去唱唱歌啦。"

"我非常高兴!"夜莺说,于是它唱出美丽的歌来。

"这声音像玻璃钟响!"侍臣说,"你们看,它的那个小歌喉动得多么好! 说来也稀奇,我们过去从来没有听到过它。这鸟儿到宫里去一定会逗得大家喜欢!"

"还要我再在皇上面前唱一次吗?"夜莺问,因为它以为皇帝在场。

"我的绝顶好的小夜莺啊!"侍臣说,"我感到非常荣幸,命令你到宫里去参加一个晚会。你得用你美妙的歌喉去娱乐圣朝的皇上。"

"我的歌只有在绿色的树林里才唱得最好!"夜莺说。不过,当它听说皇帝希望见它的时候,它还是去了。

宫殿被装饰得焕然一新。瓷砖砌的墙和铺的地,在无数金灯的光中,闪闪地发亮。那些挂着银铃的、最美丽的花朵,现在都被搬到走廊上来了。走廊里有许多人跑来跑去,卷起一阵微风,使所有的银铃都叮当叮当地响起来,弄得人们连自己说的话都听不见。

在皇帝坐着的大殿中央,人们竖起了一根金制的栖柱,好使夜莺能在上面站着。整个宫廷的人都来了,厨房里的那个小女佣人也得到许可,站在门后侍候——因为她现在得到了一个真正"厨仆"的称号。大家都穿上了最好的衣服。大家都望着这只灰色的小鸟:皇帝在对它点头。

于是这夜莺唱了——唱得那么美妙,连皇帝都流出眼泪来,一直流到他的脸上。当夜莺唱得更美妙的时候,它的歌声就打动了皇帝的心弦。皇帝显得那么高兴,他甚至还下了一道命令,叫人把他的金拖鞋挂在这只鸟儿的颈上。不过夜莺谢绝了,说它所得到的报酬已经够多了。

"我看到了皇上眼里的泪珠——这对于我说来是最宝贵的东西。皇上的眼泪有一种特别的力量。上帝知道,我得到的报酬已经不少了!"于是它用甜蜜幸福的声音又唱了一次。

"这种逗人爱的撒娇我们简直没有看见过!"在场的一些宫女们说。当人们跟她们讲话的时候,她们自己就故意把水倒到嘴里,弄出咯咯的响声来:她们以为她们也是夜莺。小厮和丫环们也发表意见,说他们也很满意——这种评语是不很简单的,因为他们是最不容易得到满足的一些人物。一句话:夜莺获得了极大的成功。

夜莺现在要在宫里住下来,要有它自己的笼子了——它现在只有白天出去两次和夜间出去一次散步的自由。每次总有十二个仆人跟着;他们牵着系在它腿上的一根丝线——而且他们老是拉得很紧。像这样的出游并不是一件轻松愉快的事情。

整个京城里的人都在谈论着这只奇异的鸟儿,当两个人遇见的时候,一个只须说"夜",另一个就接着说"莺"①。于是他们就互相叹一口气,彼此心照不宣。有十一个小贩的孩子都起了"夜莺"这个名字,不过他们谁也唱不出一个调子来。

有一天皇帝收到了一个大包裹,上面写着"夜莺"两个字。

"这又是一本关于我们这只名鸟的书!"皇帝说。

不过这并不是一本书;而是一件装在盒子里的工艺品——一只人造的夜莺。它跟天生的夜莺一模一样,不过它全身装满了钻石、红玉和青玉。这只人造的鸟儿,只要它的发条上好,就能唱出一曲那只真夜莺所唱的歌;同时它的尾巴上上下下地动着,射出金色和银色的光来。它的颈上挂有一根小丝带,上面写道:"日本国皇帝的夜莺,比起中国皇帝的夜莺来,是很寒酸的。"

"它真是好看!"大家都说。送来这只人造夜莺的那人马上就获得了

_____

① "夜莺"在丹麦文中是 Nattergal。作者在这儿似乎故意开了一个文字玩笑,因为这个字如果拆开,头一半成为 natter(夜——复数),则下一半"莺"就成 gal,而 gal 这个字在丹麦文中却是"发疯"的意思。

一个称号:"皇家首席夜莺使者。"

"现在让它们在一起唱吧;那将是多么好听的双重奏啊!"

这样,它们就得在一起唱了;不过这个办法却行不通,因为那只真正的夜莺只是按照自己的方式随意唱,而这只人造的鸟儿只能唱《华尔兹舞曲》那个老调。

现在这只人造的鸟儿只好单独唱了。它所获得的成功,比得上那只真正的夜莺;此外,它的外表却是漂亮得多——它闪耀得如同金手钏和领扣。

它把同样的调子唱了三十三次,而且还不觉得疲倦。大家都愿意继续听下去,不过皇帝说那只活的夜莺也应该唱点儿什么东西才好——可是它到什么地方去了呢?谁也没有注意到它已经飞出了窗子,回到它的青翠的树林里面去了。

"但是这是什么意思呢?"皇帝说。

所有的朝臣们都咒骂那只夜莺,说它是一个忘恩负义的东西。

"我们总算是有了一只最好的鸟了。"他们说。

因此那只人造的鸟儿又得唱起来了。他们把那个同样的曲调又听了第三十四次。虽然如此,他们还是记不住它,因为这是一只很难的曲调。乐师把这只鸟儿大大地称赞了一番。是的,他很肯定地说,它比那只真的夜莺要好的多!不仅就它的羽毛和许多钻石来说,即使就它的内部来说,也是如此。

"因为,淑女和绅士们,特别是皇上陛下,你们各位要知道,你们永远也猜不到一只真的夜莺会唱出什么歌来;然而在这只人造夜莺的身体里,一切早就安排好了:要它唱什么曲调,它就唱什么曲调!你可以把它拆开,可以看出它的内部活动:它的《华尔兹舞曲》是从什么地方起,会到什么地方止,会有什么别的东西接上来。"

"这正是我们的要求。"大家都说。

于是乐师就被批准下星期天把这只雀子公开展览,让民众看一下。皇帝说,老百姓也应该听听它的歌。他们后来也就听到了,同时也是非常满意,愉快的程度正好像他们喝过了茶一样——因为吃茶是中国的风俗。他们都说:"哎!"同时举起食指,并且点点头。可是听到过真正的夜莺唱歌的那个渔夫说:

"它唱得倒也不坏,很像一只真鸟儿,不过它总似乎缺少了一种什么东西——虽然我不知道这究竟是什么!"

真正的夜莺从这土地和帝国被放逐出去了。

那只人造夜莺在皇帝床边的一块丝垫子上占了一个位置。它所得到的一切礼品——金子和宝石——都被陈列在它的周围。在称号方面,它已经被封为"高贵皇家夜间歌手"了。在等级上说来,它已经被提升到"左边第一"的位置,因为皇帝认为心房所在的左边是最重要的一边——即使是一个皇帝,他的心也是偏左的。乐师写了一部二十五卷关于这只人造鸟儿的书:这是一部学问渊博、篇幅很长、用那些最难懂的中国字写的一部书。因此大臣们都说,他们都读过这部书,而且还懂得它的内容,因为他们都怕被认为是蠢才而在肚皮上挨揍。

整整一年过去了。皇帝、朝臣们以及其他的中国人都记得这只人造鸟儿所唱的歌中的每一个调儿。不过正因为现在大家都学会了,大家更特别喜欢这只鸟儿了——大家现在可以跟它一起唱。街上的孩子们唱:吱—吱—吱—格碌—格碌! 皇帝自己也唱起来——是的,这真是可爱得很!

不过一天晚上,当这只人造鸟儿正在唱得最好的时候,当皇帝正躺在床上静听的时候,这鸟儿的身体里面忽然发出一阵"咝咝"的声音来。有一件什么东西断了,"嘘——"突然,所有的轮子都狂转起来,于是歌声就停止了。

皇帝立即跳下床,命令把他的御医召进来。不过医生又能有什么办法呢,于是大家又去请一个钟表匠来。经过一番磋商和考查以后,他总算把这鸟儿勉强修好了,不过他说,这只鸟儿今后必须仔细保护,因为它里面的齿轮已经用坏了,要配上新的而又能奏出音乐,是一件困难的工作。这真是一件悲哀的事情! 这只鸟儿只能一年唱一次,而这还要算是用得很过火呢！不过乐师作了一个短短的演说——里面全是些难懂的字眼——他说这鸟儿是跟以前一样地好，因此当然是跟以前一样地好……

五个年头过去了。一件真正悲哀的事情终于来到了这个国家，因为这国家的人都是很喜欢他们的皇帝的，而他现在却病了，同时据说他不能久留于人世。新的皇帝已经选好了。老百姓都跑到街上来，向侍臣探问关于他们的老皇帝的病情。

"呸！"他摇摇头说。

皇帝躺在他华丽的大床上，冷冰冰的，面色惨白。整个宫廷的人都以为他死了，每人都跑到新皇帝那儿去致敬。男仆人都跑出来谈论这件事，丫环们开起盛大的咖啡会①来。所有的地方，在大厅和走廊里，都铺上了布，使得脚步声不至于响起来，所以这儿现在是很静寂，非常地静寂。可是皇帝还没有死：他僵直地、惨白地躺在华丽的床上——床上悬挂着天鹅绒的帷幔，同时帷幔上缀着厚厚的金丝穗子。顶上面的窗子是开着的，月亮照在皇帝和那只人造鸟儿身上。

这位可怜的皇帝几乎不能够呼吸了。他的胸口上好像压得有一件什么东西：他睁开眼睛，看到死神坐在他的胸口上，并且还戴上了他的金王冠，一只手拿着皇帝的宝剑，另一只手拿着他的华贵的令旗。四周有许多奇形怪状的脑袋从天鹅绒帷幔的褶纹里偷偷地伸出来，有的很丑，有的温和可爱。这些东西都代表皇帝所做过的好事和坏事。现在死神既坐在他的心坎上，它们就特地伸出来看他。

"你记得这件事吗？"它们一个接着一个地低语着，"你记得那件事吗？"它们告诉他许多事情，弄得他的前额冒出了许多汗珠。

"我不知道这件事！"皇帝说，"快把音乐奏起来！快把音乐奏起来！快把大鼓敲起来！"他叫出声来，"好使得我听不到它们讲的这些事情呀！"

然而它们还是不停地在讲。死神对它们所讲的话点点头——像中国

---

① 请朋友吃咖啡谈天（Kafeeselskab）是北欧的一种社交习惯；中国一般的习惯是吃茶。作者在这儿弄错了。

人那样点法。

"把音乐奏起来呀！把音乐奏起来呀！"皇帝叫起来，"你这只贵重的小金鸟儿，唱吧，唱吧！我曾送给你贵重的金礼品；我曾经亲自把我的金拖鞋挂在你的颈上——现在请唱呀，唱呀！"

可是这只鸟儿站着动也不动一下，因为没有谁来替它上好发条，而它不上好发条就唱不出歌来。不过死神继续用他空洞的大眼睛盯着这位皇帝。四周是静寂的，可怕的静寂。

这时，正在这时候，窗子那儿有一个最美丽的歌声唱起来了。这就是那只小小的、活的夜莺，它栖在外面的一根树枝上，它听到皇帝可悲的境况，它现在特地来对他唱点安慰和希望的歌。当它在唱着的时候，那些幽灵的面孔就渐渐变得淡了；同时在皇帝孱弱的肢体里，血也开始流动得活跃起来。甚至死神自己也开始听起歌来；而且还说："唱吧，小小的夜莺，请唱下去吧！"

"不过，你愿意给我那把美丽的金剑吗？你愿意给我那面华贵的令旗吗？你愿意给我那顶皇帝的王冠吗？"

死神把这些宝贵的东西都交了出来，以换取一支歌。于是夜莺不停地唱下去。它唱着那安静的教堂墓地——那儿生长着白色的玫瑰花，那儿接骨木树发出甜蜜的香气，那儿新草染上了未亡人的眼泪。死神这时就眷恋地思念起自己的花园来；于是他就变成一股寒冷的白雾，在窗口消逝了。

"多谢你，多谢你！"皇帝说，"你这只神圣的小鸟！我现在懂得你了。我把你从我的土地和帝国赶出去，而你却用歌声把那些邪恶的面孔从我的床边驱走，同时也把死神从我的心中去掉。我将用什么东西来报答你呢？"

"您已经报答我了！"夜莺说，"当我第一次唱的时候，我从您的眼里得到了您的泪珠——我将永远忘记不了这件事。每一滴眼泪是一颗珠宝——它可以使得一个歌者心花开放。不过现在请您睡吧，请您保养精神，变得健康起来吧，我将再为您喝一支歌。"

于是它唱起来——于是皇帝就甜蜜地睡着了。啊，这一觉是多么温和，多么愉快啊！

当他醒来、感到神志清新、体力恢复了的时候，太阳从窗子里射进来，正照在他的身上。他的侍从一个也没有来，因为他们以为他死了。但是夜莺仍然立在他的身边，唱着歌。

"请你永远跟我住在一起吧，"皇帝说，"你喜欢怎样唱就怎样唱。我将把那只人造鸟儿撕成一千块碎片。"

"请不要这样做吧，"夜莺说，"它已经尽了它最大的努力。仍然让它留在你的身边吧。我不能在宫里筑一个窠住下来；不过，当我想到要来的时候，那么就请您让我来吧。我将在黄昏的时候栖在窗外的树枝上，为您唱支什么歌，叫您快乐，也叫您深思。我将歌唱那些幸福的人们和那些受难的人们。我将歌唱隐藏在您周围的善和恶。您的小小的歌鸟现在要远行了：它要飞到那个穷苦的渔夫身旁去，飞到农民的屋顶上去，飞到住得离您和您的宫廷很远的每个人身边去。比起您的王冠来，我更爱您的心；然而王冠却也有它神圣的一面。我将会再来，为您唱歌——不过我要求您答应我一件事。"

"什么事都成！"皇帝说。他亲自穿上他的朝服站着，同时把他那把沉重的金剑按在心上。

"我要求您一件事：请您不要告诉任何人，说您有一只会把什么事情都讲给您听的小鸟。只有这样，一切才会美好。"

于是夜莺就飞走了。

侍从们都进来瞧瞧他们死去了的皇帝——是的，他们都站在那儿，而皇帝却说："早安！"

9.枞 树

外边的大树林里长着一株非常可爱的小枞树。它生长的地点很好；它能得到太阳光和充分的新鲜空气；它的周围还有许多大朋友——松树和别的枞树。不过这株小枞树急着要长大，它一点也不理睬温暖的太阳和新鲜的空气。当农家的小孩子出来找草莓和覆盆子、走来走去、闲散地聊天的时候，它也不理会他们。有时他们带着满钵子的或穿在草上的长串的莓子到来。他们坐在小枞树旁边，说："嗨，这个小东西是多么可爱啊！"而这株树一点也不愿意听这话。

一年以后它长了一节；再过一年它又长了更长一节。因为你只要看枞树有多少节，就知道它长了多少年。

"啊，我希望我像别的树一样，是一株大树！"小枞树叹了一口气说，"那么我就可以把我的枝丫向四周伸展开来，我的头顶就可以看看这个广大的世界！那么鸟儿就可以在我的枝上做窠；当风吹起来的时候，我就可以像别的树一样，煞有介事地点点头了。"

它对于太阳、鸟雀，对于在早晨和晚间飘过去的红云，一点也不感到兴趣。

现在是冬天了，四周的积雪发出白亮的光。有时一只兔子跑过来，在小枞树身上跳过去……啊！这才叫它生气呢！不过两个冬天又过去了。当第三个冬天到来的时候，小枞树已经长得很大了，兔儿只好绕着它走过去。

啊！生长，生长，长成为大树，然后变老，只有这才是世界上最快乐的事情！小枞树这样想。

在冬天，伐木人照例到来了，砍下几株最大的树。这类的事情每年总有一次。这株年轻的枞树现在已经长得相当大了；它有点颤抖起来，因为那些堂皇的大树轰然一声倒到地上来了。它们的枝子被砍掉,全身溜光,又长又瘦——人们简直没有办法认出它们来,但是它们被装上车子,被马儿拉出树林。

它们到什么地方去了呢？它们会变成什么呢？

在春天,当燕子和鹳鸟飞来的时候,枞树就问它们:"你们知道人们把它们拖到什么地方去了吗？你们碰到过它们没有？"

燕子什么也不知道。不过鹳鸟很像在想一件事情,连连点着头,同时说:

"是的,我想是的！当我从埃及飞出来的时候,我碰到过许多新船。这些船上有许多美丽的桅杆；我想它们就是那些树。它们发出枞树的气味。我看见过许多次；它们昂着头！它们昂着头。"

"啊,我多么希望我也能长大得足够在大海上航行！海究竟是怎样的呢？它是一个什么样儿？"

"嗨,要解释起来,那可是不简单！"鹳鸟说着便走开了。

"享受你的青春吧,"太阳光说,"享受你蓬勃的生长,享受你身体里新鲜的生命力吧！"

风儿吻着这株树,露珠在它身上滴着眼泪。但是这株树一点也不懂得这些事情。

当圣诞节到来的时候,有许多很年轻的树被砍掉了。有的既不像枞树那样老,也不像它那样大,更不像它那样性急,老想跑开。这些年轻的树儿正是一些最美丽的树儿,所以它们都保持住它们的枝叶。它们被装上车子,马儿把它们拉出了树林。

"它们到什么地方去呢？"枞树问,"它们并不比我更大。是的,有一株比我还小得多呢。为什么它们要保留住枝叶呢？它们被送到什么地方去呢？"

"我们知道！我们知道！"麻雀吱吱喳喳地说,"我们在城里朝窗玻璃里面瞧过！我们知道它们到什么地方去！哦！它们要到最富丽堂皇的地方去！我们朝窗子里瞧过。我们看到它们被放在一个温暖房间的中央,身上装饰着许多最美丽的东西——涂了金的苹果啦,蜂蜜做的糕饼啦,玩具啦,以及成千成百的蜡烛啦!"

"后来呢?"枞树问,它所有的枝子都颤动起来了,"后来呢? 后来怎样一个结果呢?"

"唔,以后的事我们没有看见。不过那是美极了!"

"也许有一天我也不得不走上这条光荣的大道吧!"枞树高兴地说,"这比在海上航行要好得多! 我真等待得不耐烦了! 我唯愿现在就是圣诞节! 现在我已经大了,成人了,像去年被运走的那些树一样! 啊,我希望我高高地坐在车子上! 我希望我就在那个温暖的房间里,全身打扮得漂漂亮亮! 那么,以后呢? 是的,以后更好、更美的事情就会到来,不然他们为什么要把我打扮得这样漂亮呢? 一定是会有更伟大、更美丽的事情到来的。不过什么事情呢? 啊,我真痛苦! 我真渴望! 我自己不知道我为什么要这样!"

"请你跟我们一道享受你的生活吧!"空气和太阳光说,"请你在自由中享受你新鲜的青春吧!"

不过枞树什么也不能享受。它一直是在生长,生长。在冬天和夏天,它老是立在那儿,发绿——荫深的绿。看到过它的人说:"这是一株美丽的树!"到了圣诞节的时候,它是最先被砍掉了的一株。斧头深深地砍进树心里去,于是它叹了一口气就倒到地上来了:它感到一种痛楚,一阵昏厥,它完全想不起什么快乐。离开自己的家,离开自己根生土长的这块地方,究竟是很悲惨的。它知道,它将再也不会见到它的一些亲爱的老朋友,它周围那些小灌木林和花丛——也许连鸟儿也不会再见到呢,别离真不是什么愉快的事情。

当这树跟许多别的树在院子里一齐被卸下来的时候,它才清醒过来。它听到一个人说:

"这是一株很好看的树儿;我们只要这一株!"

两位穿得很整齐的仆人走来了,把这枞树抬到一间漂亮的大客厅里去。四边墙上挂着许多画像,在一个大瓷砖砌的火炉旁边立着高大的中国花瓶——盖子上雕得有狮子。这儿还有摇椅、绸沙发、堆满了画册的大桌子和价值几千几万大洋的玩具——至少小孩子们是这样讲的。枞树被放进装满了沙子的大盆里。不过谁也不知道这是一个盆,因为它外面围着一层布,同时是立在一张宽大的杂色地毯上。啊,枞树抖得多厉害啊!现在会有什么事情发生呢?仆人和小姐们都来打扮它。他们把花纸剪的小网袋挂在它的枝子上,每个小网袋里都装满了糖果;涂了金的苹果和胡桃核也挂在上面,好像它们原来就是生长在上面似的。此外,枝子上还安有一百多根红色、白色和蓝色的小蜡烛。跟活人一模一样的玩偶——枞树从来没有看到过这些东西——在树叶间荡来荡去。树顶上还安有一颗银纸做的星星。这真是漂亮,分外地漂亮。

"今晚,"大家说,"今晚它将要放出光明。"

"啊,"枞树想,"我希望现在就已经是夜晚了!啊,我希望蜡烛马上点起来!还有什么会到来呢?也许树林里的树儿会出来看我吧?麻雀会在窗玻璃面前飞过吧?也许我会在这儿生下根来,在夏天和冬天都有这样的打扮吧?"

是的,它所知道的就只这些。它的不安使它得到一种经常皮痛的毛病,而这种皮痛病,对于树说来,其糟糕的程度比得上我们的头痛。

最后,蜡烛亮起来了。多么光辉,多么华丽啊!枞树的每根枝子都发起抖来,弄得一根蜡烛烧着了一根小绿枝。这才真叫它痛啦。

"愿上帝保佑我们!"年轻的姑娘们都叫起来。她们急忙把火灭掉了。

枞树现在可不敢再发抖了。啊,这真是可怕呀!它非常害怕失掉任何一件装饰品,它们射出的光辉把它弄得头昏目眩。现在那两扇门推开了,许多小孩子涌进来,好像他们要把整个的树都弄倒似的。年纪大的人镇定地跟着他们走进来。这些小家伙站着,保持肃静。不过这只有一分钟的光景。接着他们就欢呼起来,弄出一片乱糟糟的声音。他们围着这棵树跳舞,同时把挂在它上面的礼物也都一件接着一件地取走了。

"他们打算怎么办呢?"枞树想,"有什么事情会发生呢?"

蜡烛烧到枝子上来了。当它们快要烧完的时候,它们便被扑灭了,这时孩子们便得到准许来掳掠这株树。啊！他们向它冲过来，所有的枝丫都发出折裂声。要不是树顶和顶上的一颗金星被系到天花板上，恐怕它早就倒下来了。

孩子们拿起美丽的玩具在周围跳舞。谁也不再要看这株树了，只有那位老保姆在树枝间东张西望了一下，而她只不过想知道是不是还有枣子或苹果没有被拿走。

"讲一个故事！讲一个故事！"孩子们嘟囔着，同时把一位小胖子拖到树这边来。他坐在树底下——"因为这样我们就算是在绿树林里面了"，他说，"树儿听听我的故事也是很好的。不过我只能讲一个故事。你们喜欢听关于依维德·亚维德的故事呢，还是听关于那位滚下了楼梯，但是却坐上了王位、得到了公主的泥巴球呢？"

"讲依维德·亚维德的故事！"有几个孩子喊着。"讲泥巴球的故事！"另外几个孩子喊着。这时闹声和叫声混做一团。只有枞树默默地不说一句话。它在想："我不能参加进来吗？我不能做一点儿事吗？"不过它已经参加了进来，它应该做的事已经做了。

胖子讲着泥巴球的故事——"他滚下楼梯，又坐上了王位，并且得到了公主。"孩子们都拍着手，叫道："讲下去吧！讲下去吧！"因为他们想听依维德·亚维德的故事，但是他们却只听到了泥巴球的故事。枞树立着一声不响，只是沉思着。树林里的鸟儿从来没有讲过这样的故事。泥巴球滚下了楼梯，结果仍然得到了公主！"是的，世界上的事情就是这样！"枞树想，同时它以为这完全是真的，因为讲这故事的人是那么一位可爱的人物。"是的，是的，谁能知道呢？可能我有一天也会滚下楼梯，结果却得到了一位公主！"于是它很愉快地盼望在第二天晚上又被打扮一番，戴上蜡烛、玩具、金纸和水果。

"明天我决不再颤动了！"它想，"我将要尽情享受我华丽的外表。明天我将要再听泥巴球的故事，可能还听到依维德·亚维德的故事呢。"

于是枞树一声不响，想了一整夜。

早晨，仆人和保姆都进来了。

"现在我又要漂亮起来了!"枞树想。不过他们把它拖出屋子,沿着楼梯一直拖到顶楼上去。他们把它放在一个黑暗的角落里,这儿没有一点阳光可以射进来。

"这是什么意思?"枞树想,"我在这儿干吗呢?我在这儿能听到什么东西呢?"

它靠墙站着,思索起来。它现在有的是时间思索;白天和晚间在不停地过去,谁也不来看它。最后有一个人到来,但是他的目的只不过是要搬几个空箱子放在墙角里罢了。枞树完全被挡住了,人们也似乎把它忘记得一干二净了。

"现在外边是冬天了!"枞树想,"土地是硬的,盖上了雪花,人们也不能把我栽下了;因此我才在这儿被藏起来,等待春天的到来!人们想得多么周到啊!人类真是善良!我只希望这儿不是太黑暗、太孤寂得可怕!——连一只小兔子也没有!树林里现在一定是很愉快的地方,雪落得很厚,兔子在跳来跳去;是的,就是它在我头上跳过去也很好——虽然我那时不大喜欢这种举动。这儿现在真是寂寞得可怕呀!"

"吱!吱!"这时一只小耗子说,同时跳出来。不一会儿另外一只小耗子又跳出来了。它们在枞树身上嗅了一下,于是便钻进枝丫里面去。

"真是冷得怕人!"两只小耗子说,"否则待在这儿倒是蛮舒服的。老枞树,你说对不对?"

"我一点也不老,"枞树说,"比我年纪大的树多着呢!"

"你是从什么地方来的?"耗子问,"你知道什么东西?"它们现在非常好奇起来。"请告诉我们一点关于世界上最美的地方的事情吧!你到那儿去过么?你到储藏室去过吗?那儿的架子上放着许多乳饼,天花板下面挂得有许多火腿;那儿,我们在蜡烛上跳舞;那儿,我们走进去的时候瘦,出来的时候胖。"

"这个我可不知道,"枞树说,"不过我对于树林很熟悉——那儿太阳照着,鸟儿唱着歌。"

于是它讲了一些关于它的少年时代的故事。小耗子们从来没有听过

这类事情,它们静听着,说:

"嗨,你看到过的东西真多! 你曾经是多么幸福啊!"

"我吗?"枞树说,同时把自己讲过的话想了一下,"是的,那的确是非常幸福的一个时期!"于是它叙述圣诞节前夕的故事——那时它身上饰满了糖果和蜡烛。

"啊,"小耗子说,"你曾经是多么幸福啊,你这株老枞树!"

"我并不老呀!"枞树说,"我不过是这个冬天才离开树林的。我是一个青壮年呀,虽然此刻我已经不再在生长!"

"你的故事讲得多美啊!"小耗子说。

第二天夜里,它们带来另外四个小耗子听枞树讲故事。它越讲得多,就越清楚地回忆起过去的一切。于是它想:"那的确是非常幸福的一个时期! 但是它会再回来! 它会再回来! 泥巴球滚下了楼梯,结果得到了公主。可能我也会得到一位公主哩!"这时枞树想起了长在森林里一株可爱的小赤杨:对于枞树说来,这株赤杨真算得是一位美丽的公主。

"谁是那位泥巴球?"小耗子问。

枞树把整个故事讲了一遍,每一个字它都能记得清清楚楚。这些小耗子乐得想在这株树的顶上翻翻跟头。第二天晚上有更多的小耗子来了,在礼拜天那天,甚至还有两个大老鼠出现了。不过它们认为这个故事并不美丽;小耗子们也觉得很惋惜,因为它们对这故事的兴趣也淡下来了。

"你只会讲这个故事么?"大老鼠问。

"只会这一个!"枞树回答说,"这故事是我在生活中最幸福的一晚上听到的。那时我并不觉得我是多么幸福!"

"这是一个很蹩脚的故事! 你不会讲一个关于腊肉和蜡烛的故事么?不会讲一个关于储藏室的故事么?"

"不会!"枞树说。

"那么谢谢你!"大老鼠回答说。于是它们就走开了。

最后小耗子们也走开了。枞树叹了一口气,说:

"当这些快乐的小耗子坐在我身旁、听我讲故事的时候，一切倒是蛮好的。现在什么都完了！不过当人们再把我搬出去的时候，我将要记住什么叫做快乐！"

不过结果是怎样呢？嗨，有一天早晨人们来收拾这个顶楼：箱子都被挪开了，枞树被拖出来了——人们粗暴地把它扔到地板上，不过一个佣人马上把它拖到楼梯边去。阳光在这儿照着。

"生活现在又可以开始了！"枞树想。

它感觉到新鲜空气和早晨的太阳光。它现在是躺在院子里。一切是过得这样快，枞树也忘记把自己看一下——周围值得看的东西真是太多了。院子是在一个花园的附近；这儿所有的花都开了。玫瑰悬在小小的栅栏上，又嫩又香。菩提树也正在开着花。燕子们在飞来飞去，说"吱尔——微尔——微特！我们的爱人回来了！"不过它们所指的并不是这株枞树。

"现在我要生活了！"枞树兴高采烈地说，同时把它的枝子展开。但是，唉！这些枝子都枯了，黄了。它现在是躺在一个生满了荆棘和荒草的墙角边。银纸做的星星还挂在它的顶上，而且还在明朗的太阳光中放亮呢。

院子里有几个快乐的小孩子在玩耍。他们在圣诞节的时候，曾绕着这树跳过舞，和它在一块高兴过。最年轻的一个小孩子跑过来，摘下一颗金星。

"你们看，这株奇丑的老枞树身上挂着什么东西！"这孩子说。他用靴子踩着枝子，直到枝子发出断裂声。

枞树把花园里盛开的花和华丽的景色望了一眼，又把自己看了一下。它希望它现在仍呆在顶楼一个黑暗的角落里。它想起了它在树林里新鲜的青春时代，想起了那快乐的圣诞节前夕，想起了那些高兴地听着它讲关于圆蛋的故事的小耗子们。

"完了！完了！"可怜的枞树说，"当我能够快乐的时候，我应该快乐一下才对！完了！完了！"

　　佣人走来了，把这株树砍成碎片。它成了一大捆柴，它在一个大酒锅底下熊熊地燃着。它深深地叹着气；每一个叹息声就像一个小小的枪声。在那儿玩耍着的小孩子们跑过来，坐在火边，朝它里面望，同时叫着："烧呀！烧呀！"每一个爆裂声是一个深深的叹息。在它发出每一声叹息的时候，它就回想起了在树林里的夏天，和星星照耀着的冬夜；它回忆起了圣诞节的前夕和它所听到过的和会讲的唯一的故事——泥巴球的故事。到这时候枞树已经全被烧成灰了。

　　孩子们都在院子里玩耍。最小的那个孩子把这树曾经在它最幸福的一个晚上所戴过的那颗金星挂在自己的胸前。现在一切都完了，枞树的生命也完了，这故事也完了；完了！完了！——一切故事都是这样。

10. 园丁和主人

离京城十四五里地的地方,有一幢古老的房子。它的墙壁很厚,并有塔和尖尖的山形墙。

每年夏天,有一个富有的贵族家庭搬到这里来住。这是他们所有产业中最好和最漂亮的一幢房子。从外表上看,它好像是最近才盖的;但是它的内部却是非常舒适和安静。门上有一块石头刻着他们的族徽;这族徽的周围和门上的扇形窗上盘着许多美丽的玫瑰花。房子前面是一片整齐的草场。这儿有红山楂和白山楂,还有名贵的花——至于温室外面,那当然更不用说了。

这家还有一个很能干的园丁。看了这些花圃、果树园和菜园,真叫人感到愉快。老花园的本来面目还有一部分没有改动,这包括那剪成王冠和金字塔形状的黄杨树篱笆。篱笆后面有两棵庄严的古树。它们几乎一年四季都是秃光光的。你很可能以为有一阵暴风或者龙卷水曾经卷了许多垃圾撒到它们身上去。不过每堆垃圾却是一个雀窠。

从古代起,一群喧闹的乌鸦和白嘴雀就在这儿做窠。这地方简直像一个鸟村子。鸟就是这儿的主人,这儿最古的家族,这屋子的所有者。在它们眼中,下面住着的人是算不了什么的。它们容忍这些步行动物存在,虽然他们有时放放枪,把它们吓得发抖和乱飞乱叫:"呱!呱!"

园丁常常对主人建议把这些老树砍掉,因为它们并不好看;假如没有它们,这些喧闹的鸟儿也可能会没有——它们可能迁到别的地方去。但是主人既不愿意砍掉树,也不愿意赶走这群鸟儿。这些东西是古时遗留下来的,跟房子有密切关系,不能随便去掉。

"亲爱的拉尔森,这些树是鸟儿继承的遗产,让它们住下来吧!"

园丁的名字叫拉尔森,不过这跟故事没有什么关系。

"拉尔森,你还嫌工作的空间不够多么?整个的花圃、温室、果树园和菜园,够你忙的呀!"

这就是他忙的几块地方。他热情地、内行地保养它们,爱护它们和照顾它们。主人都知道他勤快。但是有一件事他们却不瞒他:他们在别人家里看到的花儿和尝到的果子,统统都比自己花园里的好。园丁听到非常难过,因为他总是想尽一切办法把事情做好的,而事实上他也尽了他最大的努力。他是一个好心肠的人,也是一个工作认真的人。

有一天主人把他喊去,温和而严肃地对他说:前天他们去看过一位有名的朋友;这位朋友拿出来待客的几种苹果和梨子是那么香,那么甜,所有的客人都啧啧称赞,羡慕得不得了。这些水果当然不是本地产的,不过假如我们的气候准许的话,那么就应该设法把它们移植过来,让它们在此地开花结果。大家知道,这些水果是在城里一家最好的水果店里买来的:因此园丁应该骑马去打听一下,这些苹果和梨子是什么地方的产品,同时设法弄几根接枝来栽培。

园丁跟水果商非常熟,因为园里所种的水果,每逢主人吃不完,他就拿去卖给这个商人。

园丁到城里去,向水果商打听这些第一流苹果和梨子的来历。

"从你的园子里弄来的!"水果商说,同时把苹果和梨子拿给他看。他马上就认出来了。

嗨,园丁才高兴呢!他赶快回来,告诉主人说,苹果和梨子都是他们园子里的产品。

主人不相信。

"拉尔森,这是不可能的!你能叫水果商给你一个书面证明吗?"

这倒不难,他取来了一个书面证明。

"这真出乎意料!"主人说。

他们桌子上每天摆着大盘的自己园子里产的这种鲜美的水果。他们有时还把这种水果整筐整桶送给城里城外的朋友,甚至还装运到外国去。这真是一件非常愉快的事情!不过有一点必须说明:最近两个夏天是特别适宜于水果生长的;全国各地的收成都很好。

过了一些时候,有一天主人参加宫廷里的宴会。他们在宴会中吃到了皇家温室里长的西瓜——又甜又香的西瓜。第二天主人把园丁喊进来。

"亲爱的拉尔森,请你向皇家园丁替我们弄点这种鲜美西瓜的种子来吧!"

"但是皇家园丁的瓜子是向我们要去的呀!"园丁高兴地说。

"那么皇家园丁一定知道怎样用最好的方法培植出最好的瓜了!"主人回答说,"他的瓜好吃极了!"

"这样说来,我倒要感到骄傲呢!"园丁说,"我可以告诉您老人家,皇家园丁去年的瓜种得并不太好。他看到我们的瓜长得好,尝了几个以后,他就定了三个,叫我送到宫里去。"

"拉尔森,切记不要以为这就是我们园里产的瓜啦!"

"我有根据!"园丁说。

于是他向皇家园丁要来一张字据,证明皇家餐桌上的西瓜是这位贵族园子里的产品。

这在主人看来真是一桩惊人的事情。他们并不保守秘密。他们把字据给大家看。他们把西瓜子到处分送,正如他们从前分送接枝一样。

关于这些接枝,他们后来听说成绩非常好,都结出了鲜美的果子,而且还以他们的园子命名。这名字现在在英文、德文和法文里都可以读到。

这是谁也没有料到的事情。

"我们只希望园丁不要自以为了不起就得了。"主人说。

不过园丁有另一种看法:他要让大家都知道他的名字——全国一个最好的园丁。他每年设法在园艺方面创造出一点特别好的东西来,而且事实上他也做到了。不过他常常听别人说,他最先培养出的一批果子,像苹果和梨子,的确是最好的;但以后的品种就差得远了。西瓜确确实实是非常好的,不过这是另外一回事。草莓也可以说是很鲜美的,但并不比别的园子里产的好多少。有一年他种萝卜失败了,这时人们只谈论着这倒霉的萝卜,而对别的好东西却一字不提。

看样子,主人说这样话的时候,心里似乎倒感到很舒服的:"亲爱的拉尔森,今年的运气可不好啊!"

他们似乎觉得能说出"今年的运气可不好啊!"这句话,是一桩愉快的事情。

园丁每星期到各个房间里去换两次鲜花;他把这些花布置得非常艺术,使它们的颜色互相辉映,以衬托出它们的鲜艳。

"拉尔森,你这个人很艺术,"主人说,"这是我们的上帝给你的一种天才,不是你本身就有的!"

有一天园丁拿着一个大水晶杯子进来,里面浮着一片睡莲的叶子。叶子上有一朵像向日葵一样的鲜艳的蓝花——它的又粗又长的梗子浸在水里。

"印度的莲花!"主人不禁发出一个惊奇的叫声。

他们从来没有看见过这样的花。白天它被放在阳光里,晚间它得到人造的阳光。凡是看到它的人都认为它是出奇的美丽和珍贵,甚至这国家里最高贵的一位小姐都这样说。她就是公主——一个聪明和善的人。

主人荣幸地把这朵花献给她。于是这花便和她一道到宫里去了。

现在主人要亲自到花园里去摘一朵同样的花——如果他找得到的话。但是他却找不到。因此他就把园丁喊来,问他在什么地方弄到这朵蓝莲花的。

"我们怎么也找不到!"主人说,"我们到温室去过,到花园的每一个角落里去过!"

"唔,你当然在这些地方找不到的!"园丁说,"它是菜园里的一种普通的花! 不过,老实讲,它不是够美么? 它看起来像仙人掌,事实上它不过是朝鲜蓟开的一朵花。"

"你早就该把实情告诉我们!"主人说,"我们以为它是一种稀有的外国花。你在公主面前拿我们开了一个大玩笑! 她一看到这花就觉得它很美,但是她却不认识它。她对于植物学很有研究,不过科学和菜蔬是联系不上来的。拉尔森,你怎么会想起把这种花送到房间里来呢? 我们现在成了一个笑柄!"

于是这朵从菜园里采来的美丽的蓝花,就从客厅里拿走了,因为它不是客厅里的花。主人对公主作了一番道歉,同时告诉她说,那不过是一朵菜花,园丁一时心血来潮,把它献上,他已经把园丁痛骂了一顿。

"这样做是不对的!"公主说,"他叫我们睁开眼睛看一朵我们从来不注意的、美丽的花。他把我们想不到的美指给我们看! 只要朝鲜蓟开花,御花园的园丁每天就得送一朵到我房间里来!"

事情就这样照办了。

主人告诉园丁说,他现在可以继续送新鲜的朝鲜蓟到房间里来。

"那的确是美丽的花!"男主人和女主人齐声说,"非常珍贵!"

园丁受到了称赞。

"拉尔森喜欢这一套!"主人说,"他简直是一个惯坏了的孩子!"

秋天里,有一天起了一阵可怕的暴风。暴风吹得非常厉害,一夜就把树林边上的许多树连根吹倒了。一件使主人感到悲哀——是的,他们把这叫做悲哀——但使园丁感到快乐的事情是:那两棵布满了雀窠的大树被吹倒了。人们可以听到乌鸦和白嘴雀在暴风中哀鸣。屋子里的人说,它们曾经用翅膀打过窗子。

"拉尔森,现在你可高兴了!"主人说,"暴风把树吹倒了,鸟儿都迁到树林里去了,古时的遗迹全都没有了,所有痕迹和纪念都不见了! 我们感到非常难过!"

园丁什么话也不说,但是他心里在盘算着他早就想要做的一件事情:怎样利用他从前没有办法处理的这块美丽的、充满了阳光的土地。他要使它变成花园的骄傲和主人的快乐。

大树在倒下的时候把老黄杨树篱笆编成的图案全都毁掉了。他在这儿种出一片浓密的植物——全都是从田野和树林里移来的本乡本土的植物。

别的园丁认为不能在一个府邸花园里大量种植的东西,他却种植了。

他把每种植物种在适宜的土壤里,同时根据各种植物的特点种在阴处或有阳光的地方。他用深厚的感情去培育它们,因此它们也长得非常茂盛。

从瑟兰荒地上移来的杜松,在形状和颜色方面长得跟意大利柏树没有什么分别;柔润和多刺的冬青,不论在寒冷的冬天或炎暑的夏天里,总是青翠可爱。前面一排长着的是各种各色的凤尾草:有的像棕榈树的孩子,有的像我们叫做"维纳斯①的头发"的那种又细又美的植物的父母。这儿还有人们所瞧不起的牛蒡;它是那么新鲜美丽,人们简直可以把它扎进花束中去。牛蒡是种在干燥的高地上的;在较低的潮地上则种着鼓冬。这也是一种被人所瞧不起的植物,但它纤秀的梗子和宽大的叶子使它显得非常雅致。五六尺高的毛蕊花,开着一层一层的花朵,昂然地立着,像一座有许多枝干的大烛台。这儿还有车叶草、樱草花、铃兰花、野水芋和长着三片叶子的、美丽的酢酱草。它们真是好看。

从法国土地上移植过来的小梨树,支在铁丝架上,成行地立在前排。它们得到充分的阳光和培养,因此很快就结出了水汪汪的大果子,好像是本国产的一样。

在原来是两棵老树的地方,现在竖起了一根很高的旗杆,上边飘着丹麦国旗。旗杆旁边另外有一根杆子,在夏天和收获的季节,它上面悬着啤酒花藤和它香甜的花球。但是在冬天,根据古老的习惯,它上面挂着一束燕麦,好使天空的飞鸟在欢乐的圣诞节能够饱吃一餐。

"拉尔森越老越感情用事起来,"主人说,"不过他对我们是真诚和忠心的。"

新年的时候,城里有一个画刊登载了一幅关于这幢老房子的画片。人们在画中可以看到旗杆和为雀子过欢乐的圣诞节而挂起的那一束燕麦。画刊上说,尊重一个古老的风俗是一种美丽的行为,而且这对于一个古老的府邸说来,是很相称的。

"这全是拉尔森的成绩,"主人说,"人们为他大吹大擂。他是一个幸

---

① 维纳斯:希腊神话中爱和美的女神。

运的人！我们因为有了他,也几乎要感到骄傲了!"

但是他们却不感到骄傲！他们觉得自己是主人,他们可以随时把拉尔森解雇。不过他们没有这样做,因为他们是好人——而他们这个阶级里也有许多好人——这对于像拉尔森这样的人说来也算是一桩幸事。

是的,这就是"园丁和他的主人"的故事。

你现在可以好好地想一想。

11. 飞 箱

从前有一个商人,非常有钱,他的银元可以用来铺满一整条街,而且多余的还可以用来铺一条小巷。不过他没有这样作:他有别的方法使用他的钱,他拿出一个毫子,必定要赚回一些钱。他就是这样一个商人——后来他死了。

他的儿子现在继承了全部的钱财;他生活得很愉快;他每晚去参加化装跳舞会,用纸币做风筝,用金币——而不用石片——在海边玩着打水漂的游戏。这样,钱就很容易花光了;他的钱就真的这样花光了。最后他只剩下四个毫子,此外还有一双便鞋和一件旧睡衣。他的朋友们现在再也不愿意跟他来往了,因为他再也不能跟他们一道逛街。不过这些朋友中有一位心地很好的人,送给他一只箱子,说:“把你的东西收拾进去吧!”这意思是很好的,但是他并没有什么东西可以收拾进去,因此他就自己坐进箱子里去。

这是一只很滑稽的箱子。一个人只须把它的锁按一下,这箱子就可以飞起来。它真的飞起来了。嘘——箱子带着他从烟囱里飞出去了,高高地飞到云层里,越飞越远。箱子底发出响声,他非常害怕,怕它裂成碎片,因为这样一来,他的筋斗可就翻得不简单了! 愿上帝保佑! 他居然飞到土耳其人住的国度里去了。他把箱子藏在树林里的枯叶子下面,然后就走进城里来。这倒不太困难,因为土耳其人穿着跟他一样的衣服:一双拖鞋和一件睡衣。他碰到一个牵着孩子的奶妈。

“喂,您——土耳其的奶妈,”他说,“城边的那座宫殿的窗子开得那么高,究竟是怎么一回事啊?”

“那是国王的女儿居住的地方呀!”她说,“有人曾经作过预言,说她将要因为一个爱人而变得非常不幸,因此谁也不能去看她,除非国王和皇后也在场。"

"谢谢您!"商人的儿子说。他回到树林里来,坐进箱子,飞到屋顶上,偷偷地从窗口爬进公主的房间。

公主正躺在沙发上睡觉。她是那么美丽,商人的儿子忍不住吻了她一下。于是她醒来了,大吃一惊。不过他说他是土耳其人的神,现在是从空中飞来看她的。这话她听来很舒服。

这样,他们就挨在一起坐着。他讲了一些关于她的眼睛的故事。他告诉她说:它们是一对最美丽的、乌黑的湖,思想像人鱼一样在里面游来游去。于是他又讲了一些关于她的前额的故事。他说它像一座雪山,上面有最华丽的大厅和图画。他又讲了一些关于鹳鸟的故事:它们送来可爱的婴儿。

是的,这都是些好听的故事! 于是他向公主求婚。她马上就答应了。

"不过你在星期六一定要到这儿来,"她说,"那时国王和皇后将会来和我一起吃茶! 我能跟一位土耳其人的神结婚,他们一定会感到骄傲。不过,请注意,你得准备一个好听的故事,因为我的父母都是喜欢听故事的。我的母亲喜欢听有教育意义和特殊的故事,但是我的父亲则喜欢听愉快的、逗人发笑的故事!"

"对,我将不带什么订婚的礼物,而带一个故事来。"他说。这样他们就分手了。但是公主送给他一把剑,上面镶得有金币,而这对他特别有用处。

他飞走了,买了一件新的睡衣。于是他坐在树林里,想编出一个故事。这故事得在星期六编好,而这却不是一件容易的事儿啦。

他总算把故事编好了,这已经是星期六。

国王、皇后和全体大臣们都到公主的地方来吃茶。他受到非常客气的招待。

"请您讲一个故事好吗?"皇后说,"讲一个高深而富有教育意义的故事。"

"是的,讲一个使我们发笑的故事!"国王说。

"当然的。"他说。于是他就开始讲起故事来。现在请你好好地听吧：

从前有扎火柴,这些火柴特别对自己的高贵出身特别感到骄傲。它们的始祖,那就是说一株大枞树,原是树林里一株又大又老的树。它们每一根火柴就是它身上的一块碎片。这扎火柴现在躺在打火匣和老铁罐中间的一个架子上。它们谈起它们年轻时代的那些日子来。

"是的,"它们说,"当我们在绿枝上的时候,那才真算是在绿枝上啦!每天早上和晚间我们总有珍珠茶喝——这是露珠。太阳只要一出来,我们整天就有太阳光照着,所有的小鸟都来讲故事给我们听。我们可以看得很清楚,我们是非常富有的,因为一般的宽叶树只是在夏天才有衣服穿,而我们家里的人在冬天和夏天都有办法穿上绿衣服。不过,伐木人一来,就要发生一次大的变革:我们的家庭就要破裂了。我们的家长成了一条漂亮船上的主桅——这条船只要它愿意,可以走遍世界。别的枝子就到别的地方去了。而我们的工作却只是为一些平凡的人点火。因此我们这些出自名门的人就到厨房里来了。"

"我的命运可不同,"站在柴火旁边的老铁罐说,"我一出生到这世界上来,就受到了不少的摩擦和煎熬!我做的是一件实际工作——严格地讲,是这屋子里的第一件工作。我唯一的快乐是在饭后干干净净地,整整齐齐地,躺在架子上,同我的朋友们扯些有道理的闲天。除了那个水罐偶尔到院子里去一下以外,我们老是待在家里的。我们唯一的新闻贩子是那位到市场去买菜的篮子。他常常像煞有介事地报告一些关于政治和老百姓的消息。是的,前天有一个老罐子吓了一跳,跌下来打得粉碎。我可以告诉你,他可是一位喜欢乱讲话的人啦!"

"你的话讲得未免太多了一点。"打火匣说。这时一块铁在燧石上擦了一下,火星散发出来。"我们不能把这个晚上弄得愉快一点么?"

"对,我们还是来研究一下谁是最高贵的吧?"火柴说。

"不,我不喜欢谈论我自己!"罐子说,"我们还是来开一个晚会吧!我来开始。我来讲一个大家经历过的故事,这样大家就可以欣赏它——这是很愉快的。在波罗底海边,在丹麦的山毛榉树林边——"

"这是一个很美丽的开端!"所有的盘子一起说,"这的确是我所喜欢的故事!"

"是的,我就在那儿一个安静的家庭里度过我的童年。家具都擦得很亮,地板洗得很干净,窗帘每半月换一次。"

"你讲故事的方式真有趣!"毛帚说,"人们一听就知道,这是一个女人在讲故事。整个故事中充满了一种清洁的味道。"

"是的,人们可以感觉到这一点!"水罐子说。她一时高兴,就跳了一下,把水洒了一地板。

罐子继续讲故事。故事的结尾跟开头一样好。

所有的盘子都快乐得闹起来。毛帚从一个沙洞里带来一根绿芹菜,把它当做一个花冠戴在罐子头上。他知道这会使别人讨厌。"我今天为她戴上花冠,"他想,"她明天也就会为我戴上花冠的。"

"现在我要跳舞了。"火钳说,于是就跳起来。天啦!这婆娘居然也能翘起一只腿来!墙角里的那个旧椅套子也裂开来看这跳舞。"我也能戴上花冠吗?"火钳说。果然不错,她得到了一个花冠。

"这是一群乌合之众!"火柴想。

现在茶壶开始唱起歌来。但是她说她伤了风,除非她在沸腾,她不能唱。但这不过是一种装模作样:她除非在主人面前、站在桌子上,她是不愿意唱的。

老鹅毛笔坐在桌子边——女用人常常用它来写字:这支笔并没有什么了不起的地方,他只是常常被插进墨水瓶太深,但他对于这点却感到非常骄傲。"如果茶壶不愿意唱,"他说,"那么就让她去吧!外边挂着的笼子里有一只夜莺——他唱得满好,他并没有受过任何教育,不过我们今晚可以不提这件事情。"

"我觉得,"茶壶说——"他是厨房的歌手,同时也是茶壶的异母兄弟——我们要听这样一只外国鸟唱歌是非常不对的。这算是爱国吗?让上街的菜篮来评判一下吧?"

"我有点恼,"菜篮说,"谁也想像不到我内心里是多么烦恼!这能算得是晚上的消遣吗？把我们这个家整顿整顿一下岂不是更好吗？请大家各归原位,让我来布置整个的游戏吧。这样,事情才会改变!"

"是的,我们来闹一下吧!"大家齐声说。

正在这时候,门开了。女用人走进来了,大家都静静地站着不动,谁也不敢说半句话。不过在他们当中,没有哪一只壶不是满以为自己有一套办法,自己是多么高贵。"只要我愿意,"每一位都是这样想,"这一晚可以变得很愉快!"

女用人拿起火柴,点起一把火。天啦! 火烧得多么响! 多么亮啊!

"现在每个人都可以看到,"他们想,"我们是头等人物。我们照得多么亮! 我们的光是多么大啊!"——于是他们就都烧完了。

"这是一个出色的故事!"皇后说,"我觉得自己好像就在厨房里,跟火柴在一道。是的,我们可以把女儿嫁给你了。"

"是的,当然!"国王说,"你在星期一就跟我们的女儿结婚吧。"

他们把他称为"你",因为他现在是属于这一家的了。

举行婚礼的日子已经确定了。在结婚的头天晚上,全城都大放光明。饼干和点心都随便在街上散发给群众。小孩子们用脚尖站着,高声喊"万岁"! 同时在手指上吹起口哨来。这是非常热闹。

"是的,我也应该让大家快乐一下才对!"商人的儿子想。因此他买了些焰火和炮竹和种种可以想像得到的鞭炮。他把这些东西装进箱子里,于是向空中飞去。

"拍!"放得多好! 放得多响啊!

所有的土耳其人一听见就跳起来,弄得他们的拖鞋都飞到耳朵旁边去了。他们从来没有看见过这样的火球。他们现在知道了,要跟公主结婚的人就是土耳其的神。

商人的儿子坐着飞箱又落到森林里去,他马上想:"我现在要到城里去一趟,看看这究竟产生了什么效果。"他有这样一个愿望,当然也是很自然的。

嗨,老百姓讲的话才多哩! 他所问到的每一个人都有自己的一套故事。不过大家都觉得那是很美的。

"我亲眼看到那位土耳其的神,"一个说,"他的眼睛像一对发光的星星,他的胡须像起泡沫的水!"

"他穿着一件火外套飞行,"另外一个说,"许多最美丽的天使藏在他的衣褶里向外窥望。"

是的,他所听到的都是最美妙的传说。在第二天他就要结婚了。

他现在回到森林里来,想坐进他的箱子里去。不过箱子到哪儿去了呢?箱子被烧掉了。焰火的一颗火星落下来,点起了一把火。箱子已经化成灰烬了。他再也飞不起来了。也没有办法到他的新娘子那儿去。

她在屋顶上等待了一整天。她现在还在那儿等待着哩。而他呢,他在这个茫茫的世界里跑来跑去讲儿童故事;不过这些故事再也不像他所讲的那个"火柴故事"一样有趣。

12. 一个豆荚里的五粒豆

有一个豆荚,里面有五颗豌豆。它们都是绿的,因此它们就以为整个的世界都是绿的。事实也正是这样!豆荚在生长,豆粒也在生长。它们按照它们在家庭里的地位,坐成一排。太阳在外边照着,把豆荚晒得暖洋洋的;雨把它洗得透明。这儿是既温暖,又舒适;白天有亮,晚间黑暗,这本是必然的规律。豌豆粒坐在那儿越长越大,同时也越变得沉思起来,因为它们多少得做点事情呀。

"难道我们永远就在这儿坐下去么?"它们问,"我只愿老这样坐下去,不要变得僵硬起来。我似乎觉得外面发生了一些事情——我有这种预感!"

许多星期过去了。这几粒豌豆变黄了,豆荚也变黄了。

"整个世界都在变黄啦!"它们说。它们也可以这样说。

忽然它们觉得豆荚震动了一下。它被摘下来了,落到人的手上,跟许多别的丰满的豆荚在一起,溜到一件马甲的口袋里去。

"我们不久就要被打开了!"它们说。于是它们就等待这件事情的到来。

"我倒想要知道,我们之中谁会走得最远!"最小的一粒豆说,"是的,事情马上就要揭晓了。"

"该怎么办就怎么办!"最大的那一粒说。

"啪!"豆荚裂开来了。那五粒豆子全都滚到太阳光里来了。它们躺在一个孩子的手中。这个孩子紧紧地捏着它们,同时说它们正好可以当作豆枪的子弹用。他马上安一粒进去,把它射出来。

"现在我要飞向广大的世界里去了!如果你能捉住我,那么就请你来吧!"于是它就飞走了。

"我，"第二粒说，"我将直接飞进太阳里去。这才像一个豆荚呢，而且与我的身份非常相称！"

于是它就飞走了。

"我们到了什么地方，就在什么地方睡，"其余的两粒说，"不过我们仍得向前滚。"因此它们在到达豆枪以前，就先在地上滚起来。但是它们终于被装进去了。"我们才会射得最远呢！"

"该怎么办就怎么办！"最后的那一粒说。它射到空中去了。它射到顶楼窗子下面一块旧板子上，正好钻进一个长满了青苔和霉菌的裂缝里去。青苔把它裹起来。它躺在那儿不见了，可是我们的上帝并没忘记它。

"应该怎么办就怎么办！"它说。

在这个小小的顶楼里住着一个穷苦的女人。她白天到外面去擦炉子，锯木材和做许多类似的粗活，因为她很强壮，而且也很勤俭，不过她仍然是很穷。她有一个发育不全的独生女儿，躺在她这顶楼上的家里。她的身体非常柔弱。她在床上躺了一整年；看样子她既活不下去，也死不了。

"她快要到她亲爱的姐姐那儿去了！"女人说，"我只有两个孩子，但是养活她们两个人是够困难的。善良的上帝分担我的愁苦，已经接走一个了。我现在把留下的这一个养着。不过我想他不会让她们分开的；她也会到她天上的姐姐那儿去的。"

可是这个病孩子并没有离开。她安静地、耐心地整天在家里躺着，她的母亲到外面去找点生活的费用。这正是春天。一大早，当母亲正要出去工作的时候，太阳温和地、愉快地从那个小窗子射进来，一直射到地上。这个病孩子望着最低的那块窗玻璃。

"从窗玻璃旁边探出头来的那个绿东西是什么呢？它在风里摆动！"

母亲走到窗子那儿去，把窗打开一半。"啊！"她说，"我的天，这原来是一粒小豌豆。它还长出小叶子来了。它怎样钻进这个隙缝里去的？你现在可有一个小花园来供你欣赏了！"

病孩子的床搬得更挨近窗子，好让她看到这粒正在生长着的豌豆。

于是母亲便出去做她的工作了。

"妈妈,我觉得我好了一些!"这个小姑娘在晚间说,"太阳今天在我身上照得怪温暖的。这粒豆子长得好极了,我也会长得好的;我将爬起床来,走到温暖的太阳光中去。"

"愿上帝准我们这样!"母亲说,但是她不相信事情就会这样。不过她仔细地用一根小棍子把这植物支起来,好使它不致被风吹断,因为它使她的女儿对生命起了愉快的想象。她从窗台上牵了一根线到窗顶上端去,使这粒豆可以盘绕着它向上长,它的确在向上长——人们每天可以看到它在生长。

"真的,它现在要开花了!"女人有一天早晨说。她现在也开始希望和相信,她的病孩子会好起来。她记起最近这孩子讲话时要比以前愉快得多,而且最近几天她自己也能爬起来,直直地坐在床上,用高兴的眼光望着这一颗豌豆所形成的小花园。一星期以后,这个病孩子第一次能够坐一整个钟头。她快乐地坐在温暖的太阳光里。窗子打开了,它面前是一朵盛开的、粉红色的豌豆花。小姑娘低下头来,把它柔嫩的叶子轻轻地吻了一下。这一天简直像一个节日。

"我幸福的孩子,上帝亲自种下这颗豌豆,叫它长得茂茂盛盛的,成为你我的希望和快乐!"高兴的母亲说。她对这花儿微笑,好像它就是上帝送下来的一位善良的安琪儿。

但是其余的几粒豌豆呢?唔,曾经飞到广大的世界里去,并且还说过"如果你能捉住我,那末就请你来吧"的那一粒,落到屋顶的水笕里去了,在一个鸽子的嗉囊里躺下来,正如约拿躺在鲸鱼肚中一样。① 那两粒懒惰的豆子也不过只走了这么远,因为它们也被鸽子吃掉了。总之,它们总还算有些实际的用途。可是那第四粒,它本来想飞进太阳里去,但是却落到

---

① 据希伯莱人的神话,希伯莱的预言家约拿因不听上帝的话,乘船逃遁。上帝因此吹起大风,把约拿吹到海里,被巨鱼所吞。约拿于是在鱼腹中呆了三天三夜。事见《旧约·约拿书》。

水沟里去了,在脏水里躺了好几个星期,而且涨大得相当可观。

"我胖得够美了!"这粒豌豆说,"我胖得要爆裂开来。我想,任何豆子从来不曾也永远不会达到这种地步的。我是豆荚里五粒豆子中最了不起的一粒。"

水沟说它讲得很有道理。

可是顶楼窗子旁那个年轻的女孩子——她脸上射出健康的光彩,她的眼睛发着亮光——正在豌豆花上面合着她的一双小手,感谢上帝。

水沟说:"我支持我的那粒豆子。"

13. 笨汉汉斯

乡下有一幢古老的房子,里面住着一位年老的乡绅。他有两个儿子。这两个人是那么聪明,他们只须用一半聪明就够,还剩下一半是多余的。他们想去向国王的女儿求婚,而他们也敢于这样做,因为她宣布过,说她要找一个她认为最能表现自己的人做丈夫。

这两个人做了整整一星期的准备——这是他们所能花的最长的时间。但是这也够了,因为他们有许多学问,而这些学问都是有用的。一位已经把整个拉丁文字典和这城市出的三年的报纸,从头到尾和从尾到头,都背得烂熟。另一位精通公司法和每个市府议员所应知道的东西,因此他就以为他能谈论国家大事;此外他还会在裤子的吊带上绣花,因为他是一个文雅和手指灵巧的人。

"我要得到这位公主!"他们两人齐声说。

于是他们的父亲就给他们两人每人一匹漂亮的马。那个能背诵整部字典和三年报纸的兄弟得到一匹漆黑的马;那个懂得国家大事和会绣花的兄弟得到一匹乳白色的马。然后他们就在自己的嘴角上擦了一些鱼肝油,好使得他们能够说话圆滑。所有的仆人们都站在院子里,观看他们上马。这时忽然第三位少爷来了,因为他们一共是三个人,虽然谁也不把他当做一个兄弟——因为他不像其他两个那样有学问。一般人都把他叫做"笨汉汉斯"。

"你们穿得这么漂亮,要到什么地方去呀?"他问。

"到宫里去,向国王的女儿求婚去! 你没有听到全国各地的鼓声么?"

于是他们就把事情原原本本地都告诉了他。

"我的天! 我也应该去!"笨汉汉斯说。他的两个兄弟对他大笑了一通以后,便骑着马儿走了。

"爸爸,我也得有一匹马。"笨汉汉斯大声说,"我现在非常想要结婚!如果她要我,她就可以得到我。她不要我,我还是要她的!"

"这完全是胡说八道!"父亲说,"我什么马也不给你。你连话都不会讲!嗨,你的两兄弟才算得是聪明人呢!"

"如果我不配有一匹马,"笨汉汉斯说,"那么就给我一只公山羊吧,它本来就是我的,它驮得起我!"

因此他就骑上了公山羊。他把两腿一夹,就在公路上跑起来了。

"嗨,嗬!真骑得够劲!我来了!"笨汉汉斯说,同时唱起歌来,他的声音引起一片回音。

但是他的两个哥哥在他前面却骑得非常斯文,他们一句话也不说,他们正在考虑他们讲出的那些美丽的词句,因为这些东西都非在事先想好不可。

"喂!"笨汉汉斯喊着,"我来了!瞧瞧我在路上所找到的东西吧!"于是他就把他所找到的一只死乌鸦拿给他们看。

"你这个笨虫!"他们说,"你把它带着做什么?"

"我要把它送给公主!"

"好吧,你这样做吧!"他们说,大笑一通,于是骑着马走了。

"喂,我来了!瞧瞧我现在找到了什么东西!这并不是你可以每天在公路上找得到的呀!"

这两兄弟掉转身来,看他现在又找到了什么东西。

"笨汉!"他们说,"这不过是一只旧木鞋,而且它的上部已经没有了!难道你把这也拿去送给公主不成?"

"当然要送给她的!"笨汉汉斯说。于是两位兄弟又大笑了一通,继续骑着马前进。他们走了很远。

"喂,我来了!"笨汉汉斯喊着,"嗨,事情越来越好了!好哇!真是好哇!"

"你又找到了什么东西?"两兄弟问。

"啊,"笨汉汉斯说,"这个很难说!她,公主将会多么高兴啊!"

"呸!"这两个兄弟说,"那不过是沟里的一点泥巴罢了。"

"是的,一点也不错,"笨汉汉斯说,"而且是一种最好的泥巴。你连捏都捏不住。"于是他就把袋子装满了泥巴。

这两兄弟现在尽快地向前飞奔,所以他们来到城门口时,足足比汉斯早一个钟头。他们一到来就马上拿到一个求婚者的登记号码。大家排成几排,每排有六个人。他们挤得那么紧,连手臂都无法动一下。这是非常好的,否则他们因为你站在我的面前,就会把彼此的背撕得稀烂。

城里所有的居民都挤到宫殿的周围来,一直挤到窗子上去;他们要看公主怎样接待她的求婚者。每个人走进房间里去,马上就失去说话的能力。

"一点用也没有!"公主说,"滚开!"

现在轮到了那位能背诵整个字典的兄弟,但是他在站排的时候却把字典全忘记掉了。地板在他脚下发出格格的响声。大殿的天花板是镜子做的,所以他看到自己是头在地上倒立着的。每个窗子旁边站着三个秘书和一位参议员。他们把人们所讲出的话全都记了下来,以便马上在报纸上发表,拿到街上去卖两个铜板。这真是可怕得很。此外,火炉里还烧着大火,把烟囱管子都烧红了。

"这块地方真热得要命!"这位求婚者说。

"一点也不错,因为我的父亲今天要烤几只子鸡呀!"公主说。

糟糕! 他呆呆地站在那儿。他没有料想到会碰到这类的话;正当他应该想讲句把风趣话的时候,他却一句话也讲不出来。糟糕!

"一点用也没有!"公主说,"滚开!"

于是他也就只好走开了。现在第二个兄弟进来了。

"这儿真是热得可怕!"他说。

"是的,我们今天要烤几只子鸡。"公主说。

"什么——什么?"他说,同时那几位秘书全都一齐写着:"什么——什么?"

"一点用也没有!"公主说,"滚开!"

现在轮到笨汉汉斯了。他骑着他的山羊一直走到房间里来。

"这儿真热得厉害!"他说。

"是的,因为我正在烤子鸡呀。"公主说。

"啊,那真是好极了!"笨汉汉斯说,"那末我也要烤一只乌鸦了?"

"欢迎你烤,"公主说,"不过你用什么家什烤呢? 因为我既没有罐子,也没有锅呀。"

"但是我有!"笨汉汉斯说,"这儿有一个锅,上面还有一个洋铁把手。"

于是他就取出一只旧木鞋来;他同时还把那只乌鸦放进里面去。

"这足够吃一整餐!"公主说,"不过我们从哪里去找酱油呢?"

"我衣袋里有的是!"笨汉汉斯说,"我有那末多,我还可以扔掉一些呢?"于是他就从他的衣袋里倒出一点泥巴来。

"这真叫我高兴!"公主说,"你能够回答问题! 你很会讲话,我愿意要你做我的丈夫。不过,你知道不知道,你所讲的和已经讲过了的每句话都被记下来了,而且明天就要在报纸上发表? 你看每个窗子旁站着三个秘书和一个老参议员。这位老参议员最糟,因为他什么也不懂!"

不过她说这句话的目的无非是要吓他一下。这些秘书都傻笑起来,还洒了一滴墨水到地板上去。

"乖乖! 这就是所谓绅士!"笨汉汉斯说,"那末我得把我最好的东西送给这位参议员了。"

于是他就把他的衣袋翻转来,正对着参议员的脸上撒了一大把泥巴。

"这真是做得聪明,"公主说,"我自己就做不出来,不过很快我也可以学会的。"

笨汉汉斯就这样成了一个国王,得到了个妻子和一顶王冠,同时还高高地坐在王位上面。这个故事是我们直接从参议员办的报纸上读到的——不过它并不是完全可靠!

14. 看门人的儿子

将军的家住在第一层楼上;看门人的家住在地下室里。这两家的距离很远,整整相隔一层楼;而他们的地位也不同。不过他们是住在同一个屋顶下,面向着同一条街和同一个院子。院子里有一块草坪和一株开花的槐树——这就是说,当它开起花来的时候,在这树下面有时坐着一位穿得很漂亮的保姆和一位将军的穿得更漂亮的孩子"小小的爱米莉"。

在他们面前,那个有一对棕色大眼睛和一头黑发的看门人的孩子,在赤着脚跳舞。这位小姑娘对他大笑,同时把她的一双小手向他伸出来。将军在窗子里看到了这情景,于是就点点头,说:"好极了!"将军夫人很年轻,她几乎像他头一个太太生的女儿。她从来不朝院子里望,不过她下过一道命令说,住在地下室的那家人家的孩子可以在她的女儿面前玩,但是不能接触她。保姆严格地执行太太的指示。

太阳照着住在第一层楼上的人,也照着住在地下室里的人。槐树开出花来了,而这些花又落了,第二年它们又开出来了。树儿开着花,看门人的小儿子也开着花——他的样子像一朵鲜艳的郁金香。

将军的女儿长得又嫩又白,像槐树花的粉红色花瓣。她现在很少到这株树底下来;她要呼吸新鲜空气时,就坐上马车;而且她出去时总是跟妈妈坐在一块。她一看到看门人的儿子乔治,就对他点点头,用自己的手指飞一个吻,直到后来母亲告诉她说,她的年纪已经够大了,不能再做这类的事儿。

有一天上午,他把早晨门房所收的信件和报纸送给将军。当他爬上

楼梯经过沙洞子的门①的时候,他听到里面有一种唧唧喳喳的声音。他以
为里面有一只小鸡在叫,但是这却是将军的那个穿着花边洋布衣的小
女儿。

"你不要告诉爸爸和妈妈,他们知道就会生气的!"

"这是什么,小姐?"乔治问。

"什么都烧起来了!'"她说,"火烧得真亮!"

乔治把小育儿室的那扇门推开;窗帘几乎都快要烧光了;挂窗帘的杆
子也烧红了,在冒出火焰,乔治向上一跳就把它拉了下来,同时他大声地
呼喊。要不是他,恐怕整个房子也要烧起来了。

将军和太太追问小爱米莉。

"我只是划了一根火柴,"她说,"但是它马上就燃起来了,窗帏也马上
烧起来了。我吐出口涎来想把它压熄,但是怎样吐也吐得不够多,所以我
就跑出来,自己躲开,因为怕爸爸妈妈生气。"

"吐口涎!"将军说,"这是一种什么字眼? 你什么时候听到爸爸妈妈
说过'吐口涎'的? 你一定是跟楼底下的那些人学来的。"

但是小小的乔治得到了一个铜板。他没有把这钱在面包店里花掉,
却把它塞进储藏匣里去。过了不久,他就有了许多银毫,够买一盒颜料。
他开始画起彩色画来,并且他的画也确实画得不少。它们好像是从他的
铅管和指尖直接跳出来的似的。他把他最初的几幅彩色画送给了小爱
米莉。

"好极了!"将军说。将军夫人承认,人们一眼就可以看出这个小家伙
的意图。"他有天才!"这就是看门人的妻子带到地下室来的一句话。

将军和他的夫人是有地位的人:他们的车子上绘得有两个族徽——
每一个代表一个家族。夫人的每件衣服上也有一个族徽,里里外外都是
如此;便帽上也有,连睡衣袋上都有。她的族徽是非常昂贵的,是她的父

---

① 在北欧的建筑物中,楼梯旁边总有一个放扫帚的和零星杂物的小室。这个小室叫
"沙洞子"(Sand hullet)。

亲用崭亮的现洋买来的①，因为他并不是一生下来就有它，她当然也不是生下来就有它的：她生得太早，比族徽早七个年头。大多数的人都记得这件事情，但是这一家人却记不得。将军的族徽是又老又大：压在你的肩上可以压碎你的骨头——两个这样的族徽当然更不用说了。当夫人摆出一副生硬和庄严的架子去参加宫廷舞会的时候，她的骨头就曾经碎过。

将军是一个年老的人，头发有些灰白，不过他骑马还不坏。这点他自己知道，所以他每天骑马到外面去，而且叫他的马夫在后面跟他保持着相当的距离。因此他去参加晚会时总是好像是骑着一匹高大的马儿似的。他戴着勋章，而且很多，把许多人都弄得莫名其妙起来，但是这不能怪他。他年轻的时候在军中服过役，而且还参加过一次盛大的秋季演习——军队在和平时期所举行的演习。从那时起，他有一件关于自己的小故事——他常常讲的唯一的故事：他部下的一位长官在中途截获了一位王公。王公和他几个被俘的兵士——他自己也是一个俘虏——必须骑着马跟在将军后面一同进城。这真是一件难忘的事件。多少年来，将军一直在讲它，而且老是用那几个同样值得纪念的字眼来讲它：这几个字是他把那把剑归还给王公的时候说的："只有我的部下才会把阁下抓来，作为俘虏；我本人决不会的！"于是王公回答说："您是盖世无双的！"

老实讲，将军并没有参加过战争。当这国家遭遇到战争的时候，他却改行去办外交了；他先后到三个国家去当过使节。他的法文讲得很好，弄得他几乎把本国的语言也忘记掉了。他的舞也跳得很好，马也骑得很好；他上衣上挂的勋章多到不可想象的地步。警卫向他敬礼，一位非常漂亮的女子主动地要求作他的太太。他们生了一个很美丽的孩子。她好像是天上降下的一样，那么美丽。当她开始会玩的时候，看门人的孩子就在院子里跳舞给她看，还赠送许多彩色画给她。她把这些东西玩了一会儿，就把它们撕成碎片。她是那么美，那么可爱！

---

① 在欧洲的封建社会里，只有贵族才可以有一个族徽。这儿的意思是说，这人的贵族头衔是用钱买来的，而不是继承来的。

"我的玫瑰花瓣!"将军的夫人说,"你是为了一个王子而生下来的!"

那个王子已经是站在他们的门口了,但是人们却不知道。人们的视线总是看不见自己门外的事情的。

"前天我们的孩子把黄油面包分给她吃,"看门人的妻子说,"那上面没有干奶酪,也没有肉,但是她吃得很香,好像那就是烤牛肉似的。将军家里的人如果看到这种食物一定会大闹的,但是他们没有看见。"

乔治把黄油面包分给小小的爱米莉吃。他连自己的心也愿意分给她呢,如果他这样就能使她高兴的话。他是一个好孩子,又聪明,又活泼。他现在到美术学院的夜校去学习绘画。小小的爱米莉在学习方面也有些进步。她跟保姆学讲法国话,还有一位老师教她跳舞。

"到了复活节的时候,乔治就应该受坚信礼了!"看门人的妻子说。乔治已经很大了。

"现在是叫他去学一行职业的时候了,"爸爸说,"当然要学一行好职业,这样我们也可以叫他独立生活了。"

"可是他晚间得回家睡,"妈妈说,"要找到一个有地方给他住的师傅是不容易的。我们还得做衣服给他穿;他吃的那点儿伙食还不太贵——他有一两个熟马铃薯吃就已经很高兴了;而且他读书也并不花钱。让他自己选择吧;你将来看吧,他会带给我们很大的安慰;那位教授也这样说过。"

受坚信礼穿的新衣已经做好了。那是妈妈亲手为他缝的,不过是由一个做零活的裁缝裁的,而且裁得很好。看门人的妻子说,如果他的境遇好一点,能有一个门面和伙计的话,他也有资格为宫廷里的人做衣服。

受坚信礼的衣服已经准备好了,坚信礼也准备好了。在受坚信礼的那天,乔治从他的干爸爸那里拿到了一个黄铜表。干爸爸是一个做麻生意的商人的伙计,在乔治的干爸爸中要算是富有的了。这只表很旧,也试验过:它走得很快,不过这比走得慢要好得多了。这是一件很贵重的礼品。将军家里送来一本用鞣皮装订的圣诗集,是由那个小姑娘赠送的,正如乔治赠送过她图画一样。书的标题页上写着他的名字和她的名字,还写着"祝你万事如意"。这是由将军夫人亲口念出而由别人记下来的。将军仔细看了一次,说:"好极了!"

"这样一位高贵的绅士真算是瞧得起我们!"看门人的妻子说。乔治得穿上他受坚信礼的衣服,拿着那本圣诗集,亲自到楼上去答谢一番。

将军夫人穿着一大堆衣服,又害起她那种恶性的头痛病起来——当她对于生活感到腻的时候,她就老患这种病。她对乔治的态度非常和蔼,祝他一切都如意,同时也希望自己今后永远也不害头痛病。将军穿着睡衣,戴着一顶有缨子的帽子,穿着一双俄国式的红长统靴。他怀着许多感想和回忆,来回走了三次,然后站着不动,说:

"小乔治现在成了一个基督徒!让他也成为一个诚实的、尊敬他长辈的人吧!将来你老了的时候,你可以说这句话是将军教给你的!"

这比他平时所作的演说要长得多!于是他又沉到他的默想中去,现出一副很庄严的样子。不过乔治在这儿所听到和看到的一切东西之中,他记得最清楚的是爱米莉小姐。她是多么可爱,多么温柔,多么轻盈,多么娇嫩啊!如果要把她画下来,那么他就应该把她画在肥皂泡上才对。她的衣服,她金色的鬈发,都发出一阵香气,好像她是一棵开着鲜花的玫瑰树一样;而他却曾经把自己的黄油面包分给她吃过!她吃得那么津津有味,每吃一口就对他点点头。她现在是不是还能记得这事呢?是的,当然记得。她还送过他一本美丽的圣诗集"作为纪念"呢。因此在新年后新月第一次出现的时候,他就拿着面包和一枚银毫到外边去;他把这书打开,要看看他会翻到哪一首诗。他翻到一首赞美和感恩的诗;于是他又翻开,看小小的爱米莉会得到一首什么诗。他很当心不要翻到丧歌那一部分;但是他却翻到关于死和坟墓之间的那几页了。这类事儿当然是不值得相信的!但是他却害怕起来,因为那个柔嫩的小姑娘不久就倒在床上病了,医生的车子每天中午都停在她的门口。

"他们留不住她了!"看门人的妻子说,"我们的上帝知道他应该把什么人收回去!"

然而他们却把她留下来了。乔治画了些图画赠送给她:他画了沙皇的宫殿——莫斯科的古克里姆林宫——一点也不走样:有尖塔,也有圆塔,样子很像绿色和金色的大黄瓜——起码在乔治的画里是如此。小爱米莉非常喜欢它们,因此在一星期以内,乔治又送了几张画给她——它们全是建筑物,因为她可以对建筑物想像许多东西——门里和窗里的东西。

他画了一幢中国式的房子;它有十六层楼,每层楼上都有钟乐器。他画了两座希腊的庙宇,有细长的大理石圆柱,周围还有台阶;他画了一个挪威的教堂,你一眼就可以看得出来,它完全是木做的,雕得有花,建筑得非常好,每层楼就好像是建筑在摇篮杆上一样。但是最美丽的一张画是一个宫殿,它的标题是"小爱米莉之宫"。她将要住在这样的一座房子里。这完全是乔治的创见;他把一切别的建筑物中最美的东西都移到这座宫殿里来。它像那个挪威的教堂一样,有雕花的大梁;像那个希腊的庙宇一样,有大理石圆柱;每层楼上都有钟乐器,同时在最高一层的顶上有绿色和镀金的圆塔,像沙皇的克里姆林宫。这真是一个孩子的楼阁! 每个窗子下面都注明了房间和厅堂的用处:"这是爱米莉睡的地方","这是爱米莉跳舞的地方","这是爱米莉玩耍和会客的地方"。它看起来很好玩,而大家也就真的来看它了。

"好极了!"将军说。

但是那位年老的伯爵——因为有一位比将军还要更有名望,而且还拥有一座宫殿和田庄的伯爵——一点意见也不表示。他听说它是由一个看门人的小儿子设计和画出来的。不过他现在既然受了坚信礼,就不应该再算是一个小孩子了。老伯爵把这些图画看了一眼,对它们有一套冷静的看法。

有一天天气非常阴沉、潮湿、可怕。对于小乔治说来,这要算是最明朗和最好的时候了。艺术学院的那位教授把他喊进去。

"请听着,我的朋友,"他说,"我们来谈一下吧! 上帝对你很客气,使你有些天资。他还对你很好,使你跟许多好人来往。住在街角的那位老伯爵跟我谈到过你;我也看到过你的图画。我们可以在那上面修几笔,因为它们有许多地方需要修正。请你每星期到我的绘图学校来两次;以后你就可以画的好一点。我相信,你可以成为一个好建筑师,而不是一个画家;你还有时间可以考虑这个问题。不过请你今天到住在街角的老伯爵那儿去,同时感谢我们的上帝,你居然碰到了这样一个人!"

街角的那幢房子是很大的;它的窗子上雕着象和单峰骆驼——全是古代的手工艺。不过老伯爵最喜欢新时代和这个时代所带来的好处,不管这些好处是来自第一层楼、地下室,或者阁楼。

"我相信,"看门人的妻子说,"一个真正伟大的人是不会太骄傲的。那位老伯爵是多么可爱和直爽啊!他讲起话来的态度跟你和我完全一样;将军家里的人做不到这一点!你看,昨天乔治受到伯爵热情的接待,简直是高兴得不知怎样办才好。今天我跟这个伟人谈过话,也有同样的感觉。我们没有让乔治去当学徒,不是一件很好的事吗?他是一个有天资的人。"

"但是他需要外来的帮助。"父亲说。

"他现在已经得到帮助了,"妈妈说,"伯爵的话已经讲得很清楚了。"

"事情有这样的结果,跟将军家的关系是分不开的!"爸爸说,"我们也应该感谢他们。"

"自然罗!"妈妈说,"不过我觉得他们没有什么东西值得我们感谢,我应该感谢我们的上帝;我还有一件事应该感谢他:爱米莉现在懂事了!"

爱米莉在进步,乔治也在进步。在这一年中他得到一个小小的银奖章;后来不多久他又得到一个较大的奖章。

"如果我们把他送去学一行手艺倒也好了!"母亲说,同时哭起来,"那样我们倒还可以把他留下来!他跑到罗马去干什么呢?就是他再回来了,我永远也不会再看到他的;但是他不会回来的,我可爱的孩子!"

"但是这是他的幸运和光荣啊!"爸爸说。

"是的,谢谢你,我的朋友!"妈妈说,"不过你没说出你心里的话!你跟我一样,也是很难过的!"

就想念和别离说来,这是真的。大家都说,这个年轻人真幸运。

乔治告别了,也到将军家里去告别了。不过将军夫人没有出来,因为她又在害她的重头痛病。作为临别赠言,将军把他那个唯一的故事又讲了一遍——他对那位王公所讲的话,和那位王公对他所讲的话:"你是盖世无双的!"于是他就把手伸向乔治——一只松软的手。

爱米莉也把手向乔治伸出来,她的样子几乎有些难过;不过乔治是最难过的。

当一个人在忙的时候,时间就过去了;当一个人在闲着的时候,时间也过去了。时间是同样地长,但不一定是同样有用。就乔治说来,时间很有用,而且除非他在想家的时候外,也似乎不太长。住在楼上和楼下的人生活得好吗?唔,信上也谈到过;而信上可写的东西也不少;可以写明朗的太阳光,也可以写阴沉的日子。他们的事情信上都有:爸爸已经死了,只有母亲还活着。爱米莉一直是一个会安慰人的安琪儿。妈妈在信中写道:她常常下楼来看她。信上还说,主人准许她仍旧保留着看门的这个位置。

将军夫人每天写日记。在她的日记里,她所参加的每一个宴会,每一个舞会,接见的每一个客人,都记载下来了。日记本里还有些外交官和显贵人士的名片作为插图。她对于她的日记本感到骄傲。日子越长,它的篇幅就越多:她害过许多次重头痛病,参加过许多次热闹的晚会——这也就是说,参加过宫廷的舞会。

爱米莉第一次去参加宫廷舞会的时候,妈妈是穿着缀有黑花边的粉红色衣服。这是西班牙式的装束!女儿穿着白衣服,那么明朗,那么美丽!绿色的缎带在她戴着睡莲花冠的金黄鬈发上飘动着,像灯心草一样。她的眼睛是那么蓝,那么清亮;她的嘴是那么红,那么小;她的样子像一个小人鱼,美丽得超乎想象之外。三个王子跟她跳过舞,这也就是说,第一个跳了,接着第二个就来跳。将军夫人算是一整个星期没有害过头痛病了。

头一次的舞会并不就是最后的一次,不过爱米莉倒是累得吃不消了。幸而夏天到了;它带来休息和新鲜空气。这一家人被请到那位老伯爵的王府里去。

王府里有一个花园,值得一看。它有一部分布置得古色古香,有庄严的绿色篱笆,人们在它们之间走就好像置身于有窥孔的、绿色的屏风之间一样。黄杨树和水松被剪扎成为星星和金字塔的形状,水从嵌有贝壳的石洞里流出来。周围有许多巨大的石头雕成的人象——你从它们的衣服和面孔就可以认得出来;每一块花畦的形状不是一条鱼,一个盾牌,就是一个拼成字。这是花园富有法国风味的一部分。从这儿你可以走到一个新鲜而开阔的树林里去。树在这儿可以自由地生长,因此它们是又大又好看。草是绿色的,可以在上面散步。它被剪过,压平过,保护得很好。这是这花园富有英国风味的一部分。

"旧的时代和新的时代,"伯爵说,"在这儿和谐地配合在一起! 两年以后这房子就会有它一套独特的风格。它将会彻底地改变——变成一种更好、更美的东西。我把它设计给你们看,同时还可以把那个建筑师介绍给你们。他今天来这儿吃午饭!"

"好极了!"将军说。

"这儿简直像一个天堂!"夫人说,"那儿你还有一个华丽的王府!"

"那是我的鸡屋,"伯爵说,"鸽子住在顶上,吐绶鸡住在第一层楼,不过老爱尔茜住在大厅里。她的四周还有客房:孵卵鸡单独住在一起,带着小鸡的母鸡又另外住在一起,鸭子有它们自己到水里去的出口!"

"好极了!"将军重复说。

于是他们就一起去看这豪华的布置。

老爱尔茜在大厅的中央,她旁边站着的是建筑师乔治。过了多少年以后,现在他和小爱米莉又在鸡屋里碰头了。

是的,他就站在这儿,他的风度很漂亮。他的面孔是开朗的,有决断的,他的头发黑得发光,他的嘴唇上挂着微笑,好像是说:"我耳朵后面坐着一个顽皮鬼,他对你的里里外外都知道得清清楚楚。"老爱尔茜为了要对她的贵客们表示尊敬,特别把她的木鞋脱掉,穿着袜子站着。母鸡咕咕地叫,公鸡咯咯地啼,鸭子一边蹒跚地走,一边嘎嘎地喊。不过那位苍白的、苗条的姑娘——她就是他儿时的朋友,将军的女儿——站在那儿,她苍白的脸上发出一阵绯红。她的眼睛睁得很大,她的嘴唇虽然没透露出一句话,却表示出无穷尽的意思。如果他们不是一家人,或者从来没有在一起跳过舞,这要算一个年轻人从一个女子那里所能得到的最漂亮的敬礼了。她和这位建筑师却是从来没有在一起跳过舞的。

伯爵和他握手,介绍他说:"我们的年轻朋友乔治先生并不完全是一个生人。"

将军夫人行了礼。她的女儿正要向他伸出手来,忽然又缩回去了。

"我们亲爱的乔治先生!"将军说,"我们是住在一处的老朋友,好极了!"

"你简直成了一个意大利人了,"将军夫人说,"我想你的意大利话一定跟意大利人讲的一样好了。"

将军夫人会唱意大利歌,但是不会讲意大利话——将军这样说。

乔治坐在爱米莉的右首。将军陪着她,伯爵陪着将军夫人。

乔治先生讲了一些奇闻轶事,而且他讲得很好。他是这次宴会中的灵魂和生命,虽然老伯爵也可以充这个脚色。爱米莉坐着一声不响;她的耳朵听着,她的眼睛亮着。

但是她一句话也不说。

后来她和乔治一起在阳台上的花丛中间站着。玫瑰花的篱笆把他们掩住了。乔治又是第一个人先讲话。

"我感谢你对我老母亲的厚意!"他说,"我知道,我母亲去世的那天晚上,你特别走下楼来陪着她,一直到她闭上眼睛为止。我感谢你!"他握着爱米莉的手,吻了它——在这种情形下他是可以这样做的。她脸上发出一阵绯红,不过她把他的手又捏了一下,同时用她温柔的蓝眼睛盯了他一眼。

"你的母亲是一位慈爱的妈妈!她是多么疼爱你啊!她让我读你写给她的信,我现在可说是很了解你了!我小的时候,你对我是多么和气啊;你送给我许多图画——"

"而你却把它们撕成碎片!"乔治说。

"不,我仍然保存着我的那座楼阁——它的绘图。"

"现在我要把楼阁建筑成为实物了!"乔治说,同时他对自己的话感到兴奋起来。

将军和夫人在自己的房间里谈论着这个看门人的儿子。他的行动举止很好,他的谈吐也能表示出他的学问和聪明。"他可以做一个家庭教师!"将军说。

"简直是天才!"将军夫人说。她不再说别的话了。

在美丽的夏天里,乔治到伯爵王府来的次数更多了。当他不来的时候,大家就想念他。

"上帝赐给你的东西比赐给我们这些可怜的人多得多!"爱米莉对他说,"你体会到这点没有?"

乔治感到很荣幸,这么一个漂亮的年轻女子居然瞧得起他。他也觉得她得天独厚。

将军渐渐深切地感觉到乔治不可能是地下室里长大的孩子。

"不过他的母亲是一个非常诚实的女人,"他说,"这点使我永远记得她。"

夏天过去了,冬天来了。人们更常常谈论起乔治先生来。他在高尚的场合中都受到重视和欢迎。将军在宫廷的舞会中碰见他。

现在家中要为小爱米莉开一个舞会了。是不是把乔治先生也请来呢?

"国王可以请的人,将军当然也可以请的!"将军说,同时他挺起腰来,整整高了一寸。

乔治先生被请了,而他也就来了。王子和伯爵们也来了,他们跳起舞来一个比一个好;不过爱米莉只能跳头一次的舞。她在这次舞中扭了脚;不太厉害,但是使她感到够不舒服。因此她得很当心,不能再跳,只能望着别人跳。她坐着望,那位建筑师站在她身边。

"你真是把整个圣·彼得教堂①都给她了!"将军从旁走过去的时候说。他笑得像一个慈爱的老人。

几天以后,他用同样慈爱的笑来接待乔治先生。这位年轻人是来感谢那次邀请他参加舞会的,他还能有什么别的话说呢? 是的,这是一件最使人惊奇、最使人害怕的事情! 他说了一些疯狂的话。将军简直不能相信自己的耳朵。"荒唐的建议"——一个不可想象的要求:乔治先生要求小爱米莉做他的妻子!

"客人!"将军说,他的脑袋气得要裂开了,"我一点也不懂得你的意思! 你说的什么? 你要求什么? 先生,我不认识你! 朋友! 你居然带着这种想头到我家里来! 我要不要住在这儿呢?"于是他就退到他的睡房里去,把门锁上,让乔治单独站在外面。他站了几分钟,然后就转身走出去。爱米莉站在走廊里。

"父亲答应了吗? ——"她问,她的声音有些发抖。

乔治握着她的手。"他避开我了! ——机会还有!"

爱米莉的眼睛充满了眼泪;但是这个年轻人的眼睛充满了勇气和信心。太阳照在他们两个人身上,为他们祝福。将军坐在自己的房间里,气得不可开交。是的,他还在生气,而且用这样的喊声表示出来:"简直是发疯! 看门人的发疯!"

不到一点钟,将军夫人就从将军口里听到这件事情。她把爱米莉喊来,单独和她坐在一起。

"你这个可怜的孩子! 他这样地侮辱你! 这样地侮辱我们! 你的眼睛里也有眼泪,但是这与你很相称! 你有眼泪倒显得更美了! 你很像我在结婚那天的样子。痛哭吧,小爱米莉!"

"是的,我要哭一场!"爱米莉说,"假如你和爸爸不说一声'同意'的话!"

"孩子啊!"夫人大叫一声,"你病了! 你在发呓语,我那个可怕的头痛

---

① 这是罗马的一个最大的教堂,也是世界上一个最大的教堂。

病现在又发了！请想想你带给我家的苦痛吧！爱米莉，请你不要逼死你的母亲吧。爱米莉，你这样做就没有母亲了！"

将军夫人的眼睛也变得潮湿了。她一想到她自己的死就非常难过。

人们在报纸上读到一批新的任命："乔治先生被任命为第八类的五级教授。"

"真可惜，他的父母埋在坟墓里，读不到这个消息！"新的看门人一家子说。现在他们就住在将军楼下的地下室里。他们知道，教授就是在他们的四堵墙中间出世和长大的。

"现在他得付头衔税了。"丈夫说。

"是的，对于一个穷人家的孩子说来，这是一桩大事。"妻子说。

"一年得付十八块钱！"丈夫说，"这的确不是一笔很小的数目！"

"不，我是说他的升级！"妻子说，"你以为他还会为钱费脑筋！那点钱他可以赚不知多少倍！他还会讨一个有钱的太太呢。如果我们有孩子，他们也应该是建筑师和教授才对！"

住在地下室里的人对于乔治的意见都很好；住在第一层楼上的人对他的意见也很好；那位老伯爵也表示同样的看法。

这些话都是由于他儿时所画的那些图画所引起的。不过他们为什么要提起这些图画呢？他们在谈论着俄国，在谈论着莫斯科，因此他们也当然谈到克里姆林宫——小乔治曾经专为小爱米莉画过。他画过那么多的画，那位伯爵还特别能记得起一张："小爱米莉的宫殿——她在那里面睡觉，在那里面跳舞，在那里面作'接待客人的游戏'。"这位教授有很大的能力；他一定会当上一位老枢密顾问官而告终的。这并不是不可能的事。他从前既可以为现在这样一位年轻的小姐建筑过一座宫殿；为什么不可能呢？

"这真是一个滑稽的玩笑！"将军夫人在伯爵离去以后说。将军若有所思地摇摇头，骑着马走了——他的马夫跟在后面保持相当的距离；他坐在他那匹高头大马上显得比平时要神气得不知多少倍。

现在是小爱米莉的生日；人们送给她许多花和书籍、信和名片。将军夫人吻着她的嘴;将军吻着她的额;他们是一对慈爱的父母;她和他们都有很名贵的客人——两位王子——来拜访。他们谈论着舞会和戏剧,谈论着外交使节的事情,谈论着许多国家和政府。他们谈论着有才能的人和本国的优秀人物;那位年轻的教授和建筑师也在这些谈话中被提到了。

"他为了要使自己永垂不朽而建筑着!"大家说,"他也为将来和一个望族拉上关系而建筑着!"

"一个望族?"将军后来对夫人重复了这句话,"我们哪一个望族?"

"我知道大家所指的是谁!"将军夫人说,"不过我对此事不表示意见!我连想都不要想它! 上帝决定一切! 不过我倒很奇怪!"

"让我也奇怪一下吧!"将军说,"我脑子里一点概念也没有。"于是他就浸入沉思里去了。

恩宠的源泉,不管它是来自宫廷,或者来自上帝,都会发生一种力量,一种说不出的力量——这些恩宠,小小的乔治都有了。不过我们却把生日忘记了。

爱米莉的房间被两性的朋友所送来的花熏得喷香;她的桌上摆着许多美丽的贺礼和纪念品,可是乔治的礼品一件也没有。礼品来不了,但是也没有这个必要,因为整个房子就是他的一种纪念品。甚至楼梯下面那个沙洞子里也有一朵纪念的花冒出来:爱米莉曾经在这里朝外望过,窗帘子在这里烧起来过,而乔治那时也作为第一架救火机开到这里来过。她只须朝窗子外望一眼,那棵槐树就可以使她回忆起儿童时代。花和叶子都谢了,但是树仍在寒霜中立着,像一棵奇怪的珊瑚树。月亮挂在树枝之间,又大又圆,像在移动,又像没有移动,正如乔治分黄油面包给小爱米莉吃的那个时候一样。

她从抽斗里取出那张绘着沙皇宫殿和她自己的宫殿的画——这都是乔治的纪念品。她看着它们,思索着它们;她心中起了许多感想。她记得有一天,在爸爸妈妈没有注意的时候,她走到楼下看门人的妻子那儿去——她正躺在床上快要断气。她坐在她旁边,握着她的手,听到她最后的话:"祝福你——乔治!"母亲在想着自己的儿子。现在爱米莉懂得了她这话的意思。是的,是的,在她的生日这天,乔治是陪她在一起,的确在一起!

第二天碰巧这家又有一个生日——将军的生日。他比他的女儿生得晚一天——当然他出生的年岁是要早一些的,要早许多年。人们又送许多礼品来了;在这些礼品之中有一个马鞍,它的样子很特殊,坐起来很舒服,价钱很贵。只有一个王子有类似这样的一个马鞍。这是谁送来的呢?将军非常高兴。它上面有一张小纸条。如果纸条上写着"谢谢你过去对我的好意",我们可能猜到是谁送来的;可是它上面却写着:"将军所不认识的一个人敬赠!"

"世界上有哪一个人我不认识呢?"将军说。

"每个人我都认识!"这时他便想起社交界中的许多人士;他每个人都认识。"这是我的太太送的!"他最后说,"她在跟我开玩笑!好极了!"

但是她并没有跟他开玩笑;那个时候已经过去了。

现在又有一个庆祝会,但不是在将军家里开的。这是在一位王子家里开的一个例行的舞会。人们可以戴假面具参加跳舞。

将军穿着西班牙式的小皱领的服装,挂着剑,庄严地打扮成为一位鲁本斯①先生去参加。夫人则打扮成为鲁本斯夫人。她穿着黑天鹅绒的、高领的、热得可怕的礼服;她的颈上还挂着一块磨石——这也就是说,一个很大的皱领,完全像将军所有的那幅荷兰画上的画象——画里面的手特别受人赞赏:完全跟夫人的手一样。

爱米莉打扮成为一个穿缀着花边的细棉布衣的素琪②。她很像一根浮着的天鹅羽毛。她不需要有翅膀。她戴上翅膀只是作为素琪的一个表征。这儿是一副富丽堂皇而雅致的景象,充满着光明和花朵。这儿的东西真是看不完,因此人们也就没有注意到鲁本斯夫人的一双美丽的手了。

---

① 鲁本斯(Rubens)是荷兰最普通的一个姓。

② 即古希腊神话中代表灵魂的女神,请参看"安徒生童话全集"第十二册中《素琪》那篇童话。

一位黑衣杜密诺①的帽子上插着槐树花,跟素琪在一起跳舞。

"他是谁呢?"夫人问。

"王子殿下!"将军说,"我一点也不怀疑;和他一握手,我马上就知道是他。"

夫人有点儿怀疑。

鲁本斯将军一点疑心也没有;他走到这位"杜密诺"身边去,在他身上写出王子姓名的第一个字母。这位"杜密诺"否认,但是给了他一个暗示:

"请想想马鞍上的那句话!将军所不认识的那个人!"

"那么我就认识您了!"将军说,"原来是您送给我那个马鞍!"

这位"杜密诺"摆脱自己的手,在人群中不见了。

"爱米莉,跟你一起跳舞的那位黑衣'杜密诺'是谁呀?"将军夫人问。

"我没有问过他的姓名。"她回答说。

"因为你认识他呀!他就是那位教授呀!"她把头掉向站在旁边的伯爵,继续说,"伯爵,您的那位教授就在这儿。黑衣'杜密诺',戴着槐树花!"

"亲爱的夫人,这很可能,"他回答说,"'不过有一位王子也是穿着这样的衣服呀。'"

"我认识他握手的姿势!"将军说,"这位王子送过我一个马鞍!我一点不怀疑,我要请他吃饭。"

"请你这样办吧!如果他是王子的话,他一定会来的。"伯爵说。

"假如他是别人,那么他就不会来了!"将军说,同时向那位正在跟国王谈话的黑衣"杜密诺"身边走去。将军恭敬地邀请他——为的是想彼此交交朋友。将军满怀信心地微笑着;他相信他知道他请的是什么人。他大声地、清楚地表示他的邀请。

"杜密诺"把他的假面具揭开来:他原来是乔治。

———————————

① 杜密诺(Domino)是一件带有黑帽的黑披肩,原先是意大利牧师穿的一种御寒的衣服。后来参加化装跳舞会而不扮演任何特殊脚色的人,都是这种装束。

"将军能否把这次邀请重说一次呢?"他问。

将军马上长了一寸来高,显出一副傲慢的神气,向后倒退两步,又向前进了一步,像在一种"米扭爱"①中一样。一个将军的面孔所能做出的那种庄严的表情,现在全都摆出来了。

"我从来是不食言的;教授先生,我请您!"他鞠了一躬,向听到了这全部话语的国王斜视了一眼。

这么着,将军家里就举行了一个午宴。被请的客人只有老伯爵和他的年轻朋友。

"脚一伸到桌子底下,"乔治想,"奠基石就算是安下了!"的确,奠基石是庄严地安下了,而且是在将军和他的夫人面前安的。

客人到来了。正如将军所知道和承认的,他的谈吐很像一位上流社会人士,而且他非常有趣。将军有许多次不得不说:"好极了!"将军夫人常常谈起这次午宴——她甚至还跟宫廷的一位夫人谈过。这位夫人也是一个天赋独厚的人;她要求下次教授来的时候,也把她请来。因此他得又被请一次。他终于被请了,而且也来了,而且仍然是可爱。他甚至还下棋呢。

"他不是在地下室里生的那种人!"将军说,"他一定是一个望族的少爷! 像这样出自名门的少爷很多,这完全不能怪那个年轻人。"

这位教授既可以到国王的宫里去,当然也可以走进将军的家的。不过要在那里生下根来——那是绝对不可能的。他只能在整个的城里生下根。

他在发展。恩惠的露水从上面降到他身上来。

因此,不用奇怪,当这位教授成了枢密顾问的时候,爱米莉就成了枢密顾问夫人。

"人生不是一个悲剧,就是一个喜剧,"将军说,"人们在悲剧中灭亡,但在喜剧中结为眷属。"

———————————

① 这是欧洲中世纪的一种舞步。

目前的这种情形,是结为眷属。他们还生了三个健壮的孩子,当然不是一次生的。

这些可爱的孩子来看外公外婆的时候,就在房间和堂屋里骑着木马乱跑。将军也在他们后面骑着木马,"作为这些小枢密顾问的马夫"。

将军夫人坐在沙发上看;即使她又害起很严重的头痛病来,她还是微笑着的。

乔治的发展就是这样的,而且还在发展;不然的话,这个看门人儿子的故事也就值不得一讲了。

15. 野天鹅

当我们的冬天到来的时候,燕子就向一个辽远的地方飞去。在这块辽远的地方住着一个国王。他有十一个儿子和一个女儿艾丽莎。这十一个弟兄都是王子。他们上学校的时候,胸前戴着心形的徽章,身边挂着宝剑。他们用钻石笔在金板上写字。他们能够把书从头背到尾,从尾背到头。人们一听就知道他们是王子。他们的妹妹艾丽莎坐在一个镜子做的小凳上。她有一本画册,那需要半个王国的代价才能买得到。

啊,这些孩子是非常幸福的;然而他们并不是永远这样。

他们的父亲是这整个国家的国王。他和一个恶毒的皇后结了婚。她对这些可怜的孩子非常不好。他们在头一天就已经可以看得出来。整个宫殿里在举行盛大的庆祝,孩子们都在作招待客人的游戏。可是他们却没有得到那些多余的点心和烤苹果吃,她只给他们一茶杯的沙子;而且她还告诉他们,说他们可以把这当做好吃的东西。

一个星期以后,她把小妹妹艾丽莎送到一个乡下农人家里去寄住。过了不久,她在国王面前说了许多关于那些可怜王子的坏话,弄得他再也不愿意理他们了。

"你们飞到野外去吧,你们自己去谋生路吧,"这恶毒的皇后说,"像那些没有声音的巨鸟,你们飞走吧。"可是她想做的坏事情并没有完全实现。他们变成了十一只美丽的野天鹅。他们发出了一阵奇异的叫声,便从宫殿的窗子飞出去了,远远地飞过公园,飞向森林里去了。

他们的妹妹还没有起来,正睡在农人的屋子里面。当他们在这儿经过的时候,天还没有亮多久。他们在屋顶上盘旋着,把他们的长颈一下掉向这边,一下掉向那边,同时拍着他们的翅膀。可是谁也没有听到或看到他们。他们得继续向前飞,高高地飞进云层,远远地飞向茫茫的世界。他们一直飞进伸向海岸的一个大黑森林里去。

可怜的小艾丽莎呆在农人的屋子里,玩着一片绿叶,因为她没有别的玩具。她在叶子上穿了一个小洞,通过这个小洞她可以朝着太阳望,这时她似乎看到了她许多哥哥的明亮的眼睛。每当太阳照在她脸上的时候,她就想起哥哥们给她的吻。

日子一天接着一天地过去了。风儿吹过屋外玫瑰花组成的篱笆;它对这些玫瑰花儿低声说:"还有谁比你们更美丽呢?"可是玫瑰花儿摇摇头,回答说:"还有艾丽莎!"星期天,当老农妇在门里坐着、正在读她的圣诗集的时候,风儿就吹起书页,对这书说:"还有谁比你更好呢?"圣诗集就说:"还有艾丽莎!"玫瑰花和圣诗集所说的话都是纯粹的真理。

当她到了十五岁的时候,她得回家去。皇后一眼看到她是那样美丽,心中不禁恼怒起来,充满了憎恨。她倒很想把她变成一只野天鹅,像她的哥哥们一样,但是她还不敢马上这样做,因为国王想要看看自己的女儿。

一天大清早,皇后走到浴室里去。浴室是用白大理石砌的,里面陈设得有柔软的坐垫和最华丽的地毡。她拿起三只癞蛤蟆,把每只都吻了一下,于是对第一只说:

"当艾丽莎走进浴池的时候,你就坐在她的头上,好使她变得像你一样呆笨。"她对第二只说:"请你坐在她的前额上,好使她变得像你一样丑恶,叫她的父亲不再认识她。"她对第三只低声地说:"请你躺在她的心上,好使她有一颗罪恶的心,叫她因此而感到痛苦。"

她于是把这几只癞蛤蟆放进清水里;它们马上就变成了绿色。她把艾丽莎喊进来,替她脱了衣服,叫她走进水里。当她一跳进水里去的时候,头一只癞蛤蟆就坐到她的头发上,第二只就坐到她的前额上,第三只就坐到她的胸口上。可是艾丽莎一点也没有注意到这些事儿。当她一站起来的时候,水上浮起了三朵罂粟花。如果这几只动物不是有毒的话,如果它们没有被这巫婆吻过的话,它们就会变成几朵红色的玫瑰。但是无论怎样,它们都得变成花,因为它们在她的头上和心上躺过。她是太善良、太天真了,魔力没有办法在她身上发生效力。

　　当这恶毒的皇后看到这情景时,她就在艾丽莎的全身上擦了核桃汁,使这女孩子变得棕黑。她又在这女孩子美丽的脸上涂上一层发臭的油膏,并且使她漂亮的头发乱糟糟地纠做一团。美丽的艾丽莎,现在谁也没有办法认出来了。

　　当她的父亲看到她的时候,他不禁大吃一惊。他说这不是他的女儿。除了看家狗和燕子以外,谁也不认识她了。但是他们都是可怜的动物,什么话也说不出来。

　　可怜的艾丽莎哭起来了。她想起了她远别了的十一个哥哥。她悲哀地偷偷走出宫殿,在田野和沼泽地上走了一整天,一直走到一个大黑森林里去。她不知道自己要到什么地方去,只是觉得非常悲哀;她想念她的哥哥们:他们一定也会像自己一样,被赶进这个茫茫的世界里来了。她得寻找他们,找到他们。

　　她到这森林不久,夜幕就落下来了。她迷失了方向,离开大路和小径很远;所以她就在柔软的青苔上躺下来。她念完了晚祷以后,就把头枕在一个树根上休息。周围是非常静寂,空气是温和的;在花丛中,在青苔里,闪着无数萤火虫的亮光,像绿色的火星一样。当她把第一根树枝轻轻地用手摇动一下的时候,这些闪着亮光的小虫就向她身上飘来,像下落的星星。

　　她一整夜梦着她的几个哥哥:他们又是在一起玩耍的一群孩子了,他们用钻石笔在金板上写着字,读着那价值半个王国的、美丽的画册。不过,跟往时不一样,他们在金板上写的不是零和线:不是的,而是他们所做过的一些勇敢的事迹——他们亲身体验过和看过的事迹。于是那本画册里面的一切东西也都有了生命——鸟儿在唱,人从画册里走出来,跟艾丽莎和她的哥哥们谈着话。不过,当她一翻开书页的时候,他们马上就又跳进去了,为的是怕把图画的位置弄得混乱。

　　当她醒来的时候,太阳已经升得很高了。事实上她看不见它,因为高大的树儿展开一起浓密的枝叶。不过太阳光在那上面摇晃着,像一朵金子做的花。这些青枝绿叶散发出一阵香气,鸟儿几乎要落到她的肩上。

她听到了一阵潺潺的水声。这是几股很大的泉水奔向一个湖泊时发出来的。这湖有非常美丽的沙底。它的周围长着一圈浓密的灌木林,不过有一处被一些雄鹿打开了一个很宽的缺口——艾丽莎就从这个缺口向水那儿走去。水是非常地清亮。假如风儿没有把这些树枝和灌木林吹得摇动起来的话,她就会以为它们是绘在湖的底上的东西,因为每片叶子,不管被太阳照着的还是深藏在荫处,全都很清楚地映在湖上。

当她一看到自己的面孔的时候,她马上就感到非常惊恐:她是那么棕黑和丑陋。不过当她把她的小手儿打湿了、把眼睛和前额揉了一会以后,她雪白的皮肤就又透露出来了。于是她脱下衣服,走到清凉的水里去:人们在这个世界上再也找不到比她更美丽的公主了。

当她又重新穿好了衣服、扎好了长头发以后,她就走到一股奔流的泉水那儿去,用手捧着水喝。随后她继续向森林的深处前进,但是她不知道她究竟要到什么地方去。她想念她亲爱的哥哥们,她想着仁慈的上帝——他决不会遗弃她的。上帝叫野苹果生长出来,使饥饿的人有得吃。他现在就指引她到这样的一株树旁去。它的枝丫全被果子压弯了。她就在这儿吃她的午饭。她在这些枝子下面安放了一些支柱;然后就朝森林最荫深的地方走去。

四周是那么静寂,她可以听出自己的脚步声,听出在她脚下碎裂的每一片干枯的叶子。这儿一只鸟儿也看不见了,一丝阳光也透不进这些浓密的树枝。那些高大的树干排得那么紧密,当她向前一望的时候,她就觉得她好像看见一排木栅栏,密密地围在她的四周。啊,她一生都没有体验过这样的孤独!

夜是漆黑的。青苔里连一点萤火虫的亮光都没有。她躺下来睡觉的时候,心情非常沉重。不一会她好像觉得头上的树枝分开了,我们的上帝以温柔的眼光在凝望着她。许多许多安琪儿,在上帝的头上和臂下偷偷地向下窥看。

当她早晨醒来的时候,她不知道她是在做梦呢,还是真正看见了这些东西。

　　她向前走了几步。她遇见一个老太婆提着一篮浆果。老太婆给了她几个果子。艾丽莎问她有没有看到十一个王子骑着马儿走过这片深林。

　　"没有，"老太婆说，"不过昨天我看到十一只戴着金冠的天鹅在附近的河里游过去了。"

　　她领着艾丽莎向前走了一段路，走上一个山坡。在这山坡的脚下有一条蜿蜒的小河。生长在它两岸的树儿，互相把它们多叶的长枝伸过去，彼此交叉起来。有些树天生没有办法把枝子伸向一起；在这种情形下，它们就让根子从土里穿出来，以便可以伸到水面之上，与它们的枝叶交织在一起。

　　艾丽莎对这老太婆说了一声再会。然后就沿着河向前走，一直走到这条河流入广阔海口的那块地方。

　　现在在这年轻女孩子面前展开来的是一个美丽的大海，可是海上却见不到一片船帆，也见不到一只船身。她怎样再向前进呢？她望着海滩上那些数不尽的小石子：海水已经把它们洗圆了。玻璃铁片、石块——所有淌到这儿来的东西，都给海水磨出了新的面貌——它们显得比她细嫩的手还要柔和。

　　水在不倦地流动，因此坚硬的东西也被它改变成为柔和的东西了。我也应该有这样不倦的精神！多谢您的教训，您——清亮的、流动的水波。我的心告诉我，您会有一天引导我见到我亲爱的哥哥的。

　　在浪涛上淌来的海草上有十一根白色的天鹅羽毛。她拾起它们，扎成一束。它们上面还带有水滴——究竟这是露珠呢，还是眼泪，谁也说不出来。海滨是孤寂的。但她一点也不觉得，因为海时时刻刻地在变幻——它在几点钟以内所起的变化，比那些美丽的湖泊在一年中所起的变化还要多。当一大块乌云飘过来的时候，那就好像海在说："我也可以显得很阴暗呢。"随后风也吹起来了，浪也翻起了白花。不过当云块发出了彩霞、风儿静下来的时候，海看起来就像一片玫瑰的花瓣：它一忽儿变绿，一忽儿变白。但是不管它变得怎样地安静，海滨一带还是有轻微的波动。海水这时在轻轻地向上升，像一个睡着了的婴孩的胸脯。

当太阳快要下落的时候,艾丽莎看见十一只戴着金冠的野天鹅向着陆地飞行。它们一只接着一只地掠过去,看起来像一条长长的白色带子。这时艾丽莎走上山坡,藏到一个灌木林的后边去。天鹅们拍着它们白色的大翅膀,徐徐地在她的附近落了下来。

太阳一落到水下面去了以后,这些天鹅的羽毛就马上脱落了,变成了十一位美貌的王子——艾丽莎的哥哥。她发出一声惊叫。虽然他们已经有了很大的改变,可是她知道这就是他们,同时她也觉得这一定是他们。所以她倒到他们的怀里,喊出他们的名字。当他们看到,同时认出自己的小妹妹的时候,他们感到非常快乐。她现在长得那么高大,那么美丽。他们一会儿笑,一会儿哭。他们立刻知道了彼此的遭遇,知道了后母对他们是多么不好。

最大的哥哥说:"只要太阳还悬在天上,我们弟兄们就得变成野天鹅,不停地飞行。不过当它一落下去的时候,我们就恢复了人的原形。因此我们得时刻注意,在太阳落下去的时候,要找到一个立脚的处所。我们如果这时还向云层里飞,我们一定会变成人坠落到深海里去。我们并不住在这儿。在海的另一边有一个跟这同样美丽的国度。不过去那儿的路程是很遥远的。我们得飞过这片汪洋大海,而且在我们的旅程中,没有任何海岛可以让我们过夜;中途只有一块石礁冒出水面。它的面积只够我们几个人紧紧地在它上面挤在一起休息。当海浪涌起来的时候,泡沫就向我们身上打来。不过,我们应该感谢我们的上帝给了我们这块石礁,在它上面我们变成人来度过黑夜。要是没有它,我们永远也不能看见我们亲爱的祖国了,因为我们飞行过去须要花费一年中最长的两天。

"我们一年之中只有一次可以拜访我们父亲的家。不过只能在那儿停留十一天:我们可以在大森林的上空盘旋,从那里望望我们的宫殿,望望这块我们所出生和我们父亲所居住的地方,望望教堂的高塔:在这教堂里葬着我们的母亲。在这儿,灌木林和树木就好像是我们的亲属;在这儿,野马像我们儿时常见的一样,在原野上奔跑;在这儿,烧炭人唱着古老的歌曲,我们儿时踏着它的调子跳舞;这儿是我们的祖国:有一种力量把我们吸引到这儿来;在这儿我们寻到了你,我们亲爱的小妹妹！我们还可以在这儿居留两天,以后我们就得横飞过海,到那个美丽的国度里去,然而那可不是我们的祖国。有什么办法把你带去呢？我们既没有大船,也没有小舟。"

"我怎样可以救你们呢?"妹妹问。

他们差不多谈了一整夜的话;他们只是小睡了一两个钟头。

艾丽莎醒来了,因为她头上响起一阵天鹅的拍翅声。哥哥们又变了样子。他们在绕着大圈子盘旋;最后就向远方飞去。不过他们当中有一只——那最年青的一只——掉队了。他把他的头藏在她的怀里。她抚摸着他的白色的翅膀。他们整天偎在一起。黄昏的时候,其他的天鹅都又飞回来了。当太阳落下了以后,他们又恢复了原形。

"明天我们就要从这儿飞走,大概有一整年的时间,我们不能够回到这儿来。不过我们不能就这么地离开你呀！你有勇气跟我们一块儿去么? 我们的手臂既有足够的气力抱着你走过森林,难道我们的翅膀就没有足够的气力共同背着你越过大海么?"

"是的,把我一同带去吧。"艾丽莎说。

他们花了一整夜工夫用柔软的柳枝皮和坚韧的芦苇织成了一个又大又结实的网子。艾丽莎在它里面躺着。当太阳升起来、她的哥哥又变成了野天鹅的时候,他们用他们的嘴衔起这个网。于是他们便带着他们亲爱的、还在熟睡着的妹妹,高高地向云层里飞去。阳光正射到她的脸上,因此就有一只天鹅在她的上空飞,用他宽阔的翅膀来为她挡住太阳。

当艾丽莎醒来的时候,他们已经离开陆地很远了。她以为她仍然在做着梦;在她看来,被托在海上高高地飞过天空,真是非常奇异。她身旁有一根结着美丽的熟浆果的枝条和一束甜味的草根。这是那个最小的哥哥为她采来和放在她身旁的。她感谢地向他微笑,因为她已经认出这就是他。他在她的头上飞,用翅膀为她遮着太阳。

他们飞得那么高,他们第一次发现他们下面浮着一条船;它看起来就像浮在水上的一只白色的海鸥。在他们的后面耸立着一大块乌云——这就是一座完整的山。艾丽莎在那上面看到她自己和十一只天鹅所倒映下来的影子。他们飞行的行列是非常庞大的。这好像是一幅图画,比他们从前所看到的任何东西还要美丽。可是太阳越升越高,在他们后面的云块也越离越远了。那些浮动着的形象也消逝了。

他们整天像呼啸着的箭头一样,在空中向前飞。不过,因为他们得带着妹妹同行,他们的速度比起平时来要低得多了。天气也变坏了,黄昏也逼近了。艾丽莎怀着焦急的心情看到太阳徐徐地下落,然而大海中那座孤独的石礁至今还没有在眼前出现。她似乎觉得这些天鹅现在正以更大的气力来拍着翅膀。咳!他们飞不快,完全是因为她的缘故。在太阳落下去以后,他们就得恢复人的原形,掉到海里淹死。这时她在心的深处向我们的主祈祷了一番,但是她还是看不见任何石礁。大块的乌云越逼越近,狂风预示着暴风雨要到来。乌云结成一片。汹涌的、带有威胁性的狂涛在向前推进,像一大堆铅块。闪电掣动起来,一忽儿也不停。

现在太阳已经接近海岸线了。艾丽莎的心颤抖起来。这时天鹅就向下疾飞,飞得那么快,她相信自己一定会坠落下来。不过他们马上就稳住了。太阳已经有一半沉进到水里去。这时她才第一次看到她下面有一座小小的石礁——它看起来比冒出水面的海豹的头大不了多少。太阳在很快地下沉,最后变得只有一颗星星那么大了。这时她的脚就踏上坚实的陆地。太阳像纸烧过后的残余的火星,一忽儿就消逝了。她看到她的哥哥们手挽着手站在她的周围,不过除了仅够他们和她自己站着的空间以外,再也没有多余的地位了。海涛打着这块礁石,像阵雨似的向他们袭来。天空不停地闪着燃烧的火焰,雷声一阵接着一阵地在隆隆作响。可是这些兄妹们紧紧地彼此挽着手,同时唱起圣诗来——这使他们得到安慰和勇气。

在晨曦中,空气是纯洁和沉静的。太阳一出来的时候,天鹅们就带着艾丽莎从这小岛上起飞。海浪仍然很汹涌。不过当他们飞过高空以后,下边白色的泡沫看起来就像浮在水上的无数的天鹅。

太阳升得更高了,艾丽莎看到前面有一个多山的国度,浮在空中。那些山上盖着发光的冰层;在这地方的中间耸立着一个有两三里路长的宫殿,里面竖着一排一排的庄严的圆柱。在这下面展开一片起伏不平的棕榈树林和许多像水车轮那么大的鲜艳的花朵。她问这是不是她所要去的那个国度。但是天鹅都摇着头,因为她所看到的只不过是仙女莫尔甘娜①的华丽的、永远变幻的云中宫殿罢了,他们不敢把凡人带进里面去。艾丽莎凝视着它。忽然间,山岳、森林和宫殿都一齐消逝了,而代替它们的是二十所壮丽的教堂。它们全都是一个样子:高塔,尖顶窗子。她在幻想中以为听到了教堂风琴的声音,事实上她所听到的是海的呼啸。

她现在快要飞进这些教堂,但是它们都变成了一行帆船,浮在她的下面。她向下面望。那原来不过是漂在水上的一层海雾。的确,这是一连串的、无穷尽的变幻,她不得不看。但是现在她已看到她所要去的那个真正的国度。这儿有壮丽的青山、杉木林、城市和王宫。在太阳落下去以前,她早已落到山上的一个大山洞的前面了。洞口生满了细嫩的、绿色的蔓藤植物,看起来很像锦绣的地毯。

“我们要看看你今晚会在这儿做些什么梦!”她最小的哥哥说,同时把她的睡房指给她看。

“我希望梦见怎样才能把你们解救出来!”她说。

这个思想在她的心中那么有力地活跃着,使她热忱地向上帝祈祷,请求他帮助。是的,就是在梦里,她也在不断地祈祷。于是她觉得好像她已经高高地飞到空中去了,飞到莫尔甘娜的那座云中宫殿里去了。这位仙女来迎接她。她是非常美丽的,全身射出光辉。虽然如此,但她却很像那个老太婆——那个在森林中给她浆果吃,告诉她那些头戴金冠的天鹅的行踪的老太婆。

“你的哥哥们可以得救的!”她说,“不过你有勇气和毅力么?海水比你细嫩的手要柔和得多,可是它能把生硬的石头改变成别的形状。不过

---

① 这是关于国王亚托尔一系列传说中的一个仙女。据说她能在空中变出海市蜃楼(Morganas Skyslot)。

它没有痛的感觉,而你的手指却会感到痛的。它没有一颗心,因此它不会感到你所忍受的那种苦恼和痛楚。请看我手中这些有刺的荨麻!在你睡觉的那个洞子的周围,就长着许多这样的荨麻。只有它——那些生在教堂墓地里的荨麻——才能发生效力。请你记住这一点。你得采集它们,虽然它们可以把你的手烧得起泡。你得把这些荨麻用你的脚踩碎,于是你就可以得出麻来。你可以把它搓成线,织出十一件长袖的披甲来。你把它们披到那十一只野天鹅的身上,那么他们身上的魔力就可以解除。不过要记住,从你开始工作的那个时刻起,一直到你完成的时候止,即使这全部工作需要一年的光阴,你也不可以说一句话。你说出一个字,就会像一把锋利的短剑刺进你哥哥的心里。他们的生命是悬在你的舌尖上的。请记好这一点。”

于是仙女让她把荨麻摸了一下。它像燃烧着的火。艾丽莎一接触到它就醒转来了。天已经大亮。紧贴着她睡觉的这块地方就有一根荨麻——它跟她在梦中所见的是一样的。她跪在地上,感谢我们的主。随后她就走出了洞子,来开始她的工作。

她用她柔嫩的手拿着这些可怕的荨麻。这植物是像火一样地刺人。她的手上和臂上烧出了许多泡来。不过只要能救出她亲爱的哥哥,她也乐意忍受这些苦痛。于是她用她的赤脚把每一根荨麻踏碎,开始编织从中取出的、绿色的麻。

当太阳下落以后,她的哥哥们都回来了。他们看到她一句话也不讲,就非常惊恐起来。他们相信这又是他们恶毒的后母在耍什么新的妖术。不过,他们一看到她的手,就知道她是在为他们而受难。那个最年青的哥哥这时就不禁哭起来。他的泪珠所滴到的地方,她就不感到痛楚,连那些灼热的水泡也不见了。

她整夜在工作着,因为在她解救她亲爱的哥哥以前,她是不会休息的。第二天一整天,当天鹅飞走了以后,她一个人孤独地坐着,但是时间从来没有过得像现在这样快。一件披甲织完了,她马上又开始织第二件。

这时山间响起了一阵打猎的号角声。她害怕起来。声音越来越近。

她听到猎狗的叫声,她惊慌地躲进洞子里去。她把她所采集到的和梳理好的荨麻扎成一个小捆,她自己就在那上面坐着。

在这同时,一只很大的猎狗从灌木林里跳出来了;接着第二只、第三只也跳出来了。它们狂吠着,跑转去,又跑了回来。不到几分钟的光景,猎人都到洞口来了;他们之中最好看的一位就是这个国家的国王。他向艾丽莎走来。他从来没有看到过比她更美丽的姑娘。

"你怎样到这地方来了呢,可爱的孩子?"他问。

艾丽莎摇着头。她不敢讲话——因为这会影响到她哥哥们的得救和生命。她把她的手藏到围裙下面,使国王看不见她所忍受的痛苦。

"跟我一块儿来吧!"他说,"你不能老在这儿。假如你的善良能比得上你的美貌,我将使你穿起丝绸和天鹅绒的衣服,在你头上戴起金制的王冠,把我最华贵的宫殿送给你作为你的家。"

于是他把她扶到马上。她哭起来,同时痛苦的扭着双手。可是国王说:

"我只是希望你得到幸福,有一天你会感谢我的。"

这样他就在山间骑着马走了。他让她坐在他的前面,其余的猎人都在他们后面跟着。

当太阳落下的时候,他们面前出现了一座美丽的、有许多教堂和圆顶的皇城。国王把她领进宫殿里去——这儿巨大的喷泉在高阔的、大理石砌的厅堂里喷出泉水,这儿所有的墙壁和天花板上都绘着辉煌的壁画。但是她没有心情看这些东西。她流着眼泪,感到悲哀。她让宫女们随意地在她身上穿上宫廷的衣服,在她的发里插上一些珍珠,在她起了泡的手上戴上精致的手套。

她盛装华服地站在那儿,美丽得眩人的眼睛。整个宫廷的人在她面前都深深地弯下腰来。国王把她选为自己的新嫁娘,虽然大主教一直在摇着头,在低声私语,说这位美丽的林中姑娘是一个巫婆,蒙住了大家的眼睛,迷住了国王的心。

可是国王不理这些谣传。他叫把音乐奏起来,把最华贵的酒席摆出来;他叫最美丽的宫女们在她的周围跳起舞来。艾丽莎被领着走过芬芳的花园,到华丽的大厅里去;可是她嘴唇上没有露出一丝笑容,她眼睛里没有发出一点光彩。它们是悲愁的化身。现在国王推开旁边一间卧室的门——这就是她睡觉的地方。这房间里装饰着贵重的绿色花毡,形状跟她住过的那个洞子完全是一模一样。她抽出的那一捆荨麻仍旧躺在地上,天花板下面悬着她已经织好了的那件披甲。这些东西是那些猎人作为稀奇的物件带回来的。

"这儿你可以从梦中回到你的老家去,"国王说,"这是你在那儿忙着做的工作。现在住在这华丽的环境里,你可以回忆一下那段过去的日子,作为消遣吧。"

当艾丽莎看到这些心爱的物件的时候,她嘴上就飘出一丝微笑,同时一阵红晕回到她的脸上来。她想起了她要解救她的哥哥,于是她吻了一下国王的手。他把她抱得贴近他的心,同时命令所有的教堂敲起钟来,宣布他举行婚礼。这位来自森林的美丽的哑姑娘,现在成了这个国家的皇后。

大主教在国王的耳边偷偷地讲了许多坏话,不过这些话并没有打动国王的心。婚礼终于举行了。大主教须得亲自把皇冠戴到她的头上。他以恶毒藐视的心情把这个狭窄的帽箍紧紧地按到她的眉上,使她感到痛楚。不过在她的心上还有一个更重的箍子——她为她的哥哥们而起的悲愁。肉体上的痛苦她完全感觉不到。她的嘴是不说话的,因为她说出一个字就可以使她的哥哥们丧失生命。不过,对于这位和善的、美貌的、想尽一切方法要使她快乐的国王,她的眼睛露出一种深沉的爱情。她全心全意地爱他,而且这爱情是一天一天地在增长。啊,她多么希望能够信任他,能够把自己的痛苦全部告诉他啊!然而她必须沉默,在沉默中完成她的工作。因此夜里她就偷偷地从他的身边走开,走到那间装饰得像洞子的小屋子里去,一件一件地织着披甲。不过当她织到第七件的时候,她的麻用完了。

她知道教堂的墓地里生长着她所需用的荨麻。不过她得亲自去采摘。可是她怎样能够走到那儿去呢?

"啊,比起我心里所要忍受的痛苦来,我手上的一点痛楚又算得什么呢?"她想,"我得去冒一下险! 我们的主不会不帮助我的。"

她怀着恐惧的心情,好像她正在计划做一桩罪恶的事儿似的,偷偷地在这月明的夜里走到花园里去。她走过长长的林荫夹道,穿过无人的街路,一直到教堂的墓地里去。她看到一群吸血鬼①,围成一个小圈,坐在一块宽大的墓石上。这些奇丑的怪物脱掉了他们的破烂衣服,好像他们要去洗澡似的。他们把又长又细的手指挖掘新埋的坟里去,拖出尸体,然后吃掉这些人肉。艾丽莎不得不紧紧地走过他们的身旁。他们用他们可怕的眼睛死死地盯着她。但是她念着她的祷告,采集着那些刺手的荨麻。最后她把它们带回到宫里去。

只有一个人看见过她——那位大主教。当别人正在睡觉的时候,他却起来了。他所猜想的事情现在完全得到了证实:这位皇后并不是一个真正的皇后——她是一个巫婆,因此她迷住了国王和全国的人民。

他在忏悔室里把他所看到的和疑虑的事情都告诉了国王。当这些苛刻的字句从他的舌尖上流露出来的时候,众神的雕像都摇起头来,好像想要说:"事实完全不是这样! 艾丽莎是没有罪的!"不过大主教对这作了另一种解释——他认为神仙们看到过她犯罪,因此对她的罪孽摇头。这时两行沉重的眼泪沿着国王的双颊流下来了。他怀着一颗疑虑的心回到家里去。他在夜里假装做是睡着了,可是他的双眼一点睡意也没有。他看到艾丽莎怎样爬起来。她每天晚上都这样作;每一次他总是在后面跟着她,看见她怎样走到她那个单独的小房间里不见了。

他的面孔显得一天比一天阴暗起来。艾丽莎注意到这情形,可是她不懂得其中的道理。但这使她不安起来——同时她心中还要为她的哥哥忍受痛苦! 她的眼泪滴到她皇后的天鹅绒和紫色的衣服上面。这些泪珠

---

① 原文是 Lamier,这是古代北欧神话中的一种怪物,头和胸像女人,身体像蛇,专门诱骗小孩,吸吮他们的血液。

停在那儿像发亮的钻石。凡是看到这种豪华富贵的情形的人,也一定希望自己能成为一个皇后。在此期间,她的工作差不多快要完成,只缺一件披甲要织。可是她再也没有麻了——连一根荨麻也没有。因此她得最后到教堂的墓地里去一趟,再去采几把荨麻来。她一想起这孤寂的路途和那些可怕的吸血鬼,她就不禁害怕起来。可是她的意志是坚定的,正如她对我们的上帝的信任一样。

艾丽莎去了,但是国王和大主教却跟在她后面。他们看到她穿过铁格子门到教堂的墓地里不见了。当他们走近时,墓石上正坐着那群吸血鬼,样子跟艾丽莎所看见的完全一样。国王马上就把身子掉过去,因为他认为她也是他们中间的一员。这天晚上,她还把头在他的怀里躺过。

"让众人来裁判她吧!"他说。

众人裁判了她:她应该用鲜红的火烧死①。

她从那华丽的皇家宫殿被带到一个阴湿的地窖里去——这儿风从格子窗呼呼地吹进来。人们不再让她穿起天鹅绒和丝制的衣服,却给她一捆她自己采集来的荨麻。她可以把她的头枕在这荨麻上面,把她亲手织的、粗硬的披甲当做被盖。不过再没有什么别的东西比这更能使她喜爱的了。她继续地工作着,同时向上帝祈祷。在外面,街上的孩子们唱着讥笑她的歌曲。没有任何人说一句好话来安慰她。

在黄昏的时候,有一只天鹅的拍翅声在格子窗外响起来了——这就是她最小的一位哥哥,他现在找到了他的妹妹。她快乐得不禁高声地呜咽起来,虽然她知道快要到来的这一晚可能就是她所能活过的最后一晚。但是她的工作也只差一点就快要全部完成了,而且她的哥哥们也已经到场。

现在大主教也来了,和她一起度过这最后的时刻——因为他答应过国王要这么办。不过她摇着头,用眼光和表情来请求他离去,因为在这最后的一晚,她必须完成她的工作,否则她全部的努力,她的一切,她的眼

---

① 这是欧洲中世纪对巫婆的惩罚。

泪,她的痛苦,她的失眠之夜,都会变成没有结果。大主教对她说了些恶意的话,终于离去了。不过可怜的艾丽莎知道自己是无罪的。她继续做她的工作。

小耗子在地上忙来忙去,把荨麻拖到她的脚跟前来,多少帮助她做点事情。画眉鸟栖在窗子的铁栏杆上,整夜对她唱出它最好听的歌,使她不要失掉勇气。

天还没有大亮。太阳还有一个钟头才出来。这时她的十一位哥哥站在皇宫的门口,要求进去朝见国王。人们回答他们说,这事不能照办,因为现在还是夜间,国王正在睡觉,不能把他叫醒。他们恳求着,他们威胁着,最后警卫来了,是的,连国王也亲自走出来了。他问这究竟是怎么一回事。这时候太阳出来了,那些兄弟们忽然都不见了,只剩下十一只白天鹅,在皇宫上空盘旋。

所有的市民像潮水似的从城门口向外奔流,要看看这巫婆被火烧死。一匹又老又瘦的马拖着一辆囚车,她就坐在里面。人们已经给她穿上了一件粗布的丧服。她可爱的头发在她美丽的头上蓬松地飘着;她的两颊像死一样的没有血色;她的嘴唇在微微地颤动,同时她的手指在忙着编织绿色的荨麻。她就是在死的路途上也不中断她已经开始了的工作。在她的脚旁放着十件披甲,现在她正在完成第十一件。众人都在笑骂她。

"瞧这个巫婆吧!瞧她又在喃喃地念什么东西!她手中并没有圣诗集;不,她还在忙着弄她那可憎的妖物——把它从她手中夺过来,撕成一千块碎片吧!"

大家都向她拥过去,要把她手中的东西撕成碎片。这时有十一只白天鹅飞来了,落到车上,围着她站着,拍着他们宽大的翅膀。众人于是惊恐地退到两边。

"这是天降的一个信号!她一定是无罪的!"许多人互相私语着,但是他们不敢大声地说出来。

这时刽子手紧紧地抓住她的手。她急忙把这十一件衣服抛向天鹅,马上十一个美丽的王子就出现了,可是最年幼的那位王子还留着一只天鹅的翅膀作为手臂，因为他的那件披甲还缺少一只袖子——她还没有完全织好。

"现在我可以开口讲话了！"她说，"我是无罪的！"

众人看见这件事情，就不禁在她面前弯下腰来，好像是在一位圣徒面前一样。可是她倒到她哥哥们的怀里，失掉了知觉，因为激动、焦虑、痛楚都一起涌到她心上来了。

"是的，她是无罪的。"最年长的那个哥哥说。

他现在把一切经过情形都讲出来了。当他说话的时候，有一阵香气在徐徐地散发开来，好像有几百朵玫瑰花正在开放，因为柴火堆上的每根木头已经生出了根，冒出了枝子——现在立在这儿的是一道香气扑鼻的篱笆，又高又大，生满了红色的玫瑰。在这上面，一朵又白又亮的鲜花，射出光辉，像一颗星星。国王摘下这朵花，把它插在艾丽莎的胸前。她苏醒过来，心中有一种和平与幸福的感觉。

所有教堂的钟都自动地响起来了，鸟儿成群结队地飞来。回到宫里去的这个新婚的行列，的确是从前任何王国都没有看到过的。

四

一个孩子的宴会

[法国]亚纳托尔·法朗士

1. 罗歇尔的种马

饲养种马是一件很伤脑筋的事情。马儿是一种骄矜的动物,需要很烦杂的照料。你不妨去问问罗歇尔,看事情是不是这样!

现在他就正在修饰他那匹高贵的栗红马。假如他不曾在一场战斗中失去了他的尾巴的话,他可以说是木马中的一颗珍珠、黑森林种马饲养场上的花朵。罗歇尔倒很想要知道,木马的尾巴是不是又可以重新长出来。罗歇尔在想象中按摩了一阵他的马儿以后,就喂给他们一些假想的燕麦。这是饲养这些木制的小马的正确方法。小孩子们就在梦乡里骑着这些木马驰骋。

罗歇尔现在就要骑着他的那匹英勇的战马到外面去驰骋一番。这只可怜的动物没有耳朵,他的鬃毛也是缺痕斑斑,象一只破梳子。但罗歇尔却很喜欢他。为什么呢?很难说出一个道理。这匹栗色马是一个穷人送给他的礼物。穷人的礼物,比起任何其他礼物来,总使人觉得要可爱得多。

罗歇尔奔驰出去了。他跑得很远。地毯上织的花是热带树上开的花。小罗歇尔,祝你幸运! 祝你心爱的马儿载着你跑遍世界! 希望你永远也不要骑上一匹更危险的马儿! 伟大也好,渺小也好,只要我们骑着我们自己的马! 我们谁没有自己心爱的马儿呢?

　　每个人心爱的马儿各自疯狂地沿着生活的道路奔驰;有的是为了光荣,有的是为了享受;许多在悬崖上跳过去,折断了他们骑手的脖子。我祝你幸运,小小的罗歇尔。我希望,当你长大成人以后,你能有两匹爱马来骑,好让他们把你带向正路:一匹的性格猛烈,另一匹的性格温和。他们都是高贵的马儿:一匹叫做"勇敢",另一匹叫做"善良"。

2. 艺术家

米歇尔的父亲是一个画家。这孩子常常观察他面对着画架工作,静看人和动物在画布上扩大,与大地、海洋、天空和一切大自然栩栩如生的色调融合成一气。他发现他的父亲喜欢画妇女,把她们的眼睛和嘴唇画得象火焰和露水一样——那些具有金发、白皮肤和微笑的嘴唇的妇女。小米歇尔想,当我长大以后,我将不画女人,我将要画马——因为那要比这好得多。

他已经多次尝试画他所想象得到的最好看的动物。但是他的手指所能描出的一些马儿都有这样一个特点:它们一点也不象马。它们倒是象有四条腿的鸵鸟。是的,绘画并不是容易的事情呀。

可是米歇尔仍然取得了很大的进展。现在你再去瞧瞧他所画的那些画,你就可以发现它们多多少少地还象他所要画的东西。他每天都在画。他画得很辛苦,但他喜爱这工作。"辛苦"和"喜爱"是构成天才的最重要的一半。另一半是时间。也许有一天米歇尔将会象他父亲那样成为伟大的画家。昨天他作出了满满一张纸的构图。在这里他画出了一位绅士,手里拿着一根手杖,正在向海滨走去。只是这位绅士的一只手臂是从胸口上长出来的——除此以外,他把这位绅士画得还很象。他的上衣有四只扣子——还有什么东西能比这更完美的呢?他附近有一棵树,远方有一条船。这位绅士看上去好象是要把那条船拾起来放在手上,把那棵树吞进肚皮里去。透视也不太对头。但是对最伟大的画家人们也提出过同样的批评。

今天米歇尔正在完成一件更具雄心的构图。它里面包括人物、船只和风车。他对这幅伟大的作品正在作最后的加工。他凝视着它:船只似乎是在水上滑行,风车的翼似乎是正在转动。他对自己感到很骄傲。他象一切真正的艺术家一样——也象上帝一样,对于自己的工作感到光荣。

但是他却忘记了在他旁边地板上玩的一只小猫儿——它正在玩弄一卷线。米歇尔一离开这个房间,这个小动物就会跳到桌子上,而且它只须用它的白爪子一推,就会把墨水瓶推翻到整张纸上。这样,米歇尔的杰作就会毁掉了。这位艺术家最初也就会变得垂头丧气,但是不久他就会重新画出另一张杰作,来补偿小猫和残酷命运所造成的损失。天才就是这样从不幸中胜利出现的。

3. 夏克玲和米劳

夏克玲和米劳是朋友。夏克玲是一个小女孩,米劳是一只大狗。他们是来自同一个世界,他们都是在乡下长大的,因此他们彼此的理解都很深。他们彼此认识了多久呢?他们也说不出来。这都是超乎一只狗儿和一个小女孩记忆之外的事情。除此以外,他们也不需要认识。他们没有希望,也没有必要认识任何东西。他们所具有的唯一概念是他们好久以来——自从有世界以来,他们就认识了;因为谁也无法想象宇宙会在他们出生之前就已经存在。按照他们的想象,世界也象他们一样,是既年轻,又单纯,也天真烂漫。夏克玲看米劳,米劳看夏克玲,都是彼此彼此。

米劳比夏克玲要大得多,也强壮得多。当它把前脚搁到这孩子的肩上时,它足足比她高一个头和胸。它可以三口就把她吃掉;但是它知道,它觉得她身上具有某种优良的品质,虽然她很幼小,她是很可爱的。它崇拜她,它喜爱她。它怀着真诚的感情舔她的脸。夏克玲也爱它,是因为她觉得它强壮和善良。她非常尊敬它。她发现它知道许多她所不知道的秘密,而且在它身上还可以发现地球上最神秘的天才。她崇敬它,正如古代的人在另一种天空下崇敬树林和田野上的那些粗野的、毛茸茸的神仙一样。

但是有一天她看到一件惊奇的怪事,使她感到迷惑和恐怖:她看到她所崇敬的神物、大地上的天才、她那毛茸茸的米劳神被一根长皮带系在井旁边的一棵树上。她凝望,惊奇着。米劳也从它那诚实和有耐心的眼里望着她。它不知道自己是一个神、一个多毛的神,因而也就毫无怨色地戴着它的链子和套圈一声不响。但夏克玲却犹疑起来了,她不敢走近前去。她不理解她那神圣和神秘的朋友现在成了一个囚徒。一种无名的忧郁笼罩着她整个稚弱的灵魂。

4. 一个孩子的宴会

玩"宴会"的游戏是多么有趣啊！你可以举行一个简单的宴会或一个复杂的宴会——随你的便。你就是什么东西都没有，也可以开一个宴会。你只须装做是有许多东西就得了。

戴丽丝和她的妹妹苞玲邀请皮埃尔和玛苔到乡下来参加一个午宴。正式通知早已经发出了，而且他们为此事也谈论了好几天。妈妈对她的这两个女孩子给了一些良好的忠告——也给了一些好吃的东西。她们有奶油杏仁糖，柔软的蛋糕，还有巧克力奶糕。餐桌是设在一个凉亭里。

"但愿天气很好！"戴丽丝大声说。她现在已经九岁了。一个人到了她这样的年龄就会知道，在这个世界上你最珍爱的希望常常是会落空的，你所想做的事情也常常是会无法实现。可是苞玲却没有这些烦恼。她想象不到天气会变坏。天将会是很晴朗的——因为她希望是如此。

啊！那伟大的一天终于是明朗清洁，阳光灿烂。天空上半点云块也没有。那两位客人也到来了。多幸运啊！因为客人不来也是戴丽丝担心的一件事情。玛苔曾得了感冒，也许她到时不能痊愈。至于小小的皮埃尔呢，谁都知道他总是误掉火车。这不能怪他。这是一种不幸，但不是他的过错。他的妈妈是一个天生不遵守时间的人。不管在什么场合下，皮埃尔总要比别人迟到；在他一生之中从来没有一件事情他能看到它的开始。这使他产生一种呆滞、听天由命的表情。

宴会开始了，绅士淑女们，各位请坐！戴丽丝当主人。她的态度是既殷勤而又严肃。主妇的本能现在在她内心里开始发生作用了。皮埃尔劲头十足地切起烤肉来。他的鼻子抵到盘里，手肘翘到头上，他是在拿出他平生的气力为大家分切一只鸡腿。嗨！甚至他的双脚也在他这番努力中作出贡献了。玛苔小姐吃饭的态度很文雅，既不慌张，也不发出响声，完全象一个成熟的姑娘。苞玲倒不是如此特别；她喜欢怎样吃就怎样吃，喜欢吃多少就吃多少。

戴丽丝一会儿伺候客人，一会儿自己也当客人，她感到非常满足；而满足比起快乐来是要略胜一筹的。小狗喜浦也来参加，吃掉那些残羹剩菜。当她看见它啃那些骨头时，她想：小狗们永远不会懂得成年人——也包括孩子们——的宴会是多么考究和优雅，这才是使人感到心旷神怡的东西哩。

5. 钓　鱼

　　早晨热昂准时地和他的妹妹热昂妮出发了。他的肩上扛着一根钓竿,臂上挂着一个鱼篓。这正是假期,学校已经关门了。这也正是为什么热昂每天总要扛着鱼竿和提着鱼篓跟他的妹妹一道出去,沿着河岸往前走。热昂是杜林①人,他的妹妹也是一个杜林姑娘。下面的河流也是杜林河,它位于一个湿润的、柔和的天空下,在两排银色的杨柳中间,不慌不忙地向前流,水清得象镜子。早晨和晚间,这里总有一层白雾在水草地上移动。但热昂和热昂妮所喜爱的并不是它两岸的绿色,也不是那映着天空的一平如镜的清水。他们所喜爱的是河里的鱼。他们在一个合适的地点停下步子,热昂妮在一个秃顶的杨树下坐下来。热昂把鱼篓放在一边,就解开他的鱼具。这是一件很原始的钓鱼工具——一根枝条,系上一根线,线的尽头有一根弯过来的针。枝条是热昂提供的,线和钩子则是热昂妮的贡献。因此这一套鱼具是哥哥和妹妹的共同财产。双方都想占有这一套工具。这一套本来是和鱼儿开玩笑的东西,不料在这和平安静的河边竟成了家庭口角和相互殴斗的根源。哥哥和妹妹都为争取自由使用鱼竿和钓丝的权利而斗了起来。热昂的胳膊被拧得发紫,热昂妮的双颊被她哥哥的耳光打得发红。最后,他们拧累了,也打累了,热昂和热昂妮只好达成协议,同意不用武力攫取鱼具而在友谊的气氛中共用。他们约定,每次钓起一条鱼,钓竿就得轮流从哥哥转到妹妹的手中来。

　　协定是由热昂开始执行。可是他执行到什么时候为止,那可就无法预测了。他没有公开破坏协定,但他却用了一个很不光彩的办法来逃避履行责任。为了不把鱼竿交给他的妹妹,即使鱼儿把食饵啃得浮子上下

---

①　这是法国西部的一个省。

移动,他也不把鱼儿抽出水来。

热昂是诡计多端的,但热昂妮对此却很有耐心。她已经等待了两个钟头了。但最后她终于感到闲得发慌了。她打呵欠,伸懒腰,只好躺在柳树荫下,闭起眼睛来。热昂从眼角里斜斜地望了她一眼,以为她睡着了。他突然把线抽出水来,线尾上悬着一件闪闪发光的东西。一条白杨鱼已经挂在钩子上了。

"啊! 现在轮到我了。"他后面有一个声音叫出来。

热昂妮把钓竿抢过来了。

6. 枯 叶

秋天到来了。刮进树林里的风儿把枯叶搅得狂飞乱舞。栗树都已只剩下光身子,向空中伸着它们那骷髅般的黑手臂。山毛榉和鹅耳枥也都在脱叶。赤杨和白杨也换上了金色,只有那庞大的栎树还保持着它们那浓郁的绿叶。

这是一个清新的早晨。一股锐利的晨风在那灰色的天空中追赶着云块,同时也把许多小孩子的手指吹得通红。皮埃尔、巴贝特和热昂诺出外去采集枯叶——这些枯叶,在它们还有生命的时候,曾经是充满了露水和鸟儿的歌声,但是现在它们那萎缩了的尸体却是成千上万地撒满了一地。它们都死了,但是它们发出的气味还是很香。对山羊利美特和母牛罗塞蒂说来,它们可以成为很好的睡眠用的垫子。皮埃尔提着一个大篮子,而他却是一个相当矮小的人物。巴贝特背着一个袋子;她也是一个小妇人。热昂诺推着一个手车,走在最后。

他们跑步下山。在树林的边上,他们遇见了别村来的孩子。这些孩子也是来收集枯叶,为的是要把它们储藏起来过冬。他们是来干活,但这可不是好玩的事儿。

切不要以为他们是因为在干活而感到不愉快。是的,干活是严肃的事情,但并不是不愉快。这些小把戏常常是为了好玩才模仿人们做工作,而孩子们的游戏,在大多数的情况下,都是模仿他们长辈日常所做的工作。

现在他们是真正使劲地在干活了。男孩子们在不声不响地完成他们的任务。他们都是农民的孩子,不久他们就会长大成人,而农民是不多大喜欢讲话的。至于农家的女孩子呢,情况可就不同了。当她们在向篮子和袋子里装枯叶的时候,她们的嘴可是没有休息过。

太阳已经爬得很高了,使整个野外都变得温暖起来。缕缕炊烟从农屋的顶上升起。孩子们都知道这意味着什么。这炊烟告诉他们,罐子里的豌豆汤快要熬熟了。这些幼小的劳动者,再抱几抱枯叶,就要走上回家的路了。他们背着麻袋或者推着车子,很快就感到热起来了,汗也象珠子似地冒出来了。皮埃尔、巴贝特和热昂诺都停下步子喘气。

但他们一想起豌豆汤,劲头马上就又来了。他们气喘不迭,终于回到了家。他们的妈妈正在门口等着他们,喊:

"孩子们,快来呀,汤已经煮好了。"

我们的这些小朋友们都觉得这太美了。用自己的劳动换得来的汤,世界上再也没有什么东西比这更美好的了。

7. 过草场

吃完早饭后,卡塔琳妮带着她的小弟弟热昂出门,到草场上去。他们离开的时候,这一天象他们自己一样,是那么年轻和新鲜。天空还没有完全发蓝,它还有点儿灰暗,不过是近乎蓝色的、比较柔和的灰暗。卡塔琳妮的眼睛恰好就是这种灰暗的颜色,好象它们就是早晨的天空所形成的。

卡塔琳妮和热昂自由自在地在草场上游玩。他们的妈妈是一个农夫的妻子,现在正在家里干活。他们没有保姆来照看他们,他们也没有这个需要。他们认识路,认识所有的树林、田野和山丘。卡塔琳妮只要望望太阳就知道是什么时间,她可以猜出大自然的各种秘密——这些东西城市孩子是完全不知道的。小小的热昂自己也懂得许多有关山林、池塘和山丘的事情,因为他那幼小的灵魂是一个乡下人的灵魂。

卡塔琳妮和热昂漫步穿过开满了花的草场。他们一边走,卡塔琳妮就一边编一个花束。她摘了一些蓝色的矢车菊、鲜红的罂粟花、剪秋罗和金凤花——她知道,这些花同时也叫做"小鸡仔"。这些漂亮紫色的花儿开在灌木所形成的篱笆上,也叫做爱神的镜子。她把它们采下来,她还摘了些远志的黑穗子、老鹳草和铃兰花——它的那些钟形花朵只要微风轻轻吹一下就可散发出芬芳的香气。卡塔琳妮喜爱各种花儿,因为它们都非常美丽。她喜爱它们还因为它们是那么好看的装饰品。她穿得很朴素,在那一顶棕色的布帽子底下,藏着她那漂亮的头发。她那简单的上衣外面罩着一条格子花的围裙,她脚上穿的是一双木鞋。她除了到本区教堂去参加圣·玛利亚和圣·卡塔琳妮节日以外,从来是不穿华丽的衣服的。但是有些事情女孩们一生下来就知道。她知道,戴上花朵会变得好看一些,漂亮的姑娘在胸前戴一个花束,会显得更漂亮。她有一个想法,觉得她戴上一个比她的脑袋还要大的花束,她一定看起来俊美。她的想法真是象她的花朵那样明朗和芬芳。有的想法是无法用语言来表达的，因为有的语言还不够美丽。那只能用歌调来表达——最活泼、最柔和的调子，最甜美的歌儿。因此卡塔琳妮一边采集花朵，一边就唱起歌来："我一个人走向树林"和"我的心属于他，我的心属于他"。

热昂的气质可不是这样。他有另外一条思想路线。一点也不错，他是一个好孩子。他还没有穿过长裤，但是他比他的年龄显得要懂事得多，象他那样喜欢嬉戏的孩子还很不容易见到。他一手抓住姐姐的围裙，为的是怕摔倒；一手挥动他的鞭子，象一个强壮的小厮。他爸爸所雇用的那位马倌，当他牵着马儿到河旁喝完水、在回家的路上遇见自己的情人时，响起的马鞭也决不能比得上他神气。小小的热昂从不会让自己被一些温柔的幻想弄得迷糊。野花引不起他的兴趣。他所梦想的游戏是一些困难的活计。他心里所想的，是那些陷在泥团里的载重车和那些拉车的马儿在他的吆喝和鞭子的响声中扛着轭拖车的情景。

卡塔琳妮和热昂爬上了草地，朝山上走，来到一座山丘——从这里你可以看到村里的那些烟囱和远处两个教区的教堂尖塔。这时你就可以发现，世界该是一个多么广大的地方！这时卡塔琳妮就可以更好地理解老师所讲给她的一些故事了——从方舟里飞出的鸽子、"希望之乡"的以色列人①和从这个城市游到那个城市的耶稣。

"咱们在那儿坐一下吧。"她说。

她坐下来，张开她的手，把她所采摘的那些花朵撒到自己身上。她全身是花，全身充满了香气。不一会，蝴蝶儿到来，围着她飞。她把这些花儿仔细加以挑选，调配它们的色彩，然后把它们编成花冠和花环，她的耳朵上还带上花儿做的坠子。她打扮得完全象牧羊人所崇敬的一个农村"神洁的圣母"。她那一直在赶着一群想象中的马儿的小弟弟，也被她这一身华丽的打扮所吸引住了。他心里充满了说不尽的崇拜和羡慕。一种宗教的敬畏感渗透他那整个幼小的灵魂。他站着不动，马鞭从他的手里

① 即基督教《圣经》上所谓的"天国"，上帝把它许给以色列人的祖先亚伯拉罕及其后代。

落到地上。他觉得她被许多可爱的花儿所拥簇着,非常美丽。他想把他的这种感觉用他那柔嫩的、发音不清的语言表达出来,但没有成功。不过她已经猜出了他的意思。小卡塔琳妮是姐姐,姐姐也就是小母亲。她看出了一切,猜到了一切。她有一种神的本能。

"是的,亲爱的,"卡塔琳妮大声说,"我将为你编一个花环,你看上去将会象一个小小的国王。"

因此她把白的花、黄的花、红的花编在一起,成为一个花冠。她把它戴在小热昂的头上,他的脸上由于骄傲和高兴泛起了一片红霞。她吻了她的小兄弟,把他双臂举起,然后放在一块大石头上,身上饰满了花。接着她就满怀钦羡地望着他,因为他是那么美丽——而且是她把他打扮得如此美丽的。

热昂站在这个基座上,自己也知道是很美丽。这个想法也引起了他对自己深沉的崇敬。他觉得他是某种神圣的人物。他笔直地站着,一动也不动!眼睛睁得圆圆的,嘴唇紧闭,双臂下垂,手掌张开,手指外伸——象一个手车的轮辐一样,他在享受作为一个偶像的那种虔诚的快感。他真的以为他现在就是一个偶像了。他头上是天空,脚下是山林和田野。他就是宇宙的中心。只有他是伟大的,只有他是美丽的。

但是卡塔琳妮却忽然哈哈大笑起来。她喊:

"哎呀!瞧你的样子多滑稽,小热昂!瞧你多滑稽!"

她跑过来,把他的双臂扳到背后,吻他,摇他。那个沉重的花冠从他的鼻子上滑下来了。她又大笑了一阵:

"哎呀!瞧你的样子多滑稽,小热昂!瞧你多滑稽!"

对小热昂说来,这可不是好笑的事情。他感到很悲哀,也很惋惜,他奇怪为什么一切消逝得这样快,他已不再是美丽的了。他又走到下边的地上来,他感到真难过!

他的花冠现在散开了,被扔到草上,而他,小小的热昂,又变得和普通人没有两样。是的,他不再是美丽的了。他仍然是一个虎头虎脑的小莽汉。他马上又捡起他的鞭子,赶着他那想象中的、由两匹马儿和两辆载重车所组成的车队,沿着一条老路走去。卡塔琳妮仍在玩弄她的花儿。但是它们有的已经枯萎了。有的则合起花瓣,睡去了。因为花儿象动物一样,也得睡觉呀。瞧!几个钟头以前摘下来的风铃草,现在已经闭起了它紫色的铃形花,躺在把它从生命卡断了的一双小手上睡着了。

一阵微风吹了过来。卡塔琳妮打了一个寒噤。夜到来了。

"我饿了。"小热昂说。

但是卡塔琳妮连给她弟弟的一小片面包也没有。她说:

"小弟弟,我们回到家里去吧。"

他们想起了那吊在大烟囱底下一个钩子上的、正冒着汽的白菜汤。卡塔琳妮把花儿都收在一起,抱在怀里,然后牵着小弟弟,一同向回家的路上走来。

太阳慢慢地坠入红色的西山脚下。燕子向这两个小孩扑过来,它们的翅膀似乎要停止飞动,接触着他们的身体。暮色阵阵加深了。卡塔琳妮和小热昂紧紧地贴在一起。

在路上,卡塔琳妮把花儿一朵接着一朵地丢掉了。他们可以听到蟋蟀的唧唧声——这声音,在旷野的静寂中,越叫越有劲。他们两人都变得害怕起来,他们在他们小小的心里感到很悲哀。周围都是他们所熟悉的土地,但是他们最熟悉的东西现在却显得奇怪和神秘莫测。大地对他们说来似乎忽然变得太大、太老了。他们很疲劳,他们开始觉得,也许他们永远也到不了家——妈妈正在那里为全家的人做菜汤。热昂的鞭子没精打采地悬着,没有发出任何声音,卡塔琳妮手里最后的一朵花也从她指间滑下去了。她紧抓着热昂的胳膊,谁也不说一句话。

最后他们终于远远地看到家屋的房顶和在下垂的夜幕中升向上空的炊烟。于是他们便停止前奔,拍着双手,为高兴而欢呼起来。卡塔琳妮吻了她的小弟弟,接着他们就拔腿跑起来——他们的腿子能跑多快就跑多快。当他们到达村子的时候,在地里劳动的妇女也都回村了。她们向他们道晚安。他们又重新开始呼吸。他们的妈妈正站在门口,头上戴着一顶白帽子,手里拿着一把搅汤的勺子。

　　"小家伙,快来吧,快来吧!"她对他们喊。他们倒到她的怀里。当他们走进堂屋的时候,白菜汤已经在桌上冒汽了。卡塔琳妮又打了一个寒噤。她亲眼看见了夜幕降临大地。至于热昂呢,他坐在一张有柜子的长背椅上,下巴跟餐桌一样齐,正在喝白菜汤。

8. 小"水鬼"

他们是一些当水手的男孩子,不折不扣的小"水鬼"①。瞧瞧他们的那副样儿:他们把头上的帽子一直拉到耳朵上,为的是当狂风从海上吹来、带着浪沫大吼大叫的时候,他们的耳朵不至于被震聋。他们穿着很厚的毛衣来抵御潮湿和寒冷。他们的那些打满了补钉的上衣和裤子都是他们老一代的人穿过的东西。他们身上穿的绝大部分的衣服,都是用他们父亲的遗物缝缝补补地拼成的。他们的灵魂也是不折不扣地从他们的父亲继承下来的:朴素、勇敢、有长期忍受苦难的能耐。从出生的那天起他们就具有一种真诚的、高尚的性格。他们从谁、从什么获得这种特点呢? 是从上帝、从他们的父母、从大海所得来的,大海教给水手们学会勇敢,正视危险。它是一个粗犷而又很和善的教员。

这正是为什么我们的这些水手孩子,虽然他们的思想仍很幼稚,但他们的精神却已经是象英勇的老战士了。他们把手肘搁在护海的堤岸上,向外面的大海望去。他们所凝望的不单是划分大海与天空的那条蓝线。对于大海那些温柔的、不断变化的色调或者那些奇形怪状的云块形态,他们的眼睛并不怎么老感到兴趣。当他们向海上了望的时候,他们所想看的是比那浪花的色调和云块的形态更要动人得多的东西:是那些牵涉到人类情感的东西。他们是在凝视那些远离海岸、出去作业的渔舟。它们不久就又会在那远方的水平线上浮现出来,装满龙虾——堆得和船舷一样齐,同时载回来曾在海上作业的伯伯和叔叔、哥哥和父亲。这队小小的渔船,连同它们棕色和白色的船帆,不久就会在大海与上帝的蓝天之间露面。这天的天空是清净无云,海面是风平浪静。正在高涨的潮水慢慢地

---

① 即水手——特别是有经验的水手。

把这个捕鱼队送到了岸边。但大海却是一个反复无常的老怪物。它以各种形态出现,而且也唱着各种调子的歌。今天白天它乐呵呵地大笑;明天夜里它在泡沫组成的胡须下面发出嘟囔的怨言。那些轻便的船只,虽然牧师在它们出帆时唱过赞美诗为它们祝福,它却毫不留情地把它们弄翻。那些最能干的船长,它却把他们淹死。在那些屋门口——那些晾着渔网和鱼篓的门口,你看到那么多的妇女戴着黑纱,这全都是它那种反复无常的行为所造成的后果。

9. 玛　莉

　　小女孩子们总盼望摘到花朵和星星——这是她们的天性。可是星星却摘不下来。星星给小女孩子们的一个教训是,世界有许多被盼望的东西是永远也不会得到的。有一天,玛莉姑娘到公园里去,来到一个绣球花的花坛旁边。她看到花儿开得那么美丽,就想摘下一朵。可是这不太容易,她用双手一拉,花茎子就被拉断了,她自己也几乎向后倒下去了。当然,摘下了这朵花,她感到很高兴,也很骄傲。可是,这却被她的保姆瞧见了。她跑过去,抓住玛莉姑娘的手臂,责骂她,给她罚站,要她反省——不是罚她站在一个小黑房里,而是站在一棵栗树旁边,在一把庞大的日本阳伞下面。

　　玛莉姑娘在那下面坐着深思,感到惊奇,也迷惑不解。她一只手拿着那朵花,阳伞在她周围散出一个发亮的光圈,她看上去象是从海外远来的一尊偶像。

　　保姆告诉她:"玛莉,不准你把花放进你的嘴里。我告诉你不要这样做,如果你不听,小狗多多就会咬掉你的耳朵。"

　　这个小小的罪犯,一声不响地坐在那个光辉的华盖下面,只有向周围东张西望——望望天,望望地。她所望见的是一个广大的世界——相当广大,而且很美丽,足够使她好一阵子感到兴趣。可是这一切对她所引起的兴趣还是比不上那朵绣球花。她心里想:"这是一朵花,它一定很香。"于是她把鼻子伸到那朵红而带蓝的绣球上。她闻了又闻,可是闻不出任何香气。她是一个不太会闻香的人:不久以前,她闻玫瑰花的时候,不是向它吸,而是向它吹。对于这,你可不要笑她,一个人不能一下子就把一切东西学会的。此外,即使她的嗅觉是和她的妈妈一样锐敏,在现在这种场合下,她也不能有所作为,因为绣球花没有香气。这也是为什么不管它是多么好看,我们很快就会对它感到腻了。不过玛莉姑娘又有了另一种想法:"这朵花——也许它是糖做的。"于是她便大张着嘴想把这朵花送进她的嘴唇里去……

忽然,汪汪！她的小狗来了。这是多多。它从绣球花花坛那边冲过来,直到玛莉小姐面前才停下步子,它的耳朵竖着,它的一对锐利的小圆眼睛死盯着她。

10. 卡塔琳妮的"招待会"

五点钟。卡塔琳妮姑娘要给她的木偶开一个"家庭招待会"。这是她的"节目"。木偶们是不会说话的。小妖精让他们会作出微笑,但却不赐予他们说话的功能。他拒绝这样作是为了公共利益:如果木偶们会讲话,那么我们什么也听不着,只能听他们讲了。虽然如此,这并不是说没有人谈话。卡塔琳妮代她的客人谈话,也代她自己讲话。她自己发问,自己回答。

"你好吗?——很好,谢谢你。昨天早晨我去买糕饼,折断了一条手臂,但是现在完全好了。——啊,那太好了。——你的小女儿怎么样呢?——她在害百日咳。——啊!多么不幸!她咳嗽得厉害吗?——哦!不害别的咳嗽病,就得患百日咳。您知道,上星期我家里有两个孩子。——真的吗?这样一来,你家里就有四个孩子了,对吗?——四个还是五个,我现在记不清楚了。当你孩子多的时候,你就糊涂了。——你穿的这件外衣漂亮极了。——啊!我家里还有比这更漂亮的衣服。——你常去戏院看戏吗?——对,每晚都去。昨天我就上歌剧院去过,不过普里岂尼①没有上台,因为一只狼把他吃掉了。——我的亲爱的,我每天去参加舞会。——那一定是很有趣。——是的,我穿着礼服,和一些年轻人跳舞:将军、王子、糖果蜜饯店的老板和许许多多最有名望的人。——你今天看上去象安琪儿一样美丽,我的亲爱的。——啊!现在是春天呀。——对,不过多可惜,天在下雪。——我喜欢雪,因为它是洁白的。——啊!您知道,还有一种漆黑的雪啦。——是的,不过那是一种

---

① 这是法国木偶戏中一个常见的人物。他一上台就要宣布许多秘密,但"秘密一旦为人所知,也就不成其为秘密了"。

坏雪。"

这是一种优美的社交谈话。卡塔琳妮姑娘喋喋不休地谈着,她的舌头就没有停过。但我还是要挑她的毛病:她一人垄断了全部的谈话,而且是对着同一个客人——一个非常漂亮、穿着美丽礼服的客人。在这一点上她是不对的。一个好的女主人就应该对每一个客人都表现出礼貌才对。她应该对大家都和蔼,如果她有什么偏爱的话,她就应该对那些生活境遇不太好、性情孤独的人表示特别好感。我们应该恭维不幸的人们;只有这种恭维才是合理的。卡塔琳妮逐渐自己发现了这一点。她已经找出了真正有礼貌的秘密:一颗善良的心。她为客人们倒茶,没有一个人她忘记掉。她还敦促那些贫困、不幸、吃东西很拘谨的木偶们多吃点那些看不见的糕饼和夹肉面包——也就是用骨牌伪装的代用品。

某一天,卡塔琳妮将会举办一个沙龙①——在那里面法国古老的礼貌传统将会重新获得生命。

---

① 这是一个法国字的译音。它的意思是"雅致的客厅"。它的主人一般是有社会地位而又有高度教养的女性。她经常请一些文化和政界名流来此交换有关文化、艺术和政治的看法,因而她的"沙龙"也成了一种文化中心。这种风气在十七、十八世纪很流行。

11. 勇　敢

露薏莎和佛列德里克正在村路上向学校走去。太阳正在兴高采烈地射出光辉,这两个小孩也在唱着歌。他们唱得象夜莺一样好,因为他们的心情也象夜莺一样轻松。他们唱的是他们的祖母还是女孩子的时候所唱的一支歌——他们孩子的孩子有一天也会唱的一支歌。歌儿是柔嫩的花朵,永远也不会消亡,它们从这片嘴唇飞向那片嘴唇——自古到今都是如此。嘴唇会变得萎枯,变得沉默,但是歌儿永远会有生命。当男子都是牧羊人的时候,当女子都是牧羊女的时候,有些歌儿就已经唱起来了,一直传到现在。这也就是为什么它们所叙述的全是一些关于羊和狼的事情。

露薏莎和佛列德里克在唱歌。他们的嘴儿象花儿一样圆,他们的声音回旋在早晨的空气中,听起来既锐、又脆、又清。不过,请听! 佛列德里克的声调忽然在他的喉咙里哽住了。

什么看不见的力量在这个孩子的嘴唇上把调子扼杀了呢? 是"恐惧"。每天,他几乎是象命运一样准确,总要在村子的尽头碰上村里屠夫的那只狗儿,他每天一见到它,心就好象是停止了跳动,他的双腿就开始发抖。但是屠夫的狗儿并没有向他扑过来,连扑的架势也没有。它安安静静地坐在它主人的店门口。但它是一条黑狗,它那对充血的眼睛也喜欢盯着人,它还喜欢露出一排锐利的白牙齿。它的样子确实怕人。此外,它还是蹲在一堆烂肉、内脏和一切可怕的东西中间——这使得它的那副样子更是吓人。当然这不能怪它,它是一个惯于摆样子的天才。是的,它是一个满面凶相的畜生,它——屠夫的狗儿! 因此佛列德里克一看见它蹲在店门口,就按照他平时看见成年人对付脾气暴躁的恶狗的那种办法,捡起一块石头。这头狗儿也就偷偷地贴着对面的那座墙溜走了。

这次佛列德里克就是这样应付这个局面的,露薏莎不禁对他笑了。

她不象一般幸灾乐祸的人那样,对他发表一通挖苦的议论。不,她什么话也没有说;她只是不停地唱着歌。不过她把歌声变换了一下,她开始用一种讽刺的调子唱,弄得佛列德里克满脸通红,一直红到耳根子。他不禁万感交集,他的小脑袋里一片混乱。他认识到了,我们对于羞耻的害怕应该更甚于危险。他开始对于"害怕"感到害怕起来。

就这样,从此每次放学以后,他一瞧见屠夫的那只恶狗,就大摇大摆地走过去。这倒使这只狗儿感到惊愕起来了。

历史补充了一个细节:他每次这样作的时候总要瞟露薏莎几眼,看她是否在旁观察。人们说,世上如果没有妇人和少女,男子也许就不会那么勇敢了。这倒也是真话。

12. 病　愈

热曼妮病了。谁也不知道她的病是怎么生起来的。是那个每天晚上来临的、把小朋友弄得昏睡的老家伙,挥起他那看不见的胳膊——正如清道夫的手一样,把热病播散开来的。但是热曼妮没有病得太久,也病得不太厉害,现在她已经逐渐恢复过来了。逐渐恢复的过程,比以后到来的痊愈,在感觉上要愉快得多。同样,盼望和希望,总的说来,要比我们希望和盼望所得到的东西要好得多。热曼妮是躺在床上;她的房间是最漂亮的,阳光也充足;她的梦也象她的房间一样,充满了阳光。

她望着她的木偶,神情仍然有些倦怠。木偶睡在她的床边。小女孩和她们的木偶之间所存在的感情是很深的。热曼妮的木偶象她的小妈妈一样,也同时病了。现在她也和热曼妮同时在恢复健康。她将要坐在热曼妮的旁边,和她一同到户外去玩。

她也看过医生。亚夫列德来摸过木偶的脉。他是一位"糟得不能再糟"的大夫。除了砍掉手臂和腿子以外,他什么医道都不谈。热曼妮诚恳地请求他,他总算同意了要把木偶的病治好,而不是把她肢解成碎片。但他开的一些药方,则是些糟糕的药方。

不管怎样,生病有一个好处;那就是,它使我们认识我们的朋友。热曼妮现在完全相信,她可以信任亚夫列德的善良;她也肯定露茜是最好的姐妹。在她害病的那几天里,露茜到病房来教她的功课,同时也为她缝纫。她坚持要病人喝她亲手泡的清茶,而不是亚夫列德所开的那些苦药。她的茶里放有野花,香甜可口。

当热曼妮一闻到茶的香气时,她的思想就飞向了那开满了花儿的山路上去了。那里是小孩和蜜蜂常去的地方;那里也是她去年经常去玩的地方。亚夫列德也记起了那些美丽的山路、树林、水泉和那些在悬崖绝壁附近爬上爬下的、响着丁当丁当铃声的毛驴。

13. 进行式

雷涅、贝尔纳、罗歇尔、夏克斯和艾蒂昂都充分相信,世界上再也没有什么东西比当一名士兵美妙。法朗西妮同意他们的看法。她唯愿自己是一个男孩子,能够去参军。他们有这种想法,是因为兵士都穿有好看的制服,戴有肩章和金线织的带子,还挂着金光闪闪的佩刀。另外还有一个理由把士兵摆在一般公民的前列——因为他们把生命献给国家。世界上没有比牺牲还更伟大的东西,而贡献出自己的生命是牺牲中最伟大的牺牲,因为它概括了一切其他的牺牲。这也正是为什么当一队士兵走过去的时候,群众的脉搏就高涨起来了。

雷涅是将军。他歪戴着军帽,骑着一匹战马。这顶帽子是用纸做的,一张椅子代表他骑的马。他的队伍包括一名鼓手和四名士兵——其中有一名是女子!"枪上肩! 向前看,开步走!"于是进行式就开始了。法朗西妮和罗歇尔,全副武装,看上去倒是相当威武。不错,夏克斯拿枪的姿势并不太英勇。他是一个忧郁的孩子。但是对于这一点我们不能责怪他;梦想家和那些完全不做梦的人相比,同样可以表现得很勇敢。他的弟弟艾蒂昂——队伍中一个最小的萝卜头——是一个爱沉思的人物。但他很有抱负,他想立刻成为一位将军,而这也正是使他变得忧郁的原因。

"前进! 前进!"雷涅大声地喊口令,"我们进攻的目标是中国人①——他们就在餐厅里。"中国人就是那里的一些椅子。当你在做打仗的游戏

① 这里具有一定的讽刺意义。当时中国人在国外的形象是"东亚病夫",不堪一击,而帝国主义者却趁机不断侵略中国,在人民中间宣传中国"顽固排外",应该惩罚,事实上这是他们的一种欺软怕恶的懦弱行为。

时,椅子可以成为头号的中国人。他们倒了——还有什么办法中国人能应付得比这更好呢? 当所有的椅子都被推得四脚朝天的时候,雷涅就宣布:"弟兄们,我们现在已经打败了中国人,我们可以吃饭了。"这个想法大家都一致赞成。是的,兵士得吃东西。这次后勤部提供了最好的食品——带葡萄的甜面包、杏仁乳酪饼、咖啡蛋糕、巧克力蛋糕和红醋栗糖浆。士兵们狼吞虎咽地大吃起来。只有艾蒂昂什么也不沾唇。他皱起眉头,满怀嫉妒地望着"将军"放在椅子上的那把佩刀和那顶歪帽。他偷偷地站起来,把这两件东西抓在手里,溜进隔壁房里去了。在这房间里,他独自一人站在镜子面前。他现在也成为一个将军了,一个没有军队的将军,一个孤家寡人的将军。他现在尝到了"雄心壮志"的味道——一种充满了迷糊的远景和辽远、辽远希望的快感。

14. 苏　珊

你知道,鲁佛尔①是一个博物馆,那里藏着许多美丽和古老的东西——这种作法很聪明,因为"古"和"美"都是同样值得敬仰的东西。鲁佛尔博物馆里的名贵文物中有一件最感人的东西,那就是一块大理石像的断片。它有许多地方显得很破旧,但上面刻的两个手里拿着花的人却仍然可以看得很清楚。这是两个美丽女子的形象。当希腊还是年轻的时候,她们也是年轻的。人们说,那是一个完美无缺的美的时代。把她们的形象给我们留下的那位雕刻师,把她们用侧面像的形式表现了出来。她们在彼此交换莲花——当时认为是神圣的花。从这花儿的杯形蓝色花萼中,世人吸进了苦难生活的遗忘剂。我们的学者们对这两位姑娘作过许多思考。为了要了解她们,他们翻过许多书——又大又厚的书、羊皮精装的书,还有许多用犊皮和猪皮精装的书。可是他们从来没有弄清楚为什么这两个姑娘各人手里要拿着一朵花。

他们费了那么多的精力和思考、那么多辛苦的日子和不眠之夜所不能发现的东西,苏珊小姐可是一会儿就弄清楚了。

她的爸爸因为要在鲁佛尔去办点事,就把她也带到那儿去了。苏珊姑娘惊奇不止地观看那些古代文物,看到了许多缺胳膊、断腿、无头的神像。她对自己说:"啊! 对了,这都是一些成年绅士们的玩偶;我可以看出这些绅士们把他们的玩偶弄坏了,正象我们女孩子一样。"但当她来到这两位姑娘面前时,看到她们每人手里拿着一朵花,她便给了她们一个吻——因为她们是那么娇美。接着她父亲就问她:

---

① 这原是位置在巴黎塞纳河畔的一个宫殿,于 1541 年开始建筑。1793 年后它成为了一个博物馆和美术馆,驰名于全世界。

"她们为什么相互赠送一朵花?"

苏珊立刻回答说:

"她们是在彼此祝贺生日快乐。"

她思索了一下,又补充了一句:

"因为她们是在同一天过生日呀。她们两人长得一模一样,所以她们也就彼此赠送同样的花。女孩子们都应该是同一天过生日才对呀。"

现在苏珊离开鲁佛尔博物馆和古希腊石像已经很远了;她现在是在鸟儿和花儿的王国里。她正在草地上的树林里度过那晴朗的春天。她在草地上玩耍——而这也是一种最快乐的玩耍。她记得这天是她的小丽雅克妮的生日;因此她要采一些花送给她,并且吻她。

15."伟大"的代价

罗歇尔、马赛尔、贝尔纳、夏克斯和艾蒂昂要去看他们的朋友热昂。他们要在一条宽阔的公路上走。这条路在田野和草地上弯弯曲曲地向前伸展,象一条黄色的缎带。

现在他们动身了。他们并排地往前走;这是最好的走法。这一次的安排只有一个缺点:艾蒂昂太小了,跟不上。

但他在紧跟。他提起他最好的那只脚大步向前。他那双短腿尽量伸开,尽量扩大跨度;他还甩开双臂来使劲。但他是太矮小了,他没办法走得和他的伙伴们同样快。正因为他太小,他拉到后边了,没有办法。

那些大孩子们都比他年长。照理讲,他们应该等待他,使自己的步子与他的步子合拍。他们实在应该如此,可是他们却不这样作。向前进!这个世界上的强者总是这样喊,而把弱者遗弃在后面。但是,请听听事情的结尾吧。那四位又高大、又强壮、又结实的朋友忽然看见地上有一件东西在跳跃。它在跳跃,因为它是一只青蛙。它想从路边跳到草地上去。草地是青蛙的家;它喜欢它。它的寓所就在那儿的一个溪流旁边。它跳跃着,跳跃着。

它是一只绿色的青蛙。它象一片有生命的树叶。这些孩子们现在来到了草地上;他们觉得他们的脚在往那长着草丛的软泥地上下陷。他们再向前走了几步,泥巴就已经漫到他们膝盖上了。下面的沼地被上面长着的草儿掩盖住了。

他们花了好大气力才算把自己拔出来。鞋子、袜子和腿肚全都变得象墨水一样黑。这块绿草地上的童话之神,给这四个坏孩子涂上了一层泥巴做的绑腿。

艾蒂昂赶上前,连气都喘不过来。当他看到他们这副狼狈相时,他不知道他应该感到高兴还是惋惜。他那幼小的心灵现在充满了一种灾难之感——一种伟大和豪强的人物遇到了灾难的那种感觉。至于那四位满身是泥的顽童呢,他们只有老老实实地沿着那走过来的路再回去,因为他们——我们很想知道——怎么好意思去看他们的朋友热昂呢——特别是当他们的鞋子和袜子成了现在这副样儿?当他们回到家来时,他们的母亲们可以根据他们腿子所暴露的情况猜出他们曾经捣过什么蛋,而艾蒂昂的那双胖胖的小脚倒是说明了他一直是多么规矩。

16. 潘得管①

皮埃尔、夏克斯和热昂这三个孩子都是来自一个村庄。他们都站成一排,在呆望什么东西。他们的那副样儿看上去简直象一个口风琴或潘得管,所不同的是管子只有三个,而不是七个。皮埃尔立在左边,是一个较高的孩子;热昂立在右边,身材矮小;夏克斯介乎二者之间,可以说是高,也可以说是矮——这要看你是以他左手边的朋友还是右手边的朋友为标准而定。我要求你考虑一下这个问题,因为这个局面既牵到我,也牵到你——事实上牵到所有的人。我们每个人都象夏克斯一样,可以认为自己是伟大或渺小——这完全要看你前后左右的人是多是少而定。

这也正是为什么我们说夏克斯不高,也不矮,完全正确;说他很高或很矮,也完全正确。他现在面临这个局面,全是上帝的安排。就我们而言,他要算是一个有生命的潘得管的中簧管。

但他现在是干什么呢? 他的两个朋友是在干什么呢? 他们三个人同时在呆望——傻里傻气地在呆望。呆望什么? 呆望一件在远方消逝了的东西,一件已经看不见的东西。但是他们还能瞧得见,他们的眼睛被它的光彩弄得缭乱。它使小小的热昂把他那把用鳝鱼皮做的鞭子和陀螺忘得一干二净——这两件东西他总是随身带着,一有机会就在那些灰尘扑面的路上抽起来。皮埃尔和夏克斯站着一动也不动,巍然屹立,他们的双手搭在背后。

究竟是一种什么奇观把这三位朋友弄得如此神魂颠倒呢? 是一辆货

---

① 这是一种早期的乐器,由芦管所组成。这些芦管由长到短,被系在一起,成为一排,类似近代的口风琴,吹起来时可以发出各种音调。莫扎特在他的《魔笛》中曾用过类似的乐器。

郎车,一辆手拉货郎车。它曾在村前的路上停下来过,他们也亲眼看见过它。

货郎把盖着车子的油布拉开。刀子、剪子、气枪、跳娃娃、香水瓶、肥皂块、彩色画片以及其他许许多多的珍奇物件,使得村里的男人、女人和孩子看得连眼珠都要跳出来了。农庄和磨坊的女佣人看得垂涎欲滴,脸色发白;皮埃尔和夏克斯看得心花怒放,双颊泛红;小小的热昂看得舌头外伸,缩不回来。这辆货郎车上所有的东西,在他们看来,都是无比地华贵和珍奇。但在这一切之中他们最羡慕的却是三件神秘的物件——可是它们的意义和用处他们却是一点也不知道。比如说吧,有好几个玻璃球,光亮得象镜子,它们可以把人的面孔照成种种可笑的奇形怪状;还有埃兰纳①的杂货,它们上面安装了许多生动得无法想象的人形;还有许多小匣子和盒子,它们里面装的一些什么东西谁也想象不出来。

妇女们买了些细布和带子——成码地买。最后,货郎就又把车子上的宝贵东西用油布盖好,接着他就把车轭套在肩上,沿着公路又把它拖走了。现在货郎和他的货车都不见了,在地平线那边完全不见了。

---

① 这是法国沃斯歇群山脚下、莫赛尔河上的一个市镇,这里盛产各种棉织品和铁制品。

17. 学　校

我公开承认,珍赛妮女士办的学校是世界上最好的女子学校。对于任何有相反的看法和说法的人,我都要认为是无赖和诽谤者。珍赛妮女士的学生都是操行良好、勤奋读书的孩子。瞧他们的那副小样儿,坐着一动也不动,小脑袋形成一条直线,世上再没有比这更叫人感到愉快的景象了。她们看上去象一大堆整齐的瓶子,珍赛妮女士就成天忙着向它们里面灌进知识。

珍赛妮女士笔直地坐在她的高椅子上,她的面孔非常和善,但很严肃。她头上那梳得整整齐齐的发式和肩上的黑色披肩,使人一望就要感到肃然起敬,同时也表示同情。

非常聪明的珍赛妮女士正在教她那些幼小的学生作心算。她对罗丝·本诺薏说:

"罗丝·本诺薏,假如我从十二中取出四,那末我还剩下多少?"

"四?"罗丝·本诺薏回答说。

对于这个回答,珍赛妮女士感到不怎么满意。

"你呢,爱美琳·加美莉,假如我从十二中取出四,那还剩下多少?"

"八。"爱美琳·加美莉回答说。

"你听着,罗丝·本诺薏,我还有八剩下来呀。"

罗丝·本诺薏忽然变得沉思起来。她听到了珍赛妮女士还剩下八,可是她无法想象这个八是指八顶帽子呢,还是指八块手帕——也可能是指八只苹果或八根羽毛吧。这个疑问使她烦恼,久久不能平静。算术她确实不懂。

可是,谈起《圣经》的历史来,她倒是一个非常聪明的学生。珍赛妮没有任何一个其他学生能象罗丝·本诺薏那样会描述伊甸园①或诺亚的方舟②的情节。罗丝·本诺薏知道伊甸园里的每一种花和方舟里的每一个动物。她所知道的童话故事也不比珍赛妮女士所知道的少。她知道有关狐狸和乌鸦、毛驴和小狗、公鸡和母鸡的全部寓言故事,也能说出它们彼此讲了一些什么话。如果有人告诉她说它们不会讲话,那倒是一桩怪事哩。她完全相信她懂得她的大狗汤姆所讲的话和她的小金丝鸟所唱的歌。她一点也没有错,动物一直会讲话,它们现在还会讲话,不过它们只是对它们自己的朋友们讲罢了。罗丝·本诺薏爱它们,它们也爱她,这也正是为什么她能理解它们的语言的缘故。要彼此都理解,唯一的办法就是彼此相爱。

罗丝·本诺薏今天的功课没有做错。她得到一个好分数。爱美莉·卡帕尔也得到了好分数,因为她的算术功课做得非常好。

她离开学校后,回到家来时她告诉妈妈说:

“妈妈,得到一个好分数,有些什么用处?”

“一个好的分数没有什么用处,”爱美莉的妈妈回答说,“这也正是为什么我们要为得到一个好分数而感到骄傲。我的孩子,将来有一天你会发现,最有价值的报偿就是那种带来荣誉而不是私利的东西。”

---

① 这里指基督教《圣经》里所描绘的“乐园”。上帝最初所创的一个男人和一个女人就住在里面。那里什么都有,他们可以尽情享受,只有一样“禁果”——苹果——上帝不准他们吃。结果他们吃了,上帝就把他们驱逐出“乐园”。

② 上帝发现人类变坏,就发一次洪水毁灭他们,只留下一个好人诺亚。诺亚带着各种动物和植物坐进方舟里,得免于难,等待洪水退后再重新建立这个世界。

18. 化装舞会

这里我们有男孩和女孩——立过赫赫战功的男英雄们和女英雄们。这里我们有挂着裙环①和戴着玫瑰花环的牧羊女,有穿着丝制上衣和挥着系有缎带结的牧羊杖的牧羊人。哦！这些牧羊人所放牧的羊群一定是多么洁白而又漂亮！这里有亚历山大大帝②,有扎伊尔③,有壁卢士④、美洛普⑤、穆罕默德⑥、哈勒金⑦、比埃洛⑧、斯卡宾⑨、布勒斯⑩和巴贝德⑪。他们来自世界各地,来自希腊和罗马,来自童话仙女的国度,他们现在聚到一起来跳舞。化装舞会是一件多么美妙的事情啊。当一个钟头的皇帝或一位有名的公主该是多么有趣啊！这里没有什么东西来破坏你的欢快。你不一定要名副其实地来表演你穿的服装所代表的脚色,甚至你讲话也不一定要符合你所表演的脚色的身分。

不过你得注意,如果你一定得有一颗英雄的心才穿上英雄的服装,那可就不是那么痛快的事了。英雄的心常常是被各种悲愁撕碎了的。他们

---

① 这种环子挂在女子腰间的下部,以便罩在上面的裙子能够撑开来,象一朵花。这是十九世纪在欧洲所流行的一种妇女装束。

② 这是公元前四世纪古马其顿帝国的皇帝,他征服了广大地区,他的帝国从整个希腊扩张到波斯和印度。

③ 这是法国作家伏尔太(1694—1778)所著的有名同名悲剧中的女主人公。

④ 古希腊埃比卢斯国的国王(公元前约 318—272)。

⑤ 古希腊神话中的七姊妹仙女中之一,她下嫁给一个凡人。

⑥ 阿拉伯的预言家(570? —632),他创立了回教。

⑦ 欧洲(特别是意大利)一个传统喜剧中的有名丑角。

⑧ 一个传统法国哑剧中的名脚色,他身材象成年人,但举止行动却象孩子。

⑨ 法国名作家莫里哀(1622—1673)的剧本《斯卡宾的欺骗》中的主角。

⑩ 古小亚细亚的一个主教,于公元 316 年 2 月 3 日受难牺牲。他的受难日现在罗马天主教当作一个节日来纪念。

⑪ 这是一部美国小说中的主人公,一个典型美国式的大商人。

都是以不幸的遭遇而闻名于世。如果说英雄们一生都过得很愉快，那么我们谁也就不会愿意听他们的故事了。美洛普从没有跳舞的兴趣。比流士①是在快要举行婚礼的时候被奥勒斯提斯②杀死的，天真无邪的扎伊尔是在她的恋人土耳其人手上丧生的——虽然这是一个深通哲理的土耳其人。至于布勒斯和巴贝德呢，根据那支关于他们的歌的叙述，一种提得起但放不下的懊悔使他们无休止地痛苦了一生。

那么为什么要提比埃洛和斯卡宾呢？你知道得和我一样清楚，他们都是淘气鬼。他们的耳朵被人揪过不止一次。不！"光荣"所要求付出的代价太大，甚至哈勒金的光荣都是如此。相反，作为小男孩和小女孩，装扮成为伟大的人物，那倒是蛮有趣的事情。这就正是为什么穿上相当华贵的衣服来参加化装舞会，其快乐是没有什么东西可以与之比拟的。一穿上衣服你就会感到了不起。这样，你也就可以想象得到，你的小朋友们一戴起羽毛，披上斗篷，会感到多么骄傲和漂亮，他们会显得多么豪爽和快乐，多么象古代上流社会的人士。

只是有一件事情你们看不见，那就是乐池里的乐师们。他们是那么面貌和善，但是却愁眉不展，他们得在他们的提琴上调音，而他们面前的那些乐谱架上的瓜得利尔舞③的曲谱已经郑重其事地摊开了，他们马上就又得演奏一支老掉了牙的舞曲。可是曲调一开始，我们的英雄们，戴着他们的假面具，就要翩翩起舞了。

---

① 希腊神话中的一个神仙。
② 希腊神话中的一个神仙。
③ 这是由四对舞伴所组成的一种四方形的舞。

19. 芳　绚

一

一天大清早,象小红帽①一样,芳绚去看她的祖母。这位老太太住在村子的另一头,但是芳绚却没有象小红帽那样,在半路上停下来跑到树林里去采硬壳果。她不停地往前走,因此她没有遇见狼。

她老远就瞧见了祖母。祖母坐在她村屋门前的台阶上。她那没有牙的嘴上飘着微笑,她张开她那象葡萄枝一样节节疤疤的双臂来欢迎她的小孙女。芳绚和祖母要在一起呆一整天,她从心眼里感到高兴。至于祖母呢,一生的酸甜苦辣她已经经受完了,她现在生活得很快乐,象一只住在温暖烟囱角落里的蟋蟀。现在她看到了她儿子的一个小女儿,当然感到更高兴,因为这个小姑娘就是她自己儿童时代的一个缩影。

她们两人要在一起讲的事情很多,因为一个是从生命的旅程走过来的人,而另一个则是刚刚开始走上生命的旅程。

"你长得一天比一天大,"老祖母对芳绚说,"而我呢,我却缩得一天比一天小。现在我要抚摸你的前额,连腰也不须弯了。这美丽的芳绚,在你的双颊上我现在可以看到我小时的玫瑰又开花了,就是我老了又有什么关系呢?"

但是芳绚还是要她讲那些故事——已经是讲到第一百次了:关于那些玻璃罩下的耀眼的纸花、关于那张我们穿着光彩夺目的制服的将军们

---

① 这是法国古典童话作家贝洛尔所写的一篇同名童话中的小主人公。她去看她的祖母,遇见一只狼。狼装成她的样子,吃掉了祖母,后又伪装成为她的祖母,把她也吃掉了。

打败敌人的彩色图画、关于断了把手(和没有断把手)的烫金杯子、关于那支挂在壁炉上一根钉子上的猎枪——祖父三十年前亲自挂上的,等等故事……

可是时间跑得快,不知不觉之间,已经是吃中饭的时候了。芳绚的祖母把那堆昏睡的炭火拨动了一下,于是她便向一个泥烧的平底锅里打了几个鸡蛋。火腿加鸡蛋在火上慢慢地煎得焦黄,而且还发出滋滋的声音,芳绚站在一旁越看越有趣。谈起煎鸡蛋和讲好听的故事,世上再没有任何人能比得上祖母了。芳绚坐在一个带柜子的高背长椅上,下巴伸得和桌子一样齐,开始吃那热乎乎的煎鸡蛋,喝那起泡沫的苹果汁。不过祖母多年养成了一个老习惯:她总是要站在灶旁边吃饭。她右手拿着刀子,左手拿着一块面包皮——上面放着一小块可口的面包屑。她们两人吃完饭以后,芳绚说:

"奶奶,请讲讲《蓝鸟》的故事吧。"

于是祖母便告诉芳绚,一个不好的仙女如何有意害人,把一个王子变成了一只天蓝色的鸟,当公主听到这个变化的时候,当她看到她心爱的人流着血一直飞到囚禁她的那座高塔的窗子边的时候,她是多么感到悲恸。

芳绚想着这个故事——想了又想。

"奶奶,"她最后说,"'蓝鸟'飞到囚禁公主的那座高塔边,是不久以前的事吗?"

祖母告诉她,那是很久很久以前的事——那时动物都会说话。

"那时您很小吧?"芳绚问。

"那时我还没有生出来呢。"老太太说。

芳绚说:

"那么,奶奶,世界上还有许多事情在你生下来以前就已经出现了?"

她们的话谈完了,祖母就拿一个苹果和一大片面包给芳绚,吩咐她说:

"小妞儿,快去吧,到院子里去玩儿,去啃你的苹果。"

芳绚跑到院子里。那里有树,有草,有花儿,有各种各色的鸟。

二

祖母的院子长满了草、花和树。芳绚觉得这是全世界一个最美丽的花园。这时她从衣袋里取出小刀来切面包吃——在乡下，人们都是这样作的。她先啃苹果，接着就吃面包。不一会儿有一只小雀子飞来了，在她身边掠过去。接着第二只也来了。很快十只、二十只、三十只，全都飞过来了，绕着芳绚打转。它们中间有灰色的鸟，红色的鸟，也有黄色的、绿色的和蓝色的鸟。它们都长得很漂亮，也都会唱歌。最后，芳绚不知道它们是在打什么主意，但立刻她就看出来，它们是在向她讨面包吃——它们是小小的叫化子！是的，它们是叫化子，但它们也是歌手。对芳绚说来，她的心是太软了，任何人以唱歌作交换来向她讨面包，她都是无法拒绝的。

她是一个乡下小姑娘。她当然不知道，好久以前，在一个被蓝色的海冲洗得雪白的悬崖旁边，有一个年老盲人成天就靠着唱牧羊人之歌来讨面包吃。许多有学问的人一直到今天还在称颂他。不过当她听到这些小鸟儿唱的歌时，她心里禁不住觉得好笑起来。她把一些面包屑向空中抛去，但它们都没有落到地下，因为鸟儿在半空中就抢走了。

芳绚可以看出，这些鸟儿在性格上并不完全是一样。有的绕着她的脚形成一个圈，专门等待她的面包屑自动落进它们嘴里。这些鸟儿都是哲学家。还有些她看见在拍着翅膀，在她的上空兜圈子。她甚至还注意到，有一名小偷，干脆就向她自己吃的那块面包扑过来，不知羞耻地叼走一口。

她于是也就干脆把面包撕成碎片，向它们扔去，但这并不能使所有的鸟儿都吃得到几口。芳绚发现，碎片全都被那些最大胆的、最灵巧的鸟儿抢走了，一点也不留给别的鸟儿。

"这太不公平了，"她对它们说，"你们每只应该轮流依照次序来吃。"

可是这些鸟儿全都不理会她。你尽管讲你的公平合理，它们却是各行其是。她想尽种种办法来给那些弱小者提供方便，给那些胆怯的打气。可是她的努力却没有取得任何结果。不管她怎么做，结果总是胖的越变越胖,瘦的越变越瘦。对此她感到非常难过。她是那么一个天真的孩子,她一点也不知道世上的事情就是如此。

她的那块面包,一个碎片接着一个碎片,全都被这些小小歌唱家们吞进嗓子里去了。芳绚回到祖母的屋子里来。心里很愉快。

三

夜幕下垂了。祖母把芳绚带来的那个装满糕饼的篮子又重新装满苹果和葡萄。她把它挂在这个小姑娘的手臂上,说:

"芳绚,你现在可以回家去了,不要半路停下来和一些顽皮孩子撒野。"

于是她吻了她。但是芳绚停在门口,心里想起事情来。

"奶奶!"她说。

"小芳绚,你有什么话要说?"

"我倒想知道,"芳绚说,"在那些吃掉我的面包的小鸟中间,有没有一些美丽的公主?"

"如今没有什么童话人物了,"祖母告诉她,"小鸟就是小鸟,什么别的东西也不是。"

"那么就再见吧,奶奶。"

"再见,芳绚。"

芳绚离开了。她穿过草地,朝着回家的路上走。老远老远她就可以看见一些烟囱。它们正在鲜红的夕阳下面冒着炊烟。

在路上她碰见了安东尼。他是村里园丁的小儿子。他问她:

"来,和我玩一会好吗,芳绚?"

但是她回答说:

"我不能半路停下来和你玩,因为奶奶告诉我不要这样做。不过我可以给你一只苹果,因为我非常喜欢你。"

安东尼接过苹果,吻了这个小姑娘一下。

他们确是真诚地相亲相爱。

他把她叫做自己亲爱的小妻子,她把他叫做自己亲爱的小丈夫。

她继续走她的路,庄重地挪动着步子,很象一个有教养的、成熟的妇人。她听见她后面有鸟儿在喊喊喳喳地唱着欢快的歌。她掉过身来瞧了一眼,发现它们还是那一批讨吃的鸟儿——当它们正感到饥饿的时候,她曾经喂过它们面包。它们现在又跟着她飞来了。

"晚安,小朋友们,"她对它们说,"晚安! 现在是睡觉的时候了,所以祝你们晚安!"

这些带翅膀的歌手们也只好对她发出一连串喊喊喳喳的声音。这声音在鸟儿的语言里意思就是说:"愿上帝祝你平安!"

在这样一些甜蜜的、音乐般的声音中,她也就真的回到她妈妈身边来了。

四

夜里,芳绚躺在她的小床上睡觉。这张小床是村里木匠用胡桃木做的,周围雕了一道轻便的栏杆。这位老木匠在教堂院子的荫处,在一张覆满了草的床上,躺着休息已经有许多、许多年了,因为这张小床,芳绚的祖父小时就已经睡过——也睡在她现在所睡的地方。一张印有枝叶花纹的布所做的帘子保护着她的睡眠。她睡着了,做起梦来,她梦见"蓝鸟"飞向他情人所在的城堡。她认为他象星星一样漂亮,她再也没有想到他能够飞来,而且还是落在她的肩上。她知道她自己不是一个公主,而且也不会有一个变成了"蓝鸟"的王子来拜访她。她对自己说,所有的鸟儿都不是王子:她村里的鸟儿就是村里的居民,但是也许在它们之中有一个村童被一位不好的童话仙女变成了一只麻雀,而这只麻雀在他那颗藏在棕色羽毛底下的心里却怀着小芳绚对他的爱。是的,如果他真的来了,而她也认出了他,她将不会只给他面包屑,而要给他蛋糕和吻。她将会非常高兴见到他。呀! 她也真的见到了他。他来了,而且就栖在她的肩上!

他是一只小麻雀——一只平凡的小麻雀。他身上看不出有什么华贵和稀有的东西。不过他外表倒是非常活泼、机灵。说老实话,他倒是有点残破不堪的样子:他尾巴上少了一根毛,这一定是他跟人家打架时被拔掉了——除非村里某个坏的童话仙女故意叫他变成这个样子。芳绚怀疑他是一只顽皮的鸟儿。但她是一个女孩子,她倒不在乎她的小麻雀喜欢任性一点——只要他的心地善良就得了。她抚爱他,对他喊些亲昵的名儿。忽然他变得越来越大,他的身子也拉长了,他的翅膀变成了两只手臂,他成了一个男子,芳绚立刻认出了他是谁——园丁的小儿子安东尼。他问她:

"我们出去在一块玩儿,好吗,芳绚?"

她高兴得拍起巴掌来。她真的就出去了……忽然,她醒了,她揉了揉眼睛。她的麻雀不见了,安东尼也不见了!她是单独一个人在她的小房间里。黎明在那印着花朵的窗帘之间向房内窥探,一道纯洁的白色光线射到她的小床上。她可以听见院子里鸟儿的歌唱声。她穿着她的小睡衣跳下床来,把帘子拉开,向院子望去——那里开满了花:玫瑰花、天竺葵、牵牛花……是一片喜气洋洋的景象。于是她又瞧见了她的那些讨乞者,昨天的那些小音乐家。它们在院子里的篱笆上成行地栖着,对她唱着晨歌,以报答她给它们所赠与过的面包屑。

五

朱童和朱重

[挪威]托尔边·埃格纳

〜〜〜 第一章　幸福的日子 〜〜〜

从前有一个孩子,他的名字叫任思。他嘴里长了两排牙齿,象我们大家一样。不过他有一颗牙齿被打了一个洞,洞里面住着两个小人儿,一个叫朱童,另一个叫朱重。这两个名字叫起来很象一个人①。他们的身体小得有点出奇,你只能用一个特别大的放大镜才能看得见他们。

朱童长着黑头发,朱童长着红头发。他们靠吃甜东西过日子,而任思嘴里的甜东西可多啦!他俩经常唱歌,生活得很愉快。他们只要不睡觉,不吃东西,就在牙齿里面敲敲打打,把他们住的房子收拾得既宽敞,又舒服。

有一天,朱重觉得他们的活儿已经干得不少了,就说:"喂!朱童,我们成天敲敲打打、打打敲敲的,我们的房子现在已经够大的了。"

朱童不同意,说:"我们还得把房子弄得再大一点。你要知道,我们天

---

① 朱童在原文里是"蛀洞"的意思;朱重在原文里是"蛀虫"的意思。这里有意把它们的名字译成相似的声音。

天在吃饼干和糖果,我们的身体长得一天比一天粗,朱重老朋友,我们不能停下来,我们要把房子搞得再大些。"

"好吧,咱们就接着干吧!"

但是没有多久,朱重又停下来了。他从窗口向外瞧。当他看到那么多的白牙齿,忽然对朱童说:"我有一个想法。"

"什么想法?"朱童问。

"我想——我们能不能在旁边的那颗牙齿里再建一座高房子? 我想我们住在那里要比现在住在这个黑洞里痛快得多。"

"我的朋友,你得用脑子好好想一想,我们现在住在这里已经够舒服够安静的了。想想看,如果搬到一座高房子里,要是那根可怕的牙刷来了……"朱童说。

朱重大声笑了起来:"哈——哈——哈……这你不用担心! 任思从来不刷他的牙齿!"

"朱重! 你净瞎说?"朱童说,"我记得他刷过一次牙齿呀!"

"对了,他刷过一次,那是好几个星期以前的事。啊,咱们还是待在这块老地方好。在这里我们就会忘记那根牙刷的事。"

"噢! 如果你不怕,你可以随便到什么地方去建你的新房子,"朱童说,"我可不搬家,我要在这里住下去。"

朱重在窗子旁边站了好一会儿,他迷迷糊糊地望着旁边那颗白牙齿。"那儿就是我想要去住的地方,"他说,"那里要比这儿舒服得多。想想看,朱童,当我们的人口多了起来、在每颗牙齿里都建起一座房子的时候,我就可以象国王一样,坐在宫殿里观赏整个的城市。"

"是啊,我们的人口将会增长得很快,这是没有问题的,但是这要看我们是不是能够得到足够的甜东西吃。"

"啊,废话,"朱重说,"我们吃的甜东西那么多,我们的肚子都快胀破了。"

"对,可是,能天天这样吗?"朱童说,"我记得有一阵子,这孩子只吃胡萝卜和麦麸面包,那时候,我快要饿死了。"

"朱童,你为什么总是讲些不高兴的事,朱童,老是讲胡萝卜和麦麸面包什么的……吓,瞧!吃的东西来了!"

"我想,这是粗面粉做的面包吧!"

"不,朱童,这是甜面包,上面盖了满满一层糖,好哇!好哇!"

好哇!好哇!好哇!唱吧!

我们的日子过得真痛快,

在任思的牙齿之间荡来荡去,

那里好吃的东西真不少,

有太妃糖和苹果可以吃饱,

也有甘草糖和口香糖,

还有各色硬糖红、蓝、黄,

葡萄干、面包也甜得够呛!

特拉,拉,拉,

特拉,拉,拉。

第二章　两天以后

朱重和朱童的日子过得痛快极了。不过牙齿是长在任思的嘴里,任思可难受哪。象朱重和朱童这样的小人儿可以毁掉人的牙齿,叫人疼得受不了,凡是有牙痛病的人都知道,这是最糟糕的事。

两天以后,朱重在旁边一颗牙齿里为自己建了一所新房子。他舒舒服服地坐在阳台上,朱童还是在那个老房子里不停地敲敲打打。

"喂,朱童,你在那里干什么呀?"

"你听不见我在干活吗?"

"什么活?"

"我在打一个洞,把咱俩的房子连起来。"

"你想得太好啦!"朱重说。

"你现在过得怎样?"

"过得非常愉快!我正坐在这儿欣赏风景……我看见了一大串白色的山峰!我很高兴我搬进了这座新房子。"

"喂!我好象听到叫苦的声音?"朱童说。

"嘘!我们好好地听一听吧。"朱重说。

"哎哟!我的牙齿真痛呀!"

"啊,是任思在叫苦,"朱重说,"你听到他在叫些什么吗?"

"他说,哎哟,我的牙齿真痛呀!"朱重学任思的腔调开玩笑,接着,他俩就哈哈大笑,朱重笑得最起劲。

"任思真是一个爱哭的孩子。"

"我想逗逗他,"朱童得意地说,"我在一个最容易感到疼痛的地方敲它几下。听!"于是,他跑到一个最深的地方敲起来。

"哎哟,哎哟,哎哎哟!"

"你听到什么吗?"他问。

"他说哎哟,哎哟,哎哎哟!"朱重说,接着他们又大笑起来,一直笑到肚皮发痛。

"再敲它一次。"朱重说。朱童又敲了一次。

"哎哟,我的牙齿真痛呀!"

"哈——哈——哈!"这两个小人儿都一齐大笑起来。

"任思,你必须记住要刷你的牙齿!"

"这是谁在说话?"朱童害怕地问。

"是任思的妈妈。"朱重说。

"她说些什么?"

"她说,你必须记住要刷你的牙齿。"

"哎呀,朱重,这可不得了,如果他真的用了那根可怕的牙刷,我们怎么办?"

"我们劝他不要用，"朱重说，"我们向他大吼一声，他不能照他妈妈说的话办。我们一起大吼。一、二、三！"

"任思，不要照你妈妈说的话办！"

"不要照你妈妈说的话办！"

"他不听咱们的！"朱重叫起来，"啊！我听到他在往牙缸里灌水。那根讨厌的牙刷也来了！救命，朱童，救命！"

"快逃吧！"朱童大声喊，"快跳进我的房子里来。我这里比你那里安全！"

朱重从他的屋子里跳下来，同朱童一道爬进屋去。当他的一只脚刚刚踏进屋子的时候，牙刷已经跑过来了。水和牙膏泡向这两个小人儿冲过来。"乖乖！好险！我差一点被这讨厌的牙膏泡闷死了！"朱童说，一边咳嗽，一边吐水。

"瞧这泡沫多大呀！"朱重说，"乖乖！"

"谢天谢地，总算停了。"朱童说。

"你想，我们还能跑出去吗？"朱重说。

"当心，当心！"朱童说着，轻轻地把门开了一个缝。

朱重偷偷向外瞧。

"啊，真可怕！"他叫出声来。

"什么？"

"什么都完了。什么吃的也没有。连半点渣渣儿也没有剩下！"

> 我们最爱的那些甜东西，
> 现在没有留下一点儿踪迹，
> 因为牙刷在不幸的一天来到，
> 把一切东西都清扫得干干净净。
> 一丁点儿太妃糖也没有剩下，
> 半点儿黄油——也见不到它。
> 带糖的点心一点儿也没有，
> 我们的午餐现在全没影儿啦！

〜〜〜 第三章　在牙医诊所 〜〜〜

任思刷牙以后,牙痛马上减轻了一些。不过牙痛并没有好,因为蛀虫洞还在。这天早晨朱重和朱童又开始敲击起来。

这时任思的妈妈决定带他去见牙医生。

"你为什么这样不高兴?"

"因为我饿了。"朱童回答说。

"别着急,很快就会有吃的东西来了。"朱重说。

"是真的吗?"

"也许我们得跟任思谈谈。"

"废话!"朱童说,"他已经不再听我们的话了。"

"如果我们一起大声喊,他也许会听进去的,"朱重说,"我们喊些什么呢?"

"我们喊:我们要吃圆甜饼。"

"好吧,我们试试看。"朱重说。于是他们一起大声喊起来。

"我们要吃圆甜饼! 我们要吃圆甜饼。"

"张开你的嘴!"

"喂! 朱重,你听到什么没有?"朱童问。

"有一个人在讲话。"朱重惊奇地喊起来。

"那个人在讲什么? 是关于糖的事情吗?"

"张开你的嘴——他说的就是这件事。"

"真奇怪。"朱童说。

"也许是面包师叫任思张开嘴,"朱重高兴地说,"也许我们的喊声任思听见了! 瞧,他正在张开嘴呢。"

"我希望有好吃的甜东西灌进嘴里。"朱童说。

他们等了一会儿,可是嘴里什么好吃的东西也没有。朱重有点不耐烦了。"怎么一回事? 还得等多久才把东西灌进他的嘴里来呢?"

"噢! 这里一下子变得这么亮!"朱童说,"好象太阳钻进来了似的。快爬上去,瞧瞧这是怎么一回事?"

朱重爬到他的肩上,从洞口边向外看。

"你看到了什么吗?"朱童问。

"哦嗬,他的嘴巴外面有一个又大又圆的灯,比太阳还要亮十倍。"

"还看到什么吗?"朱童着急地问。

"是的,还有一个穿着一身白罩衣的人。"朱重说。

"呀,真叫人害怕! 这是牙医生!"

"难道牙医生都叫人害怕吗?"

"牙医生? 当然叫人害怕,他们是全世界最糟糕的东西。他们会毁掉我们的房子,把所有的洞都堵起来。"

"啊,朱童,吓死我啦!"朱重叫起苦来。

"那嗞嗞声是什么?"朱童问。

"那是一个又粗、又亮、又丑的东西,它嗞嗞地叫,不停地转动。"朱重说。

"我的天,这是一个钻子。"

"它越钻越近,我们怎么办? 救命呀,它钻过来了!"

"我们快逃。快,朱重,快!"

朱重跳下来。他俩逃到嘴巴的最后边,藏在最里面的一颗牙齿后面,焦急不安地看着眼前发生的事情。朱重和朱童火气越来越大。

"啊,我气得要爆炸了!"

"我们要不要跑过去,把那个钻子咬断?"朱重问。

"那没有用,"朱童说,"它太硬了。"

"我们去咬牙医生的手指。"朱重说。

"那也没有用。"

"我们可以跳进他的嘴里,把他的牙齿敲坏。"朱重大叫,气得跳起来。

"你不能跟一个牙医生斗呀,朱重。"

"如果全世界一个牙医生都没有,那该多好! 瞧,他在这里冲起水来了!"

"啊,多不讲理呀!"朱童说。

"瞧,朱童,他在填旁边那个牙齿的洞。啊,他毁了我漂亮的房子! 我得跑过去,咬死他!"

"不行,朱重,他会把你冲走的。"

"瞧,他把你的房子也填起来了。"朱重大叫。

朱童气得快要爆炸了。"请你快停下! 喂,牙医生! 请你快停下!"

"他不理你。"朱重说。

"晚了,晚了!"朱重说,"他填完了。我那座风景优美的房子,现在什么也没有了。"

"我这里的大洞,"朱童说,"现在也完蛋了!"

啊,今天晚上我们睡在什么地方?

现在任思的牙齿变得又白又光,

因为一个又讨厌又丑恶的人,

把任思的口腔弄得又干净又明亮。

所有的牙齿再没有一点污垢。

也再找不到一丁点儿太妃糖。

我们现在瞌睡得要命,

但是没有可以安身的地方。

〰️ 最后一章　晚上 〰️

任思从牙医生的诊所回到家里,感到非常快乐,因为他的牙齿里再也没有什么洞了,牙也不痛了。

但是朱童和朱重到什么地方去了呢？他们的日子过得怎样呢？

"日子不好过呀，朱重！"

"对，你说得对。日子实在难熬。"

"没有甜东西吃，也没有地方可以过活。"

"唉！唉！"朱童叹了口气。

"唉！唉！"朱重也叹了口气。

"也许我们今晚可以在这儿的一个角落里睡一夜。"朱童说。

"我饿得发慌，睡不着呀。"

"瞧！"朱重大叫了一声，"任思在张嘴呢！也许我们在那里能找到一点好吃的东西。"

"我不相信那里会有什么好吃的东西。"朱童说。

"你扶我一下，我爬上去看看。"朱重说。

朱童把他扶上去，朱重在嘴边上向里面看。

"你瞧见了什么东西吗？"

"是的……我瞧见了……哎呀，可怕极了！"

"怎么一回事？"朱童问。

"牙刷！又是那根牙刷！"朱重赶快跳下来，"我们该怎么办？"

"再没有什么洞可以爬进去了。"朱童说。

"任思，任思，请不要刷！"他俩大声呼喊。

"我们再不跟你找麻烦……我们发誓再不跟你找麻烦！"

"快藏起来，朱童。"

"对，但是往哪里藏？"朱童问。

这时，牙刷伸过来了，搅起一团牙膏泡沫。

"救命！救命！牙刷抓住我了！"朱重说。

"站稳，站稳！朱重。"

"我站不稳呀！救命！救命！"

"请赶快走开吧，你这根讨厌的牙刷！"

"救命呀！"

但是晚了,现在再也没有什么洞可以让他们藏身了。牙刷把牙膏、水和牙膏泡沫搅在一起,把他们从嘴里刷出去了。他们滚到排水管里,冲进又深又宽的大海里去了。他们在海上漂流,无家可归,饿得发慌,拼命想再找到一个喜欢吃甜东西而又不爱刷牙的孩子。

朱童和朱重感到很悲哀。但是有一个人非常高兴,因为他的痛苦已经消失了,一切都恢复了正常,他又成了自己牙齿的主人。这个人就是任思。

六

豆蔻镇的居民和强盗

[挪威]托尔边·埃格纳

第一章　豆蔻镇

豆蔻镇是一个很小的地方,和一般村镇差不多。它的地点离我们很远,除了你和我——也许还有其他一两个人——以外,谁也不知道它。

这是一个很特别的地方,因为在那里发生的事,在别的地方不可能出现。比如,你也许不相信,骆驼可以随便在街上踱来踱去。有时一只象,或两只象,也慢腾腾地在街上闲逛。

那里有一个老人,名叫杜比雅。他留着一把非常长的胡子。还有莱莫和他的小狗,还有苏菲姑姑和小贾莱娅。当然还有一位民警,他的名字叫巴士贤,可是他不大喜欢抓人。当他在镇上巡逻的时候,他脸上总是堆着微笑,见到人总要鞠躬,问候一声:"你们大家好吗?你们生活得很愉快吗?"实际上他所遇见的人也确是生活得很愉快。关于这一点,他编了一支小歌,不时哼哼,其内容如下:

我是你们快乐的民警巴士贤,

我这个人一贯对大家和善,

我想大家也应该尽量做到这一点。

我现在在这里巡逻，想要发现

大家都心情愉快，

象我希望尽量能做到的那样，

对一切都处之泰然。

现在我宣布一条豆蔻镇的法律，

这对我们每个人都非常适宜，

每个人都得做到善良和可靠，

不要惹别人生气，无理取闹。

大家都快快活活地过着日子

在这个范围内，

你才可以事事称心如意。

在豆蔻镇的正中心，有一个很高的圆形房子，它看上去倒很象一个灯塔。那位可爱的、随和的老人杜比雅就住在它的顶上。这个老人是豆蔻镇的一个最聪明的人。也许这是因为他长了一大把胡子的原故吧——他的这把胡子确实长得非常长，象雪一样白。

除了许多别的事情外，杜比雅还特别关心天气。他有一个非常长的望远镜，他每天通过它观察豆蔻镇周围的气候变化。

有一天杜比雅正坐在窗子旁边，观察天气。他发现远方有一大块乌云。看样子这块乌云将要爆发成为大雨。他马上走到阳台上来，大声喊：

"请注意！请注意！今天下午的天气预报：大雨将要到来！"

象平时一样，街上的人都跑到家里去取雨伞和雨衣。正在绳子上晒衣服的妈妈们，也赶紧把衣服又收下来，拖进屋里去，虽然衣服还在滴水。不过当她们还没有跑到家门口时，风向变了，乌云飘到别的地方去了，这一天大雨也就没有光临豆蔻镇。不过人们却是穿着雨衣，打起雨伞，在街上来来往往，一会儿望望天空，一会儿嘟囔着："会下雨吗？还是不会？"可是雨没有落下来。有的人生起气来,大声嚷:"这个糊涂的杜比雅,他开了我们一个大玩笑!"

这一天连一滴雨也没有下。不过,第二天杜比雅却发现在远方的天空上有许多漆黑的云层。他马上走到阳台上,大声喊:

"请注意! 今天下午的天气预报:大雨即将来临!"

这次谁也不相信他。"不是那么一回事,"人们说,"杜比雅,你再也不能开我们的玩笑了。"谁也不再跑到家里去取雨伞和雨衣。所有的妈妈们让她们的衣服照旧在绳子上晾着。太太小姐也穿着夏天的上衣和戴着漂亮的草帽到外面去散步。

忽然,雨来了,而且下得很大,雨点在人行道甚至还跳得老高。每一个在街上行走的人都被淋得象落汤鸡一样,至于太太小姐们,她们头上戴的草帽已成了一堆堆的乱草。绳子上晾着的衣服,也比原来不知要潮湿多少倍,还得收进屋以后再把水拧掉。

豆蔻镇的居民彼此望着,发起呆来。"这真滑稽。"他们说,"这次杜比雅的话说对了。不过他照旧开了我们一个大玩笑!"

杜比雅有一个小朋友,名叫莱莫。莱莫有一只小狗,名叫波尼。莱莫和波尼跟杜比雅一道坐在塔上观察云层。在天黑的时候,他们也常坐在一起看天上的星星。

有一天夜里,杜比雅说:"你看到那里的一颗星吗? 那是一颗希望之星。如果你看见它偎在娥眉月的怀里,你就可以作出一个希望。"

"我希望能象你一样聪明。"莱莫说。

"也许有一天你会变成那个样子。"杜比雅回答说。莱莫抬头望着他。

"真的吗?"他问。

"真的,我想会做到,"杜比雅说,"当我将来老得不能再干什么活的时候,你就可以到这塔上来替代我的位置,观察天气的变化。"

"我不知道我能不能做这件工作,"莱莫说,"我没有象你这样大的一把胡子呀。"

"等你长大了,你会长出那么一大把胡子的。"杜比雅安慰他说。

接着他就走了过去,坐在他的望远镜旁边,观察周围的世界。当他把望远镜一下调到这个方向、一下调到那个方向的时候,他就唱起歌来——一支关于东边的天气、西边的天气、北边的天气和南边的天气的歌。

杜比雅的天气歌

当天边吹起了大风,
夏天的日子就已经告终。
蒙蒙细雨把遍地弄潮,
晴朗的天气也不再来了。
如果你身边没有带着雨衣,
那么就赶快回到家里,
或者找个避雨的地方休息。

当刺骨的北风从北方吹来,
把冰雹向四面八方撒开,
当天在下雪、大地在冻结,
你就赶快取出你的毛衣过冬!
假如你没有温暖的衣服穿,
碰上这样吃不消的严寒,
你会咳嗽和打喷嚏,
你得感冒肯定不成问题。

当西边吹起了大风,
你还得更加慎重。
那会变成一场大的灾难,
你做梦也料不到你会遇见。
它会把你的伞吹得又高又远,
把你连带一起送上天——

你甚至还可以摸着云块。

从中穿过去,又穿出来。

南方的风很温暖,

它给你带来太阳的光线。

我不相信会有大雨或风暴,

因为天是那么蔚蓝和美好。

从我的观察站我高声喊:

"男女青年们,快出来看!

光辉的夏日已经到来,

不要辜负这美好的时光!"

当杜比雅、莱莫和小狗波尼正坐在塔上的时候,下边豆蔻镇上的一切,象往常一样,都显得轻松愉快。

人们彼此打招呼,态度照旧是和气友好:"早上好!"或者"你好吗?"驴子和骡子拖着载重车辆,也都不慌不忙地在街上漫步——有的背上还背着沉重的筐子。这些筐子一般都装满了橘子和香蕉、枣子和香料——全是镇外田地上的产品。

豆蔻镇一辆汽车也没有,但是有一辆电车——只有一辆。它有两层,是一种老式的、相当舒适的交通工具。它从城门开始,穿过市场,一直开到公园附近的桥边。路程不是太长,只有两站,不过豆蔻镇上的人谁也不在乎这一点。他们喜爱他们的电车,不管有事或无事,他们每天总要乘坐它一下。

电车售票员名叫史文生。当他喊一声"上车!"的时候,人们就挤进去,有的钻进车里,有的爬到车顶上。接着他又喊:"开车!"大家就向前进:叮当! 叮当!

在豆蔻镇的电车上

在这豆蔻镇上我们会出去兜风,

乘坐电车我们都感到快乐无穷。
沿着电车轨道我们向前开，
换一下座位，我们又转回来。

　上一层还有十个空位，叮当，
　下一层还可以挤进三个人，
　谁做梦也没想到买票，叮当，
　我们只希望你乘车高兴。

它开向豆蔻镇桥——你肯定会找到坐位！
司机正在街上休息，你不须硬挤或排队。
呀，铃声响了！请你坐稳，叮当。
叮当，叮当，车子正要开向前方。

　谁也不付钱，每人奉送车票一张，
　因为这是豆蔻镇的办法，不须付账。
　售票员非常友好，传递一听饼干，
　乘客们既吃棒棒糖，又尝糕点

这很象一个生日庆祝会，叮当，
我们一路欢乐，有歌有唱。
我们向街上的人们挥手，叮当，
他们向我们飞吻，我们也是一样。

　时间过得真快，我们得说再见，
　但不要马上离开，还可以吃一块糕点。
　叮当，叮当，我们是多么高兴，
　乘电车穿过豆蔻小镇。

第二章　贾斯佩、哈士贝和乐纳丹

豆蔻镇的外面有一块荒凉的平地。那里立着一座奇怪的老房子。它里面住着贾斯佩、哈士贝和乐纳丹。

贾斯佩年纪最大,哈士贝长得最好看,乐纳丹是最贪馋。他们都是强盗,但不太凶残。他们大部分时间是呆在家里。

他们养着一头狮子,作为玩物。对他们说来,这是一种安慰,而且对他们的用处也很大。作为一头狮子,它的性情温和,不太害人——虽然有一天它啃掉了哈士贝的一个大脚拇趾。贾斯佩说这并不是一件了不起的事,因为只要哈士贝穿着靴子,谁也看不出来。虽然如此,后来有好长一段时间哈士贝对这头狮子不太感兴趣。

"这头狮子有些毛病。"他有一天说。

"这是我们很难找到的一头有用的动物。"贾斯佩反驳着说。

"也许,"哈士贝不以为然地说,"但是被它吃掉总不是一件愉快的事,虽然每次它只啃掉一点。这总不能算是有用吧?"

"那是很不幸的事,"乐纳丹表示同意,"不过那是它感到肚皮饿的时候呀!"乐纳丹充分懂得肚皮饿的味道。

"不管怎样,"贾斯佩说,"还是请你记住它是多么有用。当我们最初搬进这座房子的时候,它里面的耗子成群。不过当我们有了这头狮子以后……再也没有耗子,再也没有老鼠!"

"是的,这是事实。"乐纳丹热情地表示同意。

"这我全知道。"哈士贝说。

"还有一件事,"贾斯佩说,"它是我们最好的保镖。只要狮子在我们家里,警察就再也不敢来找我们的麻烦了。"

"是的,这也是事实,不对吗,哈士贝?"乐纳丹说。

"对！对！对！"哈士贝大声说，"不过我还得坚持，和一头狮子住在一起是最不愉快的事。"

这三个强盗老是象这样在一起闹别扭，他们要闹别扭的事情是够多的。举个例子，随时随地乐纳丹（因为他最馋）总喜欢说："弄点东西吃怎么样？"

"呀，很好，"贾斯佩总是这样回答，"现在轮到哈士贝做饭了。"

但哈士贝总是反对，比如他说："乐纳丹应该去烧饭，他吃得最多。"

乐纳丹可是不服气。他总是说："这个星期我差不多每天都在做饭。现在轮不到我了。"

这时他们就互相吵起嘴来。

"哈士贝得做饭。"

"贾斯佩该做。"

"哈士贝该做。"

不管轮到谁做，他们总要发牢骚，认为"这不公平"。

有一天，当他们正在这样吵的时候，他们听到狮子在睡房里咆哮，敲地板。他们彼此呆望着，变得神经质起来。

"它在发脾气了。"哈士贝低声说。

"我想它是饿了。"乐纳丹说。

"得把昨天剩下来的香肠送给它吃。"贾斯佩说。

"什么香肠也没有剩下的了。"哈士贝说。

"还剩有一点。"贾斯佩说。他从这个脸上望到那个脸上。

"乐纳丹已经把它吃光了。"哈士贝说。

"一点儿也不错，"乐纳丹说，"我把它吃掉了。"

"唔，挂在厨房墙上的袋子里还有一点儿火腿，"贾斯佩说，"砍下一点给它。"

"厨房里什么火腿也没有了。"哈士贝说。

"什么，那也没有了？"

"乐纳丹吃掉了呀。"哈士贝说。

"唔,也许我吃掉了,"乐纳丹谨慎地承认着,"当一个人饿了的时候,他得吃东西呀。"

"你的意思是说,"贾斯佩慢声地说,"屋子里再没有什么东西可以给狮子吃了吗?"

"嗯……没有。"乐纳丹说。

"乖乖,你们瞧,乐纳丹就是这号人物!"哈士贝大叫起来,"叫他专门做饭,难道这是不公平的吗?"

"可是屋子里没有什么东西可以做饭呀。"乐纳丹说。

"怎的,连我们的口粮也没有了吗?"贾斯佩倒是真的发起火来了。

"一根香肠也没有。"乐纳丹说。

"照这样说来,"贾斯佩说,"现在什么也没有,那只好出去偷了。"

"这倒是一个办法,"乐纳丹表示同意,"我们什么都缺少。"

"好吧,待天黑了的时候。"贾斯佩嘀咕着。

"待天黑下来的时候。"哈士贝表示同意。

"带好袋子和提桶。"乐纳丹说。

他们都坐下来,双手叠在一起,搁在膝盖上,等待天黑。一会儿工夫,他们锁上门,到镇上去偷东西了。

强盗之歌

我们轻轻前进,踮着脚尖,
为的是出去作案。
我们去偷东西,为的是吃餐饭,
或者是为了取得我们所需的物件。
当夜幕下垂,镇上所有的人,
在鸭绒被里睡得安静,
我们背着口袋,
我们的脚悄悄地行进,
贾斯佩、哈士贝和乐纳丹。

我们在面包店里停下，
见到什么东西就拿；
新出炉的面包和柠檬汁，
鸡蛋糕和可口的甜食。
姜糖面包乐纳丹特别爱吃。
其他的东西只要能够看见，
我们就拿来当作午饭，
我们就会感到精神饱满，
　　贾斯佩、哈士贝和乐纳丹。

在肉食店我们带走火腿和茶，
遇上牛排也顺手就拿。
亲爱的狮子我们也没忘记，
我们拿走咸猪肉逗它欢喜。
我们也爱吃羊排和嫩牛肉饼，
我们还用小牛肉做一餐。
不要吃得过量，这已经够用，
我们并不贪婪，
　　贾斯佩、哈士贝和乐纳丹。

到了下雪天我们得有衣穿，
好叫我们象个样子和温暖。
大衣是件必需品，
有顶帽子戴也很好看。
必要时我们想起了一个地点，
那里的衣服很多，也很美观。
所以我们必得到那里去转转，

顺手牵羊,动作决不能慢,

　　贾斯佩、哈士贝和乐纳丹。

我们把袋子紧紧地装满,

还包括提兜、匣子和网篮。

这些超级物品谁也没有发现,

它们轻轻松松地来到我们手边!

最后一项特级的收获,

是金子和银子铸成的钱。

于是我们翻过院墙回到住所,

我们简直笑得无法无天,

　　贾斯佩、哈士贝和乐纳丹。

第三章　倒霉的一天

　　第二天,香肠店主气得连肚皮都要爆炸了,因为他一走进店里就发现头天晚上他的店被盗了。四只火腿失踪,两条牛腱子、三大块猪肉和相当数量的牛排及香肠也不见了。一般说来,他是一个心平气和的人,可是现在他捏了一个拳头,连连在柜台上捶将起来,同时他怒吼着:

　　"我要立刻到警察局去报警。这些强盗必须关进牢里去,决不宽恕。"

　　他大步迈出店门,来到广场上。在这里他找到了警察巴士贤。

　　"这样的事今后决不容许再发生!"他吼着。

　　"当然,当然。当然不能再发生。"善良的警察同意他的观点,"什么事不能再发生?"

　　"盗窃!"香肠店主仍然吼着,"昨天夜里强盗又光临我的店铺了。"

　　"乖乖,"巴士贤说,"我的天! 这太糟糕了。"

"这简直是不能容忍!"

"对,不能容忍,"巴士贤表示同意,"他们偷走了什么东西没有?"

"好几条牛腱子,四只火腿,三大块猪肉。至于香肠和牛排,我就数不清了。"

"啊,这样好的一个早晨,听到这样的消息,真够糟糕!"巴士贤难过地说。

"得采取措施。"

"当然,当然。我将在我的记事本上记下来。"

"那些强盗必须立即逮捕归案——立即。"香肠店主说。

"当然,当然,"巴士贤表示同意,"但是什么事情都得按照规章办,按照手续处理。第一,我们得把这件事记下来。然后我们再想办法。"

"那些强盗早就该抓进监狱了!"香肠店主怒吼着。他火高万丈,也不管自己讲了些什么话。

巴士贤沮丧地望了他一眼。"听着,香肠店老板,"他说,"你逮捕过一位养着一头狮子的人吗?"

"没有,"香肠店主说,"但我不是警察呀。"

"当狮子把我吃掉了的时候,我也就当不成警察了。"

这话使香肠店主的火气略为平静了一点儿。他说:"我请你原谅,巴士贤先生,我还没有想到这个问题。"

"而且今天也不是一个抓人的日子呀,"巴士贤继续说,"你知道,夏季游艺会明天就要举行。我要考虑的问题不少,还要作些准备。公园的乐台上将要有音乐会,镇上的乐队将要在那里演奏,额外还有许多其他节目。"

"啊,我懂得了,"香肠店主说,"我只是向你报告发生了什么事情。"

"我一定认真考虑,"巴士贤说,"我现在要到街上去,立刻就考虑,马上就考虑。"

他走开了,一直在思考——但没有思考太多的时间。市集广场上聚集了一大堆人,围成一个圈子。圈里有什么东西,他还看不出来,但他想要弄清楚。

"嗯,发生了什么事情?"他问。

"师理悟的驴子在捣蛋,"在一旁看热闹的理发师说,"它不愿意走动。"

"你见过这样的事情吗?"驴子的主人说,"这驴发了脾气,既不往前走,也不往后退。"

"但是你堵塞了交通呀。"巴士贤说。

"这一点我当然知道,"师理悟说,"不过我的驴子呆着一动也不动,我又有什么办法呢?"

"它背的东西太重了吗?"巴士贤问。

"哪里的话!那只是些装过土豆的空袋子。"

"嗯,那么我们只好帮助这头驴子行动了。"巴士贤说。他同时喊大家来一起帮忙。

理发师、小学教员、鞋匠、电车售票员,还有一些其他人,都来使劲。有的在驴子前面拉,有的在它后面推。

"哼……嗨!"他们发出使劲的声音。但是这头驴子却依然站在原地一动也不动。无论大家怎样使劲都没法叫它挪动半步。

"象这样的情况我一生还没有见到过。"巴士贤说。师理悟望着他,连连点头。"它就是这种货色,"他说,"它可以在这里站一整天不动——明天还可以这样继续站下去,除非某种意外发生,叫它改变主意。"

"如果它明天还在这里照样站下去,那可糟糕透了,"巴士贤说,"师理悟,你知道今天是什么日子吗?在明天到来以前我得考虑许多事情呀。"

"你说得有理。"师理悟嘀咕着。

就在这时候,杜比雅慢步向他们走来了。

"现在可以请教他了,"理发师大声说,"他是一个聪明人,他能想出办法来。"

师理悟走到杜比雅身边说:

"请原谅,杜比雅先生,您能帮助我们一下吗?我现在站在这儿……

也就是说……我的驴子站在这儿,它不想动。电车就停在那儿。由于我的这头驴子,它也开不动了。警长巴士贤也在那儿,他说我们必须把它弄走。杜比雅先生,您看我该怎么办呢?"

"嗯,"杜比雅说,开始思考,"我们可以先解除它的套具,然后再想办法。"他建议着。

"那没有用。"师理悟说。不过他还是依照杜比雅的建议做了。

"现在,"杜比雅说,"把车子拉到驴子的旁边。"师理悟也照样办了。"现在,"杜比雅继续说,"我们大家同心协力,把驴子抬起来,装上车去。一、二、三……起!"

驴子被抬到车子上去了。它硬邦邦地站在那里,象它站在路上一个样。

"就这样解决吧,"杜比雅说,"现在,师理悟,就只好请你钻进套具,拉着车子走,让驴子乘车在你后面跟着。"

师理悟双手紧握着车把,拖着后面的车子往前走。驴子乘着车子,摇着一只耳朵,作为一名乘客,快乐得象神仙,因为它再不须拖着一辆车,吃力地往前挪动步子了。

"昂——昂——"它发出驴子惯有的叫声。

"这畜生要给惯坏了!"师理悟一面拖车,一面嘀咕着。

这问题解决以后,街上的交通又恢复了。电车在轨道上开向豆蔻桥,电车售票员唱着他所喜爱的歌,同时一如既往,向乘客们分发饼干。

师理悟把驴子拉走后,电车开过去了,剩下的人议论了一会儿,都称赞杜比雅真是聪明,后来理发师说:"你们知道明天是什么日子? 我得赶快回家去排练。"

他回到店里,发现已经有三个朋友在等他。他们是:杂货店老板,他带着将要在乐队里吹的喇叭;鼓手,他带着一个鼓;还有那位音乐和游泳教师。他们是来和理发师一同排练的——这是镇上乐队为第二天开音乐会所作的最后一次排练。

"我们将从头开始,"理发师说,"好,一、二、三——"他们开始奏起那光辉的《豆蔻镇进行曲》。

〜〜 第四章　小贾莱娅 〜〜

那个伟大的夏季游艺会举行的日子终于到来了。一大清早,人们就开始兴奋起来。这时,镇上乐队的成员都戴着时髦的白帽子,衣扣里插着花朵,已经在市集广场上准备停当,并且又奏起了新的《豆蔻镇进行曲》。

这是一个美丽的日子!阳光明媚,所有的房子都用花朵装饰一新,国旗也被升到旗杆顶上。孩子们的学校都放了假,成年人的商店和机关都关了门。大家都穿着礼拜天的衣服,虽然这天不过是星期二。

豆蔻镇外的人们,也都乘着漆上了粉红色的车子赶来,连拉车的驴子也都在脖子上挂起花环,头上戴起纸帽。一切都尽量显得既快乐又漂亮。

大家都向公园里的游艺会场走去——只有小贾莱娅是例外。苏菲姑姑不让她去,因此她感到非常难过。她一直在盼望这一天的到来,为的是去听音乐和唱歌,同时也参加一些游艺活动。但是现在一切都完了,她只有尽量忍受这种不幸。苏菲姑姑的主张是没有任何人可以改变的。她是一个脾气暴躁的人,甚至巴士贤都怕她。

贾莱娅只好坐在钢琴前,练些曲子。她可以从弹琴中得到一点安慰。当她正弹着一首华尔兹舞曲的时候,她的好朋友多米正好在她窗前骑着驴子走过。他在外面停下来,听她弹琴。他认为她弹得非常漂亮。

弹钢琴的贾莱娅

请听我演奏,
我一直在练。
一、二、三,一、二、三,
一、二、三,一、二、三。

我现在发出颤音，
清晰，蜜甜。
一、二、三，一、二、三，
一、二、三，一、二、三。

这个曲子非常新鲜，
你从来不曾听见——
一、二、三，一、二、三，
一、二、三，一、二、三。

你是否听过这样的敲击？
象四个喇叭的声音旋转——
一、二、三，一、二、三，
一、二、三，一、二、三。

我每天在练，
调子一会儿苦，一会儿甜。
一、二、三，一、二、三，
一、二、三，一、二、三。

当我长得高大壮健，
我的手指也会增长一半，
人们将会发现我是天才，
一、二、三，一、二、三。

多米喊出声来："喂，贾莱娅！"她走到窗前，朝外面看。"你弹得真好。"多米说。

"呀，你是这样想的吗？"贾莱娅问，感到很高兴，因为他恭维了她。

"我爸爸的演奏也不坏，"多米说，"他会吹喇叭。"

"我喜欢喇叭。"贾莱娅说。

"那么你今天就可以听到他吹了，"多米告诉她，"他和镇上的乐队将在公园里吹奏。"

"但是我去不了。"贾莱娅叹了一口气。

"去不了，为什么?"多米问。

"苏菲姑姑不准小女孩去参加游艺会。所以我得呆在家里，苏菲姑姑也呆在家里。"

"这太糟了，"多米说，"如果你能来，我将让你骑我的庞踢五。"庞踢五是他的驴子的名字。"你不能偷偷地溜出来，不让苏菲姑姑看见吗? 我可以把你从窗口扶下来呀。"

"呀，那可不能。"贾莱娅说。

"好，那么我们想想别的办法。"多米说。他眯着眼睛，想了好一会儿，但没有结果。"我得到塔上去找找老杜比雅，"他最后说，"他一定能够想出一个办法。"

"咳，我希望他能够!"贾莱娅哭起来。

多米跑开了。他爬到杜比雅所住的塔上。

"小贾莱娅没有得到准许去参加游艺会，"他说，"这多不象话。"

"确实不象话，"杜比雅表示同意，"我们得想个办法，看是否能帮助她。"他们两人都想了一会儿。

"我告诉你怎么办，"杜比雅最后说，"我们得先劝苏菲姑姑去参加游艺会。如果她去，她就不能把贾莱娅一人留在家里。她一定会带她同去。"

"这有点儿不太那个——"多米说。

"不太那个——可是不那么容易，"杜比雅说，"我们得找个合适的人带苏菲姑姑到游艺会场上去。"

"我想不出谁合适。"多米说。

"也许我自己可以去试试看。"杜比雅说。

多米非常高兴。"您是一个绝对合适的人。"他说。

没过多久。杜比雅就去敲苏菲姑姑的门。她亲自开了门。

"呀,是你!"她说。

"是的,是我,"老杜比雅说,"我特来请你去参加游艺会。"

"非常感谢你,不过我不能去,我得呆在家里,照看贾莱娅。"

"呀,但是贾莱娅不也可以去吗?"

"肯定不能去,"苏菲姑姑说,"她太小了,不能参加游艺会那一类的东西,荡来荡去。"

"太小了?"杜比雅惊奇地说,"游艺会就是为孩子和他们的父母们开的呀。你知道,我答应过巴士贤警长,我本人就要在那里唱歌的呀。"

"真的吗?"苏菲姑姑说。

她把脑袋掉向一边,想了一会儿。

"唔,"她最后说,"我去。是的,我一定去。"

"你太好了。"杜比雅说。

"这谈不上。"苏菲姑姑说。

"好哇!"贾莱娅欢呼起来。

"不准喊'好哇'!"苏菲姑姑毫不客气地说。

他们准备好以后就一齐出发:苏菲姑姑、贾莱娅、老杜比雅、多米和驴子庞踢五。

"贾莱娅可以骑着庞踢五去——如果她愿意的话。"多米说。

"那太好了!"她兴奋地说。老杜比雅把她抱到驴背上,多米赶着驴,在她旁边步行。

"看来,贾莱娅喜欢怎么玩就怎么玩。"苏菲姑姑说,可是没有人接她的话。

他们就这样一齐到公园去参加游艺会,一个人骑驴,三个人步行。

第五章　在游艺会场上

公园里有旋转木马和空中飞轮等游戏,还有音乐。杜比雅这一行人发现他们的朋友都到来了,包括民警巴士贤——他现在已经成了这里一个最重要的人物。

巴士贤对杜比雅道了"日安",同时感谢他为这天预报了良好的天气。他也对苏菲姑姑道了"日安",还说:"你的光临,使我们感到荣幸。"于是他便走开了,因为作为一个民警,在这种场合他有许多事情要做。

此外还有一只大象和它的主人。它可以背起所有的人,因此好心的杜比雅就买了四张票,苏菲姑姑、贾莱娅、多米和他自己各有一张。他们都可以在象背上骑一会儿。庞踢五得呆在一边,在一棵树下等候大家。

在五点钟以前,大家在舞台前面的一些凳子上坐下来,等待音乐会开始。多米、贾莱娅、苏菲姑姑和杜比雅坐在前排,因为杜比雅待一会就要上台唱歌。

"嗯,这里倒是蛮舒服的。"他高兴地说。甚至苏菲姑姑也显得很满意,而且她的情绪也变得越来越好。

在音乐会开始以前,民警巴士贤来到他们所在的地方。他看上去有点神经质的样子。

"亲爱的苏菲姑姑,"他说,"有一件非常不幸的事情发生了。我们有一位歌唱家的嗓子哑了,一个音也唱不出来。你能不能代替她为我们出场唱歌?"

"不能!"苏菲姑姑说——象平时一样,还是那么脾气暴躁。

"哎,我求求你,"巴士贤说,"我们将感激不尽。"

"绝对不能,"苏菲姑姑说,"我只会唱一支歌,而这支歌在这种场合是不合适的。"

"啊,求求你,什么歌子在这里都合适。请你做点好事,帮帮我们的忙。"

使大家感到惊奇的是,苏菲姑姑最后终于屈服了。

"好,"她说,"看来我非唱不可了。这支歌是不合适的——但是你们心甘情愿。"

"一千个感谢你,一万个感谢你。"巴士贤大声地说。他走到舞台上,满面笑容。他把幕布拉开,舞台现出来了。开头是音乐,接着民警走到台前来,发表了一篇表示欢迎大家的演说。

"欢迎大家光临我们的夏天游艺会,"他大声说,"欢迎大家来看我们伟大的儿童和家长的表演。各位刚才所听到的音乐就是我们新的《豆蔻镇进行曲》。不一会儿,我们亲爱的老朋友杜比雅就会上台唱歌。他将要唱他的《东方、西方、南方和北方天气之歌》。杜比雅先生,请!"

杜比雅唱完他的歌。大家都热烈鼓掌,掌声持续了好久。

"谢谢你。杜比雅,"掌声停后巴士贤说,"这是一支新歌。现在,亲爱的朋友们,下一个节目就是小狗合唱。歌唱家包括杰利、波尼、拉本、金和理发师先生的小狗。它们将要唱一支古老的歌:《雅各神父,您还在睡觉吗?》。现在,小狗们,一、二、三……"小狗们翘起它们的鼻子,唱得相当好听。

"谢谢你们。"巴士贤在小狗们唱完歌后说。小狗们跳下了舞台。

"下一个节目是与众不同的,"他宣布说,"你们听到过骆驼讲话吗?这骆驼的名字叫做会讲话的骆驼,它将要给我们唱歌。现在它就要唱了。"

会讲话的骆驼

我背上背着沉重的香料,

从南到北我都走到,

所有城市里的人都会认识我,

知道我能说会道。

你会奇怪我跟谁学会讲话？

你也许以为教我的是我的妈。

哦,不,是那位单峰骆驼,

教它讲话的老师是它的爸。

骆驼赢得了热烈的掌声,因此它又得把同一支歌再唱一次。甚至这一次,巴士贤也得等一阵子才能使观众听见他的声音,宣布下一个节目。

"现在,亲爱的朋友们,"他喜气洋洋地说,"我很幸运能说服苏菲姑姑给我们唱一支歌。她说她的歌儿不合适!"大家都大笑不止。"现在,苏菲姑姑,请!"

苏菲姑姑的怒歌

啊,我的天,我的天,这地方变得真惨,

豆蔻镇的人,没有谁能值半文钱!

要是有人象我,镇上的事也就好办:

什么节目,什么游艺会,全都叫它完蛋!

呸!

我知道巴士贤为人和善,

但有责任感的民警就应该对坏事惩办。

只有一个傻瓜才整天堆着笑脸。

他的任务应该是禁止人捣蛋,

请看!

我们的电车售票员老在唱歌,不管天热天寒。

对于这种行为,我得把他的工资扣欠。

我必须向你们指出,这种人总是对工作厌烦。

他心中应该只有电车，别的事都不该去管。

哼！

街上那些年轻人，我看耳光挨得太少，

他们的嘴巴不停，成天把糖果咀嚼。

要叫我来管理他们，我只给他们肥皂，

叫他们肚皮饿空，但身上干净——多好！

呸！

当我们的警察坐着打盹或东游西荡，

镇上的强盗就跑出来干盗窃的勾当。

嗯，让他们来碰碰我，看上不上当！

我将扑向他们，把他们五花大绑。

哼！

"这就是我的歌。"苏菲姑姑说，晃了一下脑袋。她很快地走下舞台，回到她在前面的座位上去。大家都笑起来，几乎没有例外。当巴士贤走向前台宣布下一个节目的时候，他的面色煞是难看。但他还是很有礼貌地说："谢谢你，歌唱得很好。"接着他就连忙说："下一个节目又是小狗的节目。它们只会唱一支歌：大家所喜欢的关于那位睡了一百年的公主的歌。"

小狗歌唱队登台，它们以狗的腔调唱起关于"睡美人"的歌来。最初它们唱得都不错，但是，当它们唱到一半的时候，忽然从什么地方传来一声高亢的狗叫声，它们也一同叫了起来。这片闹声真是怕人，不过除了巴士贤以外，大家都忍不住大笑了起来。巴士贤感到非常不安。

"请原谅我，"他说，"这是一个小小的误会。有一只黑猫不知怎的跑到台上来了。师理悟太太，请你到台上来一下，把猫抓走。我们可以从头开始。现在，一、二、三！"

这一次进行得很顺利,音乐会也就结束了。对于大家热烈的鼓掌,巴士贤表示衷心的感谢。他邀请大家去看空中飞轮以及游艺会的其他吸引人的节目。

"如果你们的运气好,"他说,"也许你们可以找到机会骑一下会讲话的骆驼。"

～～ 第六章　有的人并不快乐 ～～

在公园里,大家都感到愉快和高兴;可是,在栏杆外面却站着三个愁眉苦脸的人,他们不能参加游艺会。他们是强盗贾斯佩、哈士贝和乐纳丹。他们爬到一棵树上,从那里偷偷观看旋转木马和空中飞轮,没有被人发觉。但他们只能瞥见一个大概,一点模糊的轮廓。

"他们在那里玩得多么快乐呀。"乐纳丹说。

"我们这里也不坏。"贾斯佩说。

"我在瞧他们正在吃的那些好东西。"乐纳丹说。

"他们只不过是在吃香肠罢了。"贾斯佩说。

"我看的并不是香肠,"乐纳丹说,"那是装在蛋卷里的一种白东西,他们一边走,一边舔它。"

"我想那并不是什么了不起的东西。"贾斯佩说。他们没有就这个问题再继续谈下去。

"瞧,大象出来了。"过了一会儿乐纳丹说。

"他们真走运,可以在大象背上骑一会儿了。"哈士贝说。

"那一定很有趣。"乐纳丹说。

"我可以告诉你怎么办,"哈士贝说,"我们可以等到黑夜到来的时候,那时人们都回家了,我们可以把那只象偷来。"

"住嘴,"贾斯佩反驳着说,"偷来一只象有什么用?"

"用处很大,你等着瞧吧。"哈士贝说。

"你说说看,有什么用?"贾斯佩问。

"第一,我们出去偷东西的时候可以骑它去,也可以骑回来。袋子如果太重我们也可以不骑它。"

"呀,好哇!"乐纳丹说,"那么我们每次作案,就可以偷回更多的东西了。"

"这听起来倒好象我们真的骑着象去偷东西了!"贾斯佩说。

"为什么不?"其余两人问。

"不能那样干就是了,"贾斯佩说,"想想看,我们怎么能牵着一头大象随便出进香肠店主的大门?"

"他的话有道理,哈士贝。"乐纳丹说。

"你怎么叫它上楼下楼?"贾斯佩继续问。

"好吧,我们就不偷那只象吧。"哈士贝生气地说。

沉默了一会儿,接着哈士贝说:"我们也太不幸了,那么好的游艺会和其他类似的聚会,我们都不能参加。"

"实在不幸,"乐纳丹表示同意,"在这种场合一定会有些好吃的东西。"

"我们现在的这个样子,也还过得去嘛。"贾斯佩不乐地说。

"还有一件事,"乐纳丹继续说,"我们甚至坐电车的机会也没有。"

"嗯,那并不是什么有趣的事情。"贾斯佩说。

"不,那很有趣!"乐纳丹坚持着说。

这时哈士贝发出一个狡猾的笑声。他说:"我倒有一个想法。"他望了望他的同伙,目光从这个脸上移到那个脸上。

"什么想法?"乐纳丹问。

哈士贝又奸笑了一下。"我们现在在这里,"他说,"电车司机在那里,电车就在我们旁边,里面什么人也没有。"

"我懂得你的意思。"乐纳丹低声地说。

"我们可以把电车偷走呀!"哈士贝说。

"这正是我们得干的事。"乐纳丹说。

他们从树上溜下来,踮着脚尖走向电车。

"我不知道我们能不能开动它。"贾斯佩说。

"哦,你只须这里扳扳,那里拉拉,按下电铃,它就会开动了。"哈士贝说,好象他什么都懂得。

因此他们扳了扳电车,按了按电铃,电车便开动起来了。贾斯佩站在前面,掌握方向盘。哈士贝和乐纳丹坐在车厢里,就象乘客一样。他们向周围望了一眼。

"瞧,乐纳丹,"哈士贝说,"一大罐子饼干!"

"饼干?"乐纳丹问,"这正是我此刻渴望的东西。"

"贾斯佩,停车,"哈士贝叫喊着,"过来瞧瞧,看我们发现了什么东西。"

"什么东西?"贾斯佩问,还没有把握是否要停车。

"饼干——一大罐子,满满一大罐子饼干。"

"让我来尝一块试试看,"贾斯佩说,"乖乖!好吃极了。我想这是姜糖饼干。"

"不是姜糖饼干,是姜糖脆饼。"乐纳丹说。

"为什么他们要在电车里放些饼干?"哈士贝奇怪起来,"你觉得,会不会是什么乘客忘掉带走的?"

"我不相信会有人忘掉这么一大罐子饼干。"乐纳丹说。

"我们把它带回家吧。"贾斯佩说。他继续开电车,一直开到城门那儿。他们不能再往前走,因为电车轨道已经到此终止了。他们拿上那一大罐姜糖脆饼,回到他们的贼窝里去。他们三人要尽情地享受一次"夏日节"。

～ 第七章　电车不见了 ～

公园里的游艺会仍然在继续。象电车这种平淡无奇的东西,谁也没有去想它。只有电车司机才向停车的地方瞟了一眼。车子不在那儿。电车到哪儿去了呢? 他跑去找民警巴士贤。巴士贤刚骑了一会儿骆驼,正从它背上溜下来。

"哎呀,警长,"司机叫了起来,"电车被人偷走了!"

"不可能,这不可能!"巴士贤说。

"偷走了,千真万确地被偷走了,"司机用哭丧的声音说,"请你自己来看一看吧。"

"你能准确地记起你在什么地方停下车子的吗?"巴士贤问。

"百分之百地准确。"司机回答说。

"也许售票员随便把它开走了吧?"

"他从来不干这种事。"司机说。

"那么这就太奇怪了。"巴士贤说。

"是的,太奇怪了。"

"这样一个日子电车被盗,实在太糟了,"巴士贤说,"今天我要考虑的事情太多,但是这件事我将在我的记事本里记下来。"

电车售票员在旋转木马上骑了一阵子,很愉快。恰好这时木马停下了。他向他们走来,满面笑容。

"那是很好的旋转木马。"他说。

在这个节骨眼上,电车司机完全没有心情来谈论旋转木马。他告诉他:"电车被人偷走了。"

"整个电车?"售票员问。他不相信他的耳朵。

"整个电车,一点也不假。"司机说。

民警巴士贤从他的记录本上抬起头来问：

"电车能在没有轨道的路上走吗？"

"不能，当然不能，警长先生。"司机说。

"好，"巴士贤说，"那么它一定会停在这里和城门之间的一块什么地方。以法律的名义，请你们两人跟我一道来。我们马上就可以找到它。"

他们一起离去，心中充满了希望。在城门附近，他们终于找到了电车。民警最先瞧见它，因此他很骄傲地说："瞧，你们的电车就在那儿。"

电车售票员和司机向它跑去。

"安然无恙。"司机说。用手在车身上摸了几下，以证明它"安然无恙"。

"我们的那一罐子饼干不见了。"电车售票员说。他已把手伸进车厢里面去了。

"不见了？"司机嘟囔着，只要他的电车没有出事，他就什么也不管了。

"这不是什么重要问题，"巴士贤说，"大家在游艺场上已经吃得不少了，他们今晚再不需要什么饼干了。明天他们也不需要。"

"这倒是真的。"司机说。

"那么我们抓紧时间，赶快回到游艺场上去。"巴士贤说。

"请大家上车。"售票员喊。他们一齐离开了。

～～ 第八章　强盗们不爱干净 ～～

强盗们把电车开走后，有好长一段时间呆在家里。在他们的那个贼窝里，一切仍然是象平时一样，没有什么变化。这块地方一切都是乱七八糟。他们成天只是争论谁应该收拾屋子。他们谁都不喜欢干活，因此从来就没有人收拾房子，卫生情况是一天比一天坏。他们谁也不愿意洗刷，因此盘子和饭锅就从没有洗刷过。东西只要用过以后，谁也不把它们收拾起来，因此，杯子和盘子、罐子和饭锅、衬衫和鞋子、衣服扣子和钱币到处都是,乱做一团。强盗们只要一走动,就会绊着一些东西。

他们成天找东西

哈士贝的帽子飞向何方?
什么东西都不知去向。
那只还能吹响的破口琴也失踪,
我的红裤衩也不见,
装衬衫的抽斗空空荡荡。
那根别不住东西的别针谁人拿走?
昨天我还把它别在身上。

到哪里去找我的啤酒瓶盖?
到哪里去找我磨剃刀的皮带?
我袜子上的大洞也失踪,真怪!
我的那把旧扫帚也销声匿迹。
我那根缝扣眼的针,又光又快,
现在要用它补背心上的一个大洞,
它也不知去向,虽然它昨天还在。

我的皮袋哪里去找?
我的热水瓶也不见了?
我那装着五条沙丁鱼的铁罐
和刷地毯的刷子,也无法找到。
还有那治咳嗽的东西,
它一直失踪,虽然它治病有效。
昨天我服用它还觉得很好。

我的梳子现在也无踪影,

包括那块抹了黄油的烤饼！
还有那当做晚饭吃的肉食，
我也想不起它在什么地方藏身！

贾斯佩和哈士贝去到什么地方？
乐纳丹只关心偷曾祖母的金银，
我记得他昨天还在附近。

"我们应该有一个妇女在这个屋子里才好。"贾斯佩说。

"叫她为我们料理家务。"哈士贝说。

"叫她为我们做饭。"乐纳丹说。

"是的，我们应该有一个管家婆。"哈士贝说。

"我一时还想不出找什么人干这种活。"乐纳丹说。

"我们可以去偷一个人来。"哈士贝建议。

"对，对了。"他们都一致表示同意。他们的情绪也高起来了。

"这个人必须会收拾屋子，打扫卫生，"贾斯佩说，"还要会照看狮子。"

"还要会做出真正味道好的伙食！"乐纳丹说。

"嗯，我想起了一个人。"贾斯佩说。

"谁？"哈士贝叫出声来，"快点说，谁？"

贾斯佩咧嘴笑了一下。"苏菲姑姑，"他说，"大家都说她的饭做得非常出色，屋子也收拾得非常干净。"

"这太理想了！"哈士贝用坚决、肯定的声音说。

"不过她的脾气暴躁。"乐纳丹警告他们。

"怎么？难道三个强盗还害怕一个苏菲姑姑不成？"贾斯佩讥笑地说。

"但还有一个问题，"哈士贝说，"我们有什么办法把她偷来？"

"对，这倒不是一桩容易的事儿。"乐纳丹说。他们坐着把这个问题思考了一会儿。哈士贝第一个发言。

"今天夜里，在伸手不见五指的时候，"他说，"我们溜到镇上去。径直摸进她的住屋,一声不响,在她睡着了的时候把她偷走。"

"假如她醒来了呢?"乐纳丹说。

"咳,我不相信她会醒来。"哈士贝说。

"那么就这样办吧!"贾斯佩说。

他们坐着等待黑夜的到来。当钟声敲了十二下的时候,他们便开始准备行动,站了起来。

"把门锁好,哈士贝。"他们中的一位说。

"好。"哈士贝说。

"我们把狮子也一起带去吗?"乐纳丹问。

"不,不能把狮子带去,"贾斯佩说,"肯定会弄出麻烦。把它留在哈士贝的房间里,门锁得紧紧的。"

"就这样办吧。"哈士贝说。

"对。"乐纳丹说。

贾斯佩提着灯笼在前走,哈士贝拿着一把钥匙跟着,最后是乐纳丹,拿着一块面包和香肠。

天已经够黑了。这个小镇是寂静无声。甚至民警也睡着了。强盗们踮着脚走到苏菲姑姑的大门口,静静地听动静。里面什么声音也没有。哈士贝取出他的一把钥匙,一一地在锁孔里试。那第三十五把钥匙正对得上口径,门开了。他们小心翼翼地走进去,停了一阵,仔细听。他们听到一个声音从一个房间里飘出来。乐纳丹说:"苏菲姑姑在打鼾。"

"一切在按照计划兑现。"贾斯佩低声地说。他们轻轻地打开通向厨房的门。苏菲姑姑就在那里的一个吊床上睡着了。

"真走运!"贾斯佩说,"现在我们可以把她抬走,连吊床一起!"

"这正是我们要干的事儿。"哈士贝说。

他仔细地把吊床从吊着它的那两个钩子上取下来。贾斯佩抓住一端,哈士贝抓住另一端。他们把它抬出去,穿过厨房门,走出过道,来到街上,然后穿过街道,一直抬到空地上的那座屋子里。在整个的行程中,苏菲姑姑一直是鼾声不停。

事后他们各自溜进睡房里去,一直睡到天亮。

"她醒转来时,一定会大吃一惊吧?"乐纳丹躺到床上时禁不住发出一个笑声。

～ 第九章　苏菲姑姑管起家来 ～

第二天早晨,当她醒转来的时候,苏菲姑姑向周围望了一眼,感到莫名其妙。

"这样一个可怕的脏地方真是少见!"她对自己说。

她跳下床来,走到隔壁房间里去。她发现那三个强盗正在等待,他们颇为激动,为的是想看看她做何表示。

"谁住在这块骇人听闻的地方?"她问。

"亲爱的苏菲姑姑,是我们呀!"贾斯佩说。

"哼! 你们,对吗?"苏菲姑姑说,"我相信是你们。请过来,给我说声'早安'——说准确一点。"

贾斯佩望着其他两人。

"我看最好还是按照她讲的话办。"他咕哝着。他走向她,粗声说:"我的名字叫贾斯佩。"

"不要大叫,"苏菲姑姑说,"这是不礼貌的。"

"我喜欢大声喊就大声喊。"贾斯佩说。

"这不是和一个妇女讲话的样子。"苏菲姑姑说。

"我偏偏要……嗯。"贾斯佩说,但他的声音有点儿软下去了。

"下一个。"苏菲姑姑说。

"我的名字叫哈士贝。"下一个人说。他非常有礼貌地鞠了一躬。

"这还象个样子。"苏菲姑姑说。

"我叫乐纳丹。"第三个人说。

"嗯,嗯!"苏菲姑姑说,"所以你的名字叫做乐纳丹。请走过来让我瞧瞧你的耳朵。"

"那是我自己的耳朵呀。"乐纳丹反驳着说。

"是的,是你自己的耳朵,你应该为你的这一对耳朵感到羞耻。"苏菲姑姑说,"黑得象煤烟灰一样!你大概好几年没有洗过它们吧。"

"他高兴洗就洗!"哈士贝咆哮着。

"我猜想大概也是这个样子。"苏菲姑姑说。她把他们每个人轮流观察了很久,接着问:"为什么我到这个屋子里来了?我是怎样来的?"

"呀,苏菲姑姑,"贾斯佩说,"你知道,是我们——我们——把你绑架来的。"

"倒很老实!我想你们大概以为这是你们干的一件得意的事吧。"

"不管得意不得意,"贾斯佩鼓起勇气说,"事情是干了。我们需要有一个人来料理我们的家务。"

"来把我们的屋子收拾干净。"哈士贝补充着说。

"同时给我们做饭。"乐纳丹急速地说。

"那么你们三个人干什么呢?"苏菲姑姑问。

"我们喜欢干什么就干什么。"贾斯佩告诉她说。

"你们倒是想得很妙啊!"苏菲姑姑说。

"对。"乐纳丹说。

苏菲姑姑走出了房间。他们可以听见,她在巡视各个房间。

"这完全是一个猪窝!"她对他们说。

"猪窝是在屋后呀。"哈士贝说。

"你们有多少个猪窝?"她问。

"只有一个。"乐纳丹说。

"一个加三个等于四个,"苏菲姑姑说,"一个在外面,三个在屋里。"

"她这话是什么意思?"贾斯佩问。

"她是指我们。"哈士贝说。

“我告诉过你们她的脾气不好。”乐纳丹嘟囔着。

贾斯佩这时生起气来。他吼了一声：“我告诉你，在这里我们是决定一切的主人。”

“不是你！”哈士贝补充一句。

“请过来，哈士贝。”苏菲姑姑说。

他望了望贾斯佩，又望了望乐纳丹。他不愿意听苏菲姑姑的指挥，但不知怎的，他却仍然走上前来了。

“你瞧见了你们这里乱七八糟的情况吗？”她问他。

“我愿瞧什么就瞧什么。”哈士贝绷着脸说。

“好，”苏菲姑姑说，“现在请你把周围这些乱七八糟的衣服捡起来。把贾斯佩的放在这里，把乐纳丹的放在那里。你自己的则请放在这里。”

“收拾东西不是我的专长。”哈士贝说。

“你可以学会收拾。”苏菲姑姑说。

“为什么不叫乐纳丹做？”他问。

“我还有别的活让他干。”

这时乐纳丹就不声不响地站起来，想溜出房间，不过苏菲姑姑止住了他。

“请回来，你。”她说。

“我想出去散散步。”乐纳丹低声说。

“请你留在这里，”她坚定地说，“把这些杯子、碗、盘子、刀子和汤匙先收拾好，然后把它们洗干净。”

“为什么贾斯佩不能干这些活呢？”

“贾斯佩还有别的事要干。”苏菲姑姑说。

“我喜欢干什么就干什么。”贾斯佩大声地说。

“好，现在就请你干这件活，”苏菲姑姑说，“你先去劈点柴，把它放进炉子里烧点水，好叫乐纳丹能够洗一洗。”

“他不需要用热水去洗。”贾斯佩说。

“他需要。这件活干完后，还请你再烧点热水，我们需要用它。”

这三个坏家伙尽量地抗拒。只要他们说"不干",苏菲姑姑就坚持说："得干!"

苏菲姑姑和强盗之歌

我的天,我的天,这里一切都稀巴烂!
椅子上放着脏的平底锅,炉子上撒满稀饭。
哈士贝,穿上你的袜子,样儿整齐一点,
然后到外面去,帮助一下那个乐纳丹。

　　是的,你得干。

贾斯佩,去劈点柴,把火烧旺。
我得用些滚水,你做个榜样!
洗刷是乐纳丹的份儿,不要推让,
把洗碗池里的碗洗干净,
你得老老实实地干一场!

　　是的,干一场。

哈士贝脖子上的脏东西可以刮下几两,
马铃薯可以在乐纳丹的耳朵上生长——
今天,你们这帮无赖得乖乖地洗一场,
不然我就擦掉你俩的皮,用我的一切力量。

　　是的,用我的一切力量。

我将教你们怎样把房子收拾干净——
不到九点钟,不准你们将工作停顿。
不准你们争辩或者反问。
当心我给你们耳光,我是这里的主人。

　　我是这里的主人。

"我不想洗。"贾斯佩说。

"好吧,那就请你不要吃午饭,"她说,"你不妨就是那个样子给我干坐在桌子旁。"

"我并不是象贾斯佩那样脏呀。"哈士贝说。

"好意思这样说!让我瞧瞧你的双手,"苏菲姑姑说,"真够脏的,和我想象的差不多!再让我瞧瞧你的脖子。乖乖,完全跟我想象的是一样。"

没有办法,哈士贝只好彻头彻尾把自己洗一通。贾斯佩也只好这样做。至于乐纳丹,由于他洗了一大堆碗碟,他的手是比较干净一点。但是他也被命令大刷了一通牙齿,大洗了一通耳朵。

"这还象个样子。"在他们洗完了以后,苏菲说,"现在请你们脱下靴子和袜子,在我去给你们做午饭的时候,好好地把你们的脚和腿洗一番。"

这挑动了贾斯佩的火气。

"我们不能专为了吃一餐午饭就去洗我们的脚呀!"他怒吼起来——不过苏菲姑姑已经到厨房做午饭去了,他们还得去洗。

当他们把脚伸进盆里,正在洗脚的时候,他们有时间在一起研究下一步形势的发展。

"在我们所作的案中,这是我们干的一桩最蠢的事。"哈士贝说。

"那时我就告诉过你们,她的脾气很坏,"乐纳丹提醒他们说,"我的话你们早就该听呀。"

"弄一个女人到这屋子里来,是贾斯佩出的主意。"哈士贝说。

"是的,不过把她绑架到这里来却是乐纳丹叫干的。"贾斯佩说。

"我从没有说要去把苏菲姑姑绑架来。"乐纳丹不同意对他的指责。

"没有,那是贾斯佩的想法。"

"好吧,就算是我说的吧。"贾斯佩说。

"我希望,我们重新恢复我们的独立自主权。"乐纳丹叹了口气说。其余的两人也表示同意。

"咳,我也有这个想法。"

他们开始考虑,下一步他们将采取什么步骤。

"我们可以请求她厚道一点，主动地回到她自己的家里去。"贾斯佩说。

"嗯，我们可以这样办。"哈士贝说。

"那么你自己去处理这件事吧，"乐纳丹说，"我是不想插手的。"

"好，我去办。"贾斯佩说。

他们洗完以后就来到餐室里。贾斯佩很有礼貌地来到苏菲姑姑面前。他尽可能地做出一副和善的面孔，说："亲爱的苏菲姑姑，你能不能现在回到你自己的家里去？"

"不能，"苏菲姑姑回答说，"我既来了，就得呆在这里！"

"我的天！"贾斯佩说。

"你的本意不是这样，对吗？"哈士贝问。

"我的本意就是这样，一点也不含糊。"苏菲姑姑说。

"真糟透了！"乐纳丹说。

这天下午，三个强盗望见有人打那块荒地上向他们的屋子走来。来人是民警巴士贤、香肠店主和一两个其他的人。

"警察来了。"贾斯佩低声说。

"我看情况不妙。"哈士贝说。

"也许他们是来接苏菲姑姑的。"乐纳丹满怀希望地说。

"下一步就是来接我们，"贾新佩说，"伙计，走吧！"他们跑到地下室里去，在那里藏起来。

巴士贤重重地在门上敲，高声喊："开门！以法律的名义，开门！"

苏菲姑姑开了门。

"我们终于算是找到你了！"巴士贤热情地说，"我真高兴！"

"呀，你高兴？"苏菲姑姑说。

"我到这里来，为的是把你从强盗手中救出来呀。"他解释着说。

"为什么？"苏菲姑姑问。

"嗯，因为他们把你绑架走了，"巴士贤和善地说，"我们将保护你，安全地把你送回家。"

"我丝毫也不感谢你,"苏菲姑姑说,"我愿意呆在现在的地方。我喜欢这样做。什么事也没有比痛骂一阵叫人感到高兴,特别是对那些值得痛骂一阵的人。"

巴士贤和来人都感到莫名其妙。

"你说的话是出自你的本意吗?"警察问。

"一点也不错。"苏菲姑姑说。

"不过——对于那头狮子你怎么想?"他问,"那是一个很危险的动物呀!"

"完全不是这么一回事。"苏菲姑姑说。

"这倒真叫人奇怪。"香肠店主说。

"好吧,无论如何,我们得逮捕这几个强盗,把他们带到警察局去。"巴士贤说。

"完全没有这个必要,"苏菲姑姑说,"我来对付这几个强盗——你看我能不能! 我将叫他们刨土,种蔬菜,种豆蔻子。我将要把他们改变成善良、有用的公民。"

"嗯,嗯,嗯!"巴士贤说,顿时感到轻松,因为他不需要逮捕任何人了,"那么——那么我们在这里就没有什么事情可干了。"

"没有,什么事情也没有。"其余的人说。他们掉转身离开了。

在地下室里,这三个强盗听到了他们的交谈。他们的头垂了下来,心也往下沉了一下,他们彼此呆望着。

"她说,她不愿意回家去!"贾斯佩说。

"真糟!"哈士贝说。

"你们听见了吗,她要我们刨土?"哈士贝说,紧张起来,"你们听到了吗?"

"听到了,还要种蔬菜,种豆蔻子。"贾斯佩说。

"不过她救了我们,我们可以不蹲监狱。"哈士贝说。

"我宁可蹲监狱,也不愿意和她在一起。"乐纳丹说。

"我们得想个办法解决这个问题!"贾斯佩说。

他们想了很久。最后乐纳丹想出了一个主意。

"听着,"他说,"请听我讲。今天夜里,当苏菲姑姑睡着了的时候,我们再绑架她一次,把她偷偷地送到她原来的地方去。"

"这个办法很好。"贾斯佩说。

"你可是够聪明的!"哈士贝大声地说。

"可不是,我就是这样一个人。"乐纳丹说。

这样,当黑夜降临、万物寂静无声的时候,苏菲姑姑在厨房的吊床里睡得又香又熟,强盗们踮着脚尖,从钩子上取下吊床,把她连床带人送回到镇上她自己的家里去。一路上苏菲姑姑没有醒过来,他们沿路也没有碰见任何人。他们小心谨慎地把她抬进门,照旧把吊床挂在两个钩子上,苏菲姑姑仍然在它里面熟睡。这三个强盗感到非常得意,愉快地回返他们的贼窝,一路唱着得意的歌,庆幸他们的生活又恢复到苏菲姑姑到来之前的那个样子。

强盗们的愉快之歌

万岁,我们现在向自己的家回转,
我们让苏菲姑姑独自打她的鼾。
真是一桩天大的幸事,摆脱了她,
她的咆哮、跋扈和给我们的难堪。
啊,洗脸、洗脖子、洗脚不是我们的事
刷牙齿我们素来就非常讨厌。
我们很抱歉,居然一度照她的话办,
老好的贾斯佩、哈士贝和乐纳丹。
　　　　扔掉牙膏吧!

我们再也不须去洗碗,
这就是我们人生的信念。
井里储藏那么多清水,

只不过是叫我们的嘴不发干。

我们尽量少洗、少收拾房间,

再也不需要什么扫帚、簸箕、肥皂,

我们这些强人的生活与这些东西无关,

老好的贾斯佩、哈士贝和乐纳丹。

打倒洗碗!

我们再也不要把柴来砍,

我们再也不生火做饭——

更不要一个女人当我们的老板。

我们已经请这位姑姑退休,

我们今后的一切将按照我们的方式办。

我们每人从此将会愉快、幸福,

老好的贾斯佩、哈士贝和乐纳丹。

我们将一定这样干!

第十章　强盗们在夜里

在豆蔻镇里,一切情况仍然和平时没有两样。苏菲姑姑回到了自己的家,夏天的游艺会也已经完全被忘掉了。民警巴士贤仍然过着他安静的日子。

可是香肠店主和面包师却并不怎么愉快。他们不象别人那样,他们整夜没有睡觉。他们从来没有感到安全过。他们躺在床上,睁大着眼睛,倾听周围的动静。

在一个漆黑的夜里,香肠店主忽然醒来了,他听到店里有一个声音。

"这是强盗来了,"他对他的妻子说,他尽快地从床上跳下来,"这次我要抓住他们。"他一边拉上裤子,一边说。

"不要单独一人出去,"他的妻子说,"你知道,他们有三个人呀。"

"这个我知道。"他说。

"唔,找一个人来帮助你吧。"

"我正是要这样办。"他说。他轻轻地走出去,溜到隔壁面包师的屋子里去。面包师睡房的窗子是开着的,香肠店主把他的脑袋伸进去,喊:"面包师傅,快醒来!"

"什么,出了什么事?"面包师用含糊不清的声音问。

"强盗溜进来了。"

"乖乖,又碰上了!"面包师叫了一声,就从床上跳下来。他问:"他们在什么地方?"他连忙把裤子系好。

"在我的店里,"香肠店主说,"他们三个人都来了。"

"那么我们最好把民警巴士贤也喊来。"面包师说。

"对。"香肠店主说。他们一同去找巴士贤。

"强盗钻进香肠店里去了。"他们对他说。

"那不可能!"巴士贤惊奇地说。他从来不相信会有不幸的事发生。

"这是千真万确的事呀,"香肠店主说,"这次我们必须逮住他们。"

"当然,应该抓住他们。"巴士贤表示同意。他也匆匆忙忙地把裤子系好。

他们一同静悄悄地走过街道,来到香肠店主的店里,抓那三个强盗。

抓强盗之歌

轻轻地,轻轻地——不要作声!

尽一切可能保持安静!

我们要抓住这些强盗,

叫他们再也不能得逞。

我们将要把他们关进监牢,

把他们一网打尽。

只要我们抓住他们,

他们就逃脱不了这个命运。

火腿和腊肉损失大量，
咸猪肉和香肠也不知去向，
他们还不止一次偷过烤鸡，
痛痛快快大吃了一场。
但这是他们干的最后勾当，
我们将再也不能忍让。
对于这些好吃懒做的强盗，
早就不该叫他们跳梁。

巧克力蛋糕他们偷尽，
还有奶油草莓果馅饼，
又甜、又脆的白色、棕色面包，
还有堆在酥皮糕上的冰淇淋。
这样快乐的日子已经到了尽头
做梦也别想再一次来临。
这样可怕的贪馋懒汉，
早就应该一网打尽。

悄悄地，悄悄地，我们踮着脚尖，
我们悄悄地齐步向前！
我们将要抓住那些强盗混蛋——
啊，他们再也吃不上丰盛的午餐！
我们将把他们收监，
叫他们再没有机会捣蛋。
一切其他的强盗们，
偷东西看你们再敢不敢。

他们在香肠店门口停下步子,默默地听了一会儿。有一种奇怪的声音从那里面发出来。

"听到没有?"香肠店主低声地说。

面包师点了点头。

"我们现在得小心。"巴士贤说。"你站在外面,"他对面包师说,"当我们走进屋子里去以后,当心不要让他们逃掉。懂了吗?"

"是,"面包师说,"我懂了。"

他按照巴士贤的布置留在屋外,巴士贤和香肠店主溜进院子里去了。

"那儿有一个开着的窗子。"巴士贤低声说。

"对,有一个窗子开着,"香肠店主说,"这很奇怪。"

在采取行动之前,民警仔细地思考了一下。他说:"你从窗口钻进去,在这同时我将把门打开。懂吗? 这样我们就不会让他们钻了空子。"

"我懂了。"香肠店主说。

巴士贤迅速地把门打开,大声喊:"以法律的名义,我逮捕你们!"

店内几乎是漆黑一团。他们听到地板上有沉重的响声,似乎有人钻到柜台后面去了。

"我看到你们了,"巴士贤大声说,"快出来,听见了吗?"

有一会儿什么动静也听不见,接着一个头发蓬松的脑袋冒了出来。巴士贤和香肠店主大骂——因为这是莱莫的小狗波尼。强盗连影子也没有!

"我的老天爷!"巴士贤叫出声来,"强盗就是你呀,对吗?"

"这太糟了。"香肠店主说。

"为什么?"巴士贤问。

"因为这跟强盗毫无关系呀。这一次我们应该有把握抓住他们的。"

"唔,我也认为有这个可能。"巴士贤说。

"那么你就把这只小狗抓走吧。"香肠店主嘟囔着。

"你真的这么想吗?"巴士贤用犹疑的口气问。

"我坚持要这样做,"香肠店主说,"这畜生一定吃掉了我的许多香肠和牛排。瞧它的肚皮鼓得多大。"

波尼就这样以法律的名义被捕了。它的颈圈上被系了一根绳子,以说明它成了一个囚犯。

面包师仍然留在屋子外面放哨。当他们走出来的时候,他立刻就问:"抓到他们了吗?"接着他说:"怎的,他们到哪里去了?"

"这就是强盗。"巴士贤说,拉了一下波尼脖子上的绳子。他把这只小狗带到警察局里去了。

第二天莱莫来了。他敲了敲门,警察走了出来,说:"请进。"

"你来有什么事?"他看出了来人是谁以后问。

"我丢失了小狗。"莱莫说。

"真的吗?"巴士贤问。

"它一夜不在家。"

"原来如此,"巴士贤说,"它偷东西去了——牛排和香肠。它现在被捕了。"

"不可能,波尼不会干那种事。"莱莫说。

"是的,就是它干的。"巴士贤说。

"它现在在什么地方?"

"在监牢里。"巴士贤说。但他马上又补充了一句:"不过它很好,生活得很舒服。"

于是他把莱莫带到监狱里。小狗躺在一个小牢房地上的席子上,已经睡熟了。无疑它忙了一夜,已经累了,何况又在香肠店里饱吃了一顿。巴士贤用他的靴子尖头把它捅醒了。当它看见了主人,顿时热烈地摇起尾巴来。

"不听话的小狗,"莱莫说,"你干了什么好事? 偷吃了香肠,是吗?"

波尼低下头。它的尾巴也垂下来了。

"它是在说,它以后再也不会干这种事了。"莱莫对巴士贤说。

"那么这次我就把它放了,"民警说,"我将告诉香肠店主,今后夜里睡觉时得把窗子关牢。"

第十一章　明天他七十五岁了

民警巴士贤非常喜欢组织游艺晚会这类事儿。自从夏季游艺会结束以后,好几个星期过去了。不过现在他又有一件新的事情要考虑了。有一天上午,当他在巡逻的时候,他遇见了莱莫。

"要不要我告诉你一件秘密?"莱莫问。当巴士贤说"请讲吧",他就说:"明天杜比雅老爷爷将是七十五岁了。"

巴士贤感到非常惊奇。"老杜比雅七十五岁了!"他惊叹了一声,"这可能吗?"

"是他亲口对我讲的,"莱莫说,"刚才不久讲的。"

"唔,那么我们要为他大大地热闹一番。"巴士贤说。

"我们得送他一件美好的礼物。"莱莫说。

"是的。我们得这样做,"巴士贤表示同意,"还得有些人讲话。"

"乐队还得奏进行曲。"莱莫补充着说。

"我们还得为他编一支特别的歌。"巴士贤说。

这时苏菲姑姑从街上走过来。

"这是怎么一回事?"巴士贤叫出声来,"你又回到家来了不成?"

"我是又回到我的家里来了。"苏菲姑姑简单明了地回答说。

"你可知道,老杜比雅明天将是七十五岁了吗?"

"怎的,只那么一把年纪吗?"苏菲姑姑问。

"他是一个非常好的老人。"巴士贤满怀热情地说。

"当然比某些人要好些,"她说,但究竟这某些人是指谁,谁也弄不清楚,"我们得送他一件礼物。"

"我们刚才还在谈这个问题,"巴士贤说,"问题是——什么礼物。"

"一个闹钟怎么样?"苏菲姑姑说。她一直是一个讲实际的人。

"我想,倒不如给他一件他所喜爱的东西。"巴士贤说。

当他们正在讨论这个问题的时候,理发师到来了。

巴士贤把这个秘密告诉了他。

"送他一头他能够骑的驴子,怎样?"理发师说,"这样他就不用老走路了。"

"这有困难,驴子爬不上那么高的楼梯到塔顶上去。"巴士贤说。

"也许我们可以送他一只小一点的动物,"莱莫说,"当他单独一个人在塔上的时候,一个可以和他讲话的动物。"

"我懂了,"理发师说,"一只鹦鹉。他可以和鹦鹉讲话,鹦鹉也可以和他讲话。"

"这个建议倒还不坏。"巴士贤说。

"我们每人都得参加,"苏菲姑姑说,"每个人都作出一点贡献。"

"当然,"巴士贤同意,"我们凑钱来买这件礼物。"

他们一同到一个观赏动物商店去。在所有的金丝鸟和鹦鹉之中,他们发现了一只特别有价值的鹦鹉。

"它是一只非常出色的鸟儿,"观赏动物店主说,"它能讲话……能唱歌……是一只聪明的鸟儿。"

"那么让我们听听吧。"苏菲姑姑说。

"当然,欢迎你们听听。"观赏动物店主说。他叫这鹦鹉唱:

美洲来的鹦鹉

听着,我是来自美洲的鹦鹉波利,

我出生的年代太久,我记不起。

我生下时不能讲话,但是妈妈说得有理:

"待它长大,它就学会人讲话的口气。"

现在我就能讲话,法拉拉,法拉里!

有人问我:"你来自何方,特拉拉?"

我很快就回答:"法拉里奥……拉。"

我是来自美洲的漂亮鹦鹉波利。

在八岁以前我一直住在森林里，

一个捕鸟人有一天忽然把我抓起。

从此教我学讲人们的话语，

并且教我学唱一些歌词。

是的，我能唱，啊，法拉拉，法拉里！

有人要问："你从哪里学会，特拉拉？"

我很快就回答："法拉里奥……拉。"

我曾经跟美洲的那个捕鸟人学习。

一个船长有天上岸买了我的身体，

他把我装在他那庞大的衣袋里。

他带我横渡大海，有一天，

我钻出衣袋，当他正闭眼休息。

我飞到这儿，啊，法拉拉，法拉里，

我在这里安家，特拉拉，这地方我很欢喜。

但是，啊，法拉里奥，拉，在远方或内地，

我是知名的来自美洲的鹦鹉波利。

"这确实是一只非常好的鹦鹉。"巴士贤说。

"把它送给杜比雅是再好不过了。"理发师说。

"是的，我们就把它买来吧。"苏菲姑姑说。

他们还谈论了除此以外他们还可以为杜比雅的生日做些什么其他事情。他们决定，巴士贤应该组织一个特别的七十五岁生日庆祝会。他对于这个任务当然感到高兴。于是他便在镇上巡视一番，向大家报告这个消息。他同时也征求大家的意见，他们能帮些什么忙。这样，这个庆祝会便开始具体化了。

电车司机答应编一支新歌：《杜比雅长寿歌》。音乐和游泳家安德生答应作一支新的进行曲，专门为他的生日演奏。几乎每个人都作出了一点贡献。那天下午,当杜比雅来到理发店修理胡子的时候,他发现店门锁上了。理发师已经出去和豆蔻镇的乐队预演《生日进行曲》去了。当然,这些事情杜比雅一点也不知道。

"多不凑巧,他今天关了门。"他想。他在店门口等了一会儿,不知道该怎么办好。接着他听见有人在奏乐。这当然是镇上的乐队在练习那支新的进行曲。关于这,杜比雅什么也不知道。但是他在静静地听,而且还很喜欢这音乐。

∽ 第十二章 祝杜比雅长寿 ∽

第二天早晨,杜比雅从他的塔上往下看,瞧见许多旗帜在飘扬。他也听到了乐队的演奏。他不知道这究竟是怎么一回事。

他走到房间外面的阳台上去。象平时一样,他向下面的镇上望。他从他站的地方看到他所有的朋友都从街上走过来,他们有的拿着花束,有的拿着旗帜。在这些人前面走着的是镇上的乐队——他们每人都戴着一顶白帽子。男女老少都在向他挥手,并且高呼:"祝您长寿!"这时杜比雅才懂得了,这个游行行列、音乐、花束和彩旗都是为了给他祝寿。他感到非常高兴。

这个游行行列在他的塔前停下了。巴士贤先生发表了一篇关于生日庆祝的演说。

"亲爱的杜比雅,"他说,"你是一个最好、最聪明的人,整个豆蔻镇的居民都喜爱你!今天是你七十五岁的生日,我为你带来了你所想象不到的礼物。这是我们大家共同送的,我们希望你喜欢它。这是一只鹦鹉。我们现在还要为你唱一支新歌:《长寿歌》。这是我们特别为你而编的。一、二、三!"

杜比雅长寿歌

我们高呼长寿——（长寿！长寿！）

我们歌颂长寿——（长寿！长寿！）

祝贺住在云层里的杜比雅——（住在云层里！）

　他的房子就在青天的下头——（在青天的下头！）

　他是世上一个最善良的老头，

　他能预报天气，为人诚恳，

　他帮助镇上的每一个居民。

　　　（长寿！长寿！）

老杜比雅对每个人都给予帮助——（长寿！长寿！）

世上没有什么东西他不能解释清楚——（长寿！长寿！）

太阳的一切变化他全都知道——（太阳的一切变化！）

他也能推算出深不可测的雨天气候——（雨天气候！）

　他是世上活着的最聪明的人，

　这天他达到了七十五岁的高龄，

　　祝贺，祝贺，祝贺他幸运！（万岁！万岁！）

巴士贤还有几句话要补充。

"亲爱的杜比雅，"他说，"你有许多两条腿的朋友，也有许多四条腿的朋友——我指的是镇上的小狗。每逢你吃饭有点肉食的时候，你总送给它们一些很可口的骨头——当它们来看你，用它们的脑袋来擦着你的身子的时候。因此在这伟大的一天，豆蔻镇的小狗歌唱队也要来为你唱它们特别的歌。"

杜比雅往下看，他瞧见波尼和它的朋友们正在仰着头哇哇地唱歌（你知道，它们只会唱一支歌）。

当演说和音乐完毕以后，民警巴士贤爬到塔顶上来。他把那只养在笼子里的鹦鹉送给杜比雅。杜比雅感到非常高兴。

"我在这一生中只希望两件东西,"他说,"一件是一只狗,另一件是一只我能够和它谈话的鹦鹉。现在我的两个希望中有一个兑现了。"

当杜比雅说这话的时候,他的另一个希望也快要满足了。但这件事只能等到这天下午才能兑现。那时他的很要好的朋友莱莫提着一个篮子来看他。

"瞧,"莱莫说,"这是我送给你的一件礼物。"

篮子里装的是一只漂亮的小狗。

"真的送给我吗?"杜比雅问,"你真的把它送给我吗?"

"这是波尼所生的一只最好的小狗,"莱莫说,"我把它送给你,因为我知道你会对它非常友善。"

"这点你尽可放心,"杜比雅说,"你每天可以来看它和我。"

"我一定来。"莱莫说。

"你知道,我今天还得到了另外一件礼物,"杜比雅说,"一只鹦鹉。它真是一只可爱的动物——而且聪明。它真正能够讲话!"

"这我完全知道。"莱莫说,"它还会唱歌呢!"

"会唱歌?"杜比雅问。

"会。所以它才是一只非常好的鹦鹉,"莱莫说,"我知道。"

"你怎么知道?"杜比雅问。

"啊,是我帮助他们买到它的呀。"莱莫说。接着他就让鹦鹉唱一支歌。波利也就唱起那支关于它自己的歌来。

"我相信世界上再没有第二只鹦鹉能够做到这一点。"杜比雅说。

"它非常聪明,"莱莫说,"小狗也是这样——至少不久它就会是这样。"

第十三章　强盗们饿了

人们正在庆祝杜比雅七十五岁生日的那天,多米骑着他的驴子庞踢五出去逛了一阵。他出了城门,走得很远。这天的天气非常好。庞踢五慢悠悠地荡着,多米骑在它背上,吹着口哨,什么事也没有想。

他们走了好长一段路,多米瞥见一座高大的老房子,立在一块荒芜的平地上。他过去从来没有离开过小镇这么远,因此他不认识这幢房子。他不知道谁住在它里面——甚至还不知道它里面是否住有人。他在周围没有发现什么人影。

"我得在这里瞧瞧。"他对自己说。因此他就把驴子系在一棵树上,然后他就悄悄地走到房子旁边去。窗子上都布满了灰尘,他走近前向里面窥望……他所看到的情景使得他的双腿发抖! 他瞧见了一张旧床,上面睡着一只狮子——睡得很熟。屋子里一个人也没有,脏得可怕。

"这真怪。"他想。他绕着房子兜了一圈。又从另一个窗子朝里望。这个房间也是又脏又乱,可怕极了。不过这里有三个人。这时多米就猜到了这是谁住的屋子——三个强盗! 他们看上去好象是刚刚才起床,因为他们有一个还没有穿裤子,另一个没有穿衬衫,第三个正在各处找他的鞋子。他们似乎都在发牢骚,有怨气。多米听到他们说:"我的裤子到哪里去了?""我的衬衫在什么地方?"……诸如此类的事。当他正在窥看的时候,他们也就找到了他们的衣服,也穿上了。他们似乎是很饥饿,因为他听见他们说:

"我什么面包也没有弄到。"——这是贾斯佩说的话。

"什么吃的也没有。"这是乐纳丹说的。

"你真的是说,我们屋子里一点面包也没有吗?"贾斯佩问。

"甚至一点面包屑也没有。"哈士贝说。

"连姜糖面包也没有吗?"乐纳丹问。

"没有。"哈士贝说。

"这可糟透了。"贾斯佩嘟囔着,因为他正想吃面包哪。

"不过还有一点咸肉、青鱼和土豆。"乐纳丹说。

"那不行,我要吃面包。"贾斯佩说。

"面包可是一点儿也没有。"乐纳丹说。

"唔,那么我们最好到面包店去一趟。"贾斯佩说。

"怎的,现在就去?"哈士贝问。

"不行,现在不能去。晚一点,天黑了去。"

多米仍然站在窗子边倾听。忽然间他害怕起来,不敢再在那里呆下去,生怕强盗们发现了他。他踮着脚尖。离开了这个屋子。他跳到庞踢五背上,骑着这头驴尽快地回到镇上来。

回到家以后,他告诉爸爸他所听到的事情。他的爸爸立刻就忙起来,因为强盗们夜里偷进他的铺子已经不止一次了,把他店里的糖、咖啡、豌豆和麦片偷走不少。

"这次我们将要抓住他们!"他叫出声来。

他连忙出去告诉面包师,后来又把香肠店主找来。他们坐在一起,研究抓住这几个强盗的办法。

"我们将不声不响地在你的店里等待他们的到来。"香肠店主对面包师说。

"我们就在他们作案的时候抓住他们。然后马上就把他们送到警察局去。"

"你觉得单是我们三人去抓他们,没有巴士贤参加,行吗?"面包师问。

"呀,当然行,不会有问题。"香肠店主肯定地说。

"我们一共有三人。他们强盗也不过是三人——我们一个对一个。杂货店老板先生,你抓那个个子最大的,我抓那个中等身材的,而你,面包师,去应付那个个子最小的。"

"好。"面包师说。

"你说得对。"杂货店老板说。

接着他们就在面包师的店里藏起来，等待强盗们的到来。

～～ 第十四章　抓住了 ～～

强盗们当然不知道香肠店主、面包师和杂货店老板的布置。他们坐在屋子里，迫切地等待面包吃，当然也迫切地等待黑夜的到来。

"我想，在我们出发之前，我们最好先给狮子一点东西吃。"哈士贝说。

"你可以给它一点咸肉。"贾斯佩说。哈士贝来到狮子正在睡觉的隔壁房间。狮子一见到他就咆哮起来——不过狮子总是咆哮的。

"现在送一点肉给你吃。"哈士贝说，同时递给它一块咸肉。

狮子十分满意地把肉吃掉，还喝了一小桶水，然后它舒舒服服地伸了一个懒腰，就把脑袋枕在哈士贝的膝上躺着。哈士贝在它耳朵背后搔了一下痒——他非常喜欢这样做。

"你是一头善良的老狮子。"他说。

"呜——"狮子呜呜地叫了一声。

"你得留心，不要让任何人进来，把你的好朋友哈士贝抓走，行吗？"

"呜——"狮子又呜呜地叫了一声。

"我知道你会这样做的。"哈士贝说。他又在它的下巴底下搔了几下。狮子舒舒服服闭上眼睛，享受他的搔痒。渐渐地，哈士贝也打起哈欠来，他们俩就这样一起睡过去了。

最后，天终于暗下来了。另外两名强盗开始奇怪，什么东西把哈士贝缠住了。

"有好一会儿我没有见到他了。"贾斯佩说。

"自从他送东西给狮子吃，他就不见了。"乐纳丹说。

"我希望狮子不会嫌他送去的东西少而把他……"贾斯佩说。

"呀,你以为狮子会……"

"唔……狮子的事情,谁也没有把握。"贾斯佩说。

"我们最好还是去瞧瞧。"乐纳丹说。他们两人踮着脚尖走到隔壁房里去,发现哈士贝和狮子睡在一张床上。

"瞧他们的这副样儿多甜蜜!"乐纳丹说。

"喂,请起来!"贾斯佩大叫一声,摇着哈士贝的肩膀,"我们得出去找面包吃呀。"

哈士贝跳下床来。"现在什么时候了?"他问。

"不早了。"贾斯佩说。

"我们今天不能带着狮子一同出去吗?"哈士贝问。

"不行,不能带狮子一同去。"贾斯佩说。

"带着它有好处,可以防止有人抓我们。"哈士贝说。

"谁也不知道我们今晚要出去作案呀。"贾斯佩说。

在豆蔻镇,这一夜黑得伸手不见五指,而且也静得没有一点声音。这三个强盗踮着脚尖打那空荡荡的街上走过去,径直来到烤面包房。

"当心不要把面包师弄醒了。"贾斯佩警告其他两个强盗说。

"动作不能弄出声音。"乐纳丹说。

哈士贝取出他的一大串钥匙,试了试后门的锁。不过当他一握住门把手时,门就自动开了。

"我的天老爷!"哈士贝说,"面包师一定忘记了锁门。"

"看来我们今天夜里的运气很好。"贾斯佩说。

面包店里也是一片漆黑,不过强盗们都知道东西是放在什么地方。贾斯佩取出他的袋子,装了五六条麦糊面包进去。他还装了一大块蛋糕、几个白面包和他顺手所能抓到的各种东西。哈士贝抓了一大块牛奶巧克力糖,乐纳丹咬了一大块姜糖面包。

他们想要拿的东西当然还多得很,不过忽然间电灯亮了。门嘎地一声开了,面包师、香肠店主和杂货店老板就站在门口。强盗们吓了一大跳。

"这次我们可把你们抓住了。"香肠店主吼着说。

"真倒霉。"贾斯佩说。

"我说过,我们应该把狮子带来。"哈士贝说。

乐纳丹什么也没说,因为他的嘴里塞满了姜糖面包。

"你们投降不投降?"杂货店老板问。

强盗们考虑了一会儿。

"我们投降吗?"贾斯佩说。

"假如你们再给我三块姜糖面包,我们就投降。"乐纳丹说。

他们给他几块姜糖面包。面包师找到一根绳子,把他们绑做一排,免得他们逃掉。香肠店主和杂货店老板也让自己和他们绑在一起——一个在前,一个在后。这样,他们就一同开步走,来到警察局。

第十五章　四十八天

当他们来到警察局门前时,面包师走上前去,敲了敲门:"开门,警长!"他喊。

巴士贤挨了一段时间才真正醒转来。外边的人听到他迷迷糊糊地问:"谁呀?"

"三个强盗。"面包师说。

"什么?"巴士贤大叫一声,"你们到这里来要干什么?"

因为他以为是强盗们在喊他。

"是面包师在敲门呀,巴士贤先生,"其他两个人中之一说,"我们抓住了强盗呀。"

"不可能!"巴士贤叫出声来。

"不是不可能呀,"面包师说,"快开门吧,你可以亲眼看看。"

这时民警已经穿好衣服,也找到了钥匙。门立刻就开了。

"我们全在这里。"面包师说,感到很骄傲。

"你们看上去好象一共有五个人。"巴士贤说。

"不过只有三个强盗,"面包师说,"其余两人是香肠店主和杂货店老板。"

"哦,我懂了,懂了,"巴士贤说,"早安,杂货店老板。早安,香肠店主——也许说'晚安'比较合适些吧? 你们都请进来,欢迎你们!"他对强盗们补充着说。

他取出眼镜,坐在他的桌子旁,拿出一个大本本——他把它叫做讯问薄。

"你们就是那三名强盗吗?"他问。

"是。"强盗说。

"好……我得把这记下来,"巴士贤说,"下一个问题:你们的名字叫什么?"

"贾斯佩。""哈士贝。""乐纳丹。"他们回答说。

"好,好。"巴士贤说,在他的本本里记了一笔。

"现在——请告诉我,你们今夜干了些什么勾当?"他问。

这三名强盗相互望了一眼。

"你说吧。"乐纳丹对贾斯佩说。

"我们——我们只不过——晚间出来散散步,"贾斯佩说,"我们——我们的手指头冻得够呛。我们想,面包师——也许正在烤面包,他的烤面包房一定很舒服,很温暖……所以我们——我们——就走进去,想暖一下自己。"

"嗯,我倒觉得这也很可能。"巴士贤说,把这些话又记在他的本本里,一字不漏。

"唔——这不是真话呀,"面包师说,"他们是到我的店里来偷面包的。那个大个子,在我们没有抓到他以前,就已经偷了四条麦糊面包、一块蛋糕和三块白面包,并且已经装进他的袋子里去了。"

"看来这很不幸。"巴士贤说。"你有什么话说?"他问贾斯佩。

"唔,这只不过是一件小小的意外罢了,"贾斯佩回答说,"我们走进烤面包房的时候,夜是漆黑一团。我提着的那个袋子正好口是开着的。我偶然碰着了面包架,那上面放着几条麦糊面包、蛋糕和白面包。它们——嗯——它们被碰动了,从架子上滚下来,一直滚到我的袋子里去了——你不妨这么理解。"

"这听起来也很可能。"巴士贤不安地说。

"不,这不是真话,"面包师重复着说,"面包和蛋糕并不是在同一个架子上呀。"

"是这样吗?"民警沮丧地说,"这就使案情变得很糟了。"接着他望了望贾斯佩,说:"你们都在面包师的店里偷面包,是吗?"

"嗯,我猜想可能是。"贾斯佩说。

"等一会儿,我得把这记下来,"巴士贤的笔慢慢地在本子上画,"请你再说一遍。"

"我说:我猜想可能是。"贾斯佩重复了一次。

"那个胖子,当我们抓住他的时候,他嘴里还在嚼姜糖面包呢。"香肠店主说。

"是这样的吗?"巴士贤问。

乐纳丹点了点头。

"但他老是爱啃姜糖面包呀。"贾斯佩解释着说。

"他老是爱啃姜糖面包——"巴士贤又慢慢地在本子上记下来,"你们还偷了别的东西没有?"他问。

"没有。"贾斯佩说。

"最好翻翻他们的衣袋。"杂货店老板建议。

这样,贾斯佩、哈士贝和乐纳丹只好把他们的衣袋对着巴士贤的桌子翻开。贾斯佩的衣袋是空的,乐纳丹的也是空的。但是哈士贝的衣袋里却有一大块牛奶巧克力糖。

"唔,唔,"巴士贤又记了下来,"一大块牛奶巧克力糖。"

"但这不是给我自己吃的。"哈士贝说。

"不是?"巴士贤问,"给谁吃的?"

"给狮子吃。"

"你说什么?"巴士贤停止了书写,"拿牛奶巧克力糖给狮子吃?"

"比起其他的糖果来,它最喜欢吃牛奶巧克力糖。"哈士贝说。

"对动物友爱是好事,"巴士贤说,"但去偷人家的东西却不是好事。"

"我知道,我知道,"哈士贝回答说,"但我的原意是,当面包师来找我的时候,我就立即付钱给他。只是我还来不及这样办,因为他来得太快了。"

"嗯,也许是这样,"民警说,"这一次可以这样说。不过,在过去你们到镇上来偷东西已经无数次了。以法律的名义,我得逮捕你们。你们得蹲四十八天班房。"

"时间太长。"贾斯佩说。

哈士贝问:"班房里暖和吗?"

"啊,相当暖和。"巴士贤说。

"那就行!"哈士贝说。

"我们能有东西吃吗?"乐纳丹问。

"多得是,"巴士贤说,"一天吃三餐。"

这样,三个强盗就坐班房了。这班房是巴士贤和他妻子住房的一部分。

第十六章　监牢里发生的事情

这监牢只有一个班房,但是它里面阳光充足,相当舒服,甚至还很暖和。那里已经有几年没有住囚犯了,因此,这三位强盗忽然到来,巴士贤要考虑的事情就不少了。他得准备好床铺——三张很好的床铺,一张桌子和三把椅子,因为强盗们得有地方坐和睡呀。

他们在监牢里呆了头一夜以后,巴士贤清早就到来,询问他们的感觉怎样。

"很不错。"哈士贝说。

"床铺很舒服。"贾斯佩说。

"椅子也不坏。"乐纳丹说。

"那就太好了。"巴士贤说。他听到他们说生活很舒服,感到很高兴。"现在我想给你们拿个洗脸盆和一块肥皂来。"

"这类事就不须麻烦您了,警长,"三个强盗齐声说,"我们现在这个样子,已经感到很满意了。"

巴士贤大娘发现,她也得做不少事情,因为除了为丈夫做饭外,她还得为三个强盗准备伙食。她是一个善良的、讲求实际的人物,心地也是和民警一样地善良。她忙着做饭——做出叫蹲班房的人也感到好吃的饭。她一边忙,一边唱歌。

巴士贤大娘之歌

我们有一个漂亮的警察局。
作为妻子,我觉得有福气,
因为我的英勇的巴士贤,
是我生命中最爱的丈夫。
他是男人中最好的榜样,
为人和善而又纯朴。
当我要洗一大堆衣裳,
他总是热情地来帮忙。

他保护我们的生活安静,
在这个豆蔻小镇。
我们从来不使用这个监牢,
直到这三位伙计光临。

他们呆在我们的班房里，
怎能不叫人感到有点吃惊，
他们对我们有些好感，
我们夫妇俩也喜欢他们。

我得为他们把衣服修补，
还得为他们炖大块大块的牛肉。
我第一次发现他们的胃口太好，
吃起东西来就没完没了！
我给他们烤了四十条青鱼——
我给他们送鱼时吓了一跳，
因为乐纳丹那个馋鬼，
又额外要求我再烤十五条！

他们倒也很逗人喜欢，
不象人们说的那样讨厌，
对于蹲班房的生活，
他们过起来倒似乎心甘情愿。
比起他们单独住在外面，
他们说在这里生活得更美满。
他们想永远呆在这里，
好象是我们中间的成员。

他们变得越来越有礼貌，
他们从不撕破脸，
我知道他们脏得不堪，
但肥皂就可将他们的面貌改变。
一把梳子和刷子将他们梳理，

很快他们就会显出仪表不凡。

谁说他们不会成为漂亮人物，

全身洁净，风度翩翩？

　　她给了他们一个面盆，好叫他们能在牢房里洗手洗脸。她还给他们送来肥皂和水——不过他们认为没有这个必要。她还送给了他们一块桌布和一小瓶花。

　　"这些东西倒可以使我在这里生活得蛮舒服哩。"哈士贝说。乐纳丹也同意这个观点。"这倒使我们看起来象一般人一样呢，"他说，"这倒引得我们想洗洗自己——只洗一点儿，甚至还梳理一下头发。"

　　"我也有这个感觉。"贾斯佩说。

　　"那么我们就来梳洗一下，看结果如何，怎样？"乐纳丹说。他倒了一点水到脸盆里，在手巾上擦了一点肥皂，然后在脸上轻轻地滑了一下。

　　"擦得痛吗？"哈士贝关心地问。

　　"不大痛，还不太坏。"乐纳丹说，又把自己洗了一下。

　　"够了，"贾斯佩说，他是老大，"现在轮到我了。"

　　于是他开始洗自己。他甚至还洗了一下自己的耳朵。事后他似乎觉得他的听觉也变得灵敏一些了。

　　哈士贝是他们之中一个最漂亮的人，也最勇敢。他把他的脑袋直接伸进盆里，用肥皂大大地擦洗了一番，肥皂泡向各方飞溅开来。

　　"真舒服！"他用毛巾擦干的时候说。他的面目为之一新，甚至他的朋友都很难认出他来。不久巴士贤来检查他们的生活，也一时认不出他们来了。他仔细瞧了瞧他们，说："那里站着的一位不是你们的同伴，对吗？"

　　"那就是哈士贝呀，"老大说，"他是我们的伙计，没有错。"

　　"看来不大可能。"巴士贤说。

　　"那是因为他洗了一次。"乐纳丹说。他们都哈哈大笑起来，巴士贤也笑起来。

"我们在这里生活得很好。"贾斯佩说。巴士贤听了也感到非常高兴。

"此外,"哈士贝说,"能和别人讲话也很痛快。一直到现在,我们只能在我们自己三人之间讲话。"

"那当然好,"乐纳丹说,"不过最美的事是,现在有一位太太给我们做饭吃!"

"巴士贤太太对我们实在是太好了!"哈士贝忽然说,"我简直不能不想起另外一个问题——我们可怜的狮子现在在家里很孤单,而且在挨饿,但我们在这里日子过得却很好。"

"是的,那太好了。"巴士贤同意他们的话。

"您是否能发一点慈悲,把它也抓来?"哈士贝问。

"当然不能,"巴士贤连忙说,"一头狮子不是任何人都可以逮捕的一种动物呀。"

"不过它是一头很懂道理的老狮子呀。"乐纳丹用劝说的口吻说。

"不能,狮子究竟是狮子呀,"巴士贤说,"它得留在原地,直到你们被释放回家。不过,我可以让哈士贝每天送点食物给它。"

"不过我们没有什么食物可以送给它呀。"哈士贝说。

"没有……唔……我们得想办法解决这个问题。"巴士贤说。

半个钟头以后,巴士贤回转来,手里提着满满一袋子给狮子吃的食物。这是从香肠店要来的肉和从面包师那里要来的面包。"这里还有我送给它的一块牛奶巧克力糖。"巴士贤说,满面笑容。哈士贝于是便得到准许回家去喂狮子。这天其余的时间他都不在,但晚间他回到监狱里来了。

"狮子把食物吃得精光。"他汇报说。

"太好了!"巴士贤说。

第十七章　理发师的发现

当强盗们把自己洗刷过两三次以后，再加上梳了梳头发，他们的面貌就变得焕然一新了。但巴士贤还不太满意。他觉得他们的头发长得太多，脸上的胡子也很长。他让他们理理发，打扮打扮。理发师也来了，带着剪子、梳子和刮脸刀。他还带来了他的单簧管，因为他除了当理发师外，还是豆蔻镇乐队的一个成员。他平时只要一有闲空，就吹起这个乐器或唱歌。

理发师之歌

我又剪又修，又理又梳，
整天给人打肥皂和擦油。
我最喜欢的事儿，
是唱歌和把交响乐演奏。
你得知道，我是指挥。
是豆蔻镇乐队的头头。
当我吹起单簧管，
我对生活就心满意足。

（单簧管独奏）

杜比雅多次来我店里，
把他那有名的胡子修理。
我把它洗得泡沫纷飞，
它那银白色显得更为美丽。
我用毛巾把它包好，

然后我又把单簧管吹起。

我奏出一个优美的曲调，

直到他的胡子变得又干又神气。

（单簧管独奏）

我是那么喜欢我的单簧管，

有时我可以吹它一整天。

我一边唱《理发师之歌》，

我一边把胡子慢慢修剪。

我梳了又修，修了又理，

我的活儿干得非常圆满，

因为我在唱《理发师之歌》，

同时在吹我的单簧管。

（单簧管独奏）

作为一名理发师，他得在这三个脑袋上下一番功夫，因为它们上面长的头发是又乱又蓬松。每个脑袋他得大加洗擦才能插得进梳子。他每次用梳子梳一下，乐纳丹就大叫一声，贾斯佩就发起脾气，说这种洗头的方式是无聊透顶。可是理发师却不管这些，他知道一个人应该有怎样一副外貌，他的头发有时得洗一洗。

当他把一切应做的事都做完以后，他就在他们头上喷些香水。这使得贾斯佩又打喷嚏，又好笑。他嗅了一下说："这种香气倒是蛮好闻的。"

理发师又把他们的头发梳了几下，梳成分头。他们变得相当时髦。他们也感到骄傲，不停地在镜子里瞧自己的尊容。

"谁也不会再认出我来了！"贾斯佩说。

"谁也不会相信，这就是我！"哈士贝说。

"不会有人看得出我就是乐纳丹！"第三位说。

理发师干完了活以后。就取出他的单簧管休息一会儿。当他在吹奏的时候,这三名强盗就坐着一动不动,静静地听。

"你吹得很不错。"贾斯佩说。

"你还知道有什么人会吹奏吗?"理发师问。

"我们会。"贾斯佩说。

这是一则惊人的新闻。

"你们?"理发师问,"你们会吹奏吗?"

"一点也不错,"贾斯佩说,"在我们当强盗以前,我们原是街头音乐家呀。"

理发师二话没说,把单簧管递给他。"吹个曲子,看你们能干些什么。"他说。

"我不会吹那家什,"贾斯佩说,"我吹巴松管——如果你知道那是什么家什的话。"

"哈士贝会吹笛子,"乐纳丹说,"我会打鼓,敲碟子盖或者任何其他的东西。"

"乖乖,你们几个人倒可以组成一个乐队啦。"理发师叫出声来。

"我们不能,"贾斯佩说,"我们现在什么乐器也没有了。"

"卖掉了,"哈士贝说,"卖了二十五块钱。"

"我们是糊涂蛋呀。"乐纳丹说。

理发师变得兴奋起来。他问他们:如果他给他们弄到一根巴松管、一管笛子和一个鼓,他们是否真的能够演奏。

贾斯佩说:"当然能。"这样,理发师就答应,他将想办法弄到这些东西。于是他便直接回到镇上去了。

他离开后,巴士贤大娘就把强盗们的饭食送来了。她大吃一惊,差点儿把饭盘失手落到地上去。

"我的老天爷!"她大叫一声,"你们几个人一下子就变得这样漂亮起来了,真没有想到。"

"还象个样子,对吗?"贾斯佩说,往镜子里瞥了自己一眼。

"你不能再唱你那支歌了,巴士贤大娘,"哈士贝说,"那支歌里有这样一个句子:'我知道他们脏得不堪,但……'"

"如果你愿意的话,你还是可以唱呀。"乐纳丹说,因为他想起了这支歌结尾的那一句:"全身洁净,风度翩翩。"

理发师很快就回转来了。带来一个鼓、一对铙钹、一管笛子和一根巴松管。

"这全是为了你们的乐队。"他说,虽然他不太相信这些强盗真的会演奏。贾斯佩非常喜欢那根巴松管。他把它抚摸来,抚摸去,好象它是一件心爱的东西。

"当我们还是街头音乐家的时候,我就有一根与这一模一样的乐器。"他说。

哈士贝拿起笛子,从上到下打量了一下,说:"我过去也有一管这样的家什。"他吹了一两个小调,理发师欢呼起来,高兴得不得了。"你会吹!我看得出来! 你真的会吹!"

贾斯佩微笑起来。"只要乐纳丹把鼓和铙钹准备好,"他说,"我们就可以立即为你演奏一支《街头音乐家进行曲》。这是我不久以前编的。"

"准备好了,"乐纳丹说,"我们开始吧。"

"准备好了。"贾斯佩和哈士贝也齐声说。

他们开始演奏贾斯佩说的《进行曲》。他们演奏得真好,理发师也控制不住自己了。乐纳丹每次击鼓,理发师就往空中跳一下。"好哇! 好哇!"他大声高呼。

巴士贤也听到了这音乐,他也连忙赶来参加。

"这实在是太好了。"他大声说。理发师对他喊:"我也得学会这个《进行曲》,把它教给杂货店老板、安德生先生和我们的鼓手,好叫我们豆蔻镇的乐队能在明年的游艺会中演奏它。"

"我们还会演奏另一支乐曲,同样好,"贾斯佩说,"那是一支华尔兹舞曲。理发师如果按照它的拍子跳舞,那就要比按照刚才这个曲子跳舞漂亮得多。它会叫每个人都来跳舞。请听。"

这个新的曲子比《进行曲》更使理发师喜欢得不得了。他要求强盗们把这个曲子也教给他。

"你真是一个非常好的理发师,"贾斯佩说,"你在我们头发上下的功夫真是太奇妙了,我们一定也把这支华尔兹舞曲教给你。"

"但是只能在明天开始,"哈士贝说,"我现在得出去一下。"

"你准许哈士贝出去吗?"理发师惊奇地问。

"对,"巴士贤说,"他得去喂一头狮子,他早就该去了。"

"那么请明天来吧。"哈士贝掉过头来说,"我们将把整个《进行曲》教给你,包括华尔兹舞曲——如果您愿意的话。"

第十八章　寂寞的狮子

当哈士贝从监牢里走出来以后,他就背着一袋子食物去看狮子。路途并不很近,而且天也晚了。当他走近屋子的时候,他听到狮子已经在烦躁地咆哮。

实际上它不值得发那么大的脾气,因为他们把它伺候得相当舒服——当然只是就狮子而言。他们已经把通向院子的那个门打开了,院子外面围了一道墙,狮子只要愿意,随时都可以到院子里去玩。如果外面的天气不太温暖,它也可以在卧室里躺在床上睡大觉。

哈士贝把钥匙在门锁上转动了一下,当他走进来的时候,狮子正站在门里等待。它一见到他就跳过来,几乎把他扑倒。它舐着他的脸。

"好了,好了,老家伙,"哈士贝说,"不要兴奋得太过火了。让我把食物从袋里取出来吧。"

于是他打开那些可口的肉制食品,又取来一桶水。他把巴士贤赠送的那份礼物递给它——牛奶巧克力糖。"这是你的点心。"他说。这些东西摆出来后,狮子看上去似乎感到很满意。哈士贝在它的下巴下面搔痒——它非常喜欢这一套动作。

"我很为你感到可惜,狮子,"哈士贝说,"你没有象我们一样被抓走。你知道,我们也没有办法帮助你。目前你只好单独住在这里,但我们不久就会回家。我最好现在就回去,不然巴士贤先生就会生我的气。再见吧,放乖一些。"

他当着狮子的面把门锁上,然后回到镇上来。

理发师每天到监狱里来聊聊天,同时也学习演奏强盗们的《进行曲》和华尔兹舞曲。作为还礼,他也教给他们一些自己作的曲子。强盗们从早到晚都在练习。对于这一切,巴士贤和他的太太也都感到高兴。警察局就这样变得生气勃勃起来了,好象这里每天都有一个游艺会在进行。

不过有一件小事使巴士贤感到不安,那就是为狮子弄食物。它吃得太多,而香肠店主对于自己店里的肉食又非常吝啬。

"他说他不能再无偿地提供肉食。"有一天巴士贤对贾斯佩、哈士贝和乐纳丹说。

"这真不幸。"哈士贝不安地说。

"我们得想别的办法为狮子找食物。"巴士贤说。

"也许我们可以偷一点儿来。"哈士贝说,完全忘记了他是在什么地方,忘记了巴士贤会生气。

"你们不能再干这种事,"他吼着,"不准再盗窃! 我不准!"

"他说得有道理。"乐纳丹说。

"唔,我们能不能到乡下去转一圈。为弄到一点儿肉食而作一次演出?"贾斯佩建议说。

这时民警真正想到了一个好办法。

"我想起来了,"他大声说,"我们可以在广场举行一个音乐会。人们会买票来听音乐会的。收得的钱就可以用来买东西给狮子吃。"

"这个办法太好了。"理发师说。

"音乐会怎么开呢?"贾斯佩问。

"我来安排,"巴士贤说,"你们要考虑的就是你们将要演奏什么。"

"你有把握,人们来听音乐会时会付钱吗?"乐纳丹问。

"我是有把握的。"巴士贤说。于是他便离开了。他要去安排音乐会。

第二天,广场上贴出了一张吸引人的海报。上面用特大的字体写着这样的字:

音乐会

将在广场上举行

为一个正在挨饿的狮子募捐

豆蔻镇监狱乐队将演奏:

1.《贾斯佩进行曲》

2.街头音乐家的华尔兹舞曲

3.安德生先生创作的《长寿进行曲》

(入场费:成年人三分、孩子二分)

一整天,人们只要在这张海报面前经过,他们总要停下来看看它的内容。到了晚上八点钟的时候,广场上就已经挤满了人。

老杜比雅到场了。苏菲姑姑、小学教师、多米、莱莫、小贾莱娅以及其他许多人都到场了。理发师坐在一张桌子旁,上面放着一个钱盒,里面收集了许多钢币和铜币。象平时一样,巴士贤是主持人,他发表了一篇简短的演说:"欢迎各位来参加这个极不平常的音乐会。对于大家的光临,我感到非常高兴。这意味着狮子将会有许多钱来买食物。现在让我向各位介绍我们乐队的成员:贾斯佩演奏巴松管,哈士贝吹笛子,乐纳丹打鼓和做其他的一些小事情。第一个节目是《贾斯佩进行曲》。"

乐队于是就演奏起进行曲来,接着就是华尔兹舞曲,最后是《长寿进行曲》——这是他们跟理发师学的。每个节目演奏完后,广场上都响起了震耳欲聋的掌声。一切结束后,大家都认为这是一次前所未有的优美音乐会。民警巴士贤严肃认真地把这些钢币和铜币加起来——一共有十五元五角,全部用来充当狮子的伙食费!

第十九章 塔上失火

在过去,杜比雅一人住在塔上是很寂寞的,但那样的日子已经结束了。他现在有了莱莫送给他的小狗,还有镇上居民为他祝寿送给他的鹦鹉波利。波利是一只非常友善的鹦鹉。它经常和他对话。当它没有什么话可讲时,它就唱那支关于自己的歌。

波利无疑是一只非常聪明和惊人的鹦鹉。杜比雅一天比一天喜欢它——也同样喜欢那只小狗。他们三位生活在一起,非常幸福。

有一天,一件可怕的事情发生了。杜比雅出去买肉,把波利和小狗留在家里。当他还在外面的时候。塔里的楼梯上忽然起火了。街道上有人在喊:"着火了! 着火了!"人们从各个方向跑到这里来帮忙灭火。巴士贤、师理悟和理发师立刻就来到了现场。当杜比雅从香肠店走出来的时候,看到这些浓烟大火,非常吃惊。"谁去救我的小狗和鹦鹉啊?"他大声喊,"它们就在上面,在塔里。"

大家一个接着一个想出种种办法去救它们,但他们怎么也无法从楼梯爬上去。杜比雅听到小狗在叫。他也哀叫起来:"谁能救我的小狗和鹦鹉呀?"

巴士贤这时就想起了贾斯佩、哈士贝和乐纳丹。他们都是强盗,他们一定都会爬墙。他急忙跑回警察局,打开牢房的门,大声喊:"赶快出来!塔上起了火,我们得帮忙灭火!"

强盗们马上就冲出来,向塔那边跑去。巴士贤跟在后面。"塔上有一只小狗和一只鹦鹉,"民警上气不接下气地说,"你们能把它们救出来吗?"

"我们试试看。"贾斯佩说。

这三个强盗开始爬这座塔的墙。"嘘,你们下边的人,"贾斯佩过了一会儿说,"递一根绳子来,我们要用!"面包师立刻去找了一根长绳子来——前不久他还用这根绳子绑过这几个强盗呢！"绳子在这儿！"他喊着。乐纳丹向下爬了几步，直到他能接住这根绳子。接着他就又爬上去了。

"我想他们可以应付这个局面。"巴士贤说，希望问题能够解决。

贾斯佩向他招手，好象是说："相信我吧，警长。"

贾斯佩继续往墙上爬。下面的众人都屏住呼吸望着他。最后，贾斯佩爬到了阳台那儿，翻过栏杆，钻进塔里不见了。下面的人群鼓掌，高喊："好哇，贾斯佩！"哈士贝和乐纳丹也爬到了阳台那儿，翻过栏杆，钻进塔里去了。众人也为他们喊："好哇！"

情况是激动人心的。大家站着一动也不动，望着塔上的变化。贾斯佩走到塔外，手里提着一个鹦鹉笼子。不一会儿，哈士贝臂上也托着小狗出现了。最后乐纳丹拿着望远镜和杜比雅的粮食匣子也露面了。当然大家都鼓掌和欢呼。老杜比雅激动得扯着胡子，几乎都要把它拉掉了。

"请注意，绳子！"贾斯佩大声喊着。他在放下系在绳子上的鹦鹉笼子。波利惊得发呆，在它被放下的整个过程中，它动也不敢动一下。杜比雅连忙赶上前去，接住笼子。这时绳子又被拉上去了，接着望远镜和粮食匣也被放下来了。小狗还得等一会儿，因为要把它绑在绳子的末端又不伤害它，还不是一件很容易的事。

"决不能让它溜出绳子圈，跌到地上。"乐纳丹说。

"那么我们将对它怎么办呢？"贾斯佩说。

"把绳子绑在我身上。"哈士贝说。

他们就这样办了。哈士贝把小狗抱在怀里，拉着绳子沿着塔溜下来。他安全地到达地面，把小狗交给了杜比雅。"给！"他说，"它没有受一点伤。"

杜比雅把手搭在哈士贝的肩上，说："你们三个人，从今以后，就是我最好的朋友了。"

小狗和鹦鹉、望远镜和粮食匣，就这样被抢救出来了。不过贾斯佩和乐纳丹仍然是在杜比雅的阳台上。巴士贤向他们喊："喂！赶快下来，否则你们将会被烧成灰了!"

"还没有到那种地步!"贾斯佩也向他回喊,"我们得先把火扑灭。请送几桶水上来!"

于是大家就忙着取来水桶,把它们装满水,系在绳子上,送到上面去。乐纳丹拉上这些水桶,把水向楼梯上的火泼去,然后又用绳子放下空桶,再去装更多的水。乐纳丹又把水桶拉上来。贾斯佩把水泼在火上。

半个钟头以后,火灭了——这时候贾斯佩和乐纳丹才溜下来,和哈士贝、杜比雅及其他的人站在一起。

人群显得分外地高兴。理发师欢呼了三次,又重复欢呼了三次,最后又向这三个强盗欢呼:"好哇! 好哇!"

"你们是我一生不曾见过的、最好的消防员。"杜比雅对贾斯佩说。

"提起消防员,"巴士贤说,"豆蔻镇连一个也没有,这太不象话了。我们得马上挑一个消防员。"

当人群听到这话的时候。他们就一齐高声喊:"请贾斯佩当我们的消防员! 请贾斯佩当我们的消防员!"

"好,好,"巴士贤说,"这也正是我所想的事。有一个消防员,我们也就可以放心了,同时也算是给贾斯佩找到了一个有益的职业。"接着他就问贾斯佩是否愿意接受这个差使。

"我一直就想当一个消防员呀。"贾斯佩说。

"那么,事情就算这样定下来了。"巴士贤说。这样,贾斯佩也就成了豆蔻镇的第一个消防员了。

"我想,我们得回到牢房去了。"哈士贝和乐纳丹说。

"你们喜欢到哪里去,就到哪里去,"民警巴士贤说,脸上浮出一丝微笑,"你们自由了。"

"自由了?"乐纳丹问,"真的自由了?"

"完全自由了。"巴士贤说。

"我们能够象一般人一样随便在街上走路吗?"哈士贝问。

"当然。"巴士贤说。

"那就太好了。"哈士贝说。

"我们也能够乘电车吗?"乐纳丹问。

"你们要什么时候乘就什么时候乘。"巴士贤说。

"那倒是很有趣的事儿哩!"乐纳丹说。

但他们仍然回到他们的牢房里去了。他们把自己梳洗打扮了一番,然后就泰然自若地到街上去走走。他们在街上所遇见的每一个人都友善地招呼他们,说"日安!"或者"天气好哇!"和大家一样,他们也哈腰回敬,说"日安!"或者"天气真好!"

"这太好了。"贾斯佩说。

"好象我们和普通人完全没有两样。"乐纳丹说。

他们来到电车站的时候。电车正要开行。可是电车售票员招呼他们,说:"日安,各位,你们要坐电车吗?"

"啊,谢谢你,"他们回答说,"那非常好!"

于是他们便跳上电车,坐下来,自己也感到骄傲。"现在我们可以坐电车逛逛街了。"贾斯佩说。

电车售票员按了按铃,电车开行了。

第二十章　强盗们找到了工作

没有多大一会儿,贾斯佩、哈士贝和乐纳丹穿过了广场。他们遇见了面包师。他正站在他的店门口,向四处望。

"日安,"他说,"请原谅我,你们谁想找一个做面包的活干吗? 现在人们吃得太多了,我需要有一个助手。"

"这正是乐纳丹愿意干的活,"哈士贝说,"他是一个非常喜欢吃面包和糕点的人。"

乐纳丹感到非常高兴,他几乎不相信他的耳朵。"我真的要成为一个面包师了吗?"他问。

"假如你愿意的话。"面包师说。

"我一直就想当一个面包师。"他说。

"我将给你高工资,"面包师说,"而且,你喜欢吃多少糕点就吃多少糕点。"

"啊,面包师先生!"乐纳丹感动地说,"我能马上就开始干活吗?"

"当然能。"面包师说。

"啊,我得先去向警长报告一下,"乐纳丹说,"他一定高兴听到这个消息。"

"请代我问候他。"面包师说。

他马上去向巴士贤报告这个消息。

"对,这很好!"警察说。

"是的,"乐纳丹说,"不管什么时候,你和巴士贤大娘过生日,你们一定可以得到一大块蛋糕,上面写着'面包师乐纳丹敬贺',决不会失误。"

"我们会很欣赏你的美意!"巴士贤大娘说。

"唔,现在贾斯佩成了消防员,乐纳丹成了面包师,那么我该怎么办呢?"哈士贝说。

"你喜欢干什么?"巴士贤问。

"我不好说。"哈士贝说。

"说吧,也许我能想想办法。"巴士贤说。

"要说出我所喜爱的事情,那也很容易。"哈士贝说。

"那么就说吧!"贾斯佩说。

"我一直想当一个马戏团领班。"哈士贝说。

"当一个马戏团领班是再好不过的事。"巴士贤说,"象豆蔻镇这样的一个地方,早就该有一个马戏班了。"

"我也觉得它应该有。"贾斯佩说,他想帮哈士贝一下忙。

"我已经有一头狮子,"哈士贝说,"它会成为马戏班一个有用的成员,它是那么温和、友善。"

"我们在晚间也可以来帮你们的忙。"贾斯佩说。

"我们可以当马戏班的乐师,演奏我们编的《进行曲》。我们可以把它改成一个大型的《马戏班进行曲》。"

"我们一定得有一个马戏班!"巴士贤说。他永远是一个说话算话的人。

这样,一切事情都得到了愉快的结果——对豆蔻镇和这三名强盗也是一样。镇上现在有了一位穿着整齐制服的消防员,一个拥有狮子和乐师的马戏班,面包店里的食物也很充足,因为乐纳丹成了面包师的助手。

一段时间以后。贾斯佩也结婚了。我将不告诉你,他的爱人是谁。你自己可以猜测——不过这是一位大姐,一位喜欢把一切东西布置得干净、有条有理的大姐!

豆蔻镇的生活继续按照它愉快的方式进行。香肠店主供应牛排和香肠;杂货店老板,象平时一样,什么货都进一点儿;理发师为人们修整面容,还吹单簧管。在高塔上,老杜比雅继续观察天时。多米、莱莫、波尼和小贾莱娅的日子都过得挺不错,苏菲姑姑、民警巴士贤的日子也过得不错。夜里每个人都可以稳稳妥妥地睡觉,因为,你知道,豆蔻镇现在已经再没有强盗了!

七

拉比齐出走记

[南斯拉夫]伊万娜·布尔里奇-马佐兰尼奇

一、在"老瞪眼"师傅家里

徒弟拉比齐

从前,有一个鞋匠的小徒弟,他没有爸爸,也没有妈妈,他的名字叫拉比齐。

对他十二岁的年龄说,他的身材是太小了,可他的心情很好,老是高高兴兴的,象一只小鸟。他穿着一条破烂的裤子、一件红衬衫,整天坐在一个三条腿的矮凳上,不是钉鞋子,就是缝鞋子,一边干活,一边还吹口哨或者唱歌。

拉比齐的师傅叫"老瞪眼"。他性情暴躁,长相也很吓人。他个子那么高,脑袋可以碰到天花板的横梁那儿。他的头发象狮子的鬃毛,胡子一直铺到肩上。他的声音是那么粗狂而沉浊,说话的时候,听起来就象熊在嗥叫一样。

不过,在他过去的生活中,他也曾遭遇过悲哀和不幸的事。自那以后,他的心肠就变硬了。他到底遭遇到了什么不幸呢?那将留在这个故事后边再谈。

"老瞪眼"师傅不仅心肠硬,而且不讲道理。无论什么时候,只要他感到烦恼,就骂拉比齐,拉开嗓子向他咆哮。

不过他的太太倒是温柔和蔼的。她也和她的丈夫一样,经历过苦痛的事,但是她的心地善良,而苦痛又使她变得更善良。她非常喜欢拉比齐。

可是,连她也害怕"老瞪眼"师傅。如果她想要给拉比齐一块新鲜面包吃,她就得把面包藏在围裙下面,偷偷地递给他,免得丈夫看见。她知道,拉比齐喜欢新鲜面包,但师傅只准他吃陈腐的、硬得象石头一样的东西。

拉比齐只有一条破烂的工作裤,"老瞪眼"大娘就用绿色布料给他缝了一条新裤子,以便他在星期天穿。这布料是"老瞪眼"师傅做了一条围裙后剩下来的,他同意他的太太把它给拉比齐用。这位小徒弟穿上这条裤子,就觉得自己好象是一只青蛙。他实在不愿意穿,因为城里其他的徒弟们都讥讽他,拿他开玩笑。可是他师傅却坚特星期天他必须穿这条裤子。拉比齐是个性情愉快的人,他看到实在拗不过,就只好穿上,但每次穿的时候他就学几声蛙叫。别的徒弟看他自己也开起玩笑来,就不再逗他,而和他一道玩耍起来了。于是他便成了一个大家喜欢的人物。可是"老瞪眼"师傅不愿意看到他这样高兴。当他看见拉比齐和朋友们在一块游戏的时候,就把他赶回家去。

拉比齐住在"老瞪眼"师傅的家里,这里的日子并不好过。如果不是因为有一件事把他弄得实在吃不消,那么他不知在那里将要呆多久。

小皮靴

有一天,一位有钱的绅士来找"老瞪眼"师傅为他的小儿子做一双皮靴。

皮靴式样做得很好看,擦得晶亮的。钉子是拉比齐亲自钉上的。不过当这位绅士把他的小儿子带来试穿的时候,发现靴子太紧脚了。因此这位绅士不愿意要了。不管"老瞪眼"师傅怎么解释,那绅士坚决不付钱。他离开鞋店以后,"老瞪眼"师傅就火冒万丈,对拉比齐发起脾气来。

"你这个小混蛋!"他吼着,"完全是你把事情干坏的!你是个没用的懒虫,这双皮鞋不合脚,完全是你一手造成的!"

当他发的这番雷霆停止以后,他就抓起皮靴,向拉比齐打来。他是太不近人情了,其实皮靴是他亲自裁剪的,皮靴穿上去太紧,完全是他本人的过错。可是"老瞪眼"师傅一发起脾气来,怒火就使他变得盲目了,是非好歹他全都弄不清楚。

他用皮靴打了拉比齐一顿以后,就把皮靴扔到墙角边,对他的太太说:"明天早晨把这倒霉的东西烧掉,我不愿意再看到它们。"接着他做出一副吓人的样子,挥着他的粗拳头,掉向拉比齐,咆哮了一阵:"你这个懒虫,我就是把这双皮靴烧掉了,你也得付出钱来!"拉比齐马上懂得,这意味着还要挨一顿打。

因此那天夜里他上床去睡觉的时候,就不吹口哨,也不唱歌,只是坐着想心思。

睡觉的地方在厨房里,靠近炉子。他的床上只有一块硬草垫、一张破烂的毯子。他床边有一支蜡烛,由于没有烛台,只得插在一颗马铃薯上面了。

他吹灭蜡烛,因为火已烧到马铃薯上面了。然后他就躺下,继续想心思。他想来想去,想了好长一阵子。最后决定,上策是就在这天夜里从"老瞪眼"家里逃走,奔向外面广阔的世界。当然,这并不是一件容易的事,风险很大,但拉比齐还是这样做了。

到了半夜,当大家正在熟睡的时候,拉比齐就起床了。他觉得他好象是呆在一个漆黑的匣子里面一样。

他不声不响地爬出厨房,来到作坊里。他划燃一根火柴,立刻就听见窸窸窣窣的奔逃的声音。这是小耗子在向各个方向逃窜——它们喜欢夜里出来啃皮革。但是拉比齐没有理它们,因为他要出去,有许多事情得做些准备。

第一,他找出了一张纸条和他师傅的铅笔,在他的那个矮凳子上坐下来,开始写一封信。

"您要把那双小靴子烧掉,"他写道,"我对这感到很可惜。我要用脚把它撑大一些,这样它们就不会太紧了。请您以后对您新徒弟客气一点,多给他点汤喝,给他较柔软的面包吃。这双靴子我将还给您。拉比齐留条。"

他花了好大一段时间干这件事,因为他不会写信。他的字迹也潦草,笔画也很粗。

写完以后,他就悄悄地站起来,把这张纸条别在师傅挂在墙上的围裙上。接着他又写了另一张纸条,内容是:"亲爱的师母:您一贯对我很好,我很感谢您。我现在要走了,但是我将不会忘记您。我将帮助我遇见的任何人,正如您帮助过我一样。您的拉比齐。"

这时他就又静悄悄地站起来,把这张纸条别在"老瞪眼"太太的围裙上——它是挂在她丈夫的围裙旁边的。

于是拉比齐打开他的那个红色皮袋,把他旅途所需用的东西全都塞进去了。他先装进一个面包和一块腊肉。这将是他的晚饭——他一直没吃过一餐好的晚饭。

他又装进去了一块蓝手巾、一个鞋钻子、一卷鞋匠用的麻线和好几块皮。拉比齐是一个真正的鞋匠,他不能没有干活的工具,正如一个兵士不能没有枪一样。他还把他的小刀也装进去了。他的袋子满了。

现在他得把自己打扮一番。他穿上那条绿色的裤子,他几乎要发出蛙叫的声音来,象他过去经常开的那个玩笑那样。恰好这时他记起,他的师傅就睡在隔壁房间里。他拿起一根线,在他穿上他的那件红衬衫前,及时把肘弯上的一个洞补好了。最后他把那双使他挨过一顿打的漂亮小皮靴穿上了。

他几乎快乐得要吹起口哨来,因为这双小皮靴非常合他的脚。但是他把口哨吞下去了,为的是怕把"老瞪眼"师傅弄醒。

他把帽子戴在头上试了试。帽子太破烂了。因此他就用做皮靴剩下

的光得发亮的一张皮,给帽子做了一圈镶边。把皮子缝到帽子上是一件
不太容易的事,但由于他是一个鞋匠,他做起这工作来倒是得心应手的。
这样他头上就有了一顶光得发亮的帽子。

现在他可以出发了,因为一切已经准备齐全:他穿上了绿裤子、红衬
衫、光亮的小皮靴,戴了一顶耀眼的帽子,连背带上斜挂着的那个皮袋,看
上去简直象一个玩偶兵士。

他偷偷地走出了作坊,来到院子里。小狗邦达施就拴在那里。它和
拉比齐是好朋友,但是拉比齐不敢走近它,因为他知道它会对他发出叫
声。他真舍不得离开它。

正当他犹疑不定,不知是否应该到邦达施身边和它作一番告别的拥
抱时,他听到了师傅的咳嗽声。由于前天"老瞪眼"对徒弟咆哮的时间太
久,他的嗓子哑了,睡觉时就咳嗽起来。他的咳嗽把拉比齐吓坏了。想想
看,要是他醒来了,那该怎么办? 他觉得他得赶快离开。

很幸运,大门没有上锁,他就穿过大门溜出去了,来到街上。街上是
一片漆黑,所有的房屋似乎都伸进天上去了。他只得赶快跑。一切都是
静悄悄的,大家都在熟睡。

拉比齐就是这样从"老瞪眼"师傅的店里出走的。

～～～ 二、旅途的第一天 ～～～

送牛奶的老头

这个城市很大。拉比齐摸着黑,在一些街道上走了很久。结果他走
得很远,"老瞪眼"师傅想要再找到他是很困难的了。

但他还是在不停地走,直到天蒙蒙地露出曙光、黑暗消逝为止。在这
个城市的最后一条街上,拉比齐遇见一个老头儿,他正赶着一辆驴车分送

装在罐子里的牛奶。牛奶车和驴子看上去都很有精神,可是老头儿却是腰弯体弱。他在一幢房子面前停下车子——这幢房子是那么高,还没有落下的月亮就好象是挂在它的顶上。

他在这儿取下两罐牛奶,提了一罐到这幢房子里面去。但是他站立不稳,刚挪开第一步,就差不多要跌倒了。他低声地叹了一口气,在台阶上坐下来。

正在这时候,他看见拉比齐穿着一条绿裤子,一件红衬衫,蹬着一双漂亮的小皮靴,戴着一顶喜气洋洋的便帽,走过来了。他感到非常惊奇,于是他也就停止叹气了。

"老爷爷,让我替你把牛奶送进这屋子里去吧。"拉比齐说。

"你是从哪里来的?"老头儿向这个奇怪的人物发问。

拉比齐不愿意谈"老瞪眼"师傅的事。因此他回答说:"我叫拉比齐,是一个学徒。皇上大人命令我为他的儿子把这双皮靴撑大一点,同时对他王国里需要帮助的人给予帮助。"

老头儿知道拉比齐是在开玩笑,不过他非常喜欢他的这副模样儿,所以他就不再叹气,甚至还轻轻地笑了一声。

"我把牛奶送给哪一家呢?"拉比齐问。

"三层楼上的那一家。"老头儿说。

拉比齐的体格很健壮。他提起那罐沉重的牛奶,简直象拿一根鸡毛一样。他把它送到那一家去了。

楼梯间很黑,拉比齐爬上一楼,接着又爬第二楼。当他爬上第三层楼的时候,月亮还正在楼梯间的那个窗子外面向里瞧。他在一堆阴影中看见一个黑色的东西,在这东西上面有两颗小亮光儿,象蜡烛似的放射出光来。这自然是一只猫。

"太太,我把牛奶送上来了,"拉比齐说,"请您给我领路,好吗?"

猫儿跳起来卷动了几下它的尾巴,于是便在他前面跑过去,到一个门口才停住。

拉比齐摸到了门铃,按了一下。一位女佣工拉开了门锁,把门打开了。

当她看见拉比齐穿得这样五光十色时，不禁大叫一声，拍起掌来。这使得猫儿吓了一跳，跃到拉比齐的脑袋上去了，然后又从那里蹦到女佣工的肩上，最后哗啦一声，落进一桶水里去了。

这一场混乱可是非同小可！猫儿在尖叫，水桶在打滚，水在地板上流动。拉比齐敏捷地跳开，好叫他那双皮靴不被弄湿。女佣工则捧着肚皮大笑，弄得窗玻璃都震动起来。

"我的天老爷，瞧您的这副尊容！您是个虎皮鹦鹉，还是一只啄木鸟？"

"哪一样都不是，夫人！我名叫拉比齐，现在给您送牛奶。那位老爷爷爬不了这么高的楼梯。但您没有惊叫的必要。"

这位女佣工笑得更厉害了。她接过牛奶罐。当拉比齐提着那个空牛奶罐、掉转身子要离去的时候，她就点了一根蜡烛，送他下楼，因为她很喜欢他。

"为什么你自己不每天下楼去，把奶罐提上来呢？"拉比齐问，"你现在既能送我下楼，当然你也可以取牛奶上来喽。那位老爷爷身体不太好，爬不了这么高的楼梯呀。"

这位女佣工感到很惭愧，心想她为什么没有早点想到这一点呢。所以她就答应以后自己下楼去取牛奶。

作为回礼，拉比齐也答应，以后他在旅途中看见什么鲜花，他将摘下一束送给她。

他回到老爷爷身边的时候，就问剩下来的那些牛奶是否也可以由他代送。老爷爷当然高兴让他这样做，所以拉比齐就接过驴子的缰绳，代他送起牛奶来。驴子很聪明，它认识每一家的门口，到时就停下来了。拉比齐很奇怪，就问老爷爷：这么聪明的动物，为什么人们要把它叫作驴子或蠢驴。

送牛奶的老头儿，虽然有一把年纪，却回答不出这个问题。

"自从我出生以来，我就听见人们这样叫它。"他说。

拉比齐听了不太满意。他希望他是一个更有学问的人。

"如果我能写文章,我就要写一本书,在这本书里我将要提出,象这样有头脑的动物就应该有一个象样的名字。只有那些名副其实的笨东西才能叫作驴或蠢驴。"

当然对于这头驴子说来,随便人们怎么叫它,它也毫不在意;这两个人的谈话,它根本就没有听。它只是在那些订了奶的人家的门口按时停下来。

每次它停下来的时候,拉比齐就提起一罐牛奶,飞快地朝楼梯上跑去,象风一样。

这样,一车奶一会儿工夫就送完了。只有一小罐留了下来。这是送奶老人的早餐。

送奶老人对拉比齐表示了感谢,同时让他痛快地喝了几口鲜牛奶。然后他就赶着他的驴车走了,拉比齐也继续赶他的路。

这时天已经大亮了。

没有多久,拉比齐就离开了这个城市。他只能远远地瞧它一眼。现在摆在他面前的是广漠的田野、灌木丛、树林和一条漫长的路。

"好家伙!"他对自己说,在一棵树下坐下来。

他这时才感到睡眠不足。因此他就把那个红皮袋垫在他的头底下,在一堆浓密的草上躺下来。草是很柔软的,但不太舒服。拉比齐是太累了。他马上就睡过去,象一只兔子躺在洞里一样。

草里冒出来的脑袋

拉比齐睡了一大觉,时间也不短。有许多车子和庄稼人在旁边的路上经过。车子发出叽咕叽咕的响声,马蹄得得地在地上走动,行人在相互喊话,被送往镇上去卖的鹅"嘎嘎"地叫。

不过拉比齐好象耳朵里塞得有棉花似的,什么也没有听见。也没有人发现他睡在深草里。

中午时分,一切都变得很安静,路上也没有行人。

忽然间拉比齐被惊醒了。他听见有个什么东西在草上向他挪动,越来越逼近他。接着就听见一种"踏踏"的声音。当那东西再逼近了一点,他就可以听见沉重的呼吸和呼噜声。这是个什么东西呢?

拉比齐仍然睡意很浓,但他尽量地坐起来,想看看这究竟是什么东西。这时一个粗大、毛发蓬松的黄脑袋露在草丛外面,在拉比齐面前出现了。它伸出一条又长又红的舌头。这真是一件意想不到的事,怪吓人的。如果是别人,可能就会吓得魂不附体了,但是拉比齐却跳了起来,把这个毛发蓬松的脑袋紧紧地拥抱在怀里。

这就是他亲爱的邦达施。它也从"老瞪眼"师傅的家里偷偷跑出来了。它东嗅西闻,南寻北找,又跑又蹦,终于找到了拉比齐!

它开始舐拉比齐的手,拉比齐也一再拥抱它。

"呀,老朋友邦达施,看到你真太叫人高兴了!"

他们俩抱着在草上打滚,滚了又滚,乐得把什么都忘记了。他们玩得直到喘不过气来。于是拉比齐说:"好吧,咱们放安静一点,得吃午饭了。"

不过邦达施是太兴奋了,它什么也不要吃,只顾抓苍蝇和追蚱蜢。

拉比齐坐在草上,把他的面包、腊肉和刀子从袋子里取出来。然后摘了帽子,做了祷告,开始吃起来。他每吃一口东西,就扔一口给邦达施。它在空中接住扔来的东西,一口就吞下去了。

拉比齐和邦达施就这样很快地把他们的午饭吃完了。然后他站起来,又开始行路。

天气非常热,路也很长,灰尘也很多。

涂有一颗蓝星的屋子

拉比齐和邦达施兴高采烈地往前赶路,走了一程。他和他的小狗忽然开始感到脚痛起来了。

这时他们来到一个破旧的小屋子面前。这是一座修修补补的建筑,有点倾斜。它只有两个小窗子。在外边窗下的墙上画有一颗蓝色的大星,老远就可以瞧见。说实在的,这间屋子看上去倒很象一个正在微笑的老太婆。

屋子里面有一个人在哭,哭得可怜、伤心。拉比齐感到很难过。于是他就记起来了,他曾经说过他愿意帮助需要帮助的任何人。他就走进屋子,看里面出了什么事情。

屋子里面有个孩子,名叫马尔诃。单独一人坐在一个凳子上哭。他的身材和拉比齐差不多。他之所以痛苦,是因为他丢失了他负责放牧的两只鹅。

这本算不了什么太大的倒霉事,但对他说来这却是一件大事。他没有爸爸,妈妈很穷,因此马尔诃就得干放鹅的活,每只鹅的价钱是三百个克朗。

当拉比齐穿着他的绿裤子、红衬衫和发亮的皮靴走进屋子里,马尔诃大吃一惊,也就不哭了,只是睁着眼睛望着拉比齐发呆。

"你哭什么!"拉比齐问。

"我丢失了我应该看管的两只鹅。"马尔诃说,又开始可怜、伤心地哭起来。

"哟,不值得那样放心不下,我们替你把它们找回来。我们马上就出去找吧。"

这样,拉比齐、马尔诃和邦达施就一齐出发去找鹅了。

附近有一个很大的水池。马尔诃常常赶那两只鹅到那儿去放牧。拉比齐从来没有看见过这么多的水,因为他是一个一直住在城市里的人。水池周围是一大圈灌木丛,池子对岸长着许多浓密的芦苇。

当他们来到水边的时候,马尔诃又大哭起来。"啊,啊! 我永远也找不到我的鹅了。"马尔诃哭得很厉害,拉比齐只得取出自己的蓝手巾,借给他擦眼泪。

拉比齐不由得感到,在这样一个大的水池边找两只鹅,是几乎不可能的事。不过马尔诃已经是够悲痛的了,他不能再叫他更难过。所以他就开始在那些灌木丛中寻找,而邦达施也在附近跑来跑去,东嗅西嗅,激动地乱叫。忽然,它跳进水里,向对岸游去。拉比齐直叫唤:"邦达施,邦达施！"可是小狗根本不理他，只是一面摇头，一面向前游去，后来就消失在对岸芦苇丛里了。

拉比齐很奇怪，他亲爱的邦达施是不是这样不见了，如果发生这样的事，那他自己也得痛哭流涕了。可他现在不能痛哭流涕，因为他已经把他的手巾借给马尔诃了……不管怎样，现在不是流眼泪的时候。忽然从对岸传来了拍翅膀的声音，还有鹅叫声和犬吠声。池子对岸，孩子们是去不了的，是邦达施在那里找到了马尔诃的两只鹅！

当马尔诃看到邦达施赶着鹅向他游来的时候，高兴得跳起来。鹅在小狗的前面游，张着扁嘴叫个不停。邦达施跟在后面，也同样叫得起劲。

它把鹅安全地赶到马尔诃和拉比齐面前，接着便从水里跳上来，甩掉身上的水点，快乐得很。

"你真算得是一只聪明的狗！如果我有钱，一定给你买一根最大的香肠吃。"拉比齐说。

于是马尔诃抱起一只鹅，拉比齐抱起另一只，把它们带回家来。他们一面吹口哨，一面快乐地唱着歌。

当他们还在路上走的时候，马尔诃说："邦达施的脑袋真够大呀！"

"因为那里面装着一堆脑筋呀，"拉比齐说，"如果你有那样的脑袋，你就不需要邦达施为你找鹅了。"

他们就这样回到马尔诃的屋子里来。马尔诃的妈妈这时也回到家里来了。她请拉比齐就在家里宿夜，因为他的狗为她找到了鹅，她非常高兴。这样邦达施和拉比齐就找到头一晚的住处了。

这时天已经黑了。马尔诃和拉比齐在屋门前一块大石头上坐下来，吃牛奶麦片粥，用的是一个彩色碗和两个木头做的大餐匙。

吃粥的时候，拉比齐问马尔诃："谁在你们屋子墙上画那么一颗蓝星？"

"我画的，"马尔诃说，"妈妈油漆屋子的时候，我拿走了一点颜料，画了那颗星。我想鹅会记住它。从而找到自己的家。现在我才知道，我的想法错了。鹅只会在水里游到对岸去，有没有星无所谓。"

不过拉比齐把这颗星记得很清楚(凡是读这本书的人也应该把它记清楚)。

这两个孩子就这样一面吃,一面聊。邦达施也吃了些牛奶麦片粥。不久就都睡了。

当然,拉比齐不在屋子里睡,也不在床上睡,因为没有空房间。院子里有个小牛棚,他就睡在牛棚的顶楼上。

他得爬上一架梯子,然后从一个小洞钻进去。当他爬到顶楼上以后,他就掉转身,把脑袋伸到洞外,喊了一声:"晚安。"

院子里现在是空无一人。夜非常黑,院子看上去就象一个黑洞。不过天上的星星很多——拉比齐从来没有看见过这么多星星。他脱下他那双漂亮的小皮靴,把它们擦干净,然后就躺到干草上,睡去了。

邦达施睡在牛棚外面,拉比齐睡在牛棚顶上,那头有斑点的母牛则睡在牛棚里面。

这是拉比齐第一天的旅行,结束得很愉快。下一天的旅行该是怎样的呢?

〜 三、旅途的第二天 〜

拉比齐和砸石工人

第二天天刚亮,公鸡就叫起来了,鹅也叫起来了,那头母牛也把它戴着的铃铛摇得叮当响。邦达施则汪汪地叫,因为它找不到拉比齐。

声音太多了,拉比齐醒了过来。他起初觉得自己好象是在一个马戏团的动物栏里。在一个村子里,每天早晨都会有这些声音,但是他没有经历过。

拉比齐坐了起来,穿上皮靴,爬下楼梯。他感谢马尔诃的妈妈。她给了他一大块面包,还加三个煮鸡蛋,让他带在路上吃。

拉比齐和邦达施又出发了。他们自从开始旅行以来,这是最安静的一个早晨。

他们步行了一阵子,感到非常高兴和自由自在。不久他们就来到一个地方,那儿人们正坐着用长把锤头敲石头。有的人还戴着大型护目镜,因为他们害怕灰尘或石子碎片飞进眼里。另外一些人没有戴这种镜,因为他们不害怕。这些人一面干活,一面唱歌。

拉比齐喜欢后一种人,所以在他们旁边坐下来,参加他们唱歌。

他们唱了一阵以后,拉比齐就问这些砸石工人,作为一个旅行者,生活是不是很艰苦。砸石工人当然知道怎样回答这个问题,因为他们在路上干活,看见过许多过路的旅客。

有一个工人说:"如果一个人有结实的皮靴穿,有一双有气力的手,再加一个聪明的头脑,他旅行起来就不会感到困难了。"

"没有这些条件的人又会怎样呢?"

"唔,这些人也不会感到困难,因为他们到达第一个村子的时候,如果他们对旅行感到厌倦,他们可以返回家里去。"

拉比齐站起来要走。不过在走以前他们在一起大笑了一通,因为发生了这样一件滑稽的事情:

从什么地方忽然出现了一头有斑点的小牛犊。它似乎不知道它要到什么地方去——小牛犊从来是不知道这些的。不过它倒想和拉比齐斗一场。它低下它那带斑点的脑袋,向他冲来。

砸石工人都哄哄大笑起来。

"谁有本事谁斗赢!你们的身材都差不多!"

拉比齐也大笑起来。

"我们的身材可能是一样,不过我不相信我们的气力也是一样。"

噼——啪,噼——啪!砰——砰——砰!拉比齐用他结实的小手捶小牛,小牛用它带斑点的脑袋顶拉比齐。

小牛退了几步,接着便又冲过来。

"来，你来顶吧！"拉比齐喊。

小牛果然又顶过来了！

拉比齐机灵地向旁边一闪。小牛扑了个空，从旁边冲过去，象一个南瓜似的滚到一条沟里去了。

拉比齐用手拍打着膝盖，乐呵呵地大笑，只见小牛在沟里乱踢。当小牛摇摇晃晃地站了起来的时候，它就翘起了它那斑斑点点的尾巴。忽然它记起了它的妈妈，就一溜烟地跑开，找妈妈去了。拉比齐拍了拍身上的灰，说："我有一天在鞋匠店里的日历上读到两句诗，是这样的：当聪明人和傻子在一起厮打，聪明人总是不大会害怕。"

于是他便和砸石工人告别了。他们都祝他旅途愉快，说："你的皮靴很结实，刚才还证明了你的一双手也很有气力，额外还有一个聪明的头脑。"

拉比齐又开始他的旅行了。他对砸石工人们刚才对他下的评语感到很高兴。

穿黑外套的人

天快要黑了，拉比齐还在走路。他走过了一个村子，可是拿不定主意是否要在那里过夜。他要尽量走到离开"老瞪眼"师傅远些的地方去。因此他继续往前走，走，走。没有想到，一阵大风吹起来了。天空上电闪雷鸣——最初还比较远，逐步逼近了。

这声音听起来倒好象有个什么人推着一辆沉重的铁车子从天空经过。邦达施很害怕雷声，它尽量紧贴着主人走。

"这没有什么可以大惊小怪的。"拉比齐说，继续往前走。这时又有一大片闪电划过天空，远方也爆发一声炸雷。邦达施害怕得发抖，但是拉比齐说："这也没有什么值得大惊小怪的，咱们走吧。"

一阵暴风刮起来了。他得把头上的帽子按住，否则就会被刮走。云块也又黑了，黑得象夜里一样，只有闪电出现时才不是这样。接着便是一场倾盆大雨。

"现在我们得找个地方**避一避**。"拉比齐说,为他的那双皮靴担起心来。他向周围瞧了一眼,附近没有什么屋子和人,他所能看见的只是田野和树木。看来他们没有什么地方可以去了。

总算还不错,拉比齐和邦达施是在一起。他们是很好的一对老搭档,他们之间不是这个能想出主意,就是那个想出了办法,总是能彼此帮助的。

这次是邦达施想出了办法。在路前面不远,它看到了一座桥。于是它便大叫,引起拉比齐对这座桥的注意。

"老邦达施,你可是够聪明的了!"拉比齐说,接着他们就钻进桥底下去。

但是当拉比齐在桥底下爬的时候,他忽然又缩回来了。谁不害怕!一个穿着黑外套和戴着一顶破帽子的人就坐在桥底下。邦达施开始对他狂吠起来,不过这次倒是拉比齐有办法了,因为他知道,为人应该和善和有礼貌。所以他叫邦达施不要叫,而对这人说:"晚上好。"

"晚上好,"那人回答说,"你怎么到这里来的?"

"外面的雨下得太大,我不愿意把我的皮靴弄湿,"拉比齐说,"邦达施和我能不能在这里**避避**雨?"

"如果你愿意的话,当然可以,不过这里并不是一个太美的地方。"

呆在桥底下当然不是太美。他们站不起来,只能坐着或**蹲着**。

风仍然刮得很厉害,雨象钢做的豆粒似的打在他们上边的桥面上,简直象枪弹一样。雷声也很大,他们彼此讲话都听不见。

他们三个就这样蹲在桥底下,邦达施则不停地对那个人猖猖地叫。拉比齐也不喜欢那个人。如果只有邦达施和他两个在一起,那么他们就要感到快乐得多。

夜幕下垂了,风暴仍然在咆哮。

"我得在这儿睡觉了。"那人说。

拉比齐觉得他的话有道理。雨仍在倾盆似的下着,他们不可能再往前走。

桥下有一堆干草,好象有人曾经在这里睡过。拉比齐把草铺开,以便能和那个人睡在一起。然后他就脱下皮靴,仔细地把它们擦干净,放在自己的身边。他把袋子枕在头底下,便躺下了。

那人把外套裹在身上,也躺下了。拉比齐说:"晚安。"那人回答说:"晚安。"于是拉比齐便开始大声做祷告。那人却不祈祷,他翻了一个身,就打起呼噜来,象一头狼。

拉比齐感到不太舒服。他紧搂着邦达施,为了取暖,也为了舒服。

这是他们第二天的旅行,不是太理想,但干什么总免不了麻烦嘛。不管怎样,拉比齐可以希望天亮后再把他的皮靴穿上。怀着这样一个希望去睡觉是很舒服的,所以他立刻就睡着了。

四、旅途的第三天

一次悲哀的打击

夜里,邦达施忽然又狺狺地狂吠起来。拉比齐感到累极了,所以就把邦达施搂得更紧,同时告诉它放安静些。邦达施再也没有出声,两个都睡着了。

拉比齐在天亮的时候醒来,他立刻发现,那个穿黑外套的人已经离开了。他并不为此感到难过;事实上他感到松了一口气。他高高兴兴地爬起来,伸手去拿皮靴。

可是他惊呆了!

那双皮靴不见了。拉比齐在干草中里里外外找了很久,一点影子也没有。那个人偷偷地把皮靴拿走了。

"嗨,我一双漂亮的皮靴!"拉比齐叹了一口气。事情就这样发生了。他把双手郑重其事地拧在一起,坐着深思起来。

对于大多数的孩子说来,如果有人偷走了他们漂亮的皮靴,他们一定要大哭一场,特别是当他们还得打着赤脚走好长一段路程的时候。可是拉比齐没有这样。他思索了一会儿,便对邦达施说:"我们去找他,邦达施。哪怕我们得花十年工夫,我们也得找到他。我们一定得把皮靴找回来,即使他把它们藏到皇上陛下的烟囱里,我们也要把它们找出来!"

就这样,拉比齐打着一双赤脚出发,去找他的皮靴去了。这可不是一件容易的事呀。这个世界是太大了,有许多地方可以叫那个穿黑外套的人把皮靴藏起来。

于是,他的一些最奇怪的冒险行动也就这样开始了。

吉 苔

拉比齐在路上走着,走着,想找出一个办法找到他的皮靴。这确是一桩难事。

他走了约莫半个钟头以后,看见了一个美丽的小女孩在他的前面走。

那女孩的头发很长,一只小绿鹦鹉栖在她的肩上。她走得很快,提着一包用一条红手巾包着的衣服。

她的名字叫作吉苔,是一个马戏班里的演员。

拉比齐非常喜欢她的那副模样儿。她穿着一件连衣裙,上头有银色缎带镶的边。说实在的,这件衣服颇有点儿旧,但这有什么关系呢? 她还穿着一双白色的鞋子,鞋扣是金色的。这双鞋也够旧的,还打了补丁,但这也没有什么关系。拉比齐加快步子,要赶上她。

"早上好。"他一赶上前就这样说。但是他大吃了一惊:回答他的是那只鹦鹉。

"早上好,早上好,早上好。"鹦鹉说,简直是个话匣子。要不是吉苔把它的嘴卡住,它可以把"早上好"说几个星期。

吉苔和拉比齐开始交谈起来。

她告诉拉比齐,她的老板怎样在她生病的时候把她扔在一个村子里。老板已经走出很远,过了两个村子和一个市镇。他要她病好了再赶上来。

"我已经过了两个村子，"她说，"看来，这次旅行路程很远。"

"我也是在旅行，"拉比齐说，"我们可以一道走。"

"好，"吉苔说，"我感到很不痛快。"她继续说："这天早晨，我把我的匣子放在路旁，到井边去喝水。等我转身去取它时，它不见了。有人把匣子偷走了。那里面什么东西都有，包括我的金耳环。"

"有人把我的皮靴也偷走了，"拉比齐说，"不要苦恼，我们将要把耳环和皮靴都找回来。等着瞧。走吧。"

"不过我现在很饿呀。"吉苔说。

"我的天！"拉比齐想，"她起先很苦恼，现在又肚皮饿了。看来，所有的女孩子都不是好对付的人。"

不过他觉得她非常漂亮，他还是打算安慰她。

"我们在下一个村子里一定可以找到一些活干，我们不会再挨饿的。我们可以找一个庄稼人要点活干。你能够干些什么？"

吉苔很骄傲地昂了昂头。

"什么事都能干！我能骑马，我能站在马背上，叫它从一个大铁圈里钻过去；我能同时用十个苹果玩戏法；我能咬穿一个厚玻璃啤酒杯，我能把碎玻璃片吞进去。一句话，马戏班里人们能干的事情我都能干。"

拉比齐不禁哈哈大笑起来。他笑得那么欢，把帽子都笑落了。

"我想你能干的那些事对我们毫无用处。如果你只会用苹果玩戏法，只会吞掉玻璃啤酒杯碎片，我相信没有任何庄稼人会雇用你的。"

吉苔感到很生气。但是拉比齐把他最后的一片面包送给了她吃，他们又和好了，同意在一起找活干。他们向下一个村子进发。

拉比齐在路的一边走，吉苔在路的另一边走，邦达施走在他们俩中间。吉苔的鹦鹉栖在她的肩上。他们象兵士一样，按照拉比齐吹的口哨的拍子开步走，因此他们觉得时间过得很快，好象没有多大一会儿工夫就来到了下一个村子。

翻晒干草

拉比齐看见一个农人和他的雇工一道在砍饲草。他走到他面前去，问："你要雇用好的雇工吗？"

农人听了感到很有趣，因为拉比齐和吉苔都长得那么矮小，而且穿的衣服颜色也太招眼，此外还因为他们带着一只鹦鹉和一条狗。

"为什么你们认为你们是好的雇工呢？"他问。

"尽管我们什么也不懂，但是我们愿意尽可能地学习。"拉比齐说。

农人听了这个回答很高兴。虽然他从来没有雇用过象拉比齐和吉苔这样的工人，但他告诉他们，他们可以帮助翻草。他想要把草尽可能地晒干。

其他的那些雇工正在吃早饭，所以他们也把面包和腊肉分了一些给这两个孩子吃。

当他们吃完了早饭以后，他们就开始干活。吉苔把她的衣服包和鹦鹉放在一棵树的枝子上。

他俩每人领了一把干草叉。他们的任务是翻草，然后堆成垛。

拉比齐的身体很结实，手脚也很灵活，他翻草的时候，没有把草弄得四面乱飞。

吉苔可是劲头不大。她在马戏班里从来没有学过这样的活，不一会儿就感到腻了。

她翻了一会儿，把草堆成一个不整齐的小垛，然后就在它上面坐下来。

"拉比齐，我觉得很热。"

拉比齐没有回答，继续干他的活。

"拉比齐，我又饿了。"过了一会儿吉苔又说。

拉比齐仍然没有理她。他把草整整齐齐地堆成垛。没有多大一会儿工夫，就堆了三个草垛。因为拉比齐没有理她，吉苔感到很生气，所以她就更加讨厌干活了。

她先很笨拙地把干草叉向四周乱捅了几下，结果把叉弄断了。立刻，她的火气变得更大了。又扒了几下草，因为她的动作很笨，又弄断了三根耙齿。后来她把干草和鲜草搅混了。农人看到她的这种作风，就决计不要她。没有干活就没有饭吃！

因此农人就拿起一根棍子，走到吉苔面前来，要把她赶走。吉苔一看见他拿着一根棍子走过来，没等他走到跟前，就急忙溜掉了。她把耙子甩到一边，取下鹦鹉和衣服包，钻进一堆灌木丛中不见了，敏捷得象一只松鼠。

邦达施也喜欢玩耍而不愿意干活。它连蹦带跳地跟在吉苔后面。灌木丛后边有一辆装水的小车。吉苔和邦达施就藏在那边。

"不准你到这儿来，别让我瞧见你！"农人大声叫骂。

吉苔就这样丢掉了她的工作。不过谁知道，她那个马戏演员的脑袋里又在酝酿着什么主意呢！

拉比齐亲眼看见这儿发生的一切，很失望。但他仍在继续干活。他心里想："这不是吉苔的过错。过去不曾有人教她干过这种活。我们既然在一起旅行，我就得照顾她。我得把我的饭分一半给她吃。"

拉比齐就这样高高兴兴地干了一天活，赚得了足够两个人吃的饭。

吉苔、邦达施和鹦鹉只是到了天色很晚的时候才出现。可能他们在灌木丛里找到了一些水果之类的东西当做午饭吃。谁也不知道直到天黑他们整天干了一些什么事情。

表　演

黄昏时分，大家的工作都干完了，所有的农活工人都坐下来吃饭。他们人数很多，所以桌子也摆得很长——将近两丈长。那桌子是放在一棵高大的橡树下面的。农人的妻子端来了四大盘豆子，三个更大盘子的马铃薯。拉比齐也坐下来，和他们一道吃饭。当他正在琢磨怎样可以找到吉苔，同时给她一点饭吃的时候，忽然丛林那边响起号角声来了。

大家都抬头向那边望去，一个个不禁大吃一惊，弄得连食匙都落到地上去了,因为他们看到一个惊心动魄的情景,正从小路上向他们移来。

吉苔穿着一身金色的衣服,坐在那辆原先装饮用水的小车上,向这边来。拉车的是邦达施,车上饰满了花朵。邦达施的脖子上挂着一个花环,尾巴上戴着一个蝴蝶结,连它两边的缰绳上也缀着花朵。车子前边有一根杆子升向空中,杆子上吊着一个环,那只鹦鹉就栖在环里荡来荡去。

不过最使人头晕眼花的还是吉苔。她穿着那套金色衣服,她的头发铺在她的肩上,坐在车上简直象一个皇后。是她在吹一个金色的号角。这一套行头,包括那套衣服和缎带,当然是从她的衣包里取出来的。

至于这只聪明的邦达施,它怎么能在这么短的时间里就被训练得会干这种活,那就是吉苔的秘密了。对于拉比齐说来,能有这样一位花样繁多的朋友结伴同行,既会快乐,也会顶住困难,确也是一桩难得的事。

所有的人都乐呵呵地大笑起来,高兴得不得了。他们对于吉苔和邦达施都表示钦佩。

吉苔从车子上跳下来,开始表演。她摊开一块油布,作为舞台。她象一个陀螺似的旋转了几下,接着又象只鸟儿一样,跳了几跳,同时敲起一个小鼓。

她手里拿着一个环子,人不时从里面钻着跳过去。这个环子很小,但她能钻过去,象一个仙女一样。

这一场表演都非常激动人心。可更好的还在后面。

吉苔取出一根绳子,把绳子的两端系在两棵橡树上。她象一只猫似的,一下就跳上去了,然后伸开双臂,在这根细绳上走动,远离地面。

这情景把拉比齐吓愣了。他连忙跑到绳子旁边,准备她落下来时接住她。不过吉苔只是笑。她在这绳子上行走,就象人们在地上走路一样。当她走到尽头的时候,就轻轻松松地跳了下来。

"好家伙,这样的表演我从前还没有看见过!"拉比齐说。同时他心里满怀希望地想:找到吉苔的耳环和他自己那双皮靴,将会比他所想象的要容易得多。因为:如果那个穿黑外套的人是藏在一个地窖里,吉苔既然能够轻轻松松地钻一个小环子,当然也可以爬进哪怕只有耗子洞那么小的一个小口;如果那人藏在一个放柴草的楼顶上,吉苔既然什么样的高度都不怕,自然可以爬到屋顶上去,把所有的顶楼和阁楼瞧个仔细。她一定能找到她的匣子和他的皮靴。

当然,拉比齐的想法错了;吉苔受过的训练只是钻铁环和踩钢丝,并不能做别的事。所以这并不意味着她也可以钻地窖和爬顶楼。

在这同时,所有的雇工都对吉苔的艺术称赞不已,他们甚至忘记了吃豆子和马铃薯。

吉苔又回到她的车子上去,拿起那根杆子,连带栖在环里的那只鹦鹉。她把它高高地举在自己头上。接着就慢悠悠地用她的脚敲起鼓来,同时唱起一种奇怪的,只有马戏班里的人和鹦鹉能听懂的歌。

鹦鹉开始在环子里打旋,转来转去。它一会儿用爪子抓住铁环倒悬着,一会儿用嘴咬住铁环,摆动着双爪,打恭作揖,或者把头斜歪着,象一位中国贵妇人。然后又跳了一种“熊舞”,接着又象蒸汽机似的呼啸了几声。最后它翻起筋斗来,翻得飞快,看上去简直就象一大堆鲜艳的色彩在晃动。

作为最后的一个惊人的节目,吉苔又举起杆,喊:“晚上好!”同时把杆子向拉比齐一挥,马上鹦鹉就飞向拉比齐,栖在他的肩上。它叼起拉比齐的帽子,扔到地上,不停地说:“晚上好,晚上好,晚上好!”

所有的人,包括那位农人,都捧腹大笑。只有拉比齐惊得发呆,肩上扛着鹦鹉,一句话也说不出来。

“晚上好,晚上好,晚上好!”雇工们配合着鹦鹉,齐声唱起来。只是到了最后,拉比齐才参加大家的欢乐。他把鹦鹉从他的肩上取下来,把它放在地上,用他的帽子把它盖住。

“你再向大家作揖打恭试看!”他说。

当然鹦鹉现在不干了,因为这位世上最聪明的动物,从头到尾全被盖住了。鹦鹉和帽子现在只能盲目地团团打转,直到吉苔把帽子揭开,释放了它为止。

这次表演到这里就结束了。大家给了吉苔一些豆子和马铃薯吃。农人也不再对她生气了,因为他也控制不了笑,而在要笑的时候,你想生气是不可能的。

"我这次干的活不好吗? 你喜欢我这次干的活吗?"吉苔问。

"干这种活也不坏,"拉比齐对她说,"当你没有别的活干的时候。"

干草垛上的谈话

那天晚上,农人的妻子把吉苔带到屋子里去睡。拉比齐和其他雇工睡在外面的干草垛上。躺下以后,他深深地叹了口气,说:"我今天还是没有找到我的那双皮靴。"

"什么皮靴?"躺在他旁边的一个雇工问。

"今天大清早,有人把它偷走了。"

"这真滑稽。也有人偷走了我的那件蓝外套。"

"也有人偷走了我的那把斧子。"另外一个人说。

"我也丢失了一包钱……"

这样一来,大家都知道村里有一个小偷。他们开始奇怪,这个贼究竟是谁。大家都想找出办法把失去的东西找回来。

这时月亮已经升到天空。于是他们便一个接着一个地睡去了。

五、旅途的第四天

大火! 大火!

拉比齐从来没有象那天夜里睡得如此之好。的确,夏天睡在干草堆上真是痛快极了。干草的味道也非常好闻,一切是那么太平宁静,谁也没有醒来。在乡下,大家一到了夜里就睡觉。只有猫头鹰和蝙蝠才出来,但它们飞的时候也是静悄悄的。它们弄不醒拉比齐。

不幸的是,每逢一切似乎算是美满的时候,乱子就会出来破坏。

"大火!大火!"雇工们的喊声把拉比齐惊醒了。

他立刻跳了起来。天色仍然很暗,但是村里却有一股强烈的光,象熔炉一样发红,从一堆焚烧着的大火中发射出来。一个农人的马棚正在燃烧,这农人名字叫坏蛋格里戈里。村子里没有谁喜欢他。不过当一个人的房子遭到火灾的时候,人们就忘记了自己的爱憎了。大家都来帮忙灭火。

所有的人都跑到村里来帮忙,拉比齐也跑过去参加。

男人都从自己的房子里冲出来。他们都拿着棒子和钩子来灭火。女人也都提着小桶跑来。她们的孩子抓着她们的衣裙在后面啼哭。他们形成一大长串,前头的人就在大火的附近,接尾的人则站在井边。站在井边的人把桶盛满井水,然后传给第二个人,一直传到火边的人。这最后一个人站在一个梯子上,把水直往那个正在燃烧着的马棚上泼。这个人气力很大,他能把水泼得很高,象是从消防员的水龙头里喷出来的一样。

这种连锁性的工作进行得非常好。不过大家还是在喊:"快点!快点!"他们尽快地传递着水桶,因为他们不愿让火从马棚扩展到住屋上去。

不过这一点用也没有。当马棚上的火被扑灭以后,他们发现房子也烧起来了,因为它的屋顶上铺有木板。

当屋顶正在爆裂的时候,妇女和孩子们都尖叫起来。至于男人,由于他们刚才救火使劲过猛,现在都累了。他们开始乱吵嚷起来。

"得有人爬上屋顶,在那上面泼水。"一个人喊。

"我不能上去,否则我就会掉进火海里。"另一个推脱着说。

"你们都是胆小鬼!"第三个人讥笑着说。

他们这样浪费时间大吵大叫,屋子一定会烧塌;在他们停止争吵以前,他们的帽子可能也会着火了。可是就在这时候,屋顶上有一个人喊:"赶快递一桶水上来!"

大家都抬起头来,见上面正坐着一个小人物,他穿一条绿裤子、一件红衬衫,戴一顶有各种颜色的便帽。你们也许以为这是一个消防员。但此人却是拉比齐。当人们正在浪费时间大争大吵的时候,他却不声不响地爬到屋顶上去了。

大家马上用带有钩子的竿子把水递上去,一桶接着一桶。拉比齐分开双腿,骑在屋脊上,把水直往火焰里泼。不过大火却是向他越逼越近了。火焰在扩大,越烧越旺。妇女们在嚎叫:"哎呀,屋顶上的那个孩子一定会被烧死!"

火焰几乎要燎到拉比齐的脚下。他感到全身发烫,四肢没劲,因为他一直在不停地接那许多桶的水。他的手也开始在发抖。在他下面的人也都在发抖,因为他们都担心可怕的事会在他身上发生。

这时拉比齐已经发现,光用桶里的水对付不了这场火。火的热气太大,他几乎无法呼吸。

"给我一根竿子。"他嘶哑地喊。

大家用铁钩子递给他一根竿子。

他拼命打着他下边的那些燃烧着的木板。

火星在他周围横飞,火焰象蛇似的向他嘶嘶地发出叫声。倾颓声,爆破声,也响起来了。焚烧着的木片在火焰中碎裂了,正在焚烧着的那屋顶的一角也塌下来了,坠到地上。村人这时都涌上前去,扑灭了这堆大火。这座屋子得救了!

但是不幸得很,拉比齐不见了。他骑着的那个屋脊裂开了,他落进顶楼里面去了。

可怜的拉比齐!他是个好孩子,总是喜欢帮助人。可是现在谁也不知道他的死活!

奇　迹

拉比齐掉进顶楼里去以后,接着发生的事情真是一桩奇迹。一定是因为他非常善良,才能意外得救,才能获得幸运的光顾——经过情况下面会告诉你。

起先,当他落进顶楼的时候,他径直落进——啊,这真是奇中之奇——一个面粉箱里。那里的一切柔软得象羽毛一样，拉比齐一点也没有受伤。

不过你想象不到，拉比齐向周围一瞧，会发现什么东西。

他的那双漂亮的皮靴就挂在顶楼上，也就是在他的眼前。

再更远一点就挂着那第一个人的外套，在这旁边就是那第二个人的斧子，然后就是那第三个人的火腿，在靠左一点的角落里，那第四个人的钱袋也出现了。在那附近的楼板上就是吉苔的那个白色的小匣。

"妙呀！妙呀！"拉比齐大叫起来，坐在面粉箱里，就象呆在麦麸桶里的一只小耗子一样。"妙呀！大家来看呀！我的皮靴在空中飞，我抓住了呀！"

大家都觉得，拉比齐这一坠落，一定把脑子跌傻了。你无法在空中抓住皮靴，象捉蝴蝶一样。虽然如此，大家还是向楼上跑。

他们都看见了他们所丢失的东西。这顶楼看起来真象一个当铺！这时大家才明白，为什么格里戈里老是在夜里摸来摸去。他们知道，格里戈里和那个穿黑外套的人是一对老搭档，他们把偷来的东西都藏在格里戈里的顶楼上。

大家都欢喜若狂。各自收回丢失了的东西，但是最高兴的还是那个找到钱袋的人。

他们把拉比齐从面粉箱里抱起来，把他抬到院子里。拉比齐抚摸着他那珍贵的皮靴，快乐得象一个国王。

格里戈里的妈妈

大家都很高兴。只有一个人例外，那就是格里戈里年老生病的妈妈。她正躺在床上哭泣。格里戈里不在家，又去外面行窃。但是她害怕，如果村人发现了她的儿子，一定会给他一顿痛打。大家在院子里议论格里戈里，她实在受不了。

"如果格里戈里在这儿，我们非打他不可。"一个人说。

"我们要把他的脑袋敲碎。"另一个人说。

"把他扔进火堆里。"第三个人出主意。

他们就这样不停地议论着。

"这都不起作用。"拉比齐想。打格里戈里一顿不一定就能叫他变好。因此他就到格里戈里的妈妈的屋子里去,低声对她说:"不要哭吧。我认识格里戈里。因为昨天他走过田野的时候,有人把他指给我看过。明天我要开始旅行。如果我遇见他,我将警告他,不要回村里。我还要告诉他,不要再跟那个穿黑外套的人搅在一起,我将劝他到别的地方去重新过诚实的日子。"

格里戈里的妈妈给他一块手帕,里面紧包着一块银币。

"如果你遇见格里戈里,请你把这交给他。"她恳求着说,又哭起来。

拉比齐答应一定照办。他接过手帕,说了声"再见",就走到院子里来了。

院子现在空了,因为大家都已回家,欢庆他们的一些物品失而复得。拉比齐拿着吉苔的匣子,亲自送给她。她高兴得说不出话来,紧紧地搂着拉比齐。邦达施看到这情景就狂吠起来,因为它以为她要把他勒死。

伤　痕

第二天是个平安无事的一天。这也很好,因为大家都累了。这天村里没有人干多少活,因为他们话讲得太多了。在花园篱笆旁边有两个妇人在谈论失火的事,孩子们都在沟里玩耍:他们在捉青蛙——失火的事全都忘了。

大家都说拉比齐是个英雄。他的脚踝烧伤了,因为他是打着赤脚与火战斗的。当吉苔为他包好了伤以后,他说:"你知道,我很高兴有人把我的皮靴拿走了。"

"我的天,这是为什么?"吉苔问。

"因为,如果我在灭火时穿上它们,那么靴底就可能被烧焦了。那就太可惜了。至于我的脚踝,那不需要多久就会痊愈的。"

由于他没有对这事大惊小怪,吉苔觉得他很不错。她同时想,如果她身上有什么地方烧伤,她准定会大哭特哭一场。为了炫耀自己,她伸出了她的右手大拇指。

"我也有一次受过伤。"她说。可不是,她的大拇指上也确有个伤痕,象个十字架。

"我记不起我是怎样受伤的。那是在我参加马戏班以前,在我年纪还是很小的时候。"

"参加马戏班以前你在什么地方?"

"我也记不清楚。"

"那么谁把你送进马戏班的呢?"

"我也不知道。我的老板说,我没有爸爸妈妈。他这个人我也不喜欢。他有一对看上去非常残忍的眼睛。有一天夜里,我听见他在和一些人商量干坏事。他是一个心地很坏的人。"她想了一会儿,又补充一句:"我最希望有一个妈妈。有个妈妈是一种什么味道,拉比齐?"

"我不知道,"拉比齐说,"因为我也没有妈妈。不过我师傅的太太对我非常好,常常在他面前保护我。晚间我累了的时候,她就把扫帚从我手里接过去,替我扫地。我想,有个妈妈的意思,也无非是有一个人对你好就是了。"

"那么我就希望我的老板的太太能够是我的妈妈。"吉苔说。

拉比齐想对她解释这是不可能的事,不过他刚一开口,村人就喊他。他们正在烤一只羊来慰劳他,他得去帮助他们翻动烤叉。

这天晚上大家都非常高兴。他们痛快地大吃了一通烤羊和饼。农人和他的妻子请拉比齐再住一夜,好使他的脚伤能恢复一点。

六、旅途的第五天

在草地上

第二天,拉比齐和吉苔不愿意对村人说"再见"。他们觉得和村人好象已经相识许多年了。这是因为他们经过了一场火灾的考验,巨大的危险总是把人们更紧密地团结在一起的。

当大家看见拉比齐和吉苔不愿告别,他们就在这两个人的袋子里装满了食物:肉、面包和点心。他们觉得这是足以安慰两个人的唯一办法。结果拉比齐的袋子看上去就象个胖黄蜂。吉苔不禁大笑了起来,因此他们算是兴高采烈地和他们的朋友们告别了。

他们走了好长一段路,来到一个岔路口,路分成两条:一条通向一个广阔的平原,另一条则引向山上,伸向一个树林。这就是所谓的十字路口。

在远古时代,人们喜欢讲一些有关小精灵、巫婆和吸血鬼在十字路口相遇的故事。不过现在没有这些怪物了。夏天,你也许可以看见一个年轻的牧羊人在这儿削一根木棍或吃浆果;冬天,这儿你也许可以看见野兔在圆圆的月亮下面玩雪。

这天,在十字路口边的一块草地上,拉比齐和吉苔看到了好几个男女放牛娃。他们牧放奶牛,同时也在火上烤玉米棒子吃,他们一共是五个孩子,两个女的,三个男的。最小的那个是如此矮小,甚至高一点的草都可以伸进他的鼻孔里去了。他只穿一件对他说来是太长了的衬衫,在草地上兜来兜去。他是一个有着鼓鼓的红脸蛋的小男孩,名叫密西诃。

所有的这些孩子都向吉苔和拉比齐、邦达施和鹦鹉围聚拢来,对他们感到非常好奇,向他们提了各种各样的问题。密西诃认为拉比齐是一个穿着制服的士兵。他用手指着他,说:"你长大以后,兵士,你的帽子就会太小,戴不住了。"

拉比齐不愿意人家说他小,就反唇相讥说:"你长大以后,你还可以穿你现在的这件衬衫。它正好合你的身。"

"对密西诃不要没有礼貌。"密西诃的哥哥参战了。

"我不是没有礼貌,我只是开玩笑。"拉比齐辩解着说。密西诃哥哥摆出一副要打架的姿势,把拉比齐上上下下地打量了一番,说:"我不认为这是什么开玩笑。对我的兄弟说这样的话,你最好闭嘴。"

当过几年徒弟的拉比齐,已经有足够经验懂得,一个孩子用这种口气讲话,准是想打一架。不过,尽管他在这些孩子当中身体最结实,他并不想打架。因此他就对密西诃的哥哥说:"咱们不要打架吧。咱们可以比赛比赛,看谁把一块石头扔得最远。这样可以知道谁的气力大。"

拉比齐捡起一块大石头,把它举在肩上,象举一根羽毛那么轻。接着他就保持这个架势,使劲用手臂一甩,把石头抛出去了。石头飞过树梢和灌木丛,一直飞到草地远远的一边。

罗宾汉小时候也许可能成为一个比赛的选手,但是这些放牧孩子可不够这个条件。密西诃的哥哥不再讲话了,他很庆幸没有和拉比齐打起来。至于那些在任何条件下都不愿意打架的女孩子们,就彼此低语,说:"那个孩子比密西诃的哥哥要结实得多。"

在这同时,别的孩子们就把吉苔带到火堆旁去,一同烤玉米棒子。

"请听这爆裂声!"吉苔说,"啊,我们在这儿和他们多呆一会儿吧。"

拉比齐当然不在乎,因为他知道这些牧牛孩子都佩服他——对此他感到很高兴。

看到吉苔和拉比齐来了,大家就多烤了几串玉米棒子,因为现在又多了两张嘴。

"你们可以随便去摘玉米棒子?"拉比齐问。

"当然可以,我们就是看守玉米棒子的人呀。"牧童们解释着说。

"我们看守它不要让牛吃掉。如果没有我们,玉米棒子也就没有了。"

一个牧牛孩子说,语气很骄傲。他们又为客人去拔了几根玉米棒子来。只有密西诃留在后面看守火堆。

在他们去摘棒子以前,拉比齐脱掉他的皮靴;因为草很潮,他不愿意打湿他的靴子。

他看到密西诃在盯着靴子,就说:"不要碰它们,密西诃。它们是属于一个国王陛下的。如果你穿上,它们就会咬你。"

"确是如此。"一个牧童说,同时偷偷地放了几根荨麻到靴筒子里去——当然是在密西诃没有看见的时候。

当密西诃发现旁边没有人的时候,他就把那双皮靴打量了好一会儿。他越瞧就越觉得它们很漂亮。他决不相信,皮靴会咬他。

因此他就偷偷地到靴子旁边去,把手伸进靴筒子。当然他的手就被荨麻刺了一下。

"哎哟!"他哀叫了一声,"它们真咬人!"

但马上他的头脑清醒了,孩子们常常被荨麻刺痛,他们知道这种刺痛的滋味,于是他便得出结论,皮靴里一定有荨麻。他用他的长衬衫包住手,把靴筒里的荨麻取了出来。

当拉比齐、吉苔以及其他的孩子回来的时候,密西诃就穿着拉比齐的靴子来接他。皮靴筒子一直顶到他的腰际,因而使他显得非常滑稽。拉比齐对他也就无法生气了。

"唔,密西诃,靴子没有咬你吗?"拉比齐问。

"咬过,不过我把它们的牙齿拔掉子。"

这使得大家都笑起来。密西诃脱掉靴子,还给了拉比齐。他把靴子穿上。两个人皆大欢喜。如果每个人都象拉比齐那样和善,哪怕只有一双靴子,两个人也可以同时感到快乐。

大家都坐在火的周围。女孩子用围裙扇火,男孩子们把玉米棒子插在一根棍子上,伸到火上烤。拉比齐给他们讲了一些故事,都是关于"老瞪眼"师傅、穿黑外套的人和那个害人的格里戈里的。

"现在最重要的一件事是,我得找到格里戈里,把他母亲交托给我的那个手帕包的银币转交给他。"拉比齐说。

"你怎么去找他呢?"吉苔问。

"我也不知道。但是我要把这东西交给他。我急迫地想办好这件事,也许他会从天上落到我的脚跟前来。"

"你别想,这样的事不会发生,"最大的那个牧童说,大笑了一声,"除非你是坐在果树下,否则果子决不会从天上落进你手里。人怎么会从天上落到你面前来呢?"

天上落下一个人

那个牧童的话刚一说完,从山上伸展过来的那条路上就响起一阵可怕的声音来:车轮滚动声、奔驰的马蹄声、叫骂声。

大家都惊跳了一下,朝前望。

一辆由两匹马拉着的车子正以飞快的速度向这边奔过来。有什么东西把马儿惊动了,弄得它们脱了缰。它们摆动着脑袋,吓得嘴里直流泡沫。车子歪斜了,不停地向两边摆动。看情形车子随时都可能滚到沟里去。

坐在车里的两个人也吓坏了。他们有一个人拉着一根缰绳;另外一根缰绳已经断了,在空中抖动,不停地拍着马背,使得马儿更加惊惶,弄得它们狂奔乱跑,失去了控制。

"大家来,"拉比齐说,"咱们得止住这两匹马儿。"

他跑到路上,站在路中央,不停地挥着手,同时大声叫喊着。他过去曾经看过,失去控制的马儿可以用这个办法稳住。

车子离开他还有一段距离,但是看到车子向他冲来,却是怪怕人的。

不过当车子正要冲到拉比齐面前的时候,有一个轮子撞着路边的一块大石头,车身一斜,向一边侧去,接着发出一个巨大的爆裂声。马儿的屁股往上一拱,蹄子弹了两下,车上的人就被弹到下边的沟里去了。

"吁——喳!"拉比齐喊。"吁——喳!"吉苔也叫。所有跟在拉比齐后面的小牧人也都叫起来。这两匹马儿,象暴躁的飞龙一样,冲上前来,吉苔堵住它们,抓住它们的缰绳。

"哎呀,"她大叫一声,"这匹马可真漂亮! 咱们可以把它从车辕里卸下来。我倒很想骑它一下呢。它真是象我的苏科一样漂亮!"

她记起了她在马戏班里骑过的那匹马儿。她感到兴奋得不得了,也很快乐,什么别的事她也不想了。

不过拉比齐知道,现在还有比这更重要的事要做。他让吉苔和其他那些放牧的孩子去看管这两匹马,自己则跑到沟那边去了解一下,那两个人出了什么事故。他完全不知道,有什么意外惊人的事在等待着他;当然,如果他知道的话,那也就不算是意外惊人了! 沟里正躺着那个穿黑外套的人和格里戈里。当拉比齐到来的时候,他们正挣扎着想要爬出来。

拉比齐不知怎么办好,只能说他平时惯说的那句话:"下午好!"

"当你的车子翻到一条沟里去的时候,我倒真要说,这个下午非常好!"那个穿黑外套的人悻悻地说,他的声音好象是从坟墓里发出来的一样。

"这个下午确是很好,因为你们两个人没有摔死。"拉比齐说。他自己也想,这是一个很好的下午,因为他现在可以把那包着一块银币的手帕交给格里戈里了。"不过如果那个穿黑外套的人看出我找到了我的皮靴,他又该怎么办呢?"拉比齐想。

不过此人现在却是在忙乱之中,没有怎么注意到拉比齐。他一爬到沟外后,就对格里戈里喊:"你还在这里唠叨什么? 我们连皮都没有划破一块,没有时间再浪费了。快,我们得把马儿抓住!"

于是格里戈里也从沟里爬出来,跑到马那儿去。不过邦达施认识那个穿黑外套的人,立刻就向他扑来,撕他的外套。这人又踢又骂:"你的叫嚷我早就听过。"

这时他的视线落到拉比齐身上,也记起了他——和他的那双皮靴!

有一会儿他站着一动也不动。他什么话也没有说,但他的面孔表现出各种可怕的内心活动。

他望着拉比齐,正如一条蛇望着一只兔子一样。

拉比齐虽然身材矮小，但是站得挺直，逼视着这个穿黑外套的人，心里想："不管怎样，你再想把我的这双皮靴弄到手，可就办不到了！"

邦达施也向这人狰狰地狂叫，露出它的牙齿，使这个人再也不敢碰拉比齐一下。

这是一个可怕的场面……不过这时那个穿黑外套的人喃喃地说："我们得走——我们得赶快走。"于是他就掉向格里戈里："你这个傻瓜，赶快把马儿套上，还等什么！"

"缰绳断了，"格里戈里埋怨着说，"没有办法，我们走不了。"

"但是我们一定得走！"穿黑外套的人吼着，同时把缰绳抓过来，看究竟是怎么一回事。

这时，一件料想不到的事发生了。拉比齐走到他面前来，说："让我来把你的缰绳修好。"

"你这是什么意思，你这个藏在皮靴筒里的猫，你能把缰绳修好？"这人向拉比齐藐视地瞟了一眼。

"我现在是穿着皮靴，虽然有两天我没得穿的，"拉比齐纠正着说，"但我不是小猫藏在皮靴里。如果我是一只猫，我可能不会修缰绳。但我这个拉比齐碰巧是一个鞋匠的徒弟，我的袋子里带有一卷上皮靴的结实麻线。我可以为你效劳，因为看来你忙着要走。"

愿意为一个偷了自己皮靴的人修马缰，这样的人世界上的确少得很！拉比齐从袋子里取出了钻子、麻线和一些皮子以后，便走到马儿那里去，把挽具卸下来。

穿黑外套的人看出他真正是说话算话，便吃吃地说："好吧，你算是一个好孩子。尽快地把缰绳修好吧。关于皮靴的事，咱们现在可以忘掉。"

"当然可以，"拉比齐说，"我倒是喜欢把它们穿在脚上，而不愿意想它们了。"

他在一堆石头上坐下来，开始修理缰绳。他一开始缝就唱起歌来，吹起口哨来，正如他在"老瞪眼"师傅的作坊里干活时一样。

格里戈里也坐下来帮他的忙，拉比齐几乎忘记了他应该告诉他的事。

在这同时,穿黑外套的人走开去修那辆车去了。

至于吉苔和那几个男女牧童,他们牵着马儿到草地上去了。

格里戈里和拉比齐

当拉比齐和格里戈里单独在一起的时候,他就说道:"格里戈里,我尽量把缰绳修好。然后你就赶着马远走高飞。不管你干什么,千万不要回到你的村子里去。因为他们正在等着要打死你。"

格里戈里什么话也没有说,只是望着拉比齐的那双皮靴。他现在懂得了,庄稼人已经知道,他和那个穿黑外套的人是小偷。

拉比齐又试了试,说;"格里戈里,你的母亲托我带了一件东西给你。但是在你答应我的要求以前,我不能把它交给你。"

"你要求我答应你什么?"格里戈里问。

"离开那个穿黑外套的人,尽量跑远一点,找一个使你学好过诚实生活的地方呆下来。你生病的母亲特别叫我带给你这个讯息。当她托我把这件东西带给你时,她哭了。"

拉比齐把那块手帕和银币从袋子里取出来,交给了格里戈里。

格里戈里看到他母亲的手帕和那块银币以及听到她的嘱咐的时候,他的心软下来了,他觉得好象他又变成了一个孩子。这种情况也经常在成年人中发生——当他们记起他们的母亲的时候。

不过格里戈里没有时间再和拉比齐谈下去,因为那个穿黑外套的人回来了。格里戈里把手帕塞进衣袋里,低声说:"请把缰绳修得牢牢的。愿你一切都好,我的朋友。"

这时那个穿黑外套的人来了。

"缰绳修好了。"拉比齐说。他刚好把这件工作完成。

"把马儿赶快牵过来。"穿黑外套的人喊着。

吉苔和那些牧童把马儿牵过来,有一匹马是黑色的,毛亮得发光,鬃毛和尾巴也都很长。

"我想我再也没有机会见到它了。"吉苔看见它被套上车辕,叹了一口气说。

"你这个小蚱蜢,我倒不这样想,"穿黑外套的人反驳着说,"它到什么地方去,你大概也会到什么地方去! 来吧,不要废话,我们要走了!"

他跳上车子,格里戈里坐在他旁边,愁眉苦脸的。

"这是个好兆头,"拉比齐想,"假如他还有愁眉苦脸的感觉,那么他就有可能变成一个好人。"

穿黑外套的人响了一下鞭子,马儿就以敏捷的步子出发了。拉比齐、吉苔以及其他男孩和女孩在后面凝望着。

一个牧童说:"他们跑得那样快,是因为他们感到良心不安。"

"他们喜欢怎样快就怎样快,随他们去吧,"拉比齐说,"我不想再见到那个穿黑外套的人。"

"唔,如果世界是象你说的那样大,我想你是不会再遇见他的。"吉苔说。

"当我想再找到我的这双皮靴的时候,世界似乎是大得不得了。不过现在,当我害怕再遇到那个穿黑外套的人的时候,世界又似乎是很小了。"拉比齐说。

他们都围着火堆坐下来。拉比齐取出肉和糕饼。由于他们有七个人,他的袋子很快就空了,看上去再也不象野黄蜂那样鼓了。

在一个烟囱旁的角落里过夜

拉比齐、吉苔和几个放牧的男女孩子闲聊了好大一阵——全是关于发生过的一些事情。夜幕很快就下垂了。他们得把奶牛赶回家。

不过这些孩子们要聊的事情太多,而且坐在火堆旁边又是那么舒服,他们一直没有注意时间。

最大的那头白母牛来到小密西诃身边,舐他的一双赤脚。

她的意思是说:"咱们回家吧,密西诃。"

密西诃抬头一瞧,发现太阳已经落了。

"怎的,天已经黑了!"他叫出声来。其他的孩子都跳起来,尽快地把奶牛赶到一起。

"我们到哪里去?"吉苔问拉比齐。

拉比齐也不知道,再回到路上去已经太晚了。但是他们却没有什么地方可以过夜。拉比齐苦恼起来了。

可是吉苔想起了一件事情。在这天早些时候,她见到过拉比齐的钻子和麻线。她当时就想,这些东西可能有用。

"可以向他们说,你可以把他们家里的凉鞋修好,"她偷偷地说,"那么他们也许就留咱们过夜了。"

拉比齐照她的话办了。不过他心里感到有点惭愧,因为他觉得自己应该早就能想出这样一个主意。果然那些放牧的孩子答应留他们在家过夜,他们就一同回到村里去。村子离这里不远。

奶牛都在前面走,她们脖子上戴着的小铃铛发出叮当叮当的响声,邦达施在她们的腿子周围跑,真好象是个牧人的看守犬。在这些奶牛后面走着的是那五个放牧孩子、拉比齐和吉苔。

拉比齐肩上栖着吉苔的鹦鹉,他已经和它交成了很要好的朋友。鹦鹉在那天好几次听到了格里戈里这个名字,所以它也就记住了这个名字。不过鹦鹉只是用舌头而不是用脑子学话。这只鸟儿一来到村里,见到人就喊:"格里戈里,晚上好。"当然,大家都笑起来,名字叫作格里戈里的人也好,不叫作格里戈里的人也好,都是如此。出于这个缘故,拉比齐和吉苔来到村子以后,就成为家喻户晓的人物了。

这一群孩子来到一个院落。拉比齐答应密西诃的父母,第二天一定把一家所有的凉鞋修好。全家的人都说他和吉苔可以在这里过夜。其实在任何情况下他们都会留他住宿,庄稼人对穷苦的孩子都是很和善的。

吃完晚饭后大家都去睡觉。

孩子们都睡在烟囱旁的一个角落里。这里的空间还不算小,冬天温暖,夏天凉快。虽然他们得四个人挤在一起,但他们睡得很熟。吉苔的鹦鹉则呆在上边梁上吊着的一个篮子里。

"这是一个绿猫头鹰,"密西诃说,"它的嘴简直象一个巫婆的鼻子。

我相信,在我们睡着的时候,它可以把我们的心叼出来。"

密西诃的祖母也有同样的看法,这也就是她要把它关在篮子里的缘故。

在睡着以前,拉比齐想计算一下,他现在离开"老瞪眼"师傅有多远。距离还不算太远。他可以花一天工夫就回到那里去,虽然他来到这里却花了五天的时间。原因是,他有吉苔在一起,他不能走得很快。不过他做梦也不想要把她丢掉而只和邦达施在一起旅行。他很高兴他们还没有赶上她的老板和马戏班。不过迟早他们会赶上的。

拉比齐躺在烟囱旁的角落里,苦恼了好一阵子。

他想:"苦恼又有什么用呢? 格里戈里就在我的鼻子底下滚进那条沟里去了。为了找到他,交给他那块手帕,一直苦恼它十年,也未必会有这样的机会。"

这样一想,他就睡着了。

这屋子里所有的人现在都熟睡了。虽然密西诃和他的祖母十分相信,梁上吊着的篮子里关着一个巫婆,他们却比任何人都睡得好。

七、旅途的第六天

小鞋匠和乞丐雅娜

天一亮,拉比齐就从烟囱旁的那个角落里起来了,他有一大堆的事情要做。不过密西诃的爸爸和妈妈已经外出干活去了。谁也没有庄稼人起得早。

拉比齐一起来就拍着手,把孩子们都喊醒:"快醒来,把你们的凉鞋交给我。不要再睡了!"

孩子们从烟囱边的角落里溜出来,迷迷糊糊的,睡意仍很浓,全身发痒，象刚出窠的小鸟一样。

不到一会儿工夫，拉比齐面前就攒了一大堆凉鞋。

"我最好开始修理。"他想。

太阳已经出来了。拉比齐在屋前找个阴凉的地方摆开他干活的家什。

他一开始干活，心里就别的什么也不想了，只是想着手头的活计。

吉苔不喜欢干活，因此她让拉比齐忙他的事，自己就和村里其他的女孩子去玩"跳布"的游戏——也就是跳越过村妇铺在草地上晒白的布。当然她跳得比任何女孩远，因为她在马戏班里什么也不干，只是成天学跳。她可以一口气跳过三条布，然后在第四条布的中间落下来。很幸运，这些布的主人没有瞧见她。

拉比齐干活，吉苔游戏。没有多久，一个讨饭的女人雅娜也来到村里了。

当她看见拉比齐的时候，她感到很奇怪，这样一个小娃娃，穿着那么高的长筒靴，居然在村里摆起一个鞋匠摊子来。她问："你能为穷苦的老雅娜补一双鞋吗？"

"当然可以！皇上大人既然派我到乡下来帮助人，有人需要，我自然得帮忙。"拉比齐说。

"如果真是这样，他能再多送几个这样的人下来，那倒很不错。"老妇人说。

"大家倒是希望多有几个这样的人下来，不过谁也不愿意下来，只有拉比齐这个徒弟——那就是我。"

这当然都是一些废话，不过这却使得这位老妇人大笑起来。在此同时，拉比齐马上就开始修补她的鞋。

于是雅娜便坐下来和他聊天，告诉他，她走过的三个村子里所发生的事情。

"好孩子，你只能在白天旅行。昨天晚上，离这儿不远的一个树林里发生了一件糟糕的事。有一个人带东西到市集上去卖，忽然来了几个强盗把他的东西抢走了。他是死是活,谁也不知道。强盗们却赶着车子扬长而去了。"

拉比齐不喜欢听这样的事情。当你在旅行的时候,你总不愿意听发生在别的旅客身上的一些可怕的事情。不过老雅娜告诉他的事却是真的。她什么地方都去,所以她什么事情都知道。

在市集上

到了下午,拉比齐对吉苔说:"现在正是我们起身离开的时候了。我们还有好长的路要走,而且我们还得找到你的老板。"

"我改变了主意,拉比齐,"吉苔说,"我不愿意再回到他那里去。"

拉比齐听了这话,感到很高兴。他懂得,这意味着他得照顾她,但另一方面,他至少可以不再是孤独的了。

拉比齐告别了密西诃和他的哥哥,感谢他们的父母,离开了。

他们走得很快,不一会儿就来到了一个大城市。

这个城市是那么大,它有一座双塔大教堂,还有十个小教堂,每个教堂上也有一个尖塔。它有一百条街。人们在街上熙熙攘攘地来往,象蚂蚁一样。每条街有四个角落,每个角落里站着两个警卫。

不过拉比齐和吉苔没有去探讨这一百条街。他们走过一条街,发现一个大的市集,那里人们正在做买卖。

市集上有大大小小的两百个摊子。你可以在那里买手绢、黑上衣、蓝色陶器和金黄的瓜。这里还有鼓声和吹哨子的尖叫声,因为人们也在这里买玩具。

"啊,这里真好玩!"吉苔说,"我们在这儿呆一会儿好不好?"

"瞧!只要她一看见这个市集,她就要说这样的话。"拉比齐想。不过他不想使她失望,就温和地说:"我想在这里呆得太久不合适。"

"为什么不合适?"吉苔问。

"因为'老瞪眼'师傅可能在这里。一般他是不赶集的,不过在我离开他的头几天,我听见他说过:'我将去赶下一次的集;赶集对我并不一定就全是倒霉的事。'"

"为什么赶集对他是倒霉的事?"吉苔问。

"我不知道。不过他常常说,倒霉的事总是从集上来的。所以在这里呆久了不是好事。我们可能遇见他——我们也可能遇见那个穿黑外套的人。谁知道,也许你的老板也在这里呢,连同他的马戏班一起。"

吉苔摇了摇头:"为什么他们大家都会在这儿?"

"因为这里的人太多,人一多,什么人都可能在这儿出现。"

"废话!"吉苔嘲笑起来,"维也纳的人比这里还要多得多,'老瞪眼'师傅和穿黑外套的人就不会去维也纳。"

拌起嘴来,拉比齐赛不过吉苔,因此他就不想再和她辩论下去了。

他们就在集上呆下来。这样做是否明智,只有到了晚上才知道。在这以前,市上的喧闹声是那么大,人们不可能想到以后可能发生的事情。

编筐子的人

吉苔和拉比齐在集上玩得很过瘾。后来他们来到一个特别热闹的地方——比什么地方都热闹。这儿有两个编筐子的人。

其中一个编筐人有一个带蓝色和白色条纹的大帐篷。帐篷里摆着一行一行的筐子,颜色发黄,象金子一样。上面又挂着成行的筐子,有红颜色的,蓝颜色的,大的,小的,杂色的和金色的。正中有一个大箩筐,大得足够装一个人。

"来买呀!来买呀!"编筐的人站在他的帐篷面前叫卖,"卖筐呀!卖筐呀!金子编的,缠有丝带呀!"

当然,人们围集拢来,象蜂子一样。大家都被他的叫卖声和涂着金黄色彩的筐子吸引住了。

不远的地方另有一个编筐人坐在地上。他很穷,没有一个帐篷,他就坐在一个袋子上。在他身边有十来个简单的、没有上颜料的筐子。这就是他所有的一切。他什么话也没有喊,因为他不会吹牛。由于没有顾客来买,他感到很难过,他家里有一大堆饥饿的孩子要养。

不管什么时候,只要有一个人走过来瞧这个编筐人的货物,那个有帐篷的编筐人就要叫喊:"不要停在那里,到这儿来呀。不要买次等货呀!你的邻人会说,你是在烂货堆里捡来的呀! 过来,瞧我的这些筐,是金子做的呀!"

大家都离开这个穷人而来买那一个人的筐子。

这情景,拉比齐和吉苔观看了一会儿。吉苔是个好心肠的女孩子,而且心里想什么,嘴里就说出什么。她说:"我希望他的帐篷被雷火击毁,他顶上的那个大箩筐能够落到他的头上!"

他们看见一大群女人涌向那个帐篷。

"来买呀! 来买呀!"那人在喊,"我的筐子是象金苹果一样呀!"他把挂在绳子上的筐子弄得团团转。

"拉比齐!"吉苔喊,"我有一个特妙的想法! 快,把你的小刀给我。呀,瞧,有好看的!"

她伸手到拉比齐的袋子里,摸出了小刀。于是她就象一只小松鼠似的,一溜烟不见了。她藏到那个帐篷的后面去了。

"她在玩什么花样?"拉比齐奇怪起来。

可不要失去瞧这场把戏的机会! 妇女们都挤到帐篷周围去看热闹。忽然间,吊在那人头顶绳子上的一些筐子开始坠落下来了。

先是一个坠落下来,接着是四个,接着是十个! 扑通! 扑通! ——金色的和白色的,蓝色的和杂色的,全都坠落下来了。

吊着它们的那些绳子全都断了。

"啊! 啊!"卖筐的那个人叫起来,拼命地挥着双臂,挡住落下来的筐子。

不过——啪! ——另一根绳子又断了!

又一大堆筐子落下来——扑,通,噼,啪,全都落到这个人的头上和肩上。他乱跳乱叫,挥动着手臂,声音也嘶哑了,直到他倒在地上为止。

他在地上打了几个滚,又挣扎着爬起身来,继续嚎叫:"哟,哎哟!"

最后一着终于到来了。那个庞大的箩筐正好落在他的头上,把他罩住了,谁也看不见他了,只有他的手和脚从箩筐底下伸出来。

编筐人在箩筐底下乱蹦乱动,舞动着他的手和脚,把那些小筐子弄得四处横飞。

所有在场的人都大笑大叫,可是谁也不知道这究竟是怎么一回事。

吉苔蹲在帐篷后面,通过帆布上的一个小孔朝外望。她比谁都笑得厉害,因为就是她用拉比齐的小刀把那些绳子从顶端割断的。

拉比齐蹲在她旁边,也通过那个小孔朝外望。那些筐子一开始坠落,他就已经猜出这是谁干的事,因此他就立刻挨到她身边来。

他本人是决不会搞这种把戏的。不过当他看见编筐人象只甲虫似的在他的那些黄色篮子中间打滚时,他忍不住笑,而且笑得非常厉害,连他的那个袋子也在他背上摇晃起来。吉苔得用手捂住自己的嘴巴,因为她笑得要发出尖叫声。

"我们最好悄悄地走开,"吉苔说,"当他在打滚的时候,我们可以帮助那个穷苦编筐人把筐子卖掉。"

于是她便跑向另外那个编筐人,说:"如果你能让我帮忙,我可以把你的筐子全卖掉。"

她拿起编筐人用来装钱的那个洋铁盘子,里面还是空无一物。她用一根木棍敲它,同时喊:"筐子! 筐子! 来买呀!"

她拿一个筐子放在肩上,她的鹦鹉跳到那上面站着,也叫喊起来:"筐子! 筐子! 来买呀!"吉苔同时使劲地敲那个洋铁盘。

很快许多顾客就集拢来了。事实上,当这鹦鹉一开始叫喊和吉苔开始敲洋铁盘子的时候,人们就发现这些没有涂颜色的筐子要比那些金色的筐子质量好得多,结实得多,妇女们都抢着买这些货物。在另外那个卖筐人从那个大箩筐底下爬出来以前,吉苔和拉比齐已经把所有的筐子都卖光了。

这个穷苦卖筐人感到非常惊奇。他也不禁高兴起来,笑起来。他呆望着吉苔。他看见她那漂亮的长长的金发,以为她就是从天上下凡的一个安琪儿,专门来帮他的忙的。

吉苔把钱放到洋铁盘里,然后交给这个穷苦的编筐人。编筐人多么感谢他们啊!

他请他们两人这天晚上就在他穷苦的家里过夜。不过拉比齐和吉苔希望把时间多花点在市集上,因此他们婉言谢绝了。

拉比齐和吉苔就在人群中不见了。

那个穷苦人把铁盘里的钱数了一下,总共是六十个克朗。

"我祝福这两个孩子!"他对自己说。

如果他知道拉比齐和吉苔会遇到什么,一定会坚持要他们到他家去过夜的!

骑旋转木马

那些卖货人的声音都变得嘶哑了。这在市集上就说明,天快要黑了。拉比齐和吉苔来到一个骑木马和打靶游戏的地方。

那最漂亮的一个木马是银色的,全身都戴满了小铃铛。但是现在不能骑它,因为老板的两个照管它的佣工离开了。他们一个是售票的,一个是向观众招徕骑木马和天鹅生意的;他们两人也常常骑在木马上表演。

他们的老板不能干这种工作,因为他太胖,这会弄得他恶心。

"好吧,"吉苔说,"我们可以代他做这工作,这样我们今夜既可以弄到饭吃又有床铺睡觉了。"

他们也就这样做了。木马的老板看见拉比齐穿着绿色裤子,戴着颜色鲜艳的便帽,看见吉苔也穿着镶有银边的连衣裙,肩上栖着一头鹦鹉;感到非常高兴。他想,从外表看,他们正是干这种工作的人,他就立刻雇用他们。他自己去发动机器,同时,拉比齐和吉苔骑上了木马。喇叭吹起来了:特拉!特拉——拉!木马开始旋转,小铃铛也叮当叮当地响起来了。这真是热闹极了!吉苔立在木马上向观众挥手,一会向左鞠个躬,一会向右鞠个躬,拉比齐也同时叫喊:"来骑呀!来骑呀!骑一次只要两分钱!"他们兴高采烈地骑着木马团团转。

过去木马游艺场从来没有过这样漂亮的男女雇工,穿着这样鲜艳的衣服和发亮的皮靴,现在大家都向那个银色的木马围集拢来。

这场欢乐一直继续到深夜。所有的人皆大欢喜。但是最高兴的人是木马场的老板,他赚了一袋子钱币。拉比齐捧着满盘的银币,飞快地向他跑去。那天晚上拉比齐骑在木马上旋转了许多次——从来没有一个学徒能够玩得这么痛快。即便是一个正式卖零活的雇工,也出不起那么多的钱来骑木马,旋转这么多次。邦达施站在一旁瞧他,很奇怪他为什么老是不停地转,转,转。

时间不早了,但人们一骑上木马就忘掉了时间。在发动机忽然停止以后,拉比齐和吉苔就感到非常奇怪起来。这时老板用一个低沉的声音喊:"感谢各位,现在是十一点钟了。今天的节目完了。请各位明天早早光临。"

众人逐渐四散了。老板搬出一大块帆布来。他、拉比齐和吉苔用它盖上木马,把那数不清的小铃铛和天鹅及其他木马也都盖上。

这桩活干完,这一大堆游乐工具看上去就象是一个灰色的大蘑菇。

老板于是便把这两个孩子带到一个卖饮食的帐篷里去。

这时,市集里的人变得稀少了,只有几个蓄着长胡子的人坐在帐篷里。吉苔和拉比齐不太喜欢夜里的集市。

老板叫了晚饭。吉苔、拉比齐和邦达施都吃得没有一点声音,因为他们都累了,也感到很不愉快。

他们吃完以后,老板付了钱。他们都又回到木马场来。这时,老板说:"孩子们,再见吧。你们可以离去,谢谢你们。"

拉比齐和吉苔大吃了一惊,他们原以为老板会给他们找个地方过夜的。

拉比齐把这个问题提了出来。但是老板说,木马场里边只有他自己一个人睡的床,再也没有地方给他们了。这也是事实,因为他非常胖,在那个发动机旁,他甚至连腿都伸不开。

"我也不能让任何人睡在那些木牲口旁边,"他严厉地说,又补充了一句,"外面并不太冷,市集的面积也很大,随便哪里你们都可以去。再见吧,祝你们晚安!"

他于是便钻到帆布底下不见了。

这样一来,拉比齐、吉苔、邦达施和鹦鹉就在这黑夜中,在这茫茫的市集上没有人管了。

再也没有人到来,打破夜空沉寂的唯一声音就是那些躺在自己商品旁边睡觉的赶集人发出的鼾声。

这气氛确是使人感到悲哀。这么大的一个城市,拥有一百条街,每条街上又有一百间屋子,但是他们却找不到一个地方宿夜。

无家可归

拉比齐望了望吉苔。夜色很黑,他只能看见她垂着头,弄她的衣服。

他知道得很清楚,这是她将要哭的预兆。如果她真的哭起来,他可是受不了。因此他就作出一个高兴的腔调说:"不要害怕,这是一个温暖可爱的夜。我们可以在露天过夜,我们可以有那么多新鲜空气,我们可以不必开窗子! 来吧,我们去找个地方。"

他记起在不远的地方有一大堆空袋子和破烂布片。他带着吉苔向这个地方走去。但他们什么也没有找到。当他们正在摸黑的时候,吉苔叹了一口气:"嗨,要是我们和那个穷苦的编筐人一同去了该多好!"

"唔,假如我们跟他去了,我们就不能大骑一通木马了。"拉比齐指出这一点来。他们两人一想起这场欢乐,就变得高兴起来了。那真好玩,他们在木马上不停地转,那些小铃铛给他们伴奏。

拉比齐终于找到了那堆袋子和破烂布片。他尽可能地把它们铺开。

"躺下吧,"他对吉苔说,"你会睡得象豌豆上的公主一样——瞧,会不会这样!"

吉苔把鹦鹉放到她身边,在袋子上躺了下来。

拉比齐和邦达施紧挨着睡在地上。邦达施哀鸣着,不是为了它自己——因为它习惯于睡在地上,而是为了拉比齐。

他们都感到心情沉重,所以吉苔和拉比齐就决定聊聊天。

"你刚才说豌豆上的公主,那是什么意思?"吉苔问。

她喜欢听关于公主的故事,甚至在白天也是如此。现在周围是如此漆黑和可怖,她更想听一个故事。于是拉比齐就讲了这个故事。

"从前有一位公主,她迷了路,来到一个金宫殿。这宫殿确是纯金修建的,它的台阶、门槛,一切都是金子做的。这里住着一个年老的皇后,她不相信现在来的这个客人是一个真正的公主,因此她就在这位公主的床上放了一粒干豌豆,然后在上面又放了三层草垫子和九条鸭绒被。她想,如果这个女子隔着这么多的东西还能感觉到那颗干豌豆,那么她就一定是个真公主。第二天老皇后问她头天夜里睡得怎么样。公主不禁流出了眼泪。'嗨,'她说,'我整夜翻来覆去睡不着,全身都受了伤! 我的床里有一个小山丘。'这时皇后才知道她是一个公主,因为只有一个真公主才能感觉到三床草垫子和九条鸭绒被下面的一颗豌豆粒。由此她就把她的皇位、礼服和金皇冠让给她,因为她自己年纪老了,治理国家弄得她头痛。"

这个关于多层鸭绒被和金宫殿的好听的故事讲完后,吉苔和拉比齐就觉得好过一点,对于自己露天睡在地上也不大在乎了。

他们到半夜都睡着了。拉比齐第六天的旅程也就算这样结束了。

第七天的夜刚刚开始——这是发生了不起的事情的一夜。(不过每一天,了不起的事情随时随地都在发生——事实上,比全世界的人所能想象到的还要多。)对拉比齐说来,这第七夜给他带来了危险的、惊人的遭遇。

八、第七夜

一个熟悉的声音

吉苔和拉比齐刚刚睡着不久,忽然吉苔醒了。她在睡梦中听见了什么声音,使她的心跳剧烈地加快。

她在袋子上坐起来静听。什么地方有一匹马在嘶鸣。

嘶鸣了一次。吉苔觉得这声音有点耳熟。

它又嘶鸣了第二次。吉苔更觉得这个声音耳熟。当它作第三次嘶鸣的时候,她就跳起来,喊:"拉比齐!拉比齐!你没有猜出这是谁的马在叫吗?咱们去看看!"

这时月亮已经升起来了。他们可以看出自己是在什么地方。

拉比齐站起来。邦达施和吉苔向马嘶声发出的那个方向走去。

他们迅速来到一块很大的空地。这儿什么也没有,只有一个帐篷支在地中央。这个帐篷是闭着的,没有声音,好象它已经睡着了似的。不过在门帘那儿挂着一个招牌。原来这就是吉苔的马戏班!

"呀,拉比齐,听!"吉苔叫出声来,"我能听出是苏科,我亲爱的宝贝苏科!"

她已经忘记了她多么害怕马戏班的老板了,多么不愿意再回到他那儿去。她现在只记得这头曾经与她共过患难、共过欢乐的小马。她在这个世界上所爱的东西,再也没有什么能比得上它了。她抑制不住要去看它的欲望。

"拉比齐,我要去看看它。"她说。

"那么你的老板就会看到你,我们也就得分手了。"拉比齐悲凄地说。

"不,不,我们不能分离!我决不呆在他那儿。他们现在都睡得象木头一样,因为他们表演完后都很累了。他们听不见我们走路的声音。啊,来吧,我们进去看看吧!"

他们正站在帆布做的马棚旁边,这马棚就在帐篷隔壁。当然,要找个办法走进帐篷里去,吉苔的经验很多。她掀起帆布,低声说:"进来吧,从这里钻进来!"

她就这样爬进马棚里去,拉比齐和邦达施在后面跟着。这是够莽撞的了。

马戏班在夜里

附近,有一个人正睡在干草上。

"不要怕,"吉苔低声说,"即使你在他的耳朵旁边吹喇叭,他也不会醒的! 你知道,表演完了以后,人们该有多么累。"

有一个铁环子在一根竿子上垂下来,这是吉苔的鹦鹉经常栖息的地方。

吉苔把鹦鹉仍然放在那里。当这只鸟儿发现这原来是它的故居的时候就想:"一切恢复原状了。"它很满意,就把脑袋埋到翅膀底下,睡去了。

它算是唯一感到快乐的朋友。

吉苔和拉比齐现在就铤而走险了! 他们绕过那个睡着的人。马棚的上空有点亮光,拉比齐看见两边各有四匹马。对于一个马戏班说来,这并不算多,但给他的印象很深。

"多么大的一群马! 它们是多么漂亮啊!"他偷偷地私语着。

不过吉苔没有听。她已经找到了她的小马了。

"苏科,亲爱的苏科!"她缠绵地对那小马说,同时抚摸它的背,用双臂搂它的脖子。

苏科掉过他那漂亮的小脑袋,搁在吉苔的肩上,温柔地、快乐地微微嘶鸣。

"亲爱的苏科,我怎么能够再离开你?"吉苔低声说。

在这同时,拉比齐更深一点地走进了马棚。

"那匹黑马最漂亮。"他低声说。

"可是我们并没有什么黑马呀。"吉苔反驳着说。

"有一匹,你过来瞧!"

吉苔过来一看,确有一匹! 这是一匹漂亮的小黑马,全身溜光,黑得象炭。马鬃和尾巴剪得很短,腿上穿着漂亮的黄护胫。

吉苔惊奇地望着它。最后她说:"我简直不敢相信! 这匹小黑马就是昨天拉着格里戈里和穿黑外套的那个人的车子的牲口。现在它的样子不同了,它的鬃和尾巴被剪短了,还穿上了护胫。可它就是那匹马!"

拉比齐不相信。他们走到马槽旁边,更仔细地瞧了它一眼。

他们的心跳都快停止了。

有人走进马棚来了,他们可以听到这个人沉浊的声音和他的靴子走在沙子上的脚步声。

"哎呀,我们该怎么办呀!"吉苔低声地哀叫起来,"我的头头来了。啊,拉比齐,我不愿意再呆在他的马戏班里,我害怕!"

他们现在没有别的办法,只有在那个黑马的槽底下藏起来。

拉比齐、吉苔和邦达施钻进马槽底下去。拉比齐连忙从黑马的蹄子下掀起一些草,把他们自己遮盖起来。

有两个人走进马棚里来了。

更多的危险!

"啊,我的天!我的天!这可能是谁呀?"拉比齐和吉苔都奇怪起来。他们蹲在马槽底下,在干草后面朝外偷看。他们象小耗子那样一声不响,但他们的心却在咚咚乱跳。

这两个人来到亮光底下,孩子们现在可以很清楚地看出他们来,这不禁使他们大吃一惊。原来这两个人是——马戏班的老板和那个穿黑外套的人!

"他们两人怎么会相互认识,这么晚到这里又是为了什么?"拉比齐和吉苔心里想,更感到沮丧了。他们现在面临着可怕的危险,因为这两个人一直走到黑马跟前来了。他们离拉比齐和吉苔已经是这么近,以至他们和这两个孩子之间只相隔一点儿草了。啊,拉比齐他们得保持高度的寂静!他们呼吸得非常轻微,草后面连最低的沙沙声都没有。

"邦达施,亲爱的邦达施。请你千万不要叫!"拉比齐在这只狗的耳旁轻声说。他把邦达施紧紧地搂在怀里,因为他发现它看见穿黑外套的人来到,全身掣动了一下。不过邦达施是象金子一样纯真。因为它已经能感觉到拉比齐的手在发抖,所以它就连皮肉也不再颤动一下。

马戏班老板和穿黑外套的人开始讲起话来。

两个坏人

拉比齐要不是如此贫穷,他恐怕永远也不会有机会这样逼近地看到两个恶棍了。倒也不错,真正的坏人并不是那么多。说实在的,在这个地区也只有这两个坏人。拉比齐是个穷苦的孩子,而穷苦的孩子会识别所有的人。

"明天我将要走过七个城市,只有到了第八个城市我才扯起帐篷,"马戏班老板说,"瞧这匹马,我把它打扮得怎样?把它装上马鞍后,谁都再也认不出它来了。"

"我一点也不害怕会有人认出来——你这个狡猾的老狐狸!"穿黑外套的人说,"不过现在你最好把钱给我。记住,弄到它并不容易呀!"

"我一定付给你钱,"马戏班的老板说,"不过,请你先告诉我,这匹马的主人在什么地方?"

"你不要为他去费心思吧。他是在森林的深处,而且我是用我所能找到的三根最结实的绳子把他绑在一棵栎树上的。他想再要来赶集,那恐怕就得等待好久好久的时间了。"

这个穿黑外套的人于是便发出一声大笑——只有一个坏人谈起他所做的坏事时才能发出的那种恶毒的大笑。

马戏班老板放心了,取出一个沉重的钱包,数了一些金币,放在这个强盗的手里。

"现在我就和你告辞了,"穿黑外套的人说,"我的车子正在等着我,我得乘天还黑的时候赶路。"

"你为什么要这样赶忙呢?"

"因为在天亮以前我们还得去偷一头母牛。我昨天晚上已经派了格里戈里先到那里去等我。可是我不太相信他。"

"牛在什么地方?"

"我还没有到那儿去过。不过我相信那个屋子是孤零零地在大路旁边。只有一个女人和一个孩子住在那里,所以作起案来是不会太费力的。不过把车子赶到那里去得花三个钟头,因为我得绕小路走。"

"如果你从来没有到那里去过,你怎么会找到那个屋子呢?"

"咳,再容易不过了。它很小,很老,修补处很多。墙上还画着一颗蓝星。"

这两个人说完便离开了马棚。两个孩子听到他们在外边说了声"再见",接着便什么声音也没有了。

拉比齐作出一个决定

拉比齐、吉苔和邦达施从马槽下面爬了出来。拉比齐感到他的脑袋在嗡嗡叫。穿黑外套的人和格里戈里抢劫了那个赶集的人,拉走了他的马,并且把他绑在森林里的树上。不过拉比齐感到最担心的是,这两个人这天夜里将要去偷马尔诃和他穷苦的母亲的奶牛。对此他现在什么怀疑也没有,那个村屋确是又小又旧,而且没有什么别的屋子会在墙上涂有一颗蓝星。

所以拉比齐就对吉苔说:"再见吧,吉苔,我得赶路。你就呆在你的老板这儿吧。不要哭。"

他的话还没有讲完,吉苔就已经哭起来了。

"拉比齐,你要到什么地方去?"

"在那个穿黑外套的人到达以前,我得赶到马尔诃的屋子,告诉他的妈妈把牛藏好。"

拉比齐真是善良——他得用他那双小脚跑多长一段路啊!

"拉比齐,路途太遥远了,而且那个穿黑外套的人还有一辆车呀。"吉苔哭丧着脸说。

"我知道,所以我得赶路。再见吧,吉苔,你最好待在这里。"

"我和你一道去。"吉苔坚决地说,擦去她的眼泪。

拉比齐再也没有时间谈下去。他和邦达施从帆布底下爬出来,来到月光之中。吉苔跟在他后面。

拉比齐什么话也没有说。他的皮靴在一条长街上大步向前走去。吉苔的那双小鞋在他后面得得地响着,走得同样快。邦达施的四条腿跑得比他们更快。

他们离开了这个城市,感到好象每个窗子都在注视他们。展现在他们面前的是一条没尽头的长路。太阳照着他们,也照着那个涂有一颗蓝星的屋子。他们能及时赶到那里吗?

夜里行进

有人说草儿和花儿会在夜里讲话。假如这是真的,那么所有的草地就会在夜里窃窃私语了:"啊,孩子们,你们为什么要在夜里赶路呢?"

但是拉比齐从没有考虑到他有多长的路要走,或者那个穿黑外套的人是否先他而到达那里。他只是想一定要在天亮以前赶到马尔诃的屋子。这是最好的办法,因为如果你只是这样想的话,你的腿一定会把你送到那里。所以他就尽快地往前走,可吉苔很快就感到累了。她究竟不认识马尔诃,她并不象拉比齐那样,急迫地要帮助他。

过了没多大一会儿,她说:"拉比齐,我们不能歇一会儿吗?"

她的话说得很轻柔,因为声音在夜的寂静中可以传得很远。

"我并没有累,"拉比齐说,"我们也没有时间停留下来。我们得赶路。"他预感到吉苔和他一道同行,他将会很困难。

吉苔叹了几口气。他们继续往前走。

一路上她只想着那匹黑马、格里戈里和穿黑外套的人。她奇怪,在城里有多么多警卫的情况下,他们能有什么办法把那匹马带进马戏班里去。她问拉比齐,他们怎么能做到这一点的。

"嗯,那些警卫大概只会守在街头的角落里,那些罪犯倒是在街中间赶着车子扬长而过。"拉比齐说。

对吉苔说来,这种看法很滑稽,不过她觉得,由于拉比齐是个学徒,他可能最了解情况。因此她就不说话了。

不管怎样,这不是说话的时候。半夜里走过大草场,那就好象是在梦里行路一样。巨大的夜间飞蛾在他们的头上飞过,拍着翅膀,就象鸟儿一样。吉苔看见刺猬就在他们旁边的草上爬过。他们还不时瞥见野兔从草里伸出来的耳朵。他们也听见鸟儿在灌木丛中弄出来的沙沙响声。

在黑夜里,动物是不怎么怕人的,因为它们知道人一到黑夜里胆子就小了,而它们则不是这样。

也许拉比齐和吉苔所害怕的是,他们在路上太孤独了。不过他们有邦达施在前面领路。它兴高采烈地摇着尾巴,望着拉比齐,似乎在说:"不要苦恼。我认识这条路。"

走了好长一段路以后,吉苔说:"拉比齐,休息一会儿吧。我走不动了。"

的确,她的脚比拉比齐的小得多,而且还是穿着绸子做的鞋。拉比齐则穿着皮靴。

"吉苔,我们还有好长的路要走。我们还要走过好几个村子和十字路口。"

当拉比齐一提到十字路口时,吉苔就记起来,昨天就是在一个十字路口上,马儿脱了缰,把车弄翻,使那个穿黑外套的人滚到沟里去的。

"哎呀,拉比齐,如果那个车子赶上了我们,那该怎么办?"她说,开始哭起来。

由于吉苔哭了起来,再往前走当然很困难。她坐在路边,用双手捂着脸。

拉比齐站在她旁边,不知道该怎么办好。他不能扔下吉苔不管,但如果带她同行,他就不可能在天亮前到达马尔诃的家了。拉比齐一想起那个穿黑外套的人偷走马尔诃的那头毛色黑白相间的漂亮的奶牛,他心里就感到非常难过。"我怎么办?我怎么办?"他问自己。

雾散以后

拉比齐站着,前前后后地望了望这条路。他看见似乎有一件什么东西向市镇那边移动。由于有雾,看不清楚那究竟是什么东西。他只能听见一种轻柔的、缓慢的辘辘声。

在黑夜里,人们一般总觉得敌人多于朋友。当拉比齐看到一辆车子在向他开过来的时候,他的心情就是这样。他感到非常不安。吉苔也叫起来:"啊,拉比齐,为什么我们要在黑夜中开始这段行程呢?"

只有邦达施在空气中嗅着,感到很愉快。

车子越走越近,好象有一座山在向路这边移来。雾中,一切东西看上去都似乎要比原来的体积大三倍。现在车子来到他们眼前了。他们可以看出拉着它的那匹马非常瘦。

忽然间,雾散了,月亮照得明晃晃的。拉比齐和吉苔发出一声欢呼。

赶车的就是市集上那个穷苦的卖筐子的人!

拉比齐得到了帮助

事实上,这也不是什么奇迹。那个穷苦的编筐人走这条路并不是因为拉比齐和吉苔夜里站在路中间,等待他的帮助。就是他们不走这条路,他也常常经过这里。他一般总喜欢跑到城外很远的地方去找真正结实的柳条。这也正是他编的筐子比别人要结实和好得多的缘故。

拉比齐、吉苔和邦达施向他跑去。当这编筐人在路上的月色中看到他们的时候,他认为他们可能真是从天而降,故意在夜间赶路的,为的是好在白天帮助穷人。

不过现在倒是拉比齐本人需要帮助了。他要求编筐人让他共乘这辆车子。

这个穷苦人当然非常愿意帮助这两个孩子,为他们曾经在市集上帮助过他。拉比齐和吉苔就爬上车,坐在他的后面。编筐人在那匹瘦马身上挥了一下鞭子,车子就又上路了。

拉比齐把他赶路的缘由叙述了一遍。

"你现在知道了,我必须在天亮以前赶到那个墙上涂有一颗蓝星的屋子。"

"哦,我知道它在什么地方,"编筐的人说,"它在我要去的那个柳条林附近。我将告诉你方向,在天亮以前好早你就可以到达那里了。"

拉比齐很高兴,也感到这条路仿佛缩短了。

那匹骨瘦如柴的马儿倒是跑得很快,好象它已经懂得了,一件非常紧急重要的事情得赶快去完成。

车子在颠簸地前进。拉比齐一路上和编筐人闲谈,吉苔开始打盹,邦达施高高兴兴地在路上跟着车子跑,一会儿靠近左轮,一会儿靠近右轮——自从世上有了狗和轮子以后,情形一直是这样。

最后他们来到了十字路口。

"我们从这儿走,爬上小山,穿过树林。这是一条近路。"编筐人对拉比齐说。

"呀,不是那条路,"吉苔醒转来了,说,"那个树林里有一个人被抢过。"

这一带的地形,编筐人知道得太清楚了,所以就没有太理会她。他说:"这到我们柳条林是一条最近的路。你不要害怕。我还从没有在那里遇见过强盗。"编筐人很穷,而穷人是不怎么怕强盗的。

所以他们还是向那个树林走去。

拉比齐很高兴,因为这样他就可以早点到达马尔诃的屋子了。凡是任何想要帮助别人的人,总是别的什么事也不怕,只是怕时间晚了。

拉比齐又单独和吉苔在一起

这条路开始是爬山,接着就进入树林。这时天上没有云块,月光非常亮,照着整个树林,好象它就是一个城堡,而且它所有的窗子里面都燃着蜡烛。

编筐人到这里就停下车子,说:"孩子们,你们向左拐就可以走到涂有一颗蓝星的屋子。你们将会穿过一个灌木丛,过了灌木丛以后就会看见那个屋子了。"他朝上一望,瞧见一大块乌云正飘过来,就补充说:"在云块遮住月亮以前,你们就会走过那些树丛。"

拉比齐从车上跳下来,感谢编筐人所给予的帮助。

编筐人把吉苔抱下来,说:"亲爱的孩子,祝你们一路顺风。"于是他便沿着下山的那条路走了。拉比齐说:"来吧,我们从左边下山。"

吉苔想要反对也没有时间了。她、拉比齐又单独带邦达施在一起了。他们沿着树林和灌木丛之间的那条路往下走。他们刚开始,就听见那个编筐人的声音。

"孩子们,"他喊,"注意那个石坑呀!"

一点也不错,就在他们旁边有一个悬崖,下边就是采石的石坑。这是一个危险的地方,因为在黑暗中你可能失足,落下悬崖。不过月光很明亮,他们安全地绕过了它。拉比齐感到很高兴,也很兴奋,他知道很快他们就可以到达马尔诃的屋子。

"如果月亮一直保持这样明亮,那就不会出什么事情了。"编筐人说。

在黑暗的灌木丛中

你不容易料到,云块会发生什么变化,因为那是反复无常的东西。在拉比齐他们到达那个灌木丛以前,他们看路很清楚,象在白天一样。不过一走进灌木丛以后,月光就变得微弱了。路也变得很窄,这两个孩子就不大容易看得清楚了。

"我们得继续往前走,"拉比齐对自己说,"路还是很容易看得清楚的。"

他一对自己作出这样的保证以后,他真的似乎就能很清楚地认出路来了。

吉苔在他后面跟着,因为她在黑暗中什么也看不清楚。邦达施走在他们两人前面。不过这时云块已经把月亮全部遮住了,什么东西也看不见了。拉比齐只能摸着走路。荆棘和小树枝划着吉苔的衣服。

"我们最好停住,"拉比齐最后说,"我们可能迷路,这可不行。"

这真叫他难受,因为他知道他得赶到马尔诃的家。

可是拉比齐不愿意作出一副愁眉苦脸的样子。他抬头望了望天,希望云块很快过去。他想他不可能离那个涂有一颗蓝星的屋子很远。

"我们坐一会儿,等一等再说吧。"他对吉苔说。

他们于是在一个树根上坐下来,在黑暗和沉寂中等待。在这个灌木丛里,他们周围全是些鸟儿:乌鸦、山雀和野鸽。不过它们象拉比齐和吉苔一样,这时也不敢作声,因为它们害怕狐狸出现。

最后还是拉比齐发出声来:"啊,假如我们能够按时到达马尔诃家里该多好!"

"只要那个穿黑外套的不去!"吉苔叹了一口气。

"他说过,他要绕着一条小路去,而我们现在走的是一条捷径。"拉比齐说。

这时拉比齐和吉苔忽然觉得这里似乎并不象刚才那样安静。在他们后面,在灌木丛的另一端,有一个沙沙声飘过来了。

"哎呀,拉比齐,听这是什么?"吉苔低声说。

"也许是一只兔子。"拉比齐说。

他从树根旁站起来,把邦达施拉到身旁。接着他们就听见干树枝被折断的声音。

"哎呀,拉比齐,这是什么呀?"吉苔的声音在黑暗中变得更低。

"也许是一只狐狸。"拉比齐说。

"那不是狐狸。"吉苔用更低的声音说,好象是鬼在私语一样。

"那么这是……"拉比齐开始说。

忽然之间,吉苔拉开嗓子尖叫了一声:"拉比齐,拉比齐!"

离她很近的地方,有一个人在咳嗽。

恐 怖

吉苔的这声尖叫过后,刚才的沙沙声和折枝声就立刻停止了。

这更使人觉得可怖。这沉寂,这黑暗,再加一个不知来历的人已经在他们的附近出现,就更增加了这种恐怖感!只有邦达施在拉着拉比齐,为此而感到兴奋得发颤。

忽然有更多树枝被折断的声音,在黑暗中,这两个孩子看到一个高大的人形冒出来了,并且走上了这条小径。他们的心停止了跳动——接着他们就听到这个人划了一根火柴。

火柴闪亮起来——

唔,假如你把这本书读到这儿,而你又喜欢拉比齐,那么你最好把这本书合上,等到明天再说!

一次奇遇

那根火柴闪亮以后,拉比齐就可以看出那个人的面孔了。

这人就是"老瞪眼"师傅! 他的面色惨白,衣服也被划破了。他站在那儿,用沉浊的声音喊了一声:"拉比齐,是你在那儿吗?"

"是,师傅。"拉比齐说。他伸出双手。他不知道是高兴,还是害怕。

你们可知道"老瞪眼"师傅要干什么?

他径直走到拉比齐面前,把他举起来,说:"拉比齐,我亲爱的孩子!"

这是他有生以来第一次,抚摸拉比齐的头发和脸!

对拉比齐说来,那天夜里,甚至在他一生所发生的事中,哪一次都没有比这使他更感到惊奇的了。也许在他一生所遭遇的事情中,这次是他感到最惊奇的事了!

因此,也不奇怪,他和"老瞪眼"师傅两人都因快乐而哭出声音来,虽然作为两个男子汉,他们是不轻易流眼泪的。

解 释

他们在树根上坐下来——他们三人:拉比齐、"老瞪眼"师傅和吉苔。他们都惊奇得到了发呆的程度。他们不知道说什么好。看来,刚刚冲出云层的月亮要是看到谁坐在那条树根上,一定也会惊奇得很。

只有邦达施一点也不理解发生了什么意想不到的事情。它把它的前爪搁在拉比齐的膝上,瞧了瞧他,接着又瞧了瞧"老瞪眼"师傅。它想他们两人现在在这里一定是要做鞋子。它等待"老瞪眼"师傅取出他的皮革和剪刀来。狗一般很少能懂得新的事情。它只懂得惯常发生的一些事。

"老瞪眼"解释他是怎样来到树林里的。这可不是个简单的故事！拉比齐坐着听,他那个小小的学徒脑袋,一直在打旋。为了不要把读者的脑袋弄得也象拉比齐的那样莫名其妙,我现在就简单地说明事情的经过。

两天以前,当"老瞪眼"师傅赶着车子去赶集的时候,他在树林里被抢劫了。他就是雅娜对拉比齐提到过的那个人。事情的经过就是如此。

"老瞪眼"师傅单独一人在天明时赶着车子出发,因为租给他马的那个人已经先赶着另一辆车子走了。当他来到树林最稠密的地方时,他中了两个人的埋伏。这两个人从树丛中跳出来,把他从车上拉下,同时把他的双手绑紧,拉到树林更稠密的深处。他们把他绑在那儿的一棵树上,接着便赶着车子扬长而去,想让他饿死。

"老瞪眼"师傅在树上被绑了两天。他相信他不会再有别的办法,只好把命交给上帝了。他一生的所作所为,不论好坏,这时都涌上他的心头。他也记起了拉比齐,很想在死去以前能再见他一眼。当一个人被绑在树上,没吃又没喝时,他有的是时间来思考他的问题。在这个时候来思考关于他的学徒的问题,与他在店里大骂学徒的时候相比,方式就大不相同了。

不管怎样,他现在告诉这两个孩子,当时他已经放弃了一切希望,认为他不能从这棵树生还。

"不过昨天夜里,"他继续说,"那绑我的两人中的一个忽然又在我面前出现了。我想他大概是要来杀死我的吧。但相反,他却把绳子解开了。他说:'走吧,愿上帝保佑你,赶快离开这个树林。'

"于是他从衣袋里取出一条手帕来,里面包着一块银币。他把银币送给我,说:'拿去吧。自从我得到它以后,我的心就从坏变好了。也许它也可以给你带来好处。我将要重新做人。'"

"老瞪眼"师傅讲完以后,拉比齐不禁叫出声来:"呀,那就是格里戈里!他那块银币就是我替他妈带给他的!她为了他流眼泪,看来并不是没有结果。"

"当然有了结果，""老瞪眼"师傅说，"一定是这块银币产生了神奇的效果。"

拉比齐由此也就想起，也许同样是因为这块银币，"老瞪眼"师傅对他才变得和善起来。他希望是如此，因为他已感到怀疑，师傅这种对他态度的改变，恐怕不单是因为他被绑在树上、没有东西吃和没有水喝的结果。

"老瞪眼"师傅把他的故事讲完以后，又补充着说："你知道，由于这个市集，第二次不幸的事几乎又要临到我头上了。"

"第一次又是什么不幸呢？"

"等我们回到家以后，我再告诉你。因为，亲爱的拉比齐，现在你得和我一起回家。你放心，我一定叫你快乐。我现在不能多讲，我太饿了。我只吃了藏在我衣袋里的一小片面包，在溪边我算是喝了一点儿水。"

这时云块已经消散，月亮又变得明亮了。"老瞪眼"师傅瞧了不声不响地坐在一旁的吉苔一眼。他觉得她象一只美丽的、受了惊的小鸟。

"这是谁？"他问。

"她是一个孤儿，象我一样。没有爸爸和妈妈，所以我们才凑在一起旅行。"拉比齐说。

"那么我们把她带回家去吧。""老瞪眼"师傅说。他的徒弟忽然觉得，他似乎变得悲哀起来了。

拉比齐立刻跳了起来，惊叫了一声："哎呀，我的天，我耽误的时间够多了！趁现在月光还好，我们得及早赶到马尔诃家里去。"

"我们一起去，""老瞪眼"师傅说，"我不喜欢这个树林。你可以在路上告诉我你要到什么地方去，你为什么要这样赶忙。"

报　信

他们没有多久就走出了灌木丛。"老瞪眼"师傅一只手拉着拉比齐，另一只手拉着吉苔。当然，在月光底下走过草地，是再痛快也不过的事。在路上，拉比齐叙述了有关那个穿黑外套的人和马尔诃的奶牛的事情。

接着他们就来到大路上，瞧见了马尔诃的屋子。当他们走近它的时候,一切是那么安静,好象任何可怕的事情也不曾发生过。他们可以听到牛棚里铃铛的响声。那只漂亮的母牛正在里面吃草。

那个穿黑外套的人居然还没有把它偷走!拉比齐很高兴,他及时赶到了!

天还没有大亮。屋子里一切是静悄悄的。马尔诃和他的母亲仍然在睡觉。拉比齐在门上敲了几下,马尔诃的妈妈连忙从床上爬起来,想要看看这究竟是谁。拉比齐告诉她他急着赶来的原因,提醒她要留心奶牛失盗。

当她听了他的提醒以后,她一连向天举了三次手,感谢上帝派来了拉比齐。因为,如果穿黑外套的人偷去了她的奶牛,那么她只剩下十只鹅了。一个母亲,要养活一个孩子,光靠十只鹅是不行的。

"一千个感谢你,一万个感谢你,我的孩子。"她说,紧紧地拥抱了拉比齐一下。

拉比齐告别她以后,就回到"老瞪眼"师傅和吉苔在等待着他的地方。

马尔诃的妈妈穿上她最漂亮的衣服,到官府请求官员夜里派警卫来保护她。

从此每天晚上就有两个警卫来看守她的屋子了。他们都是胆大的人。有了他们,大乱子就不会出了。

不过那个穿黑外套的人那天晚上却没有来,第二天晚上也没有来,第三天晚上还没有来。事实上,他再也来不了啦。每天夜里,警卫总要抽三袋烟。当他们抽到第三十袋烟的时候,他们就认为没有必要再来了。

几天以后,人们发现了一具尸体。那个穷苦的编筐人曾经警告过拉比齐和吉苔要提防那个采石坑。那个人可能就是在一天夜里落进了这个坑里的。

这具尸体穿着一件黑外套。这就是那个穿黑外套的人。他的罪恶的一生就算这样结束了。他是在那块乌云遮住月亮的时候落下悬崖的。

因此那块把拉比齐和吉苔弄得愁眉不展的乌云,到头来还是给他们俩,给"老瞪眼"师傅和马尔诃的妈妈带来了幸运。如果乌云没有及时出现的话，也许那个穿黑外套的人会把他们全都杀死的。

现在拉比齐的一切危险都过去了。下一步等待着他的只有快乐和幸福——他八天前在夜里出走时做梦也不敢想到的快乐和幸福。那时他是感到那么孤独和悲哀。

九、回家

愉快地归来

要叙述"老瞪眼"师傅、拉比齐、吉苔和邦达施怎样回到"老瞪眼"师傅的家里来，这里已经没有什么必要了。心情愉快的人不大在乎他们走了多远路。不过在路上，拉比齐采了一束野花——红罂粟和雏菊。他们在回家的旅途中所发生的事，也就只有这一点。

他们先进城，接着就来到师傅的家，走进这家的院子，最后他们进了屋。

当"老瞪眼"师傅的妻子见到她的丈夫、拉比齐和邦达施时，快乐得哭了起来。她一直在想，她永远也不能再见到他们了。她听说她的丈夫被抢，并且被拖进了森林里去。她以为他一定死去了。

因此她在头上围了黑头巾，她的眼睛也哭红了。

现在大家都回来了，还带来一个漂亮的小女孩。她慈祥地接待了吉苔，温柔地瞧着她，这个孩子从心里感到美妙的幸福在等待着她。

他们都走进作坊。我们让他们在那里待一会儿，好叫他们有时间相互拥抱和接吻一番，然后吃点东西，以补偿他们在旅途中吃的苦头。

玛丽霞

没有多久，"老瞪眼"师傅、他的妻子、拉比齐和吉苔都围着桌子坐下来。他们已经休息过来了,精神也恢复了,他们的面孔都显得安静和高兴。

只有"老瞪眼"师傅的妻子仍在温柔地望着吉苔。不过她的表情带点儿抑郁。她对她的丈夫说:"我们的玛丽霞现在差不多要到吉苔的年纪了。"

他们两人都叹了一口气。接着"老瞪眼"师傅对拉比齐说:"我曾经答应过你,要把我们在市集上所遭到的不幸告诉你,现在你可以听到了。八年以前,我们是住在另一个城市里。我们有一个漂亮的小女儿,名叫玛丽霞。那时只有三岁,是我们生命中的最大愉快。有一天,城里有一个集,我带她一道去。当我正在卖鞋子的时候,她在人群中失踪了。我们找了又找,寻找了一整天,就是找不见她。这一天过去后,我们又找了一个星期,一个月,一整年。但是怎么也找不到我们的小玛丽霞了。那时集上什么样的人都有。天知道,什么坏人把她抱走了。她该受多少苦难啊——我们也是如此,也在受难!因为孩子所能感觉到的苦,她的父母也会感觉得到的。最后我们只得从那个城市迁走了,因为我们不想记起在那里发生的这桩可怕的事情。从那时起,我亲爱的拉比齐,我的心肠就变硬了,为了这个缘故,你也在我手上吃了很多的苦头。可是现在情况不同了。要不是你那么善良,格里戈里就不会悔改,那么他也就不会帮助我死里逃生了。"

当"老瞪眼"师傅这样称赞拉比齐的时候,拉比齐真不知向哪边看好。他坐立不安,一会儿抓耳朵,一会儿用红衬衫的袖子擦他的皮靴。最后他只能说:"我想您大概不会再找到玛丽霞了——即使您找到了,大概也认不出她来了。"

"我们永远也找不到她了。"师傅的妻子说。她非常难过,不停地擦着眼泪。"不过我们还是可以认得出她来的。"

"您最后看见她的时候,她还是那么小,您怎么会认得出她来呢?"吉苔问。她自己也几乎哭起来,因为这位善良、慈爱的大娘是那么悲哀。

"我们可以认得出她来,""老瞪眼"师傅的妻子说,"因为她小时候有一次玩刀子,把大拇指割破了。手指上留了一个十字形的伤疤。"

你们看到过一个妈妈和分别多年的孩子重逢时拥抱的情景吗?因为吉苔的大拇指上就有那样的一个伤疤——她当然就是玛丽霞!

"妈妈,亲爱的妈妈,我就是你的玛丽霞呀!"她大哭起来,倒进"老瞪眼"太太的怀里。

"啊,我最亲爱的玛丽霞!我亲生的宝贝!""老瞪眼"太太快乐得哭起来,紧紧地拥抱着女儿。

她们紧紧地拥抱了两次,三次,十次。你在这个屋子里现在能听到的是"老瞪眼"太太的快乐的哭声。

"老瞪眼"师傅来到吉苔身旁,把手贴在她的头上。他是太幸福了,连一句话也说不出来。他们的快乐,和金色的阳光一起,充满了整个屋子。

我们善良的小拉比齐觉得好象他就是在教堂里一样。他站着一动也不动,他的眼睛望着地下,他的双手合着。

接着他们就坐下来,谈了好一阵子的话。吉苔从她母亲那儿走向她父亲身边。她越瞧着父母,父母亲就越觉得她漂亮。对她说来,她觉得父母可爱的程度似乎是每隔一分钟就增加一倍。

当然,她是真正的玛丽霞,这也是她的父母对她的叫法。但是,在这个故事结束以前,我们还得叫她吉苔,因为立刻就改叫一个新名字,那是很困难的。

拉比齐也说:"我还得继续叫你吉苔,因为我一这样叫的时候,我就记起了我们共同的经历。如果我叫你玛丽霞,那么我就会觉得好象是在和一个生人讲话一样。"

"你们在一起的经历确是不少,亲爱的拉比齐,"吉苔的爸爸说,"我想我们将永远也弄不清楚,谁在市集上把我们的玛丽霞抱走,然后又把她送到马戏班里去。谁能断定——也许,正如你告诉过我的一样,就是那个穿黑外套的人,那个偷走黑马的强盗。啊,拉比齐——要是没有你,我们永远也就见不到玛丽霞了!"

"我不值得您这样称赞,"拉比齐说,"如果您不是对我那样严厉,我也许不会出走,那么我也许就找不到您的女儿了。说实在的,这应该说全是由您所促成的。"

拉比齐的话有道理。你很难说谁应该值得称赞。因此,当他们两人在彼此称赞的时候,最好还是把功劳送给上帝。

实际上他们也就是这样做了。

第二天,"老瞪眼"和他的太太为这两个孩子买了新衣。他们打扮得漂漂亮亮,一同到教堂去。快乐的太阳从教堂的窗子射到他们身上。他们觉得到这里来表示他们的感谢是有道理的。

一笔遗产

当他们从教堂回来的时候,拉比齐说:"还有一件事我得要做。请让我出去半个钟头,好吗?"

"老瞪眼"师傅当然同意,因为现在一切情况已经与过去不同了。那时可怜的拉比齐对他那条极端讨厌的绿裤子只能采取一种开玩笑的态度。

拉比齐拿起他在路上所采集的那一束罂粟花和雏菊,解释着说,他已经答应把它送给某一个人。

现在你可以知道,拉比齐是一个多么善良的孩子。虽然他在旅途上遭遇了不少的坎坷,他还没有忘记他答应给那个女佣工送花束——如果她能每天帮助那个送奶的老人把奶提上楼的话。

现在他就带着这一束花朵去看她。他很快就找到了那个房子。他爬到三楼,按了一下电铃。

那个女佣工开了门。她看到拉比齐现在穿着这样漂亮,感到非常惊奇。虽然如此,她立刻就认出他来了,因为你不是根据衣服来认识人,而是根据他的眼睛的。

"我答应过你这件东西,阿姨。"拉比齐说,同时把雏菊和和罂粟花送给她。

"我倒要说,你这个人真的说话算数,"女佣工说,"你也很走运,我有封信转给你。如果你不来送花,也就得不到这封信了。"

拉比齐在旅途上碰到过许多事情,但是他一生从没有接到过一封信。

当这女佣工回到她房间里去,然后拿着一个大信封走出来的时候,拉比齐感到大吃一惊。

"这是一个男孩子送来的,"她说,"他告诉我,那个送奶的老人已经老死了。这封信就是他死以前写的。那个孩子说,如果学徒拉比齐给我送花来,我应该把这封信交给他。"

拉比齐接过信,在手里翻来翻去地摆弄着。他不知道怎么办好。他不知道是否应该把它和花一起送给这位女佣工作为礼物。不过他又想,这样做就未免太糊涂了,因为信上写得很清楚:"交给学徒拉比齐。"而世界上也只有他有这个称号。

因此他马上就拆开这封信。

他这样做是正确的。你如果象拉比齐那样,关心着一封信的内容,那与其让它封着,还不如把它拆开来。

不管怎样,这是一封意想不到的信。它是用大字体写的。内容是:"老送奶人没有孩子,没有亲戚,也没有干儿子。在他死的时候,他记起了学徒拉比齐。他把他的驴子和送奶车留给他。请告诉他到镇上靠近收税卡入口附近的那座屋子——也就是送奶老人的屋子——里去接受这笔遗产。"

在信纸的上端和下端写着一些东西和编号以及类似写这封信和地址的人的签字。不过在那片刻,拉比齐没有看——恐怕以后也不会再看。他只有满怀的感激。

"啊,我多么希望我能感谢这位老人!"他叫出声来,"我多么希望他能知道吉苔和我会多么仔细照料他的驴子!再见,阿姨,"他对女佣工说,"我得赶回去,把这个好消息告诉吉苔!"

当他正要走下楼梯的时候,一位夫人忽然从她的房间里走出来了。从外表上看这似乎是一个很有声望的夫人。她穿着一套黑绸子衣服,头上戴一顶白帽。她就是这个女佣工的主人。她从这位女佣工那儿听说过,拉比齐是一个多么善良和不平凡的孩子。她愿意收留他,让他上一个好学校。

拉比齐脱下帽子,吻了她的手,说:"亲爱的夫人,您是太好了。如果您不见怪的话,我倒愿意当一个鞋匠,因为我爱这一行手艺。"接着又补充说:"一般的情况是,更多的人喜欢把鞋子一直穿破而不愿意修补它们。"

这位夫人大笑了一声,表示同意,认为如果拉比齐不当一个鞋匠,那也真是太可惜的事。拉比齐于是就又吻了一下她的手,拿着那封信跑下楼了。

拉比齐确实喜欢做鞋子。不过这时他所考虑的事情倒是他的驴子。如果他真的接受了那位夫人的建议,对于那头驴子他倒要感到不好办了。

他急急忙忙地跑过街道,很快就到达家里。

"我们以后就可以用我们的驴子和车子递送鞋子了。"他对"老瞪眼"师傅喊,同时挥着手里的信。他把事情的经过对师傅讲了。

就在这天下午,他和吉苔去接受那个送奶人留下的遗产。他们可能不容易找到那个屋子,不过信里的指示说得很清楚,它就在收税卡入口的附近。收税卡的栅栏伸向空中,一眼就可以看得出来。

拉比齐把信交给与老送奶人同屋住的那些人。这些人立刻就把驴子和车子交给了他。

于是他便和吉苔乘着车子在街上飞驰过去。吉苔感到很可惜,没有把她的金喇叭带来吹一番!她究竟是在一个马戏班里长大的呀!

不过拉比齐也指出,作为"老瞪眼"师傅的女儿,在街上吹喇叭,招摇过市,是不适宜的。因此他们只是不时兴高采烈地唱了一些歌。当驴子停下,竖起它的长耳朵听的时候,他们就在它的背上的空中响了几下鞭子。

但是他们一回到家门口,拉比齐可是忍不住要显示出他是多么高兴。他从车子上跳下,把帽子扔向空中,直往屋子里跑。

他把脑袋伸进门里,使劲地喊:"驴子到了!"

吉苔不禁大笑起来。

"你的意思是说你自己到了吗?"她问。

为了避免这类的混乱,他们给这驴子起了一个名字:可可丹。

碰巧他们旁边站着一位老大娘。当她看见拉比齐和吉苔是如此快乐的时候，她叹了一口气，说："如果孩子们永远保持住他们这样的年纪，那该是多美啊！"

"如果我们是这样，"拉比齐说，"那么我们一生在学校里就要老蹲同一个班级了。那么老师也就厌烦了。我们最好还是现在尽量地快乐，然后长大成人，象一般人一样。"

尾 声

结果也是如此。

拉比齐和吉苔长大了。拉比齐成了一个鞋匠。吉苔几乎忘记了她曾经在一个马戏班呆过。不过有一次一件事情又使得她记起了它。

几年以后，一个马戏班来到了他们的城市。在一个星期天，"老瞪眼"师傅带他们去看马戏。

吉苔坐在观众席上看见一个美丽的小姑娘骑着一匹白马，这马儿就是苏科。它仍然是象过去一样善良和温柔，不过它比过去更要白，因为它象别的马儿一样，也到了年纪，虽然它们并不象人一样有一大堆烦恼。

吉苔也看见了她的鹦鹉。她发现这只鸟儿和这匹马在新马戏班的老板的管理下，日子也过得不坏。原来，在她和拉比齐回到家来之后不久，马戏班的旧老板病倒了。在死去以前他忏悔了他的罪过，这倒还不错。

吉苔和拉比齐终于长大成人了。他们结了婚。后来"老瞪眼"师傅也老了。拉比齐继承了他的职业。

他们有四个孩子和三个徒弟。有时，在星期天的下午，孩子和徒弟们常常围坐在一起，听拉比齐讲他过去所经历过的那些有意思的事情。

他的那双皮靴被陈列在一个玻璃匣子里，好让大家随时都能参观。

如果读者觉得故事讲到这儿就结束未免太可惜,那么他可以把这个故事再重读一次,同时也计算一下,拉比齐所帮助过的人有多少——因为,虽然他的年纪很小,他却一直快乐得象一只鸟儿,勇敢得象一个骑士,聪明得象一本书,美好得象太阳。

叶君健译事年表

1914 年

叶君健出生于湖北省黄安县(今湖北省红安县)八里湾镇叶家河村。

1932 年

用世界语发表小说《岁暮》,后来被编入短篇小说集《被遗忘的人们》。

1933 年

将在日朝鲜作家张赫宙的日语短篇小说《被驱逐的人们》从世界语译成中文,投寄到当时中国著名的大型综合刊物《东方杂志》,不久就被发表。这是叶君健第一次正式发表翻译作品。

1937 年

用世界语写成《被遗忘的人们》,由上海绿叶出版社出版。

在武汉参加由周恩来总理和郭沫若同志领导的国民政府军事委员会政治部第三厅(简称"三厅"),从事国际宣传工作。

1938 年

在香港翻译毛泽东的《论持久战》、《新阶段》(即《新民主主义论》的前身)和《论联合政府》等,还用英文和世界语翻译了刘白羽、张天翼、姚雪垠等作家的小说,这些译文都由国外的报刊发表或出版社出版。他还在香港出版了两部翻译小说集《中国战时短篇小说集》(英文,香港商务印书馆出版)和《新任务》(世界语,香港远东使者出版社出版)。

与美国作家伊斯雷尔·爱泼斯坦共同编辑英文版《香港日报》。参与金中华主编的《世界知识》的编辑工作。与戴望舒、楼适夷、徐迟、冯亦代等共同编辑英文刊物《中国作家》。

在《文艺新潮》2 卷 1 期翻译发表保加利亚作家达吉尔的小说《雪夜》;在 2 卷 2 期翻译发表美国进步作家艾伯特·马尔滋的小说《陌路人》。

1941—1943 年

在重庆将法国作家普罗斯佩·梅里美的《卡尔曼》和俄国作家列夫·托尔斯泰的《幸福家庭》翻译成中文,其中《卡尔曼》于 1955 年由新文艺出版社出版。

先后翻译了古希腊作家埃斯库罗斯的《阿伽门农王》(即《亚格曼农王》)、比利时作家莫里斯·梅特林克的《乔婉娜》(即《蒙娜凡娜》)、挪威作家亨利克·易卜生的《建筑师苏尔纳斯》(即《建筑大师》)。前者发表在《时与潮文学》杂志上,后两部剧作分别由重庆建国书店收入"欧洲当代名剧选集"丛书,以单行本的形式出版。

将中央大学和西南联合大学的教授们课余所译的西方古典名著收入丛书,由古今书屋出版社出版(现已散佚)。

从驻重庆的一些英美记者那里借来新近出版的西方书报,从中选译了一些以反法西斯战争为内容的小说,其中有两本小说后来出版了单行本:美国约翰·斯坦贝克的《月亮下落》和捷克斯蒂芬·海姆的《人质》(现均已散佚)。

1944 年

应英国战时宣传部之聘,赴英国巡回演讲,主要内容包括:中国社会的现状和中国人民的现实生活,中国的人民武装如何拖住日本侵略军,中国知识界及其他各界对抗战所做的努力和贡献,为什么中国人民必胜,等等。

1945 年

在剑桥大学从事欧洲文学研究。开始学习阅读丹麦文和瑞典文,直接阅读安徒生童话的原文,并萌生翻译安徒生童话的想法。此后在剑桥的五年中,业余时间几乎全都花在安徒生全部童话(共 160 多篇)的翻译上。

1947 年

所著英文长篇小说《山村》(1950 年由禾金译成中文,后来被译成 20 种文字在世界各地出版)被英国笔会评为当年"最佳小说之一"。

所著英文中篇小说《蓝蓝的低山区》在英国发表。

1948 年

所著英文小说《雁南飞》由英国伦敦西尔文出版社出版,同年秋该小说欧洲大陆版由英国星出版社出版。

翻译茅盾的《春蚕》《秋收》《残冬》三部曲,以及张天翼的《华威先生》、姚雪垠的《差半车麦秸》等作品,并合成一部小说集《三季和其他故事》,在英国出版。

用英文撰写对日本的回忆和评论《京都之旅》和《没有莎尤娜拉》,刊登于英国的《新政治与民族周刊》。

1949 年

回国,被分配到文化部从事外事工作,组织专家将解放区的优秀文学作品翻译成英文。

1951 年

参与创办《中国文学》丛刊,1951 年出版了第一本,随后于 1952 年又出版一本,1953 年出版了两本,每本近 40 万字,在国外引起很大反响。

所译"安徒生童话"第一分册《没有画的画册》由文化生活出版社出版,随后各个分册陆续出版。

1952 年

所译德国女作家安娜 · 西格斯的小说《渔民的起义》由上海平明出版社出版。

1953 年

被调到外文出版社,任《中国文学》副主编(该刊先是季刊,后改为月刊)。

所译美国剧作家郝布 · 丹克的《四十九经度》由光明书局出版。

1957 年

所译意大利剧作家卡尔洛 · 哥尔多尼的《扇子》由中国戏剧出版社出版。

所译"安徒生童话全集"由新文艺出版社出版。

1958 年

由叶君健任主要负责人的《中国文学》对毛泽东发表于《诗刊》的十八首诗词进行英译,后来加上新发表的《蝶恋花 · 答李淑一》英译,由外文出版社出版单行本《毛泽东诗词十九首》(英文版)。

1966 年

由叶君健任主要负责人的《中国文学》刊登了新增的十首毛泽东诗词英译。

1976 年

《毛泽东诗词》全译定稿本由外文出版社正式出版。

1981 年

所译诺贝尔文学奖得主、法国著名作家亚纳托尔 · 法朗士的儿童散文集《一个孩子的宴会》由中国少年儿童出版社出版。

1982 年

所译《南斯拉夫当代童话选》由湖南少年儿童出版社出版。

所译《豆蔻镇的居民和强盗》由中国少年儿童出版社出版,作者为挪威作家托尔边·埃格纳。

所译《朱童与朱重》由中国少年儿童出版社出版,作者为挪威作家托尔边·埃格纳。

所译《拉比齐出走记》由湖南少年儿童出版社出版,作者为南斯拉夫女作家伊万娜·布尔里奇-马佐兰尼奇。

1985 年

所译欧洲、美洲、非洲童话和民间故事集《神奇的石头》由宁夏人民出版社出版。

1988 年

所编《外国儿童剧选》由中国戏剧出版社出版。

被丹麦女皇玛格丽特二世授予"丹麦国旗勋章"。

1990 年

所译《魔术家》获"世界儿童文学友谊奖"。

1991 年

荣获国务院颁发的"儿童文学先进工作者"表彰。

1992 年

所译欧洲童话集《神医》由甘肃少年儿童出版社出版。

1994 年

应约把早年用英文写成的小说《雁南飞》自译成中文,由海燕出版社出版。

荣获中国作家协会中外文学交流委员会颁发的"彩虹翻译奖"。

1999 年

叶君健逝世,享年 85 岁。

图书在版编目(CIP)数据

中华翻译家代表性译文库. 叶君健卷 / 郭国良编.
—杭州:浙江大学出版社,2020.1
ISBN 978-7-308-19703-8

Ⅰ.①中… Ⅱ.①郭… Ⅲ.①叶君健(1914—1999)
—译文—文集 Ⅳ.①I11

中国版本图书馆 CIP 数据核字(2019)第 258681 号

中華譯學館 真言題

中华翻译家代表性译文库·叶君健卷
郭国良 编

出 品 人	鲁东明
总 编 辑	袁亚春
丛书策划	张 琛 包灵灵
责任编辑	黄静芬
责任校对	田 慧 陆雅娟
封面设计	润江文化
出版发行	浙江大学出版社
	(杭州市天目山路 148 号 邮政编码 310007)
	(网址:http://www.zjupress.com)
排 版	浙江时代出版服务有限公司
印 刷	浙江海虹彩色印务有限公司
开 本	710mm×1000mm 1/16
印 张	30.75
字 数	427 千
版 印 次	2020 年 1 月第 1 版 2020 年 1 月第 1 次印刷
书 号	ISBN 978-7-308-19703-8
定 价	88.00 元

版权所有 翻印必究 印装差错 负责调换
浙江大学出版社市场运营中心联系方式 (0571)88925591;http://zjdxcbs.tmall.com

中華譯學館·中华翻译家代表性译文库

许 钧 郭国良 总主编

第一辑

鸠摩罗什卷

玄奘卷

林纾卷

严复卷

鲁迅卷

胡适卷

林语堂卷

梁宗岱卷

冯至卷

傅雷卷

卞之琳卷

朱生豪卷

叶君健卷

杨宪益 戴乃迭卷

穆旦卷